감정의 철학

감정의 철학(큰글자도서)

초판인쇄 2023년 1월 31일
초판발행 2023년 1월 31일

지은이 박해용
발행인 채종준
발행처 한국학술정보(주)

주소 경기도 파주시 회동길 230(문발동)
문의 ksibook13@kstudy.com
출판신고 2003년 9월 25일 제406-2003-000012호

ISBN 979-11-6983-061-4 03180

감정의 철학

Philosophy of Emotion

박해용 지음

이담 Books

이 책은 불안, 분노 그리고 공감의 감정을 언어분석학적으로 연구한다. 연구의 목적은 위 세 감정들을 가능한 한 언어적으로 분명하게 기술하고 가족 유사 감정들의 상호 관계를 설명하는 것이다. 동시에 각 감정들이 갖는 특성을 드러내며 상호 유사점과 차이점을 밝힌다. 그리고 각 감정들의 현상들을 언어적 설명을 통하여 전달하고자 한다. 그래서 "감정의 철학"이라는 제목 아래 세 가지 주요 감정인 불안, 분노 그리고 공감의 감정들을 다루며 그 토대는 개념분석적 연구에 바탕을 두고 있다.

이 책의 철학적 기초는 비트겐슈타인의 철학 정신에 깊게 빚지고 있다. 철학은 본질적으로 차이에 대한 이해이어야 하며 따라서 곧 종합적이고 융합적인 서술이다. 이 책을 서술하는 작업은 세 가지 감정의 현상들을 이해하며 서술하는 일이고, 이들 감정의 특성을 명료화하는 일이다. 비트겐슈타인은 이를 '감정의 문법'이라 표현한다. 감정 철학에서 철학적 설명은 감정의 현상들의 결을 새롭게 만들어 주는 것인데, 이 작업은 기존의 감정 이론에 의존하여 주어진 길을 답습할 필요는 없다. 철학적 사색은 하나의 서술을 넘어서야 한다. 오히려 충분한 서술들의 토대를 가능하게 해야 한다.

이러한 연구를 위하여 감정들을 항상 일상에서 가능한 경험과 관련하여 서술한다. 경험을 고려하지만 일단 주관적 경험에 함몰되어서는 안 된다.

경험의 주관적 관점은 보편성을 획득할 수 없기 때문이다. 본 연구의 철학적 감정 분석은 일상의 감정 경험을 충분히 서술하면서 이를 보편화할 수 있는 관점을 제시해야 한다. 그래서 감정을 주제로 하는 연구는 당연히 세밀한 언어적 분석이 필요하다. 이 책의 목적은 말 그대로 감정에 관한 개념적 분석이다. 감정을 학문적으로 분류한다거나 감정의 원래 가치를 소환하는 연구가 아니다. 유감스럽게도 본 연구에서 감정에 대한 동양적 시각은 거의 다루지 않았다. 이것은 연구자의 부족한 한계에 그 이유가 있다.

서양철학은 인간 감정 연구를 통해서 감정 세계를 새롭게 발견해 왔다. 플라톤은 그의 Phaidros의 감정魂의 비유에서 인간을 감정을 극복해야 할 존재로 이해한다. 그의 감정 이해는 이성과 감정의 이원적 분리에 토대를 두고 있다. 스토아학파나 에피쿠로스학파의 감정 논의는 감정에 대한 성찰을 통해서 감정의 흐름에 따라 사는 방식을 찾는다. 감정의 본바탕을 이해하고 그에 따르려는 생각이다. 이렇게 보면 감정들을 발견하는 시각은 인간 이해와 그 계몽의 연장선상에서 실천적이며 정신사적으로 이해되어야 한다. 감정과 이성을 항상 대립되는 것으로 파악하는 것은 불충분하고, 순화되지 않은 감정은 이성의 자율을 무력하게 하기 때문이다. 아리스토텔레스에게서 시작하여 데카르트, 스피노자 그리고 흄으로 이어지는 철학적 감정이론도 감정을 고유한 현상영역으로 다루고 있다. 결국 감정 이해는 인간 이해의 또 다른 면이다.

감정은 다양한 표현력을 갖는데, 이 책에서는 감정이라는 표현을 두 가지 의미로 사용할 것이다. 한편으로 넓은 의미로 사용하는 것인데, 감정의 개념은 우리 몸이 자극을 받아서 반응하는 현상들로 나타나는 모든 종류들을 의미하는 것으로 받아들인다. 그것은 감각일 수 있고, 기분일 수 있으며, 감정일 수도 있다. 다른 한편으로, 감정의 개념을 좁은 의미로 사용할 것이다. 이 의미는 제한된 현상들만을 뜻한다. 학문적 좁은 의미에서 사용하는 감정은 대상을 가지며, 특수한 방식으로 주위 환경과 관련을 맺고 있다. 예를 들면, 세계와 연관된 방식으로 불안, 분노, 수치, 시기, 질투, 슬픔, 기쁨 그리고 공감 등등 감정이다. 넓은 의미로 사용하는 감정에 해당하는 느끼는 감각은 신체적 느낌의 감각을 뜻한다. 느낌의 감각은 신체가 자극을 받아서 얻게 되는 부드러움에 대한 감각, 혹은 딱딱함에 대한 감각, 고통이나 슬픔 그리고 쾌감에 관한 것이다. 이에 비하여 기분이나 정서 그리고 감정은 좀 더 복잡하다. 따라서 감정을 기분이나 정서의 의미로 사용할 때, 그 문맥에서 의미에 맞는 다양한 구별을 시도할 것이다.

책의 내용은 다섯 부분으로 구성된다. 1. 감정의 철학에 대한 서론 – 명제, 문제 그리고 관점, 2. 불안, 3. 분노, 4. 공감 감정에 대하여, 5. 공감과 존중, 기쁨 그리고 사랑 감정의 관계 문제이다. 1. 감정의 철학에 대한 서론 – 명제, 문제 그리고 관점에서는 현대 감정 철학에 관한 일반적 연구들을 분석적으로 다루고 있다. 특히 이 장에서는 피터 골디와 로버트 무질의 감정들의 특성을 과정으로서 이해하는 문제를 중점으로 다룬다. 동시에 헤르만 슈미츠의 감정과 신체의 관련성 연구를 통하여 감정이 신체에 영향을 받고 있음을 밝힌다. 그래서 감정 서술은 현상학적 분석이어야 함을 주장한다. 2. 불안의 장에서는 불안 감정의 신체성과 그 지향적 내용을 서술하며 불안 개념과 유사한 개념들을 정리한다. 덧붙여서 셸링과 키르케고르 그리고 하이데거의 불안 개념을 비교한다. 3. 분노에서는 분노와 유사 감정화나 증오 등을 서술하며 분노 감정이 감추고 있는 공격적 폭력성을 서술한다. 동시에 분노와 증오에 내재한 도덕성과 이념성을 분석한다. 4. 공감 감정의 장에서는 공감과 유사 개념을 서술하고 이를 바탕으로 공감 감정이 자아의식의 성숙과 긴밀한 관계에 놓여 있음을 분석한다. 그리고 도스토옙스키와 카프카의 소설 속에서 나타난 공감의 유효와 부재에 관해서 연구한다. 마지막 5. 공감과 존중, 기쁨 그리고 사랑 감정의 관계 문제에서 공감과 존중, 기쁨 그리고 사랑의 감정을 연결 지어서 설명한다.

불안을 다루는 제2장은 네 개의 항목으로 구성한다. 1) 먼저 불안할 때 신체가 어떻게 변화하는지 그리고 불안 개념의 지향적 내용이 무엇인지 밝힐 것이다. 2) 불안에 대한 철학적 관점을 연구하여서 불안의 다양한 스펙트럼을 그 차이에 따라서 배열한다. 3) 철학적으로 의미 있는 불안 분석의 결과들을 재구성한다. 불안과 희망 사이의 보완관계에도 주목한다. 4)키르케고르와 하이데거를 위시하여 오늘날 불안 이해에 영향을 준 철학자들의 불안 개념의 핵심을 정리한다. 이러한 연구를 통해서 불안은 원초적인 생물학적 기능 외에도 인간의 삶에 의미를 담보하는 역할이 있음을 밝힌다.

제3장 분노에서는 분노와 회^{자증}를 서로 대립시켜 논의하면서 분노 연구의 중심축을 이루는 공격성 개념을 연구한다. 인간과 공격성, 공격성 개념의 근원과 원인, 공격성 개념이 다른 정서에 미치는 영향 등을 서술한다. 더 나아가서 공격성 감정으로서 증오와 미움을 다룬다. 그리고 이러한 감정들이 어떻게 이념화되고 도덕화되는지 살필 것이다. 증오와 원한 감정을 다루면서 이들이 진정한 의미의 도덕적 감정과 어떻게 조화를 이룰 수 있는지도 연구한다.

제4장은 공감의 감정을 크게 두 가지 관점에서 다루는데, 하나는 공감의 의미와 유사한 감정들을 이해하는 것이며, 다른 관점은 공감 감정과 다른 인간의 기본 감정과의 관계를 성찰하는 것이다. 이를 위하여 공감_{연민, 동정, 동감, 연대의 가족 유사 개념과 함께}의 역사적 고찰, 감정의 소통 가능성, 공감의 현대적 의미, 공감 형성을 위한 조건들, 공감과 공감의 대립 개념_{질투, 무시}들 사이의 관계를 다룬다. 동시에 공감 감정의 질적 변화를 도모할 수 있는 방법을 모색할 것

이다. 이 방법으로는 적극적이며 긍정적 감정들 예를 들면 존중, 사랑 그리고 신뢰와 같은 개념들 과의 상관관계를 분석하는 방법을 택할 것이다. 그래서 제5장은 공감과 존중, 기쁨 그리고 사랑의 감정과의 관계 문제를 다루고 있다. 현대사회에서 필수불가결한 감정으로 요청되는 공감을 위의 긍정적 감정들과 연계하여 뿌리를 내리고 심화시키려는 의도를 가지고 서술한 것이다.

불안과 분노의 감정은 다른 감정들보다 더 조절이 어렵다고 한다. 불안은 그 근원을 잘 알 수 없으며, 분노는 다양한 요인들에 의해서 부정적 감정들이 중첩되어 나타나기 때문이다. 특히 불안과 분노의 감정은 합리적으로 이해할 수 없는 영역에 속하기 때문에 더욱 인지하기가 어렵다고 한다. 그럼에도 불구하고 이 책은 가장 기본적 감정을 인지적으로 이해하고 불안과 분노의 감정을 있는 그대로 완벽하게 이해할 수 있는 언어를 사용할 수 있는 능력을 향상시키려고 노력한다. 저자의 노력이 독자들에게 얼마나 전달이 될 것인가는 미리 말할 수 없다. 그러나 이러한 감정 분석 연구가 감정과 합리성을 다양한 각도에서 조화시키려는 연구와 관심의 계기가 되기를 바란다. 불안과 분노 감정에 관한 우리의 충분한 인식은 인간관계를 형성하는 데 한층 더 공감의 장을 넓혀 줄 것이다. 특히 공감 개념을 긍정적 감정인 존중, 기쁨 그리고 사랑 개념과의 융합을 시도한 서술은 공감 감정을 질적으로 확산하는 데 조금이라도 도움이 될 수 있으리라는 기대를 한다.

목차

서문 | 4

01 감정의 철학에 대한 서론 – 명제, 문제 그리고 관점

1.1. 감정은 이성의 타자? – 감정 개념과 합리성 개념 | 18

1.2. 감정은 합리적일 수 있는가? – 욘 엘스터(Jon Elster)와 감정의 합리성 | 29

1.3. 감정의 개체화에 관하여 – 마사 누스바움(Martha Nussbaum)의 해결책 | 39

1.4. 성향이나 소질로서의 감정의 구상 – 리처드 볼하임(Richard Wolheim) | 52

1.5. 감정들의 과정으로서의 특성
　　– 피터 골디(Peter Goldie)와 로버트 무질(Robert Musil)의 견해 | 57

1.6. 감정과 신체의 관계: 감정의 신체적 토대화 – 헤르만 슈미츠(Hermann Schmitz) | 64

1.7. 감정에 접근하는 방법과 감정을 기술하는 것에 대하여 | 71

1.8. 현상학적 관점과 분석적 관점 사이의 차이 – 그 공통점과 차이점에 대하여 | 87

02 불안

2.1. 불안 감정의 신체성과 그 지향적 내용 | 103

2.2. 병든 불안, 건강한 불안 – 건강한 불안이 가능한가? | 116

2.3. 불안과 유사한 현상들 – 경악, 전율 그리고 공황(패닉) | 126

2.4. 불안과 희망에 대하여 – 철학적 사유 속에서 나타난 불안의 감정 | 132

2.5. 불안과 공포 – 감정의 보편성과 특수성에 관하여
　　: 셸링(F. W. J. Schelling)과 키르케고르(Sören Kierkegaard) | 140

2.6. 불안과 염려 – 하이데거(Martin Heidegger)의 불안과 염려 개념 | 154

03 분노

3.1. 분노와 화는 서로 어떤 관계를 갖는가? | 169

3.2. 화와 분노에 내재한 공격성은 어떤 위험을 갖는가? | 179

3.3. 공격적으로 상처받은 기분은 어떤 결과를 가져오는가? | 193

3.4. 혐오/증오 감정으로 이해하는 세계는 어떠한가? | 201

3.5. 증오나 분노와 같은 공격적 감정들은 어떻게 도덕화되고 이념화되는가? | 219

3.6. 도덕적으로 인정될 수 있는 분노와 분개가 가능한가? | 226

3.7. 불쾌, 화나 미움의 감정에서
시기와 질투를 지나 분개와 분노 감정으로의 발전에 관하여 | 245

04 공감 감정에 대하여

4.1. 서양 역사적 발전 속에서 본 자아의식의 성숙과 공감
(공감 가족유사개념 포함, 동정심, 연민, 배려 등) 개념의 상호 관련성의 변화 | 264

4.2. 공감의 조건들에 관하여 | 299

4.3. 생생한 감정과 소질로서의 연민 | 308

4.4. 다른 사람의 감정을 만나는 길로서의 연민 | 314

4.5. 공감을 대변하는 감정들 | 321

4.6. 연민과 다른 부정적 감정과의 관계에 대하여
– 상대의 불행에 대하여 기뻐하는 마음, 질투, 무시 그리고 사랑 | 326

4.7. 텍스트 속의 공감

4.7.1. 도스토옙스키(Fyodor Mikhailovich Dostoevsky)의
『죄와 벌』에서 나타나는 공감의 유효함 | 333

4.7.2. 카프카(Franz Kafka)의 『소송』에서 발견되는 공감의 부재 | 336

05 공감과 존중, 기쁨 그리고 사랑 감정의 관계 문제

5.1. 공감과 존중의 관계 | 347

5.2. 공감과 기쁨 감정의 관계 | 356

5.3. 공감과 사랑 감정의 관계 | 364

참고문헌 | 372

01　감정의 철학에 대한 서론
－ 명제, 문제 그리고 관점

인간에게서 감정을 제거하면 무엇이 남을까? 감정이야말로 인간형성에 있어서 가장 중요한 자리를 차지하는 근본요소라 해야 한다. 이러한 감정은 어떤 경우에 매우 단순하기도 하지만, 또한 복잡하여 두려움을 주기도 하고 동경의 대상이 되기도 한다. 더욱이 감정은 꾸며지기도 하고, 현혹되기도 하며, 혹은 강요되기도 한다. 감정은 개인적인 영역에서뿐만 아니라 사회적·정치적 삶에서도 매우 중요한 역할을 하고 있다. 우리는 사고하고 활동하는 과정에서조차도 감정이나 기분을 배제하고 제대로 어떤 일을 수행할 수 없다.

따라서 현대사회에서 감정에 관한 연구는 매우 다양한 분야에서 그리고 여러 관점에서 논의되고 있다. 그러나 감정에 대한 학문적 연구가 감정의 기능과 힘을 제한하거나, 자신의 감정을 이탈하는 데서 오는 감정의 무능력함을 감소시켜서도 안 된다. 감정은 언어의 표현으로 전달되어야 한다. 언어는 분명하고 명석해야 서로 오해가 생기지 않는다. 철학은 언어를 명료하게 하는 데 공헌한다. 감정을 명석하고 분명한 언어로 표현하는 시도는 감정을 느끼고 아는 방법을 찾는 일이며, 동시에 감정생활의 느낌과 앎의 조화를 구현하는 일이다. 그래서 감정의 철학 연구가 필요한 것이다.

서양정신사에서 감정은 이론적으로나 실천적으로 충분히 드러나지 않았다. 현대에 이르러서 어떤 의미로 감정은 다시 발견(?)되었다. 1963년 출판된 앤서니 케니 ^{Anthony Kenny} 의 저서, 『Action, Emotion and Will ^{행위, 감정 그리고 의지}』는 전문인들에게 감정 세계를 위한 새로운 안목을 제공했지만, 일반 독자들에게는 큰 의미를 주지 못했다. 1976년 로버트 솔로몬 ^{Robert Solomon} 은 『The Passion ^{열정}』을 출판했고, 비로소 1980년 아멜리에 옥센베르그 로티 ^{Amelie Oksenberg Rorty} 가 편집한 『Explaining Emotions ^{감정 설명하기}』가 세상에 나온 이후, 감정에 관한 연구가 줄을 잇는다. 수없이 많은 논문들을 발표하고, 단행본, 전집들을 간행하였다. 80년대 후반, 독일에서는 감정에 관한 철학사적이고 현상학적인 연구를 진행하였다. 1993년 힌리히 핑크-아이텔 ^{Hinrich Fink-Eitel} 과 게오르그 로만 ^{Georg Lohmann} 에 의해서 『Zur Philosophie der Gefuehle ^{감정의 철학을 위하여}』라는 전집이 발간되었다. 외국 학회의 이러한 철학적 감정 연구들과 비교할 때 한국 사회에서의 감정 철학 연구는 앞으로 연구해야 할 토대를 필요로 한다.

한국에서 최근 감정 철학 연구로는 김민옥의 「누스바움의 감정철학으로 바라본 오정희의 '유년의 뜰' – 혐오, 수치심, 연민을 중심으로」,[1] 누스바움의 감정철학 3부작, 『감정의 격동』,[2] 동 철학자의 『혐오와 수치심』[3] 등이 있다. 김민옥의 논문은 누스바움의 감정 철학을 연구 방법으로 삼아 오정희 소설

---

1 「누스바움의 감정철학으로 바라본 오정희의 '유년의 뜰' – 혐오, 수치심, 연민을 중심으로」, 김민옥, 부산외국어대학교 영주어문학회지 40권, 영주어문학회, 2018년.

2 『감정의 격동』, 누스바움의 감정철학 3부작, 마사 누스바움 지음, 조형준 옮김, 새물결, 2015년.

3 『혐오와 수치심』, 마사 너스바움 지음, 조계현 옮김, 민음사, 2017년.

「유년의 뜰」에 나타난 혐오, 수치심, 연민에 대해 연구한다. 기존 연구가 오정희 소설 속 인물들의 감정을 강박, 불안, 히스테리, 퇴행, 집착, 분노, 부끄러움, 슬픔 등과 같은 다양한 감정 키워드를 통해 해석하고 있는데, 이 연구에서는 기존의 오정희 소설 속 인물들의 감정을 다양하게 해석했던 경향을 비판하고 혐오와 수치심, 연민이 오정희의 초기 소설의 핵심 감정이라는 점을 밝히고 있다.

누스바움의 감정 철학 3부작 『감정의 격동』은 1부 '인정과 욕망', 2부 '연민' 그리고 3부 '사랑의 등정'으로 구성되어 있다. 누스바움은 『혐오와 수치심』에서 인간다움을 파괴하는 특별 감정들로 혐오와 수치심을 인지하고 이 개념들을 더 자세하게 연구한다. 이 책은 수치심과 혐오는 분노나 두려움과는 다르다는 것을 논변하고 혐오 감정을 불신하고 수치심을 억제할 것을 주장한다. 그러면서 불안한 대상에 대해서 두려워하는 것과 부정한 것에 대한 분노 감정은 기본 인간성에 속한 것으로 본다. 바람직한 민주사회는 이러한 부족한 인간성을 인정하고 그 바탕 위에서 인간이 취약한 존재라는 점을 인정하는 시민사회구조를 강조한다.

사실 감정에 관한 철학의 영역은 그 문제가 갖는 의미만큼 충분히 논의되지 못했다. 비로소 지난 수십 년간에 감정에 관한 연구는 서서히 발전하면서 자신의 고유한 연구 영역을 개척하기 시작했다. 영미 철학계에서 감정에 관한 철학적 저서들이 줄지어 간행되고, 이에 대한 특별한 논의들이 활발하게 전개되어 왔다. 독일 철학계에서도 약간 늦은 시기에 시작했지만, 수많은 연구들이 진행되어 왔다. 이러한 결과들은 의혹을 불러일으킨다. 감정에 관한 연구가 지금까지 철학사에서 소홀히 취급받지 않았는가? 그래서 지금까지 확실하게 인정된 철학의 주요한 물음들을 단지 보완하는 것으로 연구되는 것은 아닌지? 혹은 새로 등장한 영역에서 철학의 기존 주제들에 대한 새로운 관점들을 제공하는 것인지? 의문이 든다.

수없이 많은 철학의 새로운 시도가 보여 주는 것처럼, 감정의 발견도 하나의 재발견에 불과하다. 학문의 재발견은 사회학과 심리학의 학문세계에서뿐만 아니라 생물학과 뇌신경과학에서도 매우 중요한 역할을 하고 있다. 이러한 재발견이 이뤄지고 있는 영역 안에서 철학적 토론은 다른 학문 분야와 관계를 고려하면서 조심스럽게 문제되는 주제들의 역사를 파헤친다. 감정과 정서는 처음부터 철학적 물음의 기초이며, 핵심에 놓여 있다. 호머의 서사시는 이러한 감정의 힘과 기능을 너무나 잘 보여 준다. 이후 서양철학사에서 흔히 볼 수 있듯이, 인간은 자신들의 감정을 가장 중요한 인식 주제로 삼았으며, 그 신비를 파헤치기 위하여 많은 노력을 해 왔다.

플라톤은 그의 Phaidros의 감정^魂의 비유에서 이를 잘 보여 준다. 스토아학파나 에피쿠로스학파의 감정 논의도 빼놓을 수 없다. "고유한 감정들을 통제할 수 있는가?"라는 물음은 인간 이해와 그 계몽의 연장선상에서 실천적이며 정신사적으로 매우 중요한 물음이다. 감정과 이성은 항상 대립하는 것으로 파악되었고, 지배되지 않은 감정은 이성의 자율을 무력하게 하기 때문이다. 아리스토텔레스에게서 시작하여 데카르트, 스피노자 그리고 흄으로 이어지는 철학적 감정이론도 감정을 고유한 현상영역으로 다루고 있다. 단순히 상대를 설득하는 수사학으로서가 아니라 도덕과 도덕철학을 위한 토대로 간주한 것이다. 이러한 연구를 통하여, 옳은 열정과 옳지 않은 열정을 구별하고, 이를 제대로 옳게 이끌어 가는 방법에 관하여 고심한다.

19세기 감정의 철학은, 고대 감정이론들이 행했던, 개인의 감정을 행복과 안정을 위한 체계 안으로 정립하려는 시도에서 벗어나 이제 더 이상 감정에 관한 경구를 제시하는 것으로 만족하지 않는다. 20세기 초 현상학의 발전과 함께 본격적으로 감정 분석의 연구를 시작한다. 여기서 마르틴 하이데거 Martin Heidegger , 알렉산더 팬더 Alexander Pfaender , 막스 셸러 Max Scheler 그리고 에디트 슈타인 Edith Stein 을 열거할 수 있다.

1.1.   감정은 이성의 타자?
– 감정 개념과 합리성 개념

감정과 합리성 사이의 문제는 항상 많은 논쟁을 불러왔다. 특히 비트겐슈타인의 언어분석철학이 대두한 이래 논의가 더 심도 있게 진행되었다. 분석철학의 감정 논쟁의 계기 역시 전통적 감정이론과 큰 차이가 없이 감정을 어떻게 생각하고 다뤄야 하는가? 하는 물음에서 출발한다. 따라서 감정에 관한 논의에는 항상 오래된 문제가 숨어 있다. 사람은 어느 정도 감정에 종속되어 있는가? 사람의 행위에 대한 감정의 영향은 어떻게 평가되어야 하는가? 이러한 물음들은 예나 지금이나 감정 물음의 기저에 놓여 있다.

이러한 물음에 있어서 대부분 감정을 조절하는 합리성을 우위에 두거나, 혹은 감정을 합리성의 공헌에 내맡기거나, 혹은 합리적 구조로 감정을 재단하려는 경향을 보인다. 이성과 감정의 관계를 규정한 서양의 전통적 계몽주의에 의해서 많은 영향을 받았기 때문이다. 오늘날 감정에 대한 철학적 논의는 이러한 이성 우위의 구도에 사로잡혀서는 안 된다. 감정이 갖는 실천적 기능에 대한 적절한 이해를 위하여 전통적 감정-합리성 개념을 극복하고 이를 넘어서야 한다. 단순히 감정을 이성의 타자 개념으로 간주했던 것으로부터 벗어나, 새로운 이성 구상으로 감정을 통합해야 한다. 넓은 의미에서 오늘날 철학은 감정을 논의하면서 비판 이론의 전통에 의존하고 있는 것이 사실이다. 특히 〈Dialektik der Aufklaerung 계몽의 변증법〉과 연계되어 있다.[4]

그러나 감정 철학에 대하여 새롭게 시도하는 연구는 합리성과 이성 비판의 토대 위에서 감정을 합리성과 연계하여 이해하려는 철학의 옛 물음에만 한정되어 있지 않다. 도덕철학의 영역 안에서도 감정에 대한 새로운 해결책을 찾을 수 있는 가능성을 모색하고 있다. 흄과 칸트 이래 근대철학에서 항상 새롭게 우리를 행위 하게 하는, 특히 도덕적으로 행위 하게 하는 계기가 무엇이냐는 물음이 토론되었다. 경험론의 회의론적 지평 위에서 흄은 행위를 하게 하는 모든 동기는 필연적으로 감정 혹은 욕구라는 답을 주었다. 이에 반하여 칸트는 존중의 감정을 통하여 행위 하게 하는 계기를 존중이라는 이성적 감정에서 찾았다.[5]

---

4 Gernot Boehme의 분석은 이 문맥 안에서 비판 이론을 잘 설명해 주고 있다. 참고. Gernot Boehme, Leibsein als Aufgabe. Leibphilosophie in pragmatischer Hinsicht, Kusterdingen 2003.

5 Hilge Landweer, "Achtung, Anerkennung und der Noetigungscharakter der Moral", in: Thomas Rentsch(Hg.), Anthropologie Ethik, Politik. Grundfragen der praktischen Philosophie der Gegenwart, Dresden 2004, 34–67. 박해용, 「존중에 대하여」 참고.

새로운 도덕철학 논의에서 영미계통의 피터 스트로슨Peter Strawson 이나 존 롤즈John Rawls 같은 철학자들은 수치심과 죄책감에서 연유되는 감정이 도덕적 행위를 결정하는 데 중요한 역할을 차지한다는 것을 인정하고 있다. 대륙의 현상학자인 헤르만 슈미츠Herman Schmitz 도 감정이 행위에 끼치는 영향을 강조한다. 부연하면, 스트로슨과 롤즈의 도덕감에 대한 철학적 고찰은 오래전부터 도덕철학의 견고한 토대를 이루고 있는 것에 비하여, 슈미츠의 철학적 논의는 수년 전부터 활발하게 전개되고 있다.

실천철학은 오래전부터 행위에 영향을 주는 감정의 문제점을 인정했음에도 불구하고 감정이 갖는 철학적 중요성에 대해서는 서로 이견이 많았다. 반면에 이론철학은 처음부터 감정 물음에 거리를 두고 아주 조심스럽게 접근했다. 근대에 들어오면서 감정에 대한 철학적 논의는 도덕적 물음에서 존재론적 물음으로, 다시 인식이론적이거나 언어철학적 혹은 의식철학적 물음으로 다양한 변모된 모습으로 전개되었다.

"감정의 철학은 감정이 도덕에 있어서 어떤 역할을 하는가?"라는 물음이라고 한다면, 더 자세히 말하여, 우리의 행위와 삶 전체에서 감정이 하는 역할에 관한 물음이라고 한다면, 이 물음이 더욱 의미 있는 물음이 되기 위하여 감정이 무엇인가를 먼저 연구하여 밝혀내야 한다. 이것이 철학의 숙명이라 할 수 있는데, 감정의 의미에 관한 질문은 결국 감정의 개념성을 밝히는 일이다. 따라서 감정 철학은 감정 개념을 철학적 반성의 대상으로 삼는 일이다.

오늘날 감정을 대상으로 한 연구에서 인지주의 이론이 지배적인 역할을 담당했다. 지배적 인지주의가 철학적 담론을 거의 대변했다고 말할 수 있다. 인지적 감정이론은, 어떤 감정이 일어나려면, 어떤 상황 아래서 대상이나 사태에 대한 특정한 확신이나 희망 혹은 가치판단을 필요로 한다는 것을 전제한다. 즉, 느낌 이전에 그 느낌을 수용할 수 있는 인지적 조건이 우선해야 한다는 것이다. 더 나아가서 대부분의 감정 인지 이론은 감정은 곧 판단과 동일하다고 본다. 판단은 확신이나 희망과 같은 명제들과 각각의 특수한 감정의 결합으로 구성되기 때문이다.

어떤 인지주의는 감정 안에 있는 판단 요소들을 각각의 감정을 구성하는 관점으로 고찰하기도 한다. 그러면서도 각각의 구성요소들의 관계에 대한 언급은 하지 않고 있다. 이러한 생각은 인지하게 하는 구성요소들이 그 외 가능한 다른 관점들과 비교하여 유전적이거나 존재론적인 우위성을 갖는다는 주장을 기초로 하고 있다. 다른 관점들은, 예를 들면, 신체생리학적 자극들, 감정 표현들, 행위를 하게 하는 충동들을 열거할 수 있다. 인지적 관점들은 다양하게 전개되는데, 그럼에도 이들에게는 공통적인 가정이 있다. 즉, 감정들과 결부된 판단들과 확신들은 실제로 다양한 감정들을 서로 구분할 수 있다는 것을 수용한다는 점이다. 이러한 주장을 "개체화 테제Individuationsthese"라 할 수 있다.

1930대 솔로몬은 현상학적이고 실존론적인 사르트르의 감정 이론을 인지론적으로 해석하여 감정들은 단순히 판단들이라고 주장한다.[6] 감정은

---

6 Jean-Paul Sartre, "Skizze einer Theorie der Emotion", in: ders., Die Transzendenz des Ego. Philosophische Essays 1931-1939, Reinbeck bei Hamburg 1982, 255-318.

판단에 속하기 때문에 자연스럽게 그 감정을 갖고 표현한 사람은 감정에 대한 책임을 져야 한다. 이에 따르면 감정 표출과 그 표출에 대한 책임은 감정 소유자에게 귀속한다. 솔로몬의 관점에 따른 주장은 다른 모델로 세분화된다. 엘스터 Jon Elster 는 감정의 지향적 내용은 감정들이 서로 구분될 수 있고, 각각 특정한 감정으로 확인될 수 있는 필연적 조건이라는 주장을 의문시한다.[7] 여기서 내용은 감정이 관계하는 사태나 대상을 의미한다. 볼하임 Richard Wollheim 은 감정의 무의식적 부분들을 개념적으로 감정이론에 통합시키려고 시도한다.[8] 이와 달리 골디 Peter Goldie 와 누스바움 Martha Nussbaum 은 감정의 인지적 주장들을 다양한 서술이론으로 확장시킨다.[9] 벤-제에프 Aaron Ben-Ze'ev 역시 자신의 감정의 다수 요소 이론에서 인지적 감정이론의 문제점을 지적하고 있다.[10]

위와 같은 연구들은 감정에 대한 인지적 가정을 상대화하는 작업이다. 그 외에도 새로운 물음이 감정 이론의 논쟁에 특별한 변화를 주고 있다. 일상에서 사용하는 감정이라는 용어가, 서로 이질적인 현상임에도 불구하고, 가리키는 특징들을 개념적으로 결합시킬 수 있는가? 하는 물음이 그것이다. 이러한 다양한 공동의 특징들을 비트겐슈타인은 가족유사성이라는 개념으로 정리하고 있다. 이러한 물음을 단순하게 정리하면, 어떤 현상들이 감정이라는 종 種에 속하는가? 감정에 속하는 그 이유는 무엇인가이다. 이러한 물음들이 고

7   Jon Elster, Alchemies of the Mind. Rationality and the Emotions, Cambridge 1999.

8   Richard Wollheim, Emotionen. Eine Philosophie der Gefuehle, Muenchen 2001.

9   Martha Nussbaum, Upheavals of Thought. The Intelligence of Emotions, Cambridge 2001; Peter Goldie, The Motions. APhilosophical Exploration, Oxford 2000.

10   Aaron Ben-Ze'ev, The Subtlety of Emotions, Cambridge 2000.

대에서 18세기까지 지속된 감정이론의 정형이다. 지속된 감정이론은 방식을 달리하여 오늘날 현상학적 감정이론의 틀 안에서 응답되고 있다. 여기에 최근 언어분석적 사유방식에 기초한 논의가 이뤄지고 있다. 이 방식은 비교적 새로운 방식이다.

감정은 너무 복잡한 문제를 안고 있기 때문에 한 요소로만 표현할 수 없음은 분명한 사실이다. 그래서 감정에 관한 다[3]구성요소이론이 나오기도 했다. 앤서니 케니 Anthony Kenny 가 대표하는 이 이론은 감정은 영혼적이며, 인지적이고 동시에 격정적인 요소를 담고 있다는 주장에 기초한다. 그러나 이 주장을 바탕으로 해도, 감정이 드러나는 것에 대한 필연적이고 충분한 조건들을 제시하고, 이를 감정이라는 전 영역과 관계 지우지 못하는 한, 위의 정형화된 감정 물음에 대하여 만족할 만한 답을 얻을 수 없다. 감정으로 표출되는 것들을 위한 조건들을 규정하는 일은 임의적인 일에 속하며, 좋은 이유로 감정을 유형화하는 현상들을 배제하는 결과를 초래하기 때문이다. 따라서 많은 감정이론들이, 그 정도는 서로 다르지만 개별의 감정들에 대하여 세세한 분석을 시도하고 있는 것은 부정할 수 없다. 이러한 세밀한 분석을 통하여 이론들의 보편적 구상을 검토하고, 더 나아가서 이들의 차이를 더 분명하게 하기 위함이다.

철학하는 것은 언어사용을 이해하는 일이다. 감정이라는 말을 앞으로 어떤 의미로 사용할 것인가에 대해 개략적인 설명이 필요하다. 나는 감정이라는 표현을 두 가지 의미로 사용할 것이다. 한편으로 넓은 의미로 사용하는 것인데, 감정의 개념은 우리 몸이 자극을 받아서 반응하는 현상들로 나타나는 모든 종류들을 의미하는 것으로 받아들인다. 그것은 감각일 수 있고, 기분일 수 있으며, 감정일 수도 있다. 다른 한편으로, 감정의 개념을 좁은 의미로 사용할 것이다. 이 의미는 제한된 현상들만을 뜻한다. 그리고 이 현상들은 흔히 철학적 학문적 논의에서 다루는 감정의 뜻이 가리키는 내용에 관한 것들이다. 학문적 좁은 의미에서 사용하는 감정은 대상을 가지며, 특수한 방식으로 주위 환경과 관련을 맺고 있다. 예를 들면, 세계와 연관된 방식으로 불안, 분노, 수치, 시기, 질투, 슬픔, 기쁨 그리고 공감 등등 감정이다. 이 책에서 다루는 가장 핵심이 되는 감정은 좁은 의미의 사용에 해당하는 감정들 중에서 불안, 분노 그리고 공감 개념이다.

넓은 의미로 사용하는 감정에 해당하는 느끼는 감각은 신체적 느낌의 감각을 뜻한다. 느낌의 감각은 신체가 자극을 받아서 얻게 되는 부드러움에 대한 감각, 혹은 딱딱함에 대한 감각, 고통이나 슬픔 그리고 쾌감에 관한 것이다. 이에 비하여 기분이나 정서 그리고 감정은 좀 더 복잡하다. 따라서 감정을 기분이나 정서의 의미로 사용할 때, 그 문맥에서 의미에 맞는 다양한 구별을 시도할 것이다. 한 가지 먼저 이해를 위한 사례를 말하면, 독일 현대철학자 투겐드하트는 기분은 어떤 지향적 대상을 갖지 않는다고 주장한다.[11] 이러한 주장은 널리 인정된 주장에 속한다.

그 외에도 기분은 감정보다 더 오랫동안 지속적으로 유지되는 현상

---

11 Ernst Tugendhat, Selbstbewusstsein und Selbstbestimmung. Sprachanalytische Interpretationen, Frankfurt a. M., 1979, 204쪽 이하.

들로 간주된다. 이것은 대체로 그러하다. 그래서 감정을 부분적으로 기분의 의미로 사용할 때마다 당연히 언급할 것이다. 시작하는 단계에서 또 하나 언급할 것은 기분으로 주위환경과의 연관을 맺는 일은 감정이나 정서로 맺는 일보다 더 특별한 일이 아니라는 점이다. 그럼에도 불구하고 이들의 차이, 즉 좁은 의미에 있어서 감정 사용과 기분 사용에 대한 어떤 분명한 경계가 있는 것은 또한 아닌 것 같다. 대상을 연구하는 일은 그 대상 연구에 필요한 정도의 현상들에 주목하는 일이기 때문에 그때그때마다 드러나는 현상들을 물음의 한계 안에서 세세하게 구별하며 검토해 볼 것이다.

감정을 분석하는 데 또 중요한 개념으로 태도 개념이 언급되어야 한다. 태도 개념은 기분 개념과 밀접한 관련이 있다.[12] 태도는 기분에 많은 영향을 받기 때문이다. 소란스러운 카페 안의 영향을 받은 기분에서는 차분한 감정 대신 혼란스러운 감정이 태도를 지배할 수 있기 때문이다. 얼핏 보면 감정과 태도는 서로 별 상관이 없는 것으로 보이기도 한다.

우리에게서 감정과 기분이 자연스럽게 일어나는 반면에, 한 사람이 보여 주는 태도는 자신에게 미친 일의 결과이다. 물론 이 일은 자신에 의해서 수행되거나 혹은 다른 낯선 것에 의해서 영향을 받을 수 있다. 어쨌든 이 일들이 자신의 몸에 끼친 결과로 태도가 나타난다. 태도는 우리가 추구해서 얻어내거나 혹은 습득한다. 태도를 취하는 데 습득하는 것처럼, 습득한 태도는 지

---

12   Otto Friedrich Bollnow, Das Wesen der Stimmungen, Frankfurt a. M., 1988, 154–161쪽.

속하여 유지하거나 버릴 수 있다. 태도를 유지하거나 버릴 수 있다는 것은 곧 태도가 다양한 방식으로 감정과 기분에 연관되어 있다는 것을 가리킨다. 다시 말하면 태도를 통해서 혹은 태도와 함께 자신이 어떤 감정을 갖고 있으며, 어떤 기분에 놓여 있는가를 보여 줄 수 있다. 태도를 취하는 일은 감정을 드러내는 일이라고 할 수 있다.

사람은 특별한 방식으로 자신의 감정을 형성하거나 억압한다. 이러한 방식으로 감정과 기분은 태도를 통하여 표현되고 방향이 정해진다. 그러나 여기서 주의해야 할 것은 감정과 태도가 서로 대립하는 것이라고 단순하게 이해하는 것이다. 이 두 개념이 서로 대립하는 것으로 이해하는 것은 바람직하지 않다. 감정은 태도를 취하게 하는 데 토대가 되는 요소에 속한다. 감정이 모아져서 태도로 구체화되고 어느 정도 결집되면, 이것이 표현된다. 감정은 태도에 자신의 특별한 색깔을 입히는 것이다.

좁은 의미의 감정 혹은 기분을 서술하기 위하여 사용하는 표현들은 태도를 서술하기 위함이다. 어떤 사람이 비굴해하는 것은 두려움의 감정에 연관시키는 것이고, 어떤 사람이 공격적이라는 것은 그의 분노의 감정에 관련한다. 동시에 이에 해당되는 사람이 비굴해하는 태도를 보이는 경향이 있거나, 공격적인 성향을 갖는 경향을 보인다고 강조할 수 있다. 다시 말하면, 위의 사람이 두려움이나 분노에 대한 특별한 성향을 가지고 있어서 일정한 조건들이 갖춰지면, 비굴해하는 방식이나 공격적인 방식으로 느끼고 행동한다는 것을 의미한다.

슬픔에 관한 이야기도 마찬가지다. 슬퍼하는 태도는 슬픔의 감정과 관련되며, 슬픔의 감정을 통하여 슬퍼하는 태도가 표현된다. 슬퍼하는 태도와 슬픔의 감정은, 슬퍼하는 사람이 세계와 자신의 삶에 대하여 갖는 태도의 한 형식으로 슬픔을 갖는 것과 관련되어 있다. 이와 같이 좁은 의미에서 감정과 기분 그리고 태도의 관계를 살펴볼 수 있다.

새로운 감정 논의를 시작하는 데 인지성·지향성 그리고 명제성_{판단과 주장을 명제화하는 일}의 개념들로 기술되는 속성들은 감정들을 설명하는 가능한 합리성을 위한 보증이나 조건과 비교하여 거의 분리되지 않고 차이가 없는 것으로 다뤄진 반면에, 오늘날 이르러, 이 세 개념들은 서로 경계를 가르기 시작한다. 감정과 관련하여 위 세 개념들, 인지, 지향성 그리고 명제성은 자신들만의 독특한 기능을 갖는다.

인지성은 사유하는 영역에 속한 것으로 간주된다. 인지 개념은 흔히 보편적인 것으로 쓰이지만, 감정이론을 다루는 문맥에서 사유와 결합된 것을 의미한다. 지향성은 사실과의 관계에서 다뤄진다. 즉, 지향성 개념은 감정이 사실이나 사태에 관련되어 있는 상황과 결합되어 사용된다. 명제성 개념에 있어서, 명제성이 감정을 다루는 데 쓰이면, 언명할 수 있는 구조화된 형성물과 관련되어 있다는 것이 강조된다. 이렇게 보면, 인지는 사유, 지향성은 사실 그리고 명제성은 언명 가능성의 함축 개념을 갖는 것으로 요약할 수 있다.

앞으로 논의는 감정의 합리성(1), 합리성과 명제성의 관계(2), 성향 Disposition 으로서의 감정(3), 감정의 과정으로서의 특성(4), 감정분석과 신체분석

(5), 제1인칭 관점과 제3인칭 관점에서 보는 감정의 차이(6), 감정에 대한 현상학적 접근과 분석적 접근의 차이(7)를 다룬다.

좀 더 구체적으로 언급하면, (1) 감정의 합리성을 먼저 논의하면서 감정은 합리적인가를 다룬다. 감정 합리성에 관한 연구는 최근 감정의 지능 연구를 통해서 자극을 받은 물음으로 욘 엘스터^{Jon Elster}가 정확한 상황구별방법의 도움으로 연구한 주제이다. (2) 감정에서 나타나는 합리성과 명제성의 관계에 관한 물음이다. 여기서 마사 누스바움^{Martha Nussbaum}의 견해를 참고한다. 그는 인지적 주장을 수정하는 입장을 취하고 있다. (3) 성향으로서의 감정을 다루면서 볼하임^{Wollheim}의 감정 구상을 비판적으로 검토한다. (4) 감정의 과정으로서의 특성에 관해서 무질^{Musil}의 입장을 자세히 피력한다. (5) 현상학적 감정분석에 의한 근본 개념들과 신체의 개념 사이의 대립을 가져온 것은 인지적 감정이론들이 현상학적 사유와 매우 유사하다는 주장에서 그 원인을 찾을 수 있다. 따라서 두 개념들 사이의 분석을 위하여 위 주장을 자세히 검토할 것이다. (6) 제1인칭 관점과 제3인칭 관점에서 보는 감정의 차이의 문제도 피할 수 없다. 왜냐하면 감정을 서술하는 데 그 특수성을 정확히 설명해 내야 하기 때문이다. (7) 마지막으로 감정을 논의하는 데 현상학적 방법과 언어분석적 방법의 공통점과 차이점이 논의되어야 할 것이다.

1.2. 감정은 합리적일 수 있는가?
– 욘 엘스터(Jon Elster)와 감정의 합리성

감정과 합리성의 관계는 오래된 문제이다. 감정을 연구하는 학자들에게 있어서 이 문제는 꼭 통과해야 하는 입문적 질문이다. 욘 엘스터는 "Alchemis of Mind"에서 감정과 이성, 정서와 합리성의 관계를 다루면서, 이들이 서로 영향을 주고받는다는 관점에서 다룬다.[13] 이성은 감정 표현에 영향을 줄 수 있고, 역으로 정서도 합리성에 영향을 미친다. 합리성이 정서에 영향을 미칠 수 있는 강도의 크기에 따라서 약한 테제 혹은 강한 테제로 구분할 수 있다.

우선 약한 버전을 보자. 약한 버전은 일반적으로 감정이 합리적 수단들에 의하여 영향을 받는다는 형식으로 언명된다. 이 형식은 감정이 이성에 의해서 영향을 받는다는 것을 단순하게 말하고 있다. 이보다 더 강한 버전은 합리성이 정서에 영향을 미쳐서 정서를 촉진하기도 하고 방해하기도 한다는 주장이다. 이성적 수단이 감정의 표현을 능동적으로 변화시킬 수 있다는 것이다. 다시 말하면, 이성이 감정을 선별하여서, 합리적 행위는 이성이 원하는 감정을 불러올 수도 있고, 원하지 않는 감정을 폐기할 수도 있다고 주장한다. 이러한 강한 버전은 사르트르의 실존론적 이론과 깊은 관계가 있으며, 솔로몬의 주장이기도 하다.

---

13   John Elster, Alchemis of the Mind, a. a. O., 283쪽 이하.

이와 대립하는 이론은 그 역을 보여 주는 것으로, 감정이 이성의 활동에 적극적으로 영향을 미칠 수 있다고 한다. 이러한 주장 역시 강한 버전에 속한다. 이 문맥 안에서 "영향"이라는 단어가 문제가 된다. 약한 버전에서 영향은 일반적인 의미로 사용하고, 강한 버전에서는 이성과 감정이 하나의 인과율 안에서 이해되어서 감정의 변화를 유도하는 영향의 의미로 사용하고 있다. 감정과 합리적 판단을 서로의 인과율 관계로 수용하는 주장은 로날드 데 소사Ronald de Sousa 나 안토니오 R. 다마지오Amtonio R. Damasio 에 의해서 대변되고 있다.[14]

강한 테제를 옹호하는 논증은 경험적 사례들과 밀접한 관련이 있다. 이때 경험적 사례들은 좁은 의미에 있어서 인지적으로 이해된 합리성 단독으로 수행될 수 없는 경우들이다. 그래서 데 소사와 다마지오는 감정들이 합리성의 특수한 형식이라고 고백한다. 우리는 살아가면서 많은 결정을 하게 되는데, 지금의 결정이 미래를 위해서 잘된 결정인지를 결정 당시에 알 수가 없다. 거의 모든 결정들이 여기에 해당한다. A 회사 혹은 B 회사에 취업할 것인가? 미래는 아직 오지 않았기 때문에 어떤 회사에 취업하는 것이 더 나은지 알 수 없다. 미래에 대한 불투명한 인식뿐만 아니라 정보가 부족한 경우에도 합리성이 충분히 작동할 수 없다.

설혹 이론적으로 정보가 풍부해서 사용할 수 있고 이를 바탕으로 추

---

14 Ronald de Sousa, The Rationality of Emotion, Cambridge 1987. Antonio R. Damasio, Descartes' Irrtum . Fühlen, Denken und das menschliche Gehirn, München/Leipzig 1995.

론할 수 있다 해도, 그에 대한 대가가 매우 높을 수 있기 때문에 합리성의 제한을 가져온다. 그러한 경우에는 좁은 의미에서 합리적 이유들을 원칙상 획득할 수 없고, 감정이 정보가 부족한 부분을 대신하게 된다. 더구나 결정을 내려야 할 시간이 급한 경우에는 감정이 더 적극적으로 능동적이 된다. 이러한 현상들을 어떻게 설명해야 할까? 이러한 현상이 발생하는 이유는 감정의 자발성이 시간이 촉박한 상황에서 더욱 적극적으로 결정을 돕기 때문이다. 그러한 경우 감정은, 일반적으로 말해서, 오성보다 더 빠르다. 오성은 대상과의 교감하는 시간을 필요로 하는 대신 감정은 즉각적으로 대상과 만나기 때문이다. 감정이 재빨리 틈새를 채운다. 감정은 빠르고, 이성은 느리다. 감정은 지름길로 가고, 이성은 대로를 간다고 생각하기 때문이다.

그러나 이러한 생각은 잘못된 것이다. 왜냐하면 사람들은 급히 결정해야 하는 그러한 상황 앞에서, 오성의 합리적 능력이 정지되면, 감정들이 등가의 기능을 한다고 볼 수 있기 때문이다. 등가기능을 가진 감정들이 합리성을 보완할 수 있다는 것이다. 그래서 엘스터는, 다마지오와 데 소사처럼, 감정들이 합리성을 보완할 수 있다면, 마찬가지로 합리성을 무시할 수도 있을 것이라고 주장한다. 이것이 엘스터가 주장하는 두 번째 테제이다. 그러므로 감정들이 합리적 결정들에 작용을 미칠 수 있다는 두 번째 테제는 부정적 작용 가능성으로 확장될 수 있고, 정서가 가진, 외부 원인에 영향을 받지 않고 스스로 작용을 하는 합리적 특성에 대해서 더 이상 언급할 수 없게 된다. 이에 반하여 데 소사는 정서가 가진 독립적·합리적 특성을 어떻게든 언명하려는 의도를 갖고 있다. 감정이 갖고 있는 인지적 무예측성의 문제를 더 다뤄 보자.

피터 골디Peter Goldie는 감정의 인지적 무예측성에 대하여 엘스터보다 더 분명하게 단언한다.[15] 고소공포증을 가진 사람을 가정해 보자. 그가 추락할 위험이 없다는 것을 분명히 알고 있음에도 불구하고 안전망이 갖춰진 낭떠러지의 가장자리를 따라서 걸을 수 없으면, 불안해하는 자신의 성향을 태도와 불안 표현을 통하여 통제할 수 있다. 인지적 무예측성은 등급의 차이가 있는 것으로 보아야 한다. 왜냐하면 인지적 무예측성은 상황에 따라서 강하게 혹은 약하게 나타날 수 있기 때문이다.

골디는 인지적 무예측성을 진화론적 대가로 간주한다. 진화론적 대가는 도전해 오는 상황에 대하여 감정적으로 대답하는 데 필요한 속도를 위해 지불되어야 하는 대가이다. 그래서 자신의 고유한 감정에 대한 책임은 제한적이다. 골디는 인지적 무예측성에 대한 판정을 의지의 빈약함의 현상에 대한 토론에 결부시킨다. 감정의 속성상 의지의 빈약함은 체계적으로 항상 가능하기 때문이다. 이 문맥에서 보면, 정확한 감정 분석은 철학적 문제들에 대하여 분명한 해결을 줄 수 있다는 것을 보여 준다. 인지적 무예측성과 관련하여 보면, 흔히 우리는 자신이 원하거나 희망하는 정도만큼 분명하지 않거나 분명할 수 없다는 것을 알고 있다.

위와 같이 감정에 제한을 두었음에도 불구하고 정서는 합리성에 맞는 부분을 가질 수 있다. 만약 감정이 지각능력에 영향을 줄 수 있다는 것이

---

15 Peter Goldie, The Emotions, a. a. O., 76쪽.

증명된다면 말이다. 왜냐하면 지각능력은 합리적 행위를 하게 하는 능력이 갖춰야 할 조건이기 때문이다. 엘스터는 일종의 인지적 기본단계가 존재한다는 일반적 가정에 대하여 이의를 제기한다. 인지적 기본단계란 감정상 중립이며 그래서 동기를 부여하는 편견에 의해서 흔들리지 않는 상태이다. 동기를 주는 편견에 흔들리게 되면, 우리는 극단적 감정을 바탕으로 지각을 이리저리 한 방향으로 왜곡하려는 경향을 갖는다. 그래서 우울증은 현실을 부정적으로 받아들이게 한다고 말한다. 반면에 열정적인 사람은 현실을 더 긍정적으로 본다.

그러나 엘스터는, 경험적 연구에 근거하여, 위 가정 중에서 후자만 옳다고 말한다. 우울증 환자는 놀랍게도 자신의 가능성과 능력을 포함하여 현실을 있는 그대로 사실적으로 파악하는 데 비해서, 정서의 중간 지대에 위치한 사람은 자신의 가능성과 능력에 대한 통제가 가능하다는 허상에 사로잡히는 경향을 보인다. 전자는 긍정적 결과를 자신의 업적으로 돌리는 반면, 자신에 대한 통제가 가능하다고 보는 후자는 부정적인 것은 다른 요인에 의해서 영향을 받은 것으로 간주한다. 우울증 환자는 자신의 능력에 대해서 있는 그대로 받아들이고, 정서의 중간 단계에 있는 사람은 오히려 다른 요인에서 평계를 찾는 경향이 있다.

욘 엘스터는 이러한 현상을 아래와 같이 해석한다. 우울증 환자에게서 분명하게 볼 수 있는 좁은 의미에서 인지적 합리성은 극단적인 경우에 합리적인 것이 무엇인지 알 수 없는 상황으로까지 몰고 갈 수 있다는 것이다. 그러므로 인지적 기본단계는 동기를 유발하는 단계와 일치하지 않는다.

위의 경험적 연구를 도발적으로 해석하면, 사람들은 무엇인가를 행동하기 위하여 항상 자기 자신과 세계를 있는 그대로보다 좀 더 능동적으로 보아야만 한다는 주장까지 가능하다. 오랫동안 고통을 경험한 후 현명해진 사람은 삶의 지혜를 안다. 이러한 삶의 지혜는 몸에 밴다. 몸에 밴 지혜는 생각하기 전에 행동을 하게 한다. 이러한 감정의 특성을 선택할 수 없으나 그 영향을 받게 된다. 이러한 감정의 특성은, 감정으로부터 거리를 둘 수 있는 가능성처럼, 한 사람의 행위능력을 보여주는 데 그 핵심이 된다. 왜냐하면 우리에게 정말 중요한 것을 확실하게 인지할 수 있는 것은 감정에 근거하지 않고는 불가능하기 때문이다. 단순한 정보의 합으로부터 확신하는 것이 아니다. 확실한 판단의 근원에는 감정의 동의가 전제되어 있다.

그래서 감정을 더 세분하여 합리적 선택 이론과 연결 지어서 더 논의해 봐야 한다. 엘스터는 어떤 의미에서 "정서가 정신적 값이나 유용성으로 환원될 수 있는가?"라는 논의를 전개한다. 그는 다양한 입장과 사유 가능성을 고려한 다음 분노와 같은 즉흥적인 정서는 합리적 존재로서의 인간 표상을 위험에 빠뜨린다는 결론에 도달한다. 즉흥적 정서는 이성이 사유할 틈을 주지 않고 행위를 불러오기 때문이다. 이와 반대로 오래 지속하는 정서, 즉 사랑, 미움, 무시의 정서는 경제적 인간으로서의 인간 이념을 의문시한다. 합리적으로 따져볼 때, 지속되는 부정적 정서는 자신에게 불이익을 주기 때문이다.

그래서 지속하는 부정적 정서는 모든 다른 행위목적들을 지배할 정도로 근본적인 역할을 한다. 예를 들어, 마음 깊은 곳에서 누군가를 증오하는 사람은 증오 그 자체를 자신의 삶의 중심에 두고서 이 증오를 중심으로 행동을 한다. 그리고 자기의 증오를 불러일으키는 그 관점에서만 그는 행위를 할수 있다. 자신의 행위가 유용하지도 않고 합리적이지 않아도 자신을 증오의 지휘에 내맡기는 것이다. 이러한 증오의 지휘는 심지어 매우 계산된 경우일 수도 있다.

감정의 사례들을 합리성과 감정의 관계의 관점에서 아주 세분하게 구분하다 보면, 감정들이 합리적 특성을 소유하고 있지 않다는 결론에 이른다. 우리는 합리적 수단들을 제한적 의미에서 감정에 영향을 미치게 할 수 있다. 원하지 않는 감정에 빠질 수 있는 것을 예상할 수 있는 상황이나 기회를 피해갈 수 있다. 예를 들면, 우리는 중동이나 아프리카 난민들에 관한 뉴스를 피하거나 가난한 사람들에 대한 이야기를 나누는 모임에 찾아가지 않음으로써 무기력하고 우울해하는 감정에 빠지는 것을 미리 제한할 수 있다. 반대로 원하는 감정이 표현되도록 그 감정을 유도하는 상황이나 기회를 조성할 수 있다. 그러나 그것은 엄밀히 말하면 좁은 의미에서 감정을 다루는 것이 아니라, 상황에 매몰되는 경우이다. 이 두 가지, 감정을 다루는 일과 상황에 빠지는 일은 엄밀히 구별되어야 한다.

사람은 자신의 정서에 합리적으로 영향을 미칠 수 있는가? 있다면 어느 정도로 영향을 미칠 수 있는가? 하는 질문에 정확히 대답하려면, 감정의 성질과 강렬한 ^{생생한} 혹은 삽입된 정서 사이의 차이를 충분히 고려해야 한다. 엘스터에 따르면, 생생한 정서는 우리에게 밀어닥쳐서 일어난 것으로 파악되어야 한다. 생생한 정서는 덮친 파도와 같다. 그래서 우리 자신이 그것을 소유할 수 없고, 또한 직접 변화시킬 수도 없다. 이러한 입장과 달리 특정한 상황이나 특수한 수단을 통해서 정서의 영향을 제어할 수 있다는 주장도 있다. 예를 들면, 심리치료의 방법을 통해서 정서를 약화시키거나 더 강화시킬 수 있기 때문이다.

엘스터는 더 자세한 분석을 시도한다. 그는 특정한 감정이론의 잘못된 일반화를 비판하고 감정에 대한 체계적 이론은 있을 수 없다고 논증한다. 그는 특히 감정의 인지이론에서 한 감정의 지향적 내용물이 감정표현을 위한 필연적 조건이라는 의미에서 이해되는 가정을 비판한다. 여기서 엘스터는, 누스바움도 마찬가지지만, 미학적 감정이 감정이론을 위한 핵심적 시험사례라고 주장한다. 왜냐하면 감정들의 부분 단계는 인지적 정서이론에서 핵심이라고 간주되는 특성, 즉 지향적 대상을 갖는 특성을 제시하지 못하기 때문이다.

여기서 미학적 감정 개념은 예술작품 앞에서 느끼는 감정을 의미한다. 예를 들면 음악작품을 들을 때 우리가 느낄 수 있는 기쁨, 슬픔 혹은 감격스러움을 뜻한다. 예술작품 앞에서 우리는 일상에서 경험하는 것과 다른 정서를 갖는다. 음악을 들을 때 정서는, 일상에서 경험하는 다른 정서들과 달리, 어떤 의미에서 지향적 대상을 갖지 않아도 일어난다. 이때의 정서는 어떤 특별한 대상에 대한 반응이 아니기 때문에 지향적 대상을 갖지 않는다는 것을 알 수 있다. 음악을 들으면서 느끼는 기쁨이나 슬픔의 정서는 특정한 일을 겪고 느끼는 기쁨이나 슬픔과 다른 정서이다. 지향적 대상이 없으니, 단지 그 음악작품이 불러일으킨 정서이고 그래서 그 정서를 불러일으키는 것에 대해서 서술할 수도 없다. 다만 기쁨이나 슬픔을 느낄 뿐이다.

이러한 정서의 변화는 특정한 생각을 하게 하거나 관련 있는 상황에 대한 기억을 촉발하는 특정한 분위기 안에서 일어난 연상적인 것으로도 이해될 수 없다. 오히려 엘스터는 음악작품이나 파샤주 자체가 청취자의 기쁨이나 슬픔에 해당하는 감정을 직접적으로 불러일으켰다고 주장한다. 이 과정에서 사유는 매개되지 않았다. 그러므로 지향적 내용으로 파악될 수 있는 매개하는 사유 없이 정서 변화가 일어난 것이다.

그런데도 여전히 의문은 남는다. 과연 사유가 매개되지 않는 과정에서 기쁨이나 슬픔의 정서를 느낄 수 있는지? 있다면 그것을 또 어떻게 증명할 수 있는지? 만약 우리가 엘스터에 동의하고 사유가 매개되지 않은 정서를 경험할 수 있다는 편에 서면, 동시에 이러한 정서는 우리가 일상에서 경험하는 기쁨이나 슬픔의 현상들과 충분히 유사하며 실제로 기쁨이나 슬픔으로 우리 자신이 경험하게 된다면, 지향적 대상은 정서를 위한 필연적 조건이 아니라는 것을 인정해야 한다. 이것은 어떤 경우에도 모든 정서에 해당하는 말이다.

그러므로 모든 정서가 반드시 지향적 대상을 가져야 하는 것은 아니다. 첫째, 인지적인 것은 명제로 파악되어야 하며, 둘째, 정서 개념은 모든 미학적 감정을 포함해야 한다는 두 개의 전제를 수용하면, 감정을 원칙상 상황에 대한 인지적 가치평가로 이해하는 모든 입장이 더 이상 존립할 수 없을 것이다.

그러나 해결은 그렇게 간단하지 않고 여전히 의문이 남는 부분이 있다. 예술작품과 연관되거나 예술작품에 의해서 느낀 감정은 인지적 매개 없이 가능하다는 주장은 모든 철학적 감정분석에 대하여 도전적임을 알 수 있기 때문이다. 예술작품과 더불어 수반된 감정의 그룹들을 분석한다고 해서 여기에 맞는 결론을 도출해 낼 수 없다. 엘스터와 달리 다른 논자들은 예술적 감정들도 지향적 내용을 가질 수 있고, 이러한 감정들에 특수한 종류의 지향성이 내재해 있다고 주장한다.[16] 앞으로 이 문제를 지향성 개념과 함께 더 설명할 것이다. 오늘날 지향성 개념에 대하여 다양한 설명들이 있다. 이에 따르면 인지적^{정신적} 내용물은 좁은 의미에서 언어적 표현형식과 필연적으로 결합할 이유가 없다는 것이다. 이들이 꼭 명제적으로 구조화되어야 할 필요가 없으며, 미학적 경험의 문맥 안에서 혹은 그러한 경험들과 결합한 체험을 통해서 드러날 수 있는 것이다.

지향성의 형식에 관한 물음 외에도 일상에서 경험하는 감정들과 예술작품을 대면했을 때 느끼는 감정들 사이의 관계도 더 논의해 봐야 한다. 예를 들면, 살면서 생활의 고통에 의해서 생기는 슬픔과 슬픈 음악을 들었을 때 생기는 슬픔 사이의 관계를 살펴서 지향성이나 인지적 정서의 문제를 더 분명하게 구별할 수 있을 것이다. 음악 감상을 통한 슬픔이 일상에서 경험하는 슬픔이 갖는 지향성과 비교할 수 있는 지향적 내용물을 갖는가? 혹은 일상에서 생기는 슬픔과 음악을 통해서 체험하는 슬픔 사이의 관계가 동일한 신체적 변화의 토대 위에서 일어나는가? 이러한 세밀한 질문들은 매우 신중한 답변을 필요로 한다.

---

16 참고. Martha Nussbaum, Upheavals of Thought, a. a. O., 249-294쪽.

1.3. 감정의 개체화에 관하여
– 마사 누스바움(Martha Nussbaum)의 해결책

감정의 인지적 토론에 있어서 감정들이 근본적으로 서로 구별될 수 있다는 주장은 흔히 정서에 대하여 지향성이 갖는 정의하는 역할과 결부되어 있다. 감정을 설명하는 또 다른 방식은 감정의 각 개체를 구별함으로써 가능해진다. 이것은 매우 흥미로운 시도로서 정서, 지향성 그리고 인지적 이해를 서로 연결시킬 수 있는 공간을 준다. 마사 누스바움은 그의 저서 『감정의 격동 Upheavals of Thought 』에서 흥미로운 연구결과를 보여 준다. 그는 지금까지의 연구를 확장하여 감정이 갖는 서술적 ^{명제적} 특성을 발전시키고 있다. 그는 초기 작품에서 문학 텍스트를 철학적으로 분석한다. 그래서 어느 정도 감정이 서술과 명제에 근거하고 있으며, 얼마나 강하게 감정이 각각의 특수한 문화적 전통과 결부되어 있는지를 보여 준다. 예를 들어 그는 기독교 전통 아래서 어떻게 사랑과 죄의식이 서로 결합되어 있는지를 보여 준다. 여기서 주로 사무엘 베케트 작품을 분석한다.[17] 누스바움은 최근 저서에서 이 이론을 확장하여서 분석된 감정과 초기 보편적이고 변화된 인지적 주장의 스펙트럼을 더욱 확장한다.

누스바움은 감정을 확장하여 정신적 삶과 사회적 삶을 연계한다. 그는 감정을 이 두 삶에 의해 전개되고 그려진 풍경화로 이해한다. 그는 감정의 표현 상태를 지질학적 융기와 비교하여 땅이 돌출되어 나온 형상을 감정의 표

---

17   Martha Nussbaum, "Narrative Emotions; Beckett's Genealogy of Love", in; dies., Love's Knowledge, Oxford 1990, 286–313쪽.

현으로 이해한다. 우리 감정은 지구 표면과 같다는 것이다. 우리 삶은 어느 특정한 관점에서 예측할 수 있고 통제할 수 있지만, 다른 한편으로는 이와 마찬가지로 불확실하고 쉽게 흔들리며, 기대하지 않은 배척을 당하는 과정의 연속이기 때문이다. 전자의 경우는 매우 협소하지만, 반면에 후자의 경우는 거의 무한대로 열려 있다.

감정의 정서는 우리의 사고와 밀접하게 연결되어 있다. 심지어 지능의 핵심부분을 차지한다. 정서는 단순히 힘의 원천이거나 삶을 보조적으로 지원하는 것에 불과한 것이 아니다. 한 걸음 더 나가서 누스바움은 정서를 가치판단으로 파악한다. 가치판단은 우리 삶을 행복하게 하기 위하여 어떤 특정한 대상들이 소중한 것인가를 결정한다. 이렇게 중요한 가치판단을 내리는 데 정서는 그 핵심 역할을 담당한다. 이러한 누스바움의 생각은 새로운 것은 아니다. 왜냐하면 이와 유사한 주장이 이미 수십 년 전 윌리엄 리온스William Lyons에 의해서 제기되었기 때문이다.[18]

그럼에도 불구하고 누스바움의 주장에는 특별한 어떤 것이 있다. 이것을 그의 가치판단의 특수성에서 찾을 수 있다. 그에 의하면 평가나 가치원천의 이미를 담고 있는 것으로서 정서 이해는 우리 자신의 고유한 욕구나 불완전함을 인정하는 데서 출발한다. 왜냐하면 우리가 가진 고유한 욕구나 불완전함은 주관의 통제를 벗어나 있는 사물이나 사람들이 자신의 인격 발전을 위

---

18 William Lyons, Emotion, Cambridge 1980.

해서 아주 중요한 대상들이라는 것을 말해 주고 있기 때문이다.

누스바움의 대안이론은 전통적 이론을 의문시하는 데서 출발한다. 개인을 사유의 중심으로 설정한 데카르트 주체철학이 전개된 이후, 서양의 전통적 인간학적 설명은 '노동하는 인간homo faber', '경제적 인간homo economicus' 혹은 '합리적 인간animal rationale'이라는 구호를 전면에 내세운다. 그는 이러한 상식화된 인간 규정을 통한 인간 이해와 인간실천의 토론장을 바꾸려고 한다. 이러한 시도는 인간의 자기 이해에 대한 편협한 생각으로 일종의 나르시스적 병적인 측면을 담고 있다고 보기 때문이다. 누스바움은 이성을 중심으로 자아와 세계를 이해하고 발전시켜야 한다는 믿음을 옳지 않은 전제라고 생각한다. 이성 단독으로 그와 대립된 모든 것들을 재배치하여 극복할 수 있다는 생각은 역설적으로 자신을 왜곡하고 세계를 더욱 이해할 수 없는 대상으로 만들어 간 것이다.

인간 스스로 자신을 이성 중심으로 규정함으로써 자신을 제한하면서, 그 결과 제한된 일정한 능력을 강조하는 데서 오는 위험한 폐쇄된 계곡으로 안내한 것이다. 물론 이성 중심의 사고방식은 자율이나 자유의지 개념을 천착하여 이성을 활성화하려는 기획을 했음에도 불구하고-이러한 시도조차 이성 중심으로 이뤄졌기 때문에- 비밀스러운 장막을 걷어 올릴 수 없는 상황에 이르렀다. 인간은 이성만으로 이해할 수 없는 일들에 노출되어 있고, 이성만으로 해결할 수 없는 일들을 경험하고 있다. 자연에 대한 인간의 생존보존의 장에서 만나게 되는 대립과 충돌뿐만 아니라 인간과 인간 사이에서 나타나는 긴장과 갈등 관계는 이성의 계산적 능력으로 더 이상 해결할 수 없는 상태에 들어와 있다.

그래서 누스바움은 이성이 가진 힘을 제대로 사용하기 위하여 정서에 대한 분석이 필요한 시대에 왔다고 진단한다. 그의 분석에 따르면 세상 속에서 일어나는 '이해가 난해한 거대함'은 반드시 부정적 의미를 가질 필요는 없다. 세계의 비밀스러운 거대한 힘은 이성이 세우고 실현하려는 기획을 방해하고 제한하는 측면에서 인간의 자율을 왜소화하는 면이 없지 않다. 부정적이다. 이러한 난점을 극복하기 위하여 감정의 순수성이 무엇보다도 중요한 것으로 인식되어야 한다. 동시에 우리가 변화시킬 수 없는 거대한 장벽 앞에서 인간이 느끼는 감정의 순수함은 그 어떤 것보다 중요한 것으로 현실적인 것이다. 감정은 이 문맥 안에서 현실 이해와 그 해결을 위해 중요성을 갖는다.

삶에 포함된 이해가 난해한 거대함은 감정의 중요한 특성으로 간주된다. 인간이 자신을 발전시켜 나가는 데 영향을 주는 무한한 이해할 수 없음과 모호함은 단순히 통제할 수 없다는 특성 때문에 독특한 의미를 갖는 것이 아니다. 누스바움의 연구가 새로운 것은 바로 이러한 감정의 난해한 거대함의 특성을 강조하고 있다는 점이다. 누스바움은 스토아학파는 감정을 조절하는 것을 목적으로 하는데, 이들조차도 많은 정서들을 극복해야 한다고 강조하며, 자신의 입장을 일관되게 신스토아학파에 속한다고 한다. 그리고 이러한 견해를 자신의 판단이론과 조화시키려고 한다.[19]

누스바움은 감정이 가치판단을 이미 내포하고 있다고 본다. 왜냐하

---

19 Martha Nussbaum, Uphevals of Thought, a. a. O., 26쪽 이하.

면 감정은 대상을 내포하며, 그것도 지향하는 대상을 내포하기 때문이다. 다시 말하면 감정은 무엇인가를 겨냥하며, 어떤 사건이나 사태에 관계하기 때문이다. 이것은 감정과 지향성을 연결시키고 있는 것인데, 누스바움은 감정이 관점의 능동적 방식을 이미 함축한다고 봄으로써 감정과 지향성의 연결이 가능하다는 것이다. 감정을 갖는 일은 곧 우리가 어떤 것을 주관적 관점으로 보기 때문에 가능하다.

주관적 관점은 가치와 중요성을 결정한다. 이것이 바로 감정의 판단 특성을 이루고 있다. 감정은 외부 대상에 의해서 중립적으로 촉발되지 않는다. 감정은 반드시 주관적 관점에 의해서 산출된다. 그리고 주관적 관점은 판단의 명제를 담고 있다. 따라서 감정의 난해한 거대함은 자신 안에 주관적 가치판단을 내포하기 때문에 지향성을 갖는다. 여기에서 감정의 난해한 거대함을 분석할 수 있는 단초를 발견할 수 있다.

누스바움은 감정의 인지 개념을 상대화한다. 그는 감정의 인지적 요소를 강하게 밀고 가지 않는다. 인지 개념을 정보의 보존과 처리에 관계 지움으로써 약간 상대화한다. 그리고 지향성과 인지 개념을 언어적·명제적으로 협소화시키는 것을 거부함으로써도 상대화시킨다. 필자가 볼 때 그의 의도는 분명히 알 수 있지만, 유감스럽게도 그 논증 과정은 그렇게 확신이 가지 않는다. 의문이 가는 문제는 애매모호한 정보 개념 때문인 것 같다.

우리가 정보를 갖는 것은 어떤 것을 '어떤 것으로 보는 것'이다. 즉, 하나의 작고 특수한 것을 보다 더 큰 보편적인 것 아래서 보는 것이다. 그래서 흔히 사람들은 한 대상이나 사물을 그 대상이나 사물이 속하는 종種의 이해 아래서 정보로 수용한다. 다시 말하면, 개별자를 그 개별자로서 인지하지 않는다. 개별자로서 그 한 경우의 존재가 그것을 함축한 보편자를 통해서 정보로 수용되는 것이다. 사람들은 이러한 사고방식의 배경을 통해서 한 대상을 그 대상을 포함한 종에 속한 한 종류로써 인지하는 것이다. 누스바움은 이러한 사고방식의 지평을 공유하지 않는다.

개체화의 원리를 사용하는 것은 '어떤 것 X'를 '어떤 것 Y'로 보는 일이다. 물론 여기서 정보의 보존과 처리로서 개체화의 원리를 넓은 의미로 사용하고 있다. 언덕에 올라 아래 평야를 내려다보면, 논과 밭, 그 사이의 길을 하나의 큰 풍경 안에서 보고 있는데, 눈에 보이는즉, 인지되는 논, 밭 그리고 길은 우리가 이미 알고 있는 일반적인 의미에서 논, 밭 그리고 길로 인지하고 받아들인다. 이러한 지각방식은 텍스트의 각각의 검은 글자를 일반적인 철자와 단어로 인지하는 것과 같다. 이것이 지각 혹은 인지의 본질이다. 그러나 정서의 경우는 다르다. 지각이나 인지와 달리 정서는 어떤 X를 어떤 Y로 수용하지 않는다.

정서는 복잡한 상황지각을 자신만이 갖는 특별한 방식으로 물들인다. 즉, 감정의 색을 입힌다. 정서가 특별한 방식으로 색을 입히는 것은 X를 Y로 이해하는 것과 다르다. 슬픔의 색깔이 우리를 물들인 경우를 보자. 부모가 사망하면, 자녀들이 슬퍼한다. 일반적으로 슬픔의 감정을 갖는다. 이러한 사태를 분석해 보면, 죽음에 대하여 슬퍼하는 사람들은 그들의 부모가 세상을 떠났다는 것을 인지해야 한다. 그러나 이러한 슬픔의 정서가 유발하는 데서 중요한 것은 이 사실이 아니다. 즉, 정서의 표현에서 인지가 중요한 것이 아니다. 슬픔의 지향성이 사망을 인지하는 데서 나오는 것이 아니다. 세상을 떠난 부모가 자녀들에게는 중요한 사랑받은 사람이었다는 사실이 슬픔을 불러오는 것이라고 해야 한다.

이러한 의미에서 슬픔의 지향성은 인지적 관계로 설명될 수 있다. 세상을 떠난 부모를 사랑받았던 사람으로서, 즉 자신들에게 중요한 사람으로서 인지한 것으로 감정의 지향성을 설명할 수 있다. 따라서 슬픔을 불러오는 환경에 대한 전체 지각과 인지는 슬퍼하는 자들에게 특수하게 새겨진 각인의 표현이다. 누스바움은 바로 이러한 주장을 강조한다.

더 나아가서 누스바움은 정서가 우리의 욕구를 현재화하고 어떤 방식으로든 우리 안녕과 무사함과 관련되어 있다는 것을 항상 강조한다. 그는 정서의 이러한 관점을 아리스토텔레스를 인용하여 "행복주의적eudaimonia"이라 한다. 이러한 행복주의적 관점은 우리가 이 감정을 체험하는 상태와 밀접한 연관관계를 맺고 있다. 체험하는 상태는 우리가 감정을 어떻게 경험하는가에 따라서 감정을 주관적으로 직접 만나는 것이다. 감정을 경험하는 것은 나의 온몸으로 직접 경험한다는 말이다. 그러니까 감정은 전체가 느낌feeling으로 다가온다. 그래서 감정이 갖는 주관성의 특징은 최근 새로운 이론들에 의해서 느낌으로 설명된다.

감정은 느낌이기 때문에 질을 의미한다. 감정을 통한 느낌은 체험되는 감정의 질을 느끼는 것이다. 예를 들면, 놀라운 광경 앞에서 경이를 느끼거나, 압박을 당하면 불편함을 느끼고, 간지럽힘을 당하면 간지러워한다. 이것은 느낌을 체험하는 질이 서로 다르기 때문이다. 그래서 느낌은 신체의 변화로 느낀다. 정서이론에서 이러한 느낌에 대한 이해는 영미학자들에게 매우 자연스러운 일이다.[20] 누스바움 역시 필링을 본질적으로 신체적 변화를 통해서 어떤 것이 일어남^{체험}으로 사용한다. 이러한 체험으로서의 느낌은 부차적으로 어떤 정서와 더불어 일어날 수 있지만 모든 정서에 수반되는 것은 아니다. 이러한 의미에서 필링과 정서^{즉, 감정}는 서로 구별된다. 느낌을 통해서 나타나는 정서의 성질은 주관적 성질인데, 이 주관적 성질은 이 감정을 체험하는 바로 그것이다.

그리고 이 주관적 성질은 우리가 무엇을 느낄 때 대부분 감춰져 있다. 겉으로 드러나지 않는 경우가 많다. 주관성이 은밀하게 감춰져 있는 것이다. 그런데 정서의 행복주의적 관점을 이야기하면서 누스바움은 느낌의 주관성을 호명하고 있다. 불행히도 그의 분석에서는 느낌과 정서가 체험의 질로써 파악되지 못한 채 주관성의 호명이 이뤄지고 있다는 점이다. 그러므로 우리는 누스바움을 두 가지 차원에서 이해하도록 해야 한다.

누스바움은 한편으로 항상 신체적인 감정의 주관적 흔적을 우연적인 것으로 다루면서, 다른 한편으로는 자신의 판단개념을 명제적 구조로부터 분리해 낸다. 모든 정서가 언어적으로 설명되거나 판단될 수 있는 내용물을 갖

---

20 Gilbert Ryle, Der Begriff des Geistes, Sttugart 1969.

는 것이 아니라는 말이다. 오히려 정서를 언어적으로 설명할 수 있는 단계들이 매우 많고, 이들은 서로 차이가 난다. 아직 자신의 생각이나 감정을 언어로 표현하지 못하는 어린아이를 보면 잘 알 수 있다.

우리는 이들이 드러내는 감정을 어떤 특성을 가졌다고 설명해 낼 수 없다. 어린아이들은 성인에게 전혀 어떤 감정을 불러일으키지 못하는 상황 앞에서도 자신만의 감정을 표현할 수 있다. 예를 들면, 바람에 날리면서 떨어지는 꽃잎을 보며 깔깔거리며 웃는 아이들의 감정 표현이다. 이는 포유동물의 감정 표현에 대해서도 마찬가지다. 애완견이 재롱을 떠는 모습을 보지만 그러한 감정표현을 불러일으키는 것을 언어화해 낼 수 없다. 감정을 표현할 수 있으나 아직 언어능력이 없는 어린아이와 포유동물들은 자신들의 감정을 언어화할 수 없는 것이다.

물론 감정은 인지적 판단들을 내포한다. 그러나 이것이 의미하는 것은 한계가 있다. 감정이 인지적 판단들을 내포한다고 해서 모든 판단내용들이 언어화될 수 있다는 것은 아니다. 감정의 인지적 판단내용의 내포가 감정이 왜곡되지 않고 언어로 표현될 수 있다는 것을 의미하지 않는다. 다른 관점에서 말하면, 감정의 인지적 내용이 왜곡되지 않고 정서의 주관에 의해서 표현될 수 있다는 주장이 거부된다.[21]

---

21 참고. Martha Nussbaum, Upheavals of Thoughts, a. a. O., 127쪽.

우리가 체험하는 개별적 감정들도 서로 차이가 있다. 그런데 개별적 감정들을 구별하는 기능은 어떻게 가능한가? 감정 스스로 이러한 구별하는 기능을 맡고 있지 않다는 것은 분명하다. 누스바움 역시 이것을 강조한다. 신체가 수용하는 느낌은 구별의 기능을 수행할 수 없다. 그 이유는 첫째, 모든 정서가 느낌에 의해서 수반되는 것은 아니며, 둘째, 정서의 특수성이 개별적 감정들을 서로 구별할 정도로 충분하지 않기 때문이다. 오히려 지향적 내용이 구별의 기능을 담당할 수 있다. 지향적 내용에 따라서 감정들을 개체화시키는 것이 더 적합하기 때문이다.

　　감정의 지향적 내용은 감정에 따른 행동, 감정이 추구하는 지향성, 감정의 자기 확신과의 관계 그리고 감정의 가치평가와의 결합으로 나타난다. 표출된 감정에 내포된 내용은 감정의 결과 어떤 행동으로 표현되며, 감정 표현을 통해서 추구하는 목적을 가지고 있으며, 자기가 믿는 세계관과의 관계 안에서 일어난 것이며 또한 삶에서 의미를 둔 평가의 척도를 복합적으로 담고 있다.

　　언어분석적 관점에서 볼 때 위와 같은 주장들은 새로운 것이 아니다. 이러한 주장들은 오래전부터 있어 왔다. 그러나 여전히 문제를 안고 있는 부분이 있다. 흔히 지향적 내용물이 감정을 구성하는 역할을 한다는 전제가 자명한 것으로 받아들여지고 있는데, 이 전제가 더 설명되어야 한다. 우선 "모든 정서가 지향성을 갖는가?"라는 문제가 해명되어야 하고, 어떤 방법으로 정서가 구별될 수 있는가? 하는 물음도 해결되어야 한다. 그리고 이 두 문제는 서로 논리적으로 의존하지 않는다. 각각 독립적 의문이다. 사실 모든 감정들이 지향적 내용물을 내포하고 있다는 것이 증명된다고 해도 이들이 서로 구별되지 않는다는 것을 충분히 생각할 수 있기 때문이다.

우리는 신체적 느낌의 영역에서 각각의 느낌을 개별적으로 구별할 수 있다. 뜨겁다거나 차갑다는 것을 구별하여 느낀다. 억압적이거나 개방적으로 전해지는 신체적 자극을 구별하여 느낀다. 그런데 이것은 신체적 느낌에 하나의 지향적 내용물을 덧붙이지 않아도 가능하다. 우리가 느낀 것을 그대로 말할 수 있기 때문이다. 보통 우리는 추운지, 더운지, 목이 마른지, 배가 고픈지를 느낀 대로 말할 수 있다. 웃기는 것인지, 가소로운 것인지, 슬픈 것인지를 구별하여 말할 수 있다. 우리가 느끼는 분위기에 대해서도 이것과 동일하게 말할 수 있다. 적막하다, 소란스럽다, 활기차다 혹은 쓸쓸하다 등등. 다양하게 느끼는 이러한 분위기들은 분명하게 서로 구별이 된다. 이때 역시 느낀 다양한 분위기들이 반드시 특별한 지향적 내용물을 내포하고 있지 않아도 서로 구별되는 것이 가능하다.

처음부터 정서를 신체가 갖는 느낌과 구별해야 한다고 보는 것도 잘못된 시작이다. 느낌-구성요소는 전체로 파악되는 감정을 구성하는 근본 토대이다. 따라서 느낌-구성요소는 논리적으로만 감정으로부터 구별될 수 있다. 실질적으로는 구분이 되지 않는다. 누스바움이 의미한 것처럼 정서의 구조는 비명제적 지향성에 기초하고 있기 때문이다. 여기서 신체적 변화 흔적과 객관적이며 외적으로 관찰할 수 있는 신체 변화과정의 혼동이 일어날 수 있다. 느낌의 특수한 성질은 정서의 유일한 내적 특성이라고 주장할지라도 느낌을 일어나게 하는 흔적이 필연적으로 생리적으로 증명할 수 있는 신체과정과 대응한다고는 말할 수 없다.

감정의 두 가지 관점, 즉 감정의 흔적과 신체 과정은 서로 분리하여 분석해야 한다. 각각의 느낌이 갖는 특수한 성질은 그 감정을 일어나게 하는 데 유일한 필연적 조건이다. 각각의 감정에서 특수한 성질을 제외하면 다른 모든 관점들은 거기에 속하지 않는다. 한 느낌에서 감정의 특수한 성질 외 다른 성질은 필연적 조건으로부터 제외될 수 있는 것이다. 우선 인지적 선역사가 들어 있지 않을 수 있다. 정서의 표출은 선역사 없이 얼마든지 가능하기 때문이다. 미적 쾌감에 따른 정서에서는 지향적 대상이 부재하는 것도 가능하다. 목적을 추구함이 없이 미적 느낌이 일어날 수 있기 때문이다. 생리적 자극이 부재한 경우의 느낌도 가능하다. 고마움을 느끼는 감정에는 생리적 자극이 반드시 수반되지 않는다. 신체적 표현의 부재도 가능하다. 신체적 표현은 심지어 통제될 수도 있다. 속임이나 위장의 경우를 예로 들 수 있다. 그리고 특징적 행위경향이 부재할 경우도 있다. 기쁨 앞에선 사람의 몸은 활성화되지만 그렇지 않은 경우도 있다. 고요한 기쁨의 느낌이 그렇다.

감정을 알아챔과 감정의 개체화의 관계를 알아보자. 신체적으로 촉발하는 감정의 알아챔이 감정의 개체화를 가능하게 하는가? 이 물음에 대해서 긍정적으로 답하는 사람은 지향적 이론 안에 내포된 난제, 즉 지향적 이론이 미학적 감정들을 표현할 수 있다는 어려운 문제를 감정의 전체 단계와 관련시켜 다루게 한다. 그런데 아직 의식되지 않은 근원-정서Proto-Emotion; Elster 는, 엄밀히 말해서, 적용 가능한 방식에 의하여 검토되지 않았기 때문에 감정으로 분류될 수 없다. 물론 검토되는 적용 가능한 방식은 이에 대응하는 의식된 정서들에 공통적으로 적용되는 방식이어야 한다.

엘스터는 근원-정서 개념을 발전시키고 있는데, 이는 의식화되지 않은 감정을 의미한다. 근원-정서 개념은 제3자의 도움으로 설명될 수 있다. 근원-정서는 본인 자신은 아직 의식화하지 못했지만 제3자의 관점에서 보면 분명하게 주어진 정서이다. 이러한 정서는 무엇보다도 특별한 태도가 표현됨으로써 드러난다. 이러한 근원-정서는 자극을 받은 상황 아래서 각각의 정서에 따라서 일어나는 전형적인 표현방식을 제3자가 미리 관찰함으로써 알려진다.

이 근원-정서는 제3자에게 알려져 있지만 본인에게는 의식화되지 않았다. 무의식의 정서이다. 예를 들면, 본인은 부정하지만 다른 사람들에 의해서 알려진 화, 분노, 슬픔 등을 말할 수 있다. 근원-정서에 대하여 본인은 의식하지 못하기 때문에 부인하고, 다른 사람은 보이는 태도에 의해서 확신한다. 이것은 근원-정서의 존재론적 위상에 관한 물음을 제기한다. 왜냐하면 근원-정서에서는, 정의에 따르면, 절적으로 다른 체험이 바로 그 정서의 표징이 될 수 없기 때문이다.

이것은 개념적 딜레마를 의미한다. 이 딜레마는 감정이 스스로를 속인 결과로 나타난 현상을 통해서 발생한 것이다. 왜냐하면 근원-정서의 경우에 있어서 감정은 오직 제3자에 의해서만 분류될 수 있기 때문이다. 근원-정서 개념을 사용하는 것은 용어적 차이를 보여줌으로써 정의하려는 시도이다. 이러한 시도는 단순한 용어적 차이를 말하는 것에 불과하다. 이에 따르면 정서에 대한 감정의 오류는 내적 판단기준에 비춰 봤을 때 있을 수 없다.

그러나 근원-정서에 대한 감정오류는 가능하다. 이 때문에 위에서 제기한 물음에 대한 답을 유보해야 한다. 감정을 알아챔은 감정에 대한 신체적 개체화를 가능하게 하고 나아가서 감정 분류까지 가능하게 할 수 있는가? 하는 물음은 아직 해결되지 않았다. 어쩌면 앞으로 더 이상 언급되지 않을 수도 있다.

그럼에도 불구하고 이러한 물음이 갖는 의미는 크다. 위의 문제제기는 앞으로 우리가 감정을 구성하는 관점들에 대하여 말할 때, 매우 신중하게 주장들을 전개해야 한다는 것을 말해 주고 있기 때문이다. 따라서 앞으로 전개되는 감정에 대한 모든 분석들이 의미를 갖기 위해서 각각의 감정들이 갖는 신체적 토대를 항상 감정이 갖는 언어적 성격, 즉 지향적 내용물과 밀접하게 관련시켜 서술해 나가야 할 것이다.

1.4. 성향이나 소질로서의 감정의 구상
- 리처드 볼하임(Richard Wolheim)

분석적 감정연구 영역에서 특이한 입장을 취하는 철학자는 '미니멀 아트' 주장으로 한국에 알려진 영국의 리처드 볼하임 Richard Wollheim 이다. 그는 비의식화된 감정을 예외라고 생각하지 않고 규칙으로 받아들인다. 그에게 있어서 감정 체험의 성질은 정서를 정의하는 특징이 아니다. 그는 다른 분석적 이론가들과 달리 문학적 사례들과 심리적 분석을 수용하기 때문이다. 그는 명제적 언어분석과 문학적 사례들을 종합하며, 더 나아가서 심리분석 방법이 사용하는 개념적 언어들을 그의 체계적 이론에 통합시키려 한다. 특히 그의 책에서 소원을 다루는 장들은 독자들에게 많은 것을 기대하게 한다. 그는 이의 제기가 가능한 세세한 문제들을 매우 조심스럽게 다루고 토론한다. 그래서 익숙하지 않은 독자들에게 복잡하고 체계적인 언어분석적 구조가 잘 이해될 수 있도록 한다.

볼하임이 전하고자 하는 분명한 메시지는 정서는 언어적 서술로 환원 불가능한 현상이라는 주장이다. 정서는 인지내용이나 심리적 과정으로 환원될 수 없으며, 확신과도 거리가 있으며, 또한 소원과도 분리되어야 한다. 무엇보다도 정서가 생겨나는 것은 소원의 채워짐이나 채워지지 않음과 연관되어 있는 것은 부인할 수 없다. 이때 정서의 채워짐이나 채워지지 않음은 이들에 대한 표상에 관련되며, 동시에 미래 실현이 가능하거나 기대될 수 있는 채워짐과 채워지지 않음과 관련될 수 있다.

이와 같이 볼하임은 정신을 재심리화하는 구도를 지향한다. 이러한 구도를 가진 프로그램은 무엇보다도 소원-보다 일반적으로 말하면 성질이나 소질로서의 정서-에 대한 심리적 실재를 문제의 핵심으로 파악하고 있다. 여기서 볼하임이 의도하는 것은 소질을 단순한 행위의 모델로 보는 것 ^{길버트 라일의} ^{입장}과 다른 것을 보려고 한다. 볼하임에게 있어서 소질은 정신이 지속적으로 각인된 것이다. 그리고 이렇게 각인된 토대 위에서 정신 상태가 결정체화된다.

따라서 소질은 매우 다양한 요소로 이뤄진다. 예를 들면 지식, 확신이나 소원뿐만 아니라 능력과 습관, 덕과 악덕 그리고 기억도 포함한다. 소질은

01 감정의 철학에 대한 서론 - 명제, 문제 그리고 관점

본디부터 타고난 능력이나 기질을 의미하기 때문에 위 예에서 열거한 요소들을 내포하는 것이다. 소질과 달리 정신 상태는 시간적으로 매우 제한되어 일어난 사건이다. 감관 지각처럼 말이다. 정신 상태는 고통이나 생각을 지각하는 것이다.

그러나 우리는 볼하임의 정서이론을 잘못 이해해서는 안 된다. 그가 정서를 무엇보다도 소질로서만 파악한다고 확인하는 것은 무리한 결정이다. 볼하임은 부수적 정서들을 정신 상태로 다루는데, 이러한 정신 상태는 소질과 복잡한 상호 관련성을 맺고 있다. 물론 그가 철학적으로 그리고 심리학적으로 관심을 갖는 것은 분명하게도 소질이다. 따라서 그는 정서를 정신적 소질로 정의하고 생동적인 감정으로 다룬다. 감정이 표현된 특별한 경우로 보는 것이다. 정신 상태는 단순히 소질이 드러난 결과가 아니라 정신적 소질이 표현되는 출발점이 될 수 있기 때문에, 볼하임이 의도하는 소질은 특정한 지향적 감정을 가능하게 하는 조건이라고 말할 수 없다.

소질을 특정한 지향적 감정의 가능성 조건이라고 보는 것은 하이데거가 취한 논의방식과 매우 밀접한 관련이 있다. 하이데거의 방식에 따르면, 위협을 느끼는 것에 대해서 언표 할 수 있는 능력은 우리가 두려워할 수 있다는 전제가 된다. 그러나 흥미롭게도 볼하임은 정서를 소질로 개념적으로 정리하면서 확실한 근거를 제시하진 못했다. 그는 다른 논의에서는 매우 논증적으로 조심스럽게 처신하는 학자임에도 이 문제에서는 그렇지 못한 것이다. 그이유는 어디 있을까?

정서를 소질로 이해하게 하는 것은 자연스럽게 심리분석적 토론과 연결될 수 있는 여지를 마련한다. 민감한 성향이나 소질로서의 정서이론에 대하여 확실한 근거를 제시하지 못하는 이유는 아마도 심리분석적 방법의 사용에 있을 수 있다.

그 이유를 찾아보면 첫째, 민감한 성향이나 소질의 경우에는 등급이 있는 분류가 가능하다. 무의식적·의식적·선의식적 소질로서의 정서 등급이 가능하다. 그러나 생동적 감정의 경우에 이러한 등급에 따른 분류는 배제되어 있다. 두 번째 이유는 첫 번째 이유와 밀접하게 관련되어 있다. 부수적 정서나 정신 상태의 경우에는 내적 판단기준이 핵심이다. 그래서 어떻게든 주관적으로 느낌을 갖고, 그것을 느끼고 의식한다. 그러나 민감한 성향이나 소질은 이와 다르다. 민감한 성향이나 소질은 정신 상태 안에서만 스스로를 표현하기 때문이다. 세 번째 이유는 그 영향력에 따른 구별에 있다. 민감한 성향이나 소질은 부수적인 감정보다 훨씬 더 영향력이 크다. 민감한 성향이나 소질이 본질적으로 더 힘이 세다. 왜냐하면 대단한 부분에 대해서도 무의식적일 수 있고, 바로 그래서 우리 자신에게 비합리적이고 때론 알 수 없는 생생한 정서를 발생시킬 수 있기 때문이다. 비합리적인 생생한 정서에 의한 사건들은 도처에서 일어난다. 예를 들면, 많은 사람들은 결코 사랑할 수 없는 가치를 가진 사람을 사랑하거나 충분히 사랑할 만한 가치를 가진 사람을 싫어하는 일을 하지 않는가?

엘스터가 연구한 합리성과 정서의 관계에 따르면 볼하임은 정서를 민감한 성향이나 소질로 파악한다고 추론할 수 있다. 그 이유는 성향이나 소질은 합리적 변화에 민감하나 부수적 감정은 그렇지 못한 데 있다. 그러나 사실은 그렇지 않다. 이러한 합리화 시도는 볼하임이 원하는 시도가 아니다. 그와 반대로, 그는 대체로 대부분의 정서들이 합리적인 판단들에 의해서 영향을 받지 않는다는 것을 알고 있다. 그는 이것을 분명히 언급한다. 이렇게 합리적인 영향이 좌절된 것은 지금까지 보인 정신철학의 영역 안에서 볼 때, 대부분의 위대한 연구들과는 완전히 다른 결론에 이른 것이다.[22]

분명 볼하임은 인지적 정서이론에 강하게 반대한다. 일반적인 정서이론에 따르면 정서는 어떤 방식으로든 사유나 확신 그리고 가치판단으로 환원되어야 한다. 볼하임은 분명히 주장한다. 정서는 사유나 소원 혹은 환상 속에서 표현될 수 없다. 이 점에서 누스바움의 지향성 비판에서의 주장과 유사한 입장을 취한다. 볼하임은 사유는 결코 완벽하게 논리적으로 완결될 수 없으며, 또한 완벽한 전체 문장의 형태로 명제화되어 표현될 수 없는 것이라고 주장한다. 게다가 모든 사유가 능동적으로 산출되지 않을 뿐만 아니라 많은 사유들은 일종의 우연한 조우^{만남}로부터 영향을 받는 특징을 갖는다. 생각의 뭉치들은 구태여 묻지 않아도 연상을 통해서 혹은 일상의 꿈의 형식으로 의식 속에 떠오른다.

어쨌든 볼하임이 생각하는 민감한 성향으로서 정서 개념은 특정한 감정을 발전시키는 추상적 능력이나 상태를 의미하는 것이 아니라 개별적이

---

22 Richard Wollheim, Emotionen. Eine Philosophie der Gefuehle, Muenchen 2001, 147쪽.

라는 것을 말하고자 한다. 이러한 의미의 정서 개념은, 그 발생사적으로 인지하면, 운명적인 것에 의해서 영향을 받는다. 민감한 성향으로서 정서는 한 개인의 삶의 역사에서 드러난다. 실제로 삶에서 채워지거나 그렇지 않을 수 있고, 또한 단지 표상적으로 채워졌다고 생각하거나 그렇지 않을 수도 있다. 어떤 방식으로 생각되든 성향의 정서는 개인의 삶 역사 속에서 구조화된다.

볼하임에 따르면 정서들은 이성적인 확신이나 가치평가의 결과물이 아니라 그 반대이다. 즉, 정서들은 확신과 가치평가를 가능하게 하는 토대를 이룬다. 결론적으로 말하면, 볼하임의 정서이론에서 중요한 것은 정서의 불환원성을 분명하게 강조하고 있다는 점이다. 따라서 앞으로 더 연구해야 할 것은 어느 정도로 그리고 어떤 방법으로, 정서들이 우리의 가치판단과 확신 그리고 더 넓게 말하면 삶의 내용을 규정하고 있는가를 검토하는 일이다.

1.5.   감정들의 과정으로서의 특성
– 피터 골디(Peter Goldie)와 로버트 무질(Robert Musil)의 견해

지금까지 살펴본 학자들 중에서 엘스터를 제외하고 누스바움과 볼하임은 정서들을 세계-내-존재라는 토대 위의 해석학적 전통에 서서 전체적으로, 또한 세계와의 본질적인 관계로서 해석하고 있다. 해석학적 전통에 선 정서 이해는 감정의 철학적 초지성화에 대한 피터 골디[Peter Goldie]의 비판에도 해당한다. 그의 지성 비판 감정이론은 아주 좁게 해석하는 인지적 관점에 대해서 반대한다. 예를 들면 그는 특수한 필링, 즉 주관적 느낌의 의미에서 수용적 성질을 지향적 구조를 가능하게 하는 자명한 기초로 이해하지, 감정을 구성하는 요소나 그와 유사하게 분리할 수 있는 그 어떤 것으로 이해하지 않는다. 이러한 그의 비판의 길은 현상학자 후설의 전통에 따라 걷는 길이다.

게다가 골디는 인간 존재의 자기 해명의 무회피성을 강조한다. 인간으로 태어난 자는 자기를 규명해야 하는 운명에서 벗어날 수 없다. 삶은 곧 자기 존재를 규명해야 하는 숙명의 길로 이어지는 과정이다. 이것은 찰스 테일러Charles Taylor의 인간 이해와 연결된다. 테일러는 인간을 자기 자신을 지시하는 동물로 이해한다. 그래서 감정을 인간적 세계-내-존재와의 연관 속에서 해석한다. 이러한 점에서 그는 하이데거의 전통을 따른다. 그렇기 때문에 바로 이러한 문맥 안에서 감정은 자명할 수 있고 감정에 대한 철학적 분석이 가능하게 되는 것이다.

골디에게 있어서 정서들은 위대한 거대 담론을 위한 구성 요소이다. 감정에 대한 모든 설명은 단순하게 하나의 해석의 틀 안에서 갇혀 일어나는 것이 아니라 '삶 그 자체'를 보여 주는 과정이어야 한다. 만약 우리 자신이 스스로를 이해할 수 있는 그 어떤 방법을 알지 못한다면, 오직 하나 열린 길은 서술적일 수밖에 없다. 자기 해명을 위한 형식은 필연적으로 서술적이어야 한다. 우리가 소유하고 있는 것은 인간 삶의 역사요, 인생 이력서이다. 인간 역사와 인간 전기를 보는 우리의 관점은 삶 그 자체로부터 분리될 수 없다. 그래서 역사와 전기에 대한 우리의 관점은 서술적 전체성으로부터 거기에 속하는 각 개별적 부분들의 삶의 의미를 규정한다. 정서들도 이러한 틀 안에서

이해되어야 한다.[23]

　　정서들 자체는 서술적 구조를 갖는다. 사유, 느낌, 신체적 변화 그리고 감정 표현 등이 그 서술적 구조를 이루고 있다. 골디의 감정-서술 주장은 누스바움의 감정-서술 주장과 다른 점이 있다. 누스바움이 우리의 정서들은 각각 다른 문화권 안에서 성장하면서 배운 이야기들에 얽혀 있는 것들을 통해서 규정된다고 강조하는 반면에, 골디는 그와 거꾸로 된 입장을 제시한다. 감정은 감정에 적절한 방식으로 이야기하는 '서술의 형식'을 통해서 말해질 수 있다고 강변하고 있기 때문이다.

　　감정이 다양한 구성요소에 토대를 두고 있다는 전통적 다³구성요소 이론과는 달리 골디는 일정한 구조 안에서 다양한 감정요소들이 서로 얽혀 있는 정확한 관계들에 대한 분석에 관심을 보이지 않는다. 그래서 정신철학에서 잘 알려진 감정요소들 사이의 인과관계 기쁨을 경험하는 사람은 관대해진다거나 슬픔에 빠진 사람은 무력해진다고 감정들 사이를 인과관계로 파악하는 나 높은 단계에 위치한 감정의 질 외로움보다 숭고한 감정이 더 고차원의 감정이라고 생각하여 감정의 질을 매길 수 있다는 생각에 근거하여 과 같은 모든 형태의 관계범주들은 그의 관심을 끌지 못한다.

　　골디가 우선적으로 관심을 보이는 것은 일상심리학의 분야이다. 그는 일상심리학을 개념적으로 분명히 사용하고 있는데, 그 바탕에는 개념을

23　Peter Goldie, The Emotions, A Philosophical Exploration, Oxford 2000. 11—49쪽.

통한 철학적 연구가 목적으로 하는 내용은 결코 현상과 분리될 수 없다는 전제가 깔려 있다. 이것이 골디의 감정이론으로의 독특한 방법적 접근이다. 그의 일상심리학적 방법을 통한 접근은 오늘날 철학적 감정토론을 매우 풍요롭게 만든다. 특히 감정과 기분 혹은 느낌 사이의 상관관계에 대한 분석에서 그렇다.

골디가 해결하려는 하나의 과제는 오늘날 감정에 대한 폭넓은 토론이 이뤄지고 있음에도 불구하고 잘 다루지 않는 주제에 관한 것이다. 즉, 감정이 가진 명제적 구조에 관한 문제이다. 감정을 명제적으로 규명하려는 골디의 시도는 20세기 분석적 연구의 영향을 받아서 형성된 철학적 사유가 낳은 한 산물이기도 하다. 흔히 감정은 객관성을 보유하지 못한다고 한다. 그렇다면 객관성을 갖지 못한 감정을 어떻게 이야기 형식으로 서술할 수 있겠는가? 이것은 서술적 감정이론이 풀어야 할 긴급한 문제이다. 골디는 무질의 감정이론과 연계하여 이 문제의 해결을 시도한다.

무질은 감정이 가진 과정으로서의 속성에 주목한다. 감정은 흐르기 때문에 고정되지 않는다. 감정은 항상 변하고 게다가 행동과 밀접하게 연계되어 변화한다. 감정은 행동 속에서 그리고 행동과 더불어 변형한다. 감정의 흐름을 파악하기 위하여 감정이 가진 과정의 속성을 보아야 한다. 이 점에서 무질은 감정논의의 출발점을 찾는다. 위에서 말한 이유로 무질은 분명히 감정을 상태로 인지하지 않는다. 그에게 있어서 감정은 상태가 아닌 복잡한 과정이다. 그는 우리의 삶에서 펼쳐지는 복잡한 과정으로서 감정을 이론적으로 분석하려고 한다. 과정 혹은 무질의 표현에 따르면 '흘러가는 사건^{Vorgang}'을 언급하려면 동시에 눈앞에 전개된 문제에 직면한다. 그 흐름의 사건을 분리하는 문제에서 시작한다. 어디가 사건의 시작이며 끝인가? 그 사건의 통일성은 무엇이 보증하는가? 또한 사건의 원인은 무엇이며, 그 결과는? 그리고 사건에 이어서 수행된 결과들은 또한 무엇인가? 감정을 복잡한 흐름의 사건으로 인지하기 때문에 인지한 것을 언어화하는 문제를 떠안게 된 것이다.[24]

무질은 위의 문제를 두 가지 관점에서 해결을 시도한다. 첫째, 무질은 정서의 내적 관계를 탐색한다. 감정은 복잡한 뭉치의 흐름이기 때문에 다른 부분 과정들이 전체 과정에 어떻게 통합되고 또 어떤 영향을 미치는가를 살펴보아야 한다. 그래서 부분 과정들과 전체로서의 과정의 내적 관계를 규명하는 관점이 필요하다. 둘째, 한 감정 안에서 일어나고 있는 대립된 발전 경향에 관한 관찰이다. 모든 감정은 한 방향으로만 발전하지 않는다. 감정은 서로 다른 방향으로 항상 대립하는 흐름이다. 한 방향은 감정을 규정하려고 하며, 다른 방향은 이를 부인하려고 한다. 이 대립은 기분 혹은 성향의 대립으로 특징지을 수 있다. 무질은 이러한 대립을 확인할 수 있다고 생각한다.

무질의 첫 번째 관점은 감정과 실천적 태도의 상호 강화Verstaerkung 와 반향Resonanz 의 관계에 관한 것이다. 감정과 태도는 전체적인 것으로 서로에게 영향을 주고 확장되어서 복합적인 것이다. 그 안에서 각 부분들은 공통적으로 변화된다. 감정은 행위의 언어로 변화되고, 행위는 감정의 언어로 변형된다.

---

24   Robert Musil, Der Mann ohne Eigenschaften Bd. II: Aus dem Nachlass, Reinbek bei Hamburg 1981, 1140. 참고.

이러한 상호작용을 통하여, 마치 번역에서 나타나는 것처럼, 어떤 새로운 것들이 더해지고 어떤 것들은 사라진다.

한편으로 감정은 태도에 영향을 주어서 필요한 부분을 강화시키나 불필요한 것을 그 반대로 작동시킨다. 또 다른 한편 태도는 감정에 영향을 주어서 강화시키거나 약화시킨다.[25] 행위를 감정의 언어로 번역하거나 감정을 행위의 언어로 번역하는 모델은 단순한 이야기 형식의 서술 모델보다 더 단단한 근거를 갖는 부분이 있다. 즉, 감정을 상태로 이해하게 되면 잃어버리게 되는 것이 분명해진다는 점이 바로 그것이다. 과정으로서의 감정의 특성이 분명해진다. 감정의 과정 특징은 감정의 구조화된 전체처럼 특징적이다. 감정은 표현의 과정 속에서 자신에게 이질적인 요소들_{사유, 소원과 같은 모든 종류의 추진력들}을 통합시킨다.[26]

이질적인 것들이 서로에게 침투하여 파악하는 방법은 매우 다양하다. 이러한 다양성에 의하여 끊임없이 일어나는 감정에서 기분으로 변화, 기분에서 감정으로 변화가 가능해진다. 무질에 따르면 몇몇의 개별적 감정 요소들 _{정확히 말하면, 기분에 속하는 요소들, 이들은 감정으로 이해될 수도 있다} 은 교대로 선율적인 안내를 받는다. 이러한 안내를 받아서 감정의 다른 모든 요소들은 공동의 방향으로

---

25 Ebd., 1146. 참고.

26 무질이 생각하는 감정의 개념은 자기 존재에게 이방인인 사유, 소원, 행위를 불러오는 충동들을 포섭해야 한다. 행위를 불러오는 충동들을 포함한 무질의 감정 개념은 푸코의 기질로서의 감정 개념과 유사한 부분이 있다. 푸코의 기질로서의 감정 개념은 감정의 근원 위에서 담론적인 요소들과 비담론적인 요소들이 서로를 끌어당겨서 자신의 논리에 종속시키는 것으로 특정화할 수 있다. 이때 이질성의 관점은 반드시 보존되어야 한다. 특정한 존재는, 헤겔의 논리에 근거하여 볼 때, 타자를 수용해야 더 넓고 깊은 자기 이해가 가능하기 때문이다.

전진하게 된다.

그러나 감정과 행위가 서로 영향을 주고받는 반향Resonanz 의 관계에 있게 되면, 감정은 지속적으로 단단하게 되거나 견고하게 되지 않을까? 이에 대한 무질의 답변은 명쾌하다. 감정들은 결코 '순수하게' 생겨나지 않는다. 또한 감정들은 어떤 외적 요소들을 수용하지 않을 정도로 애매모호하지도 않다. 감정을 다른 어떤 것으로 변형하는 것이 언제나 가능하다. 따라서 감정들은 요소들의 대립하는 반향에 의하여 지속적으로 견고해지거나 단단해지지 않는다.

무질에 따르면 어떤 특정한 감정이 형성되고 고정되어 가는 과정은 결코 끝이 없다. 왜냐하면 어떤 특별한 감정이 보다 빨리 혹은 분명하게 변화 가능성이 없는 정지 상태가 되었다 할지라도 감정의 완전한 무규정성은 생각할 수 없기 때문이다. 만약 감정과 태도의 양극단이 자신의 역동성과 과정 형성으로부터 배제되면, 이것은 양극단적 경향의 혼합으로 보아야 한다. 양극단이 혼합되면 어떤 특정한 계기나 불특정한 계기가 지배하지 못하게 된다. 이와 같이 보았을 때, 기분 안에서 형성되고 다시 해체되는 특정한 감정을 포함하지 않는 어떤 기분도 존재하지 않는다.

마찬가지로 세계에 대해서 영향을 주는 외적 운동 없이 자신의 불특정한 감정의 특성을 인지하게 하는, 어떤 존재가 빛을 발한다거나, 이해한다거나, 그 자신으로부터 다른 대상에 영향을 준다거나, 자신의 힘을 행사한다거나 그리고 직접적으로 존재한다고 말할 수 있는 그 어떤 특정한 감정도 존재하지 않는다. 간략하게 말하면, 무질은 감정의 현상학적 과정의 공간을 열고 있다.

그는 감정이 활동하는 공간성과 과정의 형성을 현상학적으로 서술하고 있다.[27]
여기서 우리는 헤르만 슈미츠Hermann Schmitz 의 연구를 기억해야 한다.[28]

1.6. 감정과 신체의 관계: 감정의 신체적 토대화
– 헤르만 슈미츠(Hermann Schmitz)

감정의 인지 이론은 그동안 확장되고 수정되면서 많은 변형을 보여 주었다. 그런데 강하게 변형된 감정의 인지 이론도 여전히 인지주의적인 문제점을 안고 있다. 왜냐하면 인지 이론이 감정의 구조를 서술하는 데 몸이냐 아니면 정신이냐를 선택해야 했기 때문이다. 이 선택에서 정신이 우세했다. 그리고 정신은 앞에서 언급한 지향적 내용이나 정신 상태 등으로 정리되었다. 이 이론은 몸과 신체 사이의 차이에서 시작하는 현상학적 이론을 배제한다. 슈미츠의 감정의 신체적 토대를 언급하기 위하여 몸Koerper 과 신체Leib 의 구별이 우선되어야 한다. 이들을 의미 있게 구별하지 않고서는 감정을 적절하게 서술할 수 없다. 신체적 토대로서의 감정을 제대로 서술하려면 반드시 이 둘의 관계를 규명해야 한다.

감정을 연구하는 큰 틀 안에서 몸과 정신, 자연과 인지의 상관관계를

---

27   Robert Musil, a. a. O., 1199. 참고.

28   Hermann Schmitz, Der Leib, der Raum und die Gefuehle, Stuttgart 1998. 참고.

개념적으로 정확히 파악하기 위한 대부분의 연구들은 두 가지 문제를 집중적으로 다뤘다. 첫째, 두 개의 서술 차원, 즉 인격적 차원personal과 인격에 종속된 차원subpersonal; 생리학적 혹은 신경학적인 차원을 구분하는 일이다. 정신의 활동과 몸의 작용의 차원을 구분하여 연구한 것이다. 정신과 몸의 분리성. 둘째, 감정과 관련된 현상적으로 자연과 인지를 동시에 다루면서 출발하는 일이다. 몸과 정신의 과정이 분리되어 따로 일어나는 과정으로 보지 않는 연구이다. 여기서 감정은 전체적으로 경험되지 개별과정들의 합이나 역동성으로 경험되지 않는다. 자연과 인지의 동시성.

그렇기 때문에 어떻게, 감정을 표출하는 데 몸에서 일어나는 과정과 인지 작용이 공동으로 영향을 주고받느냐고 묻는 것은 오해에서 비롯한 것이다. 그래서 감정 연구는 존재론적으로 제한할 수 없는 현상에 관한 연구이지 분석적인 차이를 다루는 연구가 아니다. 존재론적 차이를 현상학적으로 분리하는 것은 가능하지 않다는 전제로부터, 현상학적으로 보아서, 감정에 관련된 특별한 서술방식을 연구해야 하는 과제가 생겨난다.

헤르만 슈미츠는 신체성과 관련된 감정의 특별한 서술방식을 연구하는 과제를 해결하려는 프로젝트를 성공적으로 수행하고 있다. 그는 감정에 대한 철학적이며 과학적인 서술 외에도 문학적 문헌을 사용한다. 혹은 임상적 실험의 의료보고서들을 사용하기도 한다. 그는 자신이 사용하는 자료들을 철학적으로 의미 있게 만들며, 이를 삶의 실재성과 연결시켜 연구한다. 그러면 슈미츠는 현상을 어떻게 이해할까? 그에게 있어서 현상이란 정해진 시간 안에 어떤 사람의 실재성이 침범될 수 없는 것으로 이해된다. 일정한 시간 안의 자

기 존재는 다른 것에 의해서 대체되지 않는다.[29]

현상적이란 주체에게 있어서 논의의 여지가 있을 수 없는 실재적인 것이다. 이러한 주관적 경험이 감정 연구의 출발을 위한 슈미츠의 전제이다. 많은 철학자들이 슈미츠의 방법론에 의문을 제기하고 그가 사용하는 용어에 회의하는 것을 보면, 그의 연구가 감정연구에 끼친 의미 있는 공헌은 아직 충분히 인정받지 못하고 있음을 알 수 있다. 그는 감정의 철학적 논의를 더욱 활성화하여 지금까지 소홀한 대접을 받았던 현상학적 영역을 함께 연구하였다.

그러나 그가 제안한 내용은 오늘날 여전히 철학적 감정 논의에서 중요한 논쟁거리가 되지 못하고 있다. 그 이유는 그가 감정의 질을 논의하면서 사용한 과학적 서술형식들이, 감정의 질들이 신체적으로 표현되자마자, 곧 한계에 다다르기 때문일 것이다. 과학적이고 철학적인 개념성을 바탕으로 주관성이 자신의 복잡한 뉘앙스를 표현하는 일은 매우 어려운 일이 된다. 이와 달리 문학적 표현은 단순히 주관적인 것으로 취급을 받아서 철학적 의미에 있어서 중요한 것으로 인정을 받지 못한다. 그럼에도 불구하고 감정을 신체성과 연계하여 이해하려는 슈미츠의 현상학적 감정이론은 우리가 검토해야 할 충분한 이유를 갖는다.

어떻게 감정은 경험되는가? 헤르만 슈미츠의 현상학은 이 물음과 더

---

29 Herman Schmitz, Der unerschoepfliche Gegenstand. Grundzuege der Philosophie, Bonn 1990. 34쪽 참조.

불어 시작한다. 이 물음의 틀 안에서 신체 개념이 핵심적이다. 왜냐하면 감정에 해당하는 것은 항상 신체적인 만남이기 때문이다.[30] 신체 개념은 체험되고 감지된 몸을 가리킨다. 체험되고 감지된 몸은 제1인칭의 관점에서 전체로서 경험된다. 몸이 전체로서 경험된다는 것은 손 혹은 어떤 개별적 감관기관의 도움 없이 그 자체로 이뤄진다는 뜻이다. 따라서 경험되는 전체로서의 몸 개념은, 슈미츠에 의하면, 제3인칭의 관점에서 몸으로 지각되거나 선先발견 될 수 있는 조건으로 이해된다. 그래서 몸Koerper은 환원된 것이며, 대상화된 것이고, 주관성에 의해서 변형된 신체Leib 이다.

그 결과 몸은 산정과 계량이 가능하다. 예를 들면, 몸은 주관성을 갖는 신체로 변형되어야 고통을 측정할 수 있다. 몸에 속한 것으로 볼 수 있는 것은 외적으로 관찰할 수 있는 태도나 몸짓을 통한 표현이나 의학적 자료들이다. 간단히 말하면, 몸은 자신이나 다른 사람에 의해서 관찰될 수 있거나, 의료적으로 검사할 수 있거나, 청각적으로 들을 수 있는 대상이다. 물론 스킨십 할 수 있는, 손으로 만질 수 있는 대상이기도 하다.[31]

---

30 슈미츠는 감정을 한편으로 자극을 받은 느낌과 구별하며, 다른 한편으로 신체의 흥분과 구별한다. Herman Schmitz, Der Gefuehlsraum, Bonn 1981. 134–150쪽 이하 참고.

31 몸과 신체 개념을 서로 구분하기 위하여 제1인칭과 제3인칭 개념 사용은 필수불가결하다. 슈미츠는 이 점을 잘 활용한다. 그에게 있어서 몸–신체–차이를 설명하는 일은 제1인칭과 제3인칭의 관점으로부터의 번역작업을 의미한다. 물론 그도 몸과 신체 사이의 차이를 제1인칭과 제3인칭의 관점의 차이를 통해서 완전하게 설명해 낼 수 있다고는 생각하지 않는다. 신체의 개념을 제1인칭의 관점에서 체험된 몸으로 특성화하는 것은 신체성의 관점을 표현한다. 신체성은 상호 주관적인 현상을 통해서 나타난다. 엄격히 말하면, 신체가 자신을 느끼고 제1인칭 관점에서 이해하는 방식으로 신체를 특성화하는 일은 더 설명이 필요하다. 신체로서 이해되는 몸은 상호작용 속에 있으며 제2인칭 인격체, 너로서 경험된다. 앞으로 제1인칭의 관점과 제3인칭 관점에 관하여 더 언급할 부분이 생길 것이다.

감정이 가진 신체적 느낌을 서술하기 위하여 슈미츠는 긴장이나 확장 혹은 협소화와 극대화 같은 개념들을 사용한다. 예를 들어 조금 더 설명해 보자. 불안과 같은 정서를 서술하기 위하여 비좁음Engung 이나 긴장Spannung 과 같은 개념을 사용하게 된다. 불안을 느끼게 되면, 우리는 자신의 신체가 작게 느껴지고 축소되는 것을 느낀다. 몸이 오그라드는 것을 느낀다. 불안이 엄습하면, 목이 끈으로 졸리는 것 같은 느낌을 갖는다. 이러한 현상을 정확히 관찰하게 되면, 기대하지 않았던 갑작스러운 감정이 나타나는 것을 눈앞에서 보게 되고, 그러한 관계 안에서 신체적으로 느끼게 되는 것을 의식한다.

갑자기 엄습한 불안이나 경악의 상황을 생각해 보자. 누군가 혼비백산하여 어둠 속에서 계단을 올라가고 있는데, 이에 장난기가 발동한 다른 사람이 갑자기 어둠 속에서 나타나며 '야!' 하고 고함을 질렀다고 가정해 보자. 이 일이 성공적으로 수행되면, 피해자는 깜짝 놀라 몸을 웅크릴 것이며, 즉시 마비될 정도로 움츠러들고 긴장하는 신체에서 경악을 느낄 것이다.

반대의 예로 기쁨을 드러내는 감정을 생각해 보자. 기쁨 속에서 우리는 새털처럼 가벼움을 느낀다. 모든 일이 순조롭게 잘 풀리는 것으로 보이기도 한다. 기쁨으로 몸을 뛰는 듯 움직일 수 있고, 적어도 날고자 하는 충동을 느낄 것이다. 이런 경우 우리 신체는 팽창과 확장을 느낀다. 갑자기 다가온 기쁨 앞에서 아무리 어려운 노고도 과거처럼 힘들고 지치게 하지 않는다. 기쁜 일 앞에 서면, 공부하는 것까지도 더 흥겹게 하게 되지 않는가?

슈미츠가 감정의 신체성을 서술하기 위하여 발전시킨 다양한 범주들에 대하여 자세히 살펴보면 비판의 여지가 없는 것은 아니다. 그럼에도 불구하고 그의 신체 개념은 인간 감정의 자기 관계를 분석하는 데 꼭 필요한 것으로 보인다. 왜냐하면 그가 항상 주관성의 비환원성을 강조하고 있기 때문이다. 그가 제시하는 전형적인 예가 되는 신체적 현상은 '시선Blick'이다. 시선은 분명히 신체적이며 심리적인 토대를 갖고 있다. 망막에 빛이 들어와야 하며, 눈 안에서 빛이 주는 자극을 나름 소화해 내야 하는 일이 일어난다. 그런데 중요한 것은 시선이 오직 눈에만 제한될 수 없다는 것이다. 시선은 더 많은 것을 담고 있다. 확장과 팽창의 의미를 갖는다. 이와 반대로 경악과 불안의 감정 안에서는 신체적으로 극단적인 위축됨을 경험한다.

감정에서 나타나는 신체적 현상에 대한 실례로서 자신을 확장하는 경향을 갖는 자랑스러움을 들 수 있다. 이와 신체적으로 대립하는 감정은 불안이라 할 수 있다. 불안한 상황에 빠진 사람은 위축됨을 느끼고 추진력을 상실한다. 몸이 위축되는 느낌은 커진 심장박동 소리와 결합되면, 불안은 심장 안에 조용히 앉아 있지 않는다. 불안을 단순히 몸 안에서 일어나는 순수한 과정으로만 보지 않고, 불안을 육체에 결합된 주관적 체험으로 간주한다. 다른 감정들도 그러하다. 신체적으로 느껴지는 것은 불안에 해당한다. 이것은 다른 부수적인 감정에서도 마찬가지이다. 신체성과 관련하여 슈미츠의 이론에서 매우 중요하게 보다 확장된 개념은 방향의 문제이다. 슈미츠에게 있어서 방향 개념은 위축됨에서 확장됨으로 혹은 위축됨에서 아주 고정됨으로의 운동 경향을 뜻한다. 말 그대로의 의미에 있어서 운동이 일어나지 않는다고 해도 방향은 자주 느낄 수 있다.

개념을 더 세분하여 사용할 때가 왔다. 일반적으로 즐겨 사용하고 있는 '몸의 지각'은 감정의 신체적 관계 개념과 일치하지 않는다고 말해야 한다. 예를 들면 다양한 정서를 경험하며 땀을 흘리는 것을 피부로 느낀다. 이것은 감각기관의 도움으로 지각될 수 있는 몸 안에서 일어나는 다른 과정들에서도 마찬가지로 느낀다. 이것은 바로 제1인칭의 관점을 체험하는 것이다. 그러나 소위 몸의 느낌은 감정의 흔적에 대한 특별한 신체적 성질과 동일하지 않다. '몸의 느낌'이라는 표시는 순수하게 개별적인 감정현상들에 속하지 않고 단지 수반만 하는 몸 과정들에 대한 지각을 목적으로 한다. 심장박동 소리는 정서들을 수반할 수 있으나, 심한 몸 운동을 하고 난 후에도 가능한 일이다. 반대로 한 감정에 대한 신체적 당혹함은 처음부터 감정에 밀접하게 결합이 된 이 감정에 대한 내적 성질로 이해될 수 있다. 불안 앞에서 일어나는 이러한 특별한 당혹함은 단순한 심장박동 소리와 달리 다른 방식으로는 작동할 수 없는 것이다.

감정은 어떤 일이 있어도 감정으로부터 생긴 신체적 당혹함과 동일시될 수 있는 것으로 간주할 수 없다. 감정은 그 자체로 구조화된 하나의 전체이다. 이 전체는 수많은 요소들 혹은 부분 기분을 갖는다. 지각, 상상, 추측 그리고 그 외의 수많은 것들을 열거할 수 있다. 이 구조화된 전체로서 감정을 구성하는 많은 요소들에 속할 수 있는 것들을 위르겐 프레제Juergen Frese 가 제안한다.[32]

---

32 Juergen Frese, "Gefuehls-Partituren", in: Michael Grossheim(Hg.), Leib und Gefuehl. Beitraege zur Anthropologie, Berlin 1995, 45쪽 이하.

현상학적 사유에 익숙한 프레제는 감정 개념에 대한 설명을 위해서 후설이 감정의 지향성을 느끼는 주체와 그와 분명히 분리될 수 있는 느껴진 대상 구별하는 특별한 방식으로 이해하지 않는 것을 바탕으로 하고 있다. 그래서 예를 들면, 슬픈 사건은 슬픔 속에서 슬픔의 색조로 변형된다. 기쁜 사건은 기쁨 속에서 기쁨의 색조를 갖는다. 이와 같은 생각은 이미 후설에게서 나타난다. 그에게 있어서 감정들은 지각과 같은 방식으로 지향적인 것이 아니다. 감정은 느끼면서 그 대상을 지향하지 않는다. 프레제는 후설의 문맥 안에서의 감정 이해를 서술한다. 이러한 서술방식은 선先이해가 가능한 전체 의미로부터 그 부분텍스트에 의미를 부여하는 서술이다. 이러한 의미에서 감정을 체험하는 것은 통일적인 감정 과정을 신체적으로 이해하는 것으로 받아들여야 한다.

1.7. 감정에 접근하는 방법과 감정을 기술하는 것에 대하여

감정들은 감정이 수반하는 몸에서 일어나는 사건들과 분석적으로 구분할 수 있다. 사건들은 한편으로 표현이나 제스처로 나타나는 객관적 표현이나 이들과 결합되어 나타나는 영상을 가진 표상을 포함하며, 다른 한편으로 동시에 상황지각과 시간과 더불어 흐르면서 연상되는 사유를 포함한다. 또한 감정들은 언어적인 감정서술들과 분석적으로 구분될 수 있다. 우리는 직접적인 교제를 통하여 다른 사람의 감정에 접근한다. 우리는 다른 사람의 감정을 알기 위하여 그 사람의 감정표현을 해석하거나, 그 사람의 태도, 안면표현 등

비의도적인 몸의 운동을 관찰하기도 한다.

여기서 주의해야 할 점은 우리가 다른 사람들의 감정을 직접적으로 지각할 수는 없다는 사실이다. 직접 다른 사람과의 상호작용을 통해서 감정을 알 수 없는 경우에는 그 사람이 서술한 감정내용에 의존하게 된다. 우리 자신의 감정들도 이미 선先해석 되어 있다. 왜냐하면 우리가 자신의 감정에 주목하여 특정한 어떤 것과 동일한 것으로 생각하기 때문이다. 그래서 감정을 서술하는 일은 그것을 체험하는 일과 아주 가깝게 연관되어 있다.

바로 이러한 사실 때문에 이 둘을 구분하는 일은 매우 중요하다. 서술하는 것과 느낀 것을 너무 성급하게 동일시할 필요는 없다. 여기서 혼란이 생기면 감정 이해에 대한 잘못된 결론에 이를 수 있기 때문이다. 누스바움은 이 논점에 주목한다. 그에 따르면 한 감정의 지향적 내용은 오직 언어적으로 표현될 수 있기 때문에 꼭 명제적으로 파악되어야만 하는 것은 아니다. 감정의 지향적 내용이 언어적으로 표현될 수 있다 하여 반드시 엄격하게 명제적으로 서술되어야 하는 것은 아니라는 뜻이다.

감정과 감정 서술 사이의 관계는 그 자체로 많은 물음들을 안고 있다. 감정에 비하여 감정을 서술하는 일은 항상 부차적인 것인가? 감정을 성공적으로 서술하는 일은 문학적으로만 가능한가? 감정에 대한 담론은 그럴듯한 놀이에 불과한가? 감정 담론은 감정을 심지어 산출하기도 하는가? 감정에 대한 다양한 서술테제Narrationsthese 들도 이와 유사하다. 만약 서술테제가 감정들을 임의적으로 형성할 수 있고, 변형할 수 있으며, 심지어 감정들을 산출할 수 있다고 주장한다면, 이러한 주장은 너무 많은 것을 요구하고 있다. 필자는 이러한 주장을 너무 과격하다고 생각한다. 오히려 필자는 이렇게 생각한다. 감정에 대한 개인적이거나 문화적 변화들 혹은 감정 성향의 변형들은 항상 다른 반대경향의 기분이나 혹은 다른 방향을 의도하는 감정에 그 토대를 두고 있다고 보아야 한다. 달리 말하면, 감정 서술은 그 감정을 직접 공격하여 파악할 수 없다. 우리는 감정을 서술적으로 움켜쥘 수 없는 것이다. 마찬가지로 감정들에 직접 해당하는 신체적 당혹함은 존재하지 않는다.

그러므로 감정 서술에 대하여 어떤 임의적인 형성 가능성을 말하는 것은 적절하지 않다. 이렇게 생각해 보면, 모든 문화적 감정 변형은 어떤 공통적 토대를 전제로 한다. 서로 영향을 주고 서로 대응하는 기분, 정서 그리고 의미의 일종의 그물망 위에서 이에 대응하는 감정의 문화적 변형이 이뤄진다. 그러므로 감정들은 문화적으로 변형 가능하나, 임의적인 범위 안에서 일어나는 것은 아니다.

감정과 감정 서술의 문맥 안에서 생생한 감정과 감정 성향을 구별 짓는 일은 필수적인 것은 아니다. 누군가 신체적으로 영향을 받게 되면 생동적인 감정이 생긴다. 이와 달리 감정의 성향은 앞서 일어난 경험에 근거하여 어떤 감정을 느끼게 될 개연성을 가리킨다. 감정의 성향과 달리 일시적이고 생동적인 감정은 자신들의 대립특성에 의하여 상황 안에서 스스로 변화할 수 없다. 감정들은 말 그대로 의식한 개인들에게 일어난다. 이와 달리 새롭게 나타난 감정은 당사자 개인의 상황과 성향이 변화되면서 의도적으로 영향을 받을 수 있다.

그러므로 감정의 변형과 변화는 감정의 측면에 의해서 많은 영향을 받는 것이 아니고, 기대될 수도 없다. 오히려 감정이 일어나는 상황이나 상태가 감정의 변형에 더 영향을 미친다. 이것은 문화사적으로 차이가 나는 곳에서도 적용된다. 여기에 맞는 적합한 한 예를 생각해 보자. 한 문화권에서 강한 질투심을 유발하는 계기들이 다른 문화권에서는 전혀 문제가 되지 않을 수도 있다. 예를 들면, 재산을 소유하는 것이 의무인 문화권에서 월등히 많은 재산을 소유하는 것은 질투심과 시기심의 대상이 될 수 있다. 반면에 정신의 숭고함을 더 높이 평가하는 문화권에서는 시기와 질투를 유발하는 것은 재산이 아닌 다른 가치일 것이다. 신체적 소통으로서 감정과 신체성의 문제로 되돌아가자.

감정적인 것을 느낄 수 있는 신체적 상태는, 감정의 확장 경향성과 위축 경향성 사이에서, 자신과 대화하는 것이 가능하기 때문에 외부로부터 촉발을 받을 수 있다. 따라서 자극을 받아서 지각한 내용을 대화적으로 검토할 수 있게 된다. 슈미츠는 이 내용을 검토하기 위하여 신체적 소통의 개념을 발전시킨다. 촉발을 당한 신체가 자신과의 대화를 전개하려면, 지각과정에서 무엇인가가 우리에게 지각되어야 하며 혹은 우리의 관심을 끌어당겨야 한다.[33]

슈미츠는 감정의 신체적 소통 개념을 행위자들의 상호 영향에만 한정하여 사용하지 않는다. 그는 지각의 주관성을 지각 능력이 있는 주체와 자

---

33 슈미츠는 신체적 소통에 있어서 'Einleibung'과 'Ausleibung'의 차이를 구분한다. 'Einleibung'은 외부의 사물이 우리의 관심을 끌어당겨서 지각이 일어나는 것을 뜻하고, 반면에 'Ausleibung'은 신체의 자발성에 입각하여 지각이 일어나는 것을 강조한다. 우리말에서 적당한 번역을 찾지 못해 더 연구해야 하는 내용이다.

신과 관련 있는 상대자나 대상 사이에서 발생하는 신체적 과정으로서 서술한다. 우리의 신체 그 자체는 대화적으로 구조화되어 있기 때문에 공간 안에서 신체적 경향성은 구조의 변화를 일으키지 않으면서 이러한 경향성을 함께 가진 대화 파트너나 대상과 교제가 가능하다. 이것은 마치 링 안에서 두 선수의 승패의 기운이 달라지는 것과 비슷하다. 한쪽이 혹은 다른 쪽이 감정의 확장을 지배할 수 있고, 반면에 한쪽이 혹은 다른 쪽이 감정의 위축을 지배할 수 있다. 이것은 어느 한쪽이 우위를 점령할 때까지 지속된다. 이것은 감정 변화의 과정이다. 이러한 과정이 진행되면서 자발적으로 감정의 유사-신체적 통일성이 형성된다. 이 유사-신체적 통일성도 신체처럼 구조화되어 있다.

우리 일상은 이러한 과정들의 연속이다. 이들이 일상의 근본을 이룬다고 해도 과언이 아니다. 신체적 소통이 자신의 주도로 이뤄지기도 하고 다른 사람이나 대상의 영향에 의해서 인도되기도 한다. 예를 들면, 모든 것이 덧없이 흘러가는 순간에 통행자들 사이에서 자신을 주시하는 경우도 신체적 소통이 일어나고 있는 순간이라고 말할 수 있다. 길을 걷고 있는 통행자들 틈에서 한 통행자가 스스로 자신의 운동을 계획이 없으나 완전히 서로 협동하고 있으면, 사람들이 서로 부딪히는 일은 거의 일어나지 않는다. 반응할 시간이 거의 없음에도 불구하고 이러한 상호 소통의 협동이 잘 일어나고 있는 것을 보여 주는 예들은 수없이 많다. 예를 들면, 오래전부터 공동으로 일하는 목수와 조수 사이, 교향악 연주자들 사이 그리고 스포츠 팀 사이 등등.

슈미츠에 따르면 보통 일상의 지각은 자신과 소통하는 모형에 따라서 완성된다. 그는 정보이론적이거나 인과율에 근거한 가정을 수용하지 않는다. 이 가정에 따르면 전달된 신호들을 단순히 수용하거나 가공하여 지각이 생긴다고 한다. 슈미츠는 정보를 수합하고 가공하여 지각하는 방법은 많은 문제가 있다고 지적한다. 정보결합의 표상이 보여 주는 제한에 적절한 예로써 자신에게 곧장 날아오는 위험한 물건을 순간적으로 눈으로 봤을 때를 들 수 있다. 이 순간에는 생각할 여유가 없다. 보통 사람들은 다른 어떤 것이 자신을 제압하여 움직이지 못하게 하지 않는 한, 현재 자신이 있는 장소로부터 이동을 시도할 것이다. 생각하지 않고 행동으로 옮긴 이유는 명백하다. 위험에 빠진 자신의 몸을 보고, 가까이 접근하는 위험 물체를 보고 그리고 이러한 정보에 근거하여 위험 물체와의 거리를 계산하고 자신이 처한 상황으로부터 벗어나려고 행동하지 않았다는 점이다.

자신의 시선이 위협하는 물체를 알아챘을 때, 자신의 고유한 신체는 위험의 순간에 위험 물체와 함께 지각된 것이다. 이들은 서로 분리되어 지각되지 않았다. 이 경우 시각 작용은 능동적 과정으로 보아야 한다. 시각 작용은 위험을 불러오는 자극에 대응하여 단순히 수동적이 아니라 자기 고유의 신체적 활동성임을 보여 준다. 우리 신체가 가진 고유의 능동적 활동성은 생각하고 반응할 여지가 없는 순간에 날아오는 물체와의 소통을 가능하게 한다는 것을 알 수 있다.

여기에도 여전히 난제가 숨어 있다. 슈미츠 역시 문제의 어려움을 인식한다. 그가 의식한 어려움은 신체적 느낌에 대한 이해 가능한 용어를 어떻게 발전시키느냐에 놓여 있다. 용어의 개념성은 문화적 요인의 영향을 받을 수밖에 없다. 몸과 신체는 역사적으로 용어 그 상태로 개념화하거나 이해되어 왔다. 이러한 용어의 개념성은 연관되어 있는 각각의 세계관에 침투하여 이해되었으며, 그래서 자명하게 문화적으로 다양한 모습을 갖는다. 감정의 역사에서 서구의 전통은 신체적 토대보다도 감정의 지향적 내용을 더 잘 서술할 수 있는 조건을 갖추고 있다. 왜냐하면 서구 정신사는 정신과 육체의 이원론에 입각하여 정신을 더 우위에 있는 것으로 서열화하였기 때문이다. 따라서 정신적인 것을 서술하는 데 필요한 용어들이 신체적 느낌을 서술하는 용어들보다 일반적으로 더 세분화되어 있다.

그런데 육체에 관해서는 다르다. 육체는 제3인칭의 관점에서 흔히 서술하며, 준-자연과학적 관심의 대상이 되어 있다. 그래서 육체에 관한 정보는 정신이 만든 조건과 시스템 안에서 작동하는 검사의 대상으로 받아들인다. 정신사와 과학사를 통해서 지속되어 온 정신에 의한 신체적 느낌의 표현과 이를 근거로 한 지각은 신체적 느낌에 대한 표현과 지각을 더 어렵게 만든 것이다. 정신을 우위에 둔 관점에서 본다면 일정한 성공의 역사를 말할 수 있지만, 이러한 정신 위주의 신체 이해가 남겨 준 어려움을 정확히 인식하는 것이 필요하다. 이러한 연구 필요성에 동의한다면, 오늘날 감정 연구는 정신에 편향된 신체적 느낌에 대한 이해를 조절할 수 있는 신체적 이해에 적합한 용어들을 발견해 내야 하는 과제를 안고 있다.

신체적 이해를 위한 새로운 용어를 찾는 연구에 적합한 기획은 현상학적 연구에 바탕을 두어야 한다. 그런데 감정의 현상학적 연구에 대한 부정적 견해가 있는 것이 사실이다. 우리의 문제와 관련한 현상학적 연구에 대한 부적절한 비난은, 우리가 감정의 구성요소를 뒷받침하고 있는 신체적 토대에 이르는 자명한 통로를 가질 수 없는데도, 현상학적 연구는 이러한 토대를 발굴해 낼 수 있다고 주장하고 있다는 것이다. 현상학적 입장에 따르면, 우리의 존재론적 일상과 거리를 두고 경험 그 자체로 방향을 정립하면, 능력 있는 관찰자들에게 감정의 신체적 토대가 분명하게 드러난다는 것이다.

그리고 현상학적 경험이 표현된 언어는 은유와 개념성을 사용할 때 문화 특수적인 것이라는 사실은 각각의 신체성을 구조에 입각하여 서술해야 한다는 보편적 요구에 전혀 해를 주지 않는다. 그러므로 신체의 개념을 현상학적으로 재정립해야 한다.[34] 신체의 개념은 감정이론을 다루기 위하여 여러 가지 관점에서 필수불가결하다.

- 신체 개념은 감정의 주관성을 서술할 수 있다는 주장을 하기 위해서 꼭 필요하다. 사람은 어떤 감정을 갖는다. 그렇기 때문에 사람은 어떤 감정에 의해서 신체적으로 영향을 받을 수밖에 없다. 감정이 신체적으로 수용되지 않는다면, 감정을 갖는다는 것이 불가능하다. 따라서 감정의 주관성을 인정해야 하며, 감정의 주관성을 인정하기 위해서 그 감정이 신체에 관련되어 있다는 것을 전제해야 한다. 이를 바탕으로 신체에 관한 감정 서술이 가능하다. 그러므로 감정을 서술하기 위해서 신체 개념은 필수불가결하다.

- 감정들은 객관적이라는 주장을 위해서도 신체 개념은 필수불가결

---

34 신체 개념의 은혜와 재발견에 관한 논의를 역사적 서술을 통해서 잘 보여 주는 저서가 있다. Hermann Schmitz, Der Leib, Bonn 1982.

하다. 감정들은 신체적으로 나타나는 변화 방향을 보인다. 감정이 위축되거나 확장되는 방향을 갖는다. 그래서 감정들은 변화의 방향 공간에서 현현하기 때문에 객관적으로 관찰 가능하다. 그러므로 이러한 감정의 객관성을 서술하기 위하여 신체 개념은 꼭 필요하다.

- 한 감정에 의해서 느끼는 당황스러움은 그 당혹함을 느끼게 한 감정과 구별된다. 우리에게 느낌을 주는 감정과 그 느낌을 가능하게 한 감정과는 차이가 있다. 왜냐하면 다른 사람의 감정들은 어느 정도의 거리를 두고 관찰자에게 지각될 수밖에 없기 때문이다. 다른 사람의 감정들이 관찰자에게 지각될 수 있기 위하여 다른 사람의 감정들은 그 감정을 느낀 사람에 의해서 자신의 감정으로 느끼지 않아야 한다. 그래서 감정들과 그 감정들에 의해서 느낌을 받는 것들 사이의 차이가 서술되어야 한다.

- 그 외에도 감정들의 방향 공간성의 재구성을 시도함으로써 감정들에 관한 현상들의 상호 주관성은 현상학적으로나 개념적으로 더 용이하게 파악될 수 있다. 감정들의 위축과 확장의 공간 획득은 관찰자에 의해서 신체적으로 인지될 수 있고, 이러한 인지방식은 상호 주관적으로 일어날 수 있기 때문에 이를 현상학적이나 개념적으로 파악하는 데 신체의 개념이 반드시 함께 고려되어야 한다.

제1인칭의 관점과 제3인칭의 관점을 분명하게 구별하게 되면 감정의 개체화 테제가 새롭게 재해석될 수 있다. 인지주의적 이론에 따르면 감정들은 그 자신들이 갖는 지향적 내용들에 따라서 서로 구별이 된다는 테제가 성립한다. 이 테제에 근거하여 현상학적 감정이론들과 인지주의적 감정이론들이 서로 분명하게 구별된다. 개체화 개념은 각각의 감정들이 서로 차이가 있다는 주장을 바탕으로 한다. 슬픔과 분노, 화 그리고 수치심 등의 감정들이 서로 구분될 수 있다.

그런데 누가 이러한 감정들의 차이를 구별하는가? 기본적으로 생각해 보면, 감정들은 제1인칭의 관점이나 혹은 제3인칭의 관점으로부터 서로 구별된다. 그런데 인지주의적 입장에서 생각한다고 했을 때, 만약 정신의 상태들이 제3의 관점이나 외적인 것에 의해서 지각될 수 없는 정신적 상태라고 한다면, 인지주의 이론은 감정을 서술하고 그 특성을 밝히는 데 제3의 관점을 사용할 수 없다. 오직 제1인칭의 관점만 활용해야 하는 문제를 안고 있다. 여기서는 문제를 암시하는 것으로 만족한다.

정신의 상태와 그 상태를 서술하는 문제와 관련되는 문제들을 더 언급해 보자. 특정한 감정에 전형적으로 해당하는 표현태도들이 있다. 이 표현태도들은 연극처럼 공연될 수 있다. 역할놀이나 쇼처럼 연극 영화를 가능하게 하는 조건들을 이룬다. 혹은 상황이 허락하지 않으면, 감정의 표현이 억압될 수도 있다. 위의 두 경우 모두에 있어서 공통으로 주어진 표현 _{감정이 억압되었거나 지나치게 과장되어 있을 수 있기 때문에}에 대하여 감정을 해명하는 일은 정서의 개체화를 위한 신뢰할 만한 척도를 제공하지 못할 것이다.

물론 이러한 주장은 연극놀이나 혹은 기만에 앞서 감정과 표현은 근원적으로 일치한다는 가정과 모순을 일으키지는 않는다. 위장이나 속임수조차도 감정과 표현의 근원적 통일을 전제로 해야 가능한 것이다. 그와 반대로, 만약에 개체화의 문제에 있어서 제1인칭의 관점에 관해서 언급한다면, 본질적으로 경험 당사자가 감정을 경험한 것을 의미할 수밖에 없다. 그러나 여전히 어떻게 각각의 개별적 감정이 질적인 관점에서 경험되는가? 하는 의문이 생긴다. 여기서 느낌이라는 지평을 허락하지 않으면 감정을 체험하는 일은 불가능하기 때문이다.

흔히 사람들은 아래와 같은 사실들을 거의 알지 못한다. 자신이 방금 느낀 것, 혹은 지각한 것, 혹은 체험한 것, 혹은 방금 자신이 가진 것이 하나의 감정이라는 것을 거의 인식하지 못한다. 이러한 주장은 더 자세한 설명을 필요로 한다. 감정을 지향적 체험, 즉 특수한 종류의 세계관계 안에서 구조화된 체험으로 이해한다면, 그리고 이러한 지향적 체험의 다양한 면들이 서로 분리될 수 있다고 가정한다면, 그것은 오직 감정에 의해서 영향을 받은 것을 지시하는 신체적 느낌일 수 있다. 이때 그가 가진 감정은 바로 그 자신이 가졌던 감정이다.

그러나 이것은 논리적 동어반복에 불과하지 않는가? 감정을 수용하는 신체적 느낌은 자신이 체험한 주관적 방식을 가리킨다. 이와 달리 감정의 내용을, 감정을 대상과의 관계에서만 보는 좁은 의미에서, 다양한 감정들을 서로 구분하게 하는 요소들로 간주하면, 이러한 시도는 다시 제1인칭의 관점으로 되돌아오고 만다.

감정을 신체적 체험방식과 관련하여 묻는 물음은 구체적으로 연구되어야 한다. 이러한 물음들은 각 감정들을 세밀한 분석의 틀 안에서 더욱 꼼꼼하게 논의해야 하며, 다양한 감정들을 파악하기 위한 구체적 연구들을 다루지 않고서는 어떤 대답도 얻을 수 없는 물음들이다. 그래서 현상학적 분석이 요청된다. 신체적 느낌이 그 감정 안에서, 그 감정에 의하여 생겨난 상황들처럼 _{이 상황들은 그 문맥 안에서 중요한 지향적 내용들을 서술하는 것을 가능하게 한다} 자신의 동일한 차별화 정도를 가지고 설명될 수 없다면, 그 이유는 그 문제 자체에 있지 않다. 오히려 정신사적 지평에서 찾아야 한다. 서구 정신사에서 현상학적 성질을 담고 있는 신체적 느낌을 이해하기 위한 언어를 형성하는 일이 소홀히 다뤄졌기 때문이다.

감정의 신체성에 관련된 적절한 언어를 찾는 데 생기는 어려움은 감정을 서술하는 측면에서뿐만이 아니다. 단순한 감각성질을 서술하는 곳에서도 어려움이 있다. 신체 감각과 맛감각 그리고 형태지각을 서술하는 데도 어려움이 있다. 어쩌면 지각의 세계는 서술의 세계를 훨씬 넘어서 있는지도 모른다. 감각세계의 성질의 차이는 거의 무한하기 때문에 그들은 우리가 서술할 수 있는 영역을 넘어설 것이다.

고통이나 취향의 성질을 서술하는 일은 감정을 서술하는 일보다 훨씬 더 간단할 것이다. 치통을 느끼는 경우와 붉은 포도주의 맛을 음미하는 것을 생각해 보자. 우리는 이들을 신체적으로 경험함과 동시에 치통과 붉은 포도주의 맛을 생각할 수 있고 서술할 수 있다고 믿는다. 치통의 경우, 치아가 뽑히는 것 같은 느낌을 갖고 온 머리가 깨지는 고통을 경험한다. 숨은 막힐 듯하며 온몸이 두들겨 맞는 것 같다. 이것은 파도처럼 수없이 되풀이되어 반복한다. 고통과 함께 부분적으로 악골은 곧 뽑힐 것 같은 두려움이 엄습한다. 머리 끝은 곤추서는 것 같다. 온몸은 긴장되어 있다. 이와 같이 치통은 사람들에게 그가 다스리는 풍경을 그려 낸다.

포도주를 음미하는 것도 그가 지배하는 자신만의 풍경을 연출한다. 채워진 붉은 포도주 잔 앞에서 잔을 감싼 촉각과 더불어 눈, 코 그리고 머리는 교향곡을 연출한다. 갈색의 색깔을 띤 붉은색, 약한 불로 오랫동안 그리고 천천히 삶은 과일에서 오는 향기, 여름휴가 동안 좋은 경험을 했던 그 지방에 대한 개인적 기억과 추억, 좋은 품질이라고 인증을 받은 평가 레벨 등등. 입 안에서는 윤기가 감도는 달콤함과 입 안의 온도와 일체감을 알리는 따뜻함이 자리한다. 이내 연하고 매끄럽게 식도를 타고 흘러 번진다. 그리고 풍요로운 여운을 남기고 사라진다. 달리 표현하면, 붉은 포도주를 마시는 일은 열정을 가진 사랑의 천사를 만나는 일이다. 그것도 목 안에서. 열정적인 사랑의 신이 붉은 비단 털신을 신고 식도에서 춤을 춘다. 그러므로 치통과 포도주를 음미하면서 우리는 온몸으로 경험하고 어렵지만 그 경험의 지향 내용을 서술할 수 있다.

지각의 지향 내용을 서술하려는 시도가 항상 성공하는 것은 아니다. 어떤 경우에는 성공할 수도 있고, 또 어떤 경우에는 거의 성공하지 못할 수도 있다. 성공적인 서술을 위해서 보다 지각의 지향 내용에 적합한 구체적인 그림과 은유를 사용하는 것이 좋다. 그리고 개념과 은유가 서로 결합된 어휘를 찾아서 활용하는 것도 바람직하다. 지각의 지향 내용에 대응하는 성질들을 표현할 만한 단어나 말들이 매우 부족하기 때문이다.

01 감정의 철학에 대한 서론 – 명제, 문제 그리고 관점

학문적 · 철학적 언어들은 지각의 성질을 표현하는 데 적합하지 않은 것 같다. 이들은 단지 분석적이어서가 아니라 이미 전문화되어 있기 때문에 감정의 미세한 부분을 담아내지 못한다. 그러나 문학의 영역에서는 좀 다르다. 이 영역에서 비교적 단순한 지각내용들을 서술하는 데서 타당한 것은 복잡한 부분들을 내포한 감정들의 지각내용을 서술하는 데에서도 타당하다. 문학에서는 이에 대한 인상 깊은 시도들이 전개되고 있다. 감정을 그 전체 복잡성으로서 서술하거나 감정을 느낀 자의 관점_{즉, 제1인칭의 관점}에서 서술하려는 노력들이 있다.[35] 위에서 언급한 현상학자 헤르만 슈미츠의 주장 외에도 다양한 주장들이 있다. 여기서 현상학은 어휘력을 발전시킬 수 있는 평가척도로 이해되어야 할 것이다. 이 길이 오랫동안 철학의 이름 아래 소홀히 다뤄졌던 감정 지향의 내용들에 대한 구체적 서술의 길을 개방할 것이다.

슈미츠의 현상학은 서술방식에 관한 새로운 생각뿐만 아니라 지향성의 문제에 대해서도 많은 시사점을 주고 있다. 그의 현상학은 감정의 신체성과 주관성을 서술하기 위한 다양한 차이 구별과 개념들을 제공했을 뿐만 아니라 또 하나의 중요한 문제를 다루고 있다. 이 문제는 감정에 관한 철학적 논의에서 항상 수면 위로 떠오르는 문제이기도 하다. 감정의 지향성, 감정이 지향하는 것, 감정의 지향 대상과의 관계라는 말의 의미의 문제이다. 정확히 말하면 감정은 무엇을 지향하는가? 지금까지의 서술 방식에 따르면, 이 물음에 대한 설명은 감정의 사건이나 감정을 일으키는 대상 혹은 사람에 대한 기술에

---

35 감정의 지향 내용을 문학적으로 서술하는 중요성을 보여 주는 좋은 예가 있다. Romano Pocai, "Philosophische Deutung literarischer Beschreibungen von Gefuehlen", in: Studia Philosophica 59(2000).

한정되었다. 지향성의 문제는 한 감정이 발생하면서 취하게 되는 신체의 방향에 관한 물음이라고 한다면, 감정을 일으키는 사건이 만든 신체의 방향에 대한 말을 좀 더 특수하게 서술해야 할 것이다.

슈미츠는 사건에 의한 감정의 방향성 문제를 해결하기 위하여 형태심리학의 도움을 받는다. 그는 지향적 감정들을 다루기 위하여 형태심리학적 용어를 사용하여 감정의 응축영역 Verdichtungsbereich 과 고착영역 Verankerungsbereich 을 구분할 것을 제안한다.[36] 한 형태를 응축하는 것에 해당한 것은 감정의 특징들이 대상화되어 모인 상태를 뜻한다. 한 형태를 고착하는 것에 해당하는 것은 감정의 형태가 대상화되어 구성된 상태를 의미한다. 더 자세한 설명을 위하여 슈미츠의 제안에 따라서 감정의 서술과 관련하여 이 두 개념을 구분해 보자.

슈미츠는 많은 지향적 감정의 중앙은 항상 두 가지 대상들에 의하여 형성된다고 말한다. 그리고 우리가 치과의사 앞에 앉았을 때 오는 불안을 예로 들어 설명한다.[37] 치과의사 앞에서 일어나는 불안 감정의 응축영역은 치과의사, 망치, 드릴, 칼, 송곳 등 그가 사용할 도구들로 나타난 상태이다. 한마디로 말하면 치과의사라는 사람과 치과병원이 소유한 무기창고의 영역이다. 이 영역은 환자가 치과병원에 가기 전부터 작동할 수 있으며 현장에 들어서면 더

---

36 불안 개념 설명을 위한 슈미츠의 제안은 다음 저서와 논문에서 잘 나타나고 있다. H. Schmitz, "Angst: Atmosphaere und Leibliches Befinden", in: H. Schmitz, Leib und Gefuehl. Materialien zu einer philosophischen Therapeutik, Paderborn 1989. Der Gefuehlsraum, Bonn 1981.

37 H. Schmitz, "Angst: Atmosphaere und Leibliches Befinden", in: H. Schmitz, Leib und Gefuehl. Materialien zu einer philosophischen Therapeutik, Paderborn 1989. 150쪽.

욱 현실적으로 되는 영역이다. 이에 반하여 고착영역은 환자의 주관성에 근거한 영역이다. 무엇보다도 환자가 느끼는 고통이다. 이 고통은 환자가 치과에 들어서면서 치료에 대한 반응 상태로 고착영역을 구성한다. 그래서 치과를 찾는 환자는 치과의사 앞에서 불안을 느낀다. 의사가 연출하는 행위와 분위기, 도구들의 자기 존재의 현현 그리고 자신이 겪는 실제적 통증 등등이 환자에게 불안을 유도하는 것이다. 그러므로 응축영역을 통과한 감정은 고착영역을 형성하여 불안 감정으로 표현된다.

위와 같이 감정을 두 가지 응축점과 고착점으로 구분하는 것은 많은 도움을 준다. 한 감정이 각각 관련을 맺는 상황이 가진 서로 다른 점들을 구별함으로써 응축점과 고착점을 구분하는 것은 감정을 선명하게 드러내 준다. 게다가 지향적 표상으로서 감정들을 특성화시키는 데 흔히 발생할 수 있는 혼란을 막아 주는 이점이 있다. 한 감정이 대비하려는 대상은 이 감정이 인과율적 의미에서 발생하도록 한 바로 그 대상과 동일한 것이 아닌가? 하는 물음을 가질 수 있다. 앞에서 다룬 치과의사 앞에서 생겨나는 불안 발생의 예를 더 이야기하면서 이 문제를 논의해 본다.

감정에 대한 두 가지 영역을 구분하지 않고 치과의사 방문을 감정이 대비하려는 전체 상황으로 간주하면서 이해하도록 해 보자. 보통 발생하는 불안과 두려움은 치과의사 방문을 대비한 것이고, 이 불안과 두려움은 치과의사 방문 때문에 생기는 일이라고 말한다. 이러한 일상적 감정 분석에 따르면 감정의 방향의미와 발생원인이 결합되어 있다. 그러나 이러한 결합상태는 불안이 발생하게 한 다가올 고통에 대한 예상이다. 이때 환자의 감정은 치과의사라는 사람, 그의 모습, 일거수일투족, 치과도구들에 의해서 표상적으로 명료하게 응축된다. 한 감정이 지향하는 대상과 그 감정을 발생하게 한 대상이 동일하다는 것은 이의를 제기할 필요가 없이 명백하다. 그러나 한 감정을 발생하게 한 원인이 그 감정이 지향하는 것과 동일해야 한다거나 동일할 수 있다고 말하는 것은 아니다. 따라서 감정의 내용에 해당하는 것은 동시에 그 감정을 발생하게 한 것과 동일한 것이라고 말해야 한다.

감정을 언급하면서 그 차이들을 세밀하게 분석하는 것은 의미가 크다. 감정 개념의 핵심으로서 응축점과 고착점의 차이가 보여 주는 구별들은 아주 미세한 감정을 구별하는 차이도구들이 감정의 지향 내용과 지향성을 일반적으로 언급하면서 생길 수 있는 오해들을 사전에 피해 갈 수 있게 해 준다. 어떻게 보면 슈미츠의 감정 구별은 데이비드 흄이 시도한 '원인'과 '대상' 사이의 차이를 기억하게 한다. 슈미츠의 감정의 고착화 개념은 흄의 원인 개념과 동일시할 수 없음은 분명하다. 흄이 말하는 원인 개념은 고착화 개념과 달리 인과율적 필연성을 수반하기 때문이다.

1.8. 현상학적 관점과 분석적 관점 사이의 차이
    - 그 공통점과 차이점에 대하여

오늘날 감정의 철학이 다루는 연구영역에서 현상학적 관점과 언어분석적 관점을 조화하려는 시도들이 연구 중심을 이루고 있다. 이제 이들의 연구가 서로 생산적인 대화를 나누고 있는가를 검토해 보자. 먼저 현상학적 전통에서 문제를 검토해 보면, 한편으로 정신-심리적 체험과 다른 한편으로 이 체험의 언어-문화적 변형이 서로 주고받는 복잡한 상호 관계에 대한 충분한 분석들이 이뤄지고 있다.[38]

감정의 철학을 언급하는 자리에서도 자명하게 현상학의 근본명제는 변함이 없다. 즉, 현상학적 환원이나 판단중지 Epoché 를 통해서 서술로부터 독립적인 본질이 될 수 있는 그 어떤 체험도 존재할 수 없다. 이렇게 현상학은 그 자신의 활동영역을 넓혀서 핵심적인 언어분석적 통찰까지도 수용하기 때문에 감정의 서술을 위해서 적절하고 유익한 방식이다.

따라서 감정의 철학을 새롭게 정립하려는 시도는 현상학으로의 접근을 꼭 필요로 한다. 새로운 문학적 서술방식들이 이미 알려 주는 것처럼 현상학적 연구로부터 받을 수 있는 도움의 길도 개방되어 있다. 그렇다고 현상학적 사고방식에만 의존하는 것은 사태의 본질을 정확히 보는 통찰이라고 할 수 없다. 우리가 잘 알고 있듯이, 현상학은 인격 개념과 주관성 개념을 활용하고 있다. 이 개념 안에서 체험은 공간성을 획득하며, 인격 개념은 직접적인 의미

---

38 이러한 연구 대열에는 H. 슈미츠, M. 메를로 퐁티를 언급할 수 있다. 그 외에도 수없이 많은 현상학적 연구가들이 있는데, 그중에서 현상학과 언어분석의 결합을 시도하는 우리의 문제와 깊은 관련이 있는 몇 사람을 소개한다. Anna Blume, Scham und Selbstbewusstsein. Zur Phaenomenologie konkreter Subjektivitaet bei Herman Schmitz, Freiburg/Muenchen 2003; Gernot Boehme, Leibsein als Aufgabe. Leibphilosophie in pragmatischer Hinsicht, Kusterdingen 2003; Thomas Fuchs, Leib — Raum — Person. Entwurf einer phaenomenologischen Anthropologie, Stuttgart 2000; Hilge Landweer, Scham und Macht. Phaenomenologische Untersuchungen zur Sozialitaet eines Gefuehls, Tuebingen 1999; Jens Soentgen, Die verdeckte Wirklichkeit. Einfuerung in die Neue Phaenomenologie von Herman Schmitz, Bonn 1998; Philipp Thomas, Selbst—Natur—sein. Leibphaenomenologie als Naturphilosophie, Berlin 1996; Bernhard Waldenfels, Bruchlinien der Erfahrung. Phaenomenologie — Psychoanayse — Phaenomenotechnik, Frankfurt a. M. 2002.

를 갖게 된다.

현상학적 인식이론은 언어 중심적이 아니다. 예를 들면, 현상학은 핵심적인 연구로 언어 외에도 구체적으로 그려 낼 수 있고 무대에 적합한 과정적인 형태요소들을 고려한다. 뿐만 아니라 비명제적 지식도 소중한 내용으로 취급한다. 게다가 현상학적 감정이론에서 몸과 신체의 구별은 매우 핵심적인 사항이다. 현상학적 감정이론은 신체적 소통 개념으로 상호 주관적 감정현상들을 파악하며, 나아가서 흥미롭게도 상황개념까지 활용한다. 이러한 방식으로 현상학은 새로운 언어분석철학이 가진 개념적 예리함과 논증적 정밀함의 장점들을 감정 연구에 적용할 수 있게 된다.

앞으로 필자는 현상학이나 언어분석학의 총체적인 관점들만 보여 주는 다양한 이론적 전통들을 성급하게 조화하려는 방법을 취하지 않고 인지주의적 경향을 갖는 분석적 주장들과 현상학적 감정이론들을 대변하는 연구가들을 소개하는 것을 연구의 기본 방향으로 설정할 것이다. 물론 순수하게 완벽한 형태로 이것은 분석적 입장이거나 인지주의적 입장이다, 혹은 저것은 현상학적 입장이라고 말할 수 없다. 이러한 공학적 접근 기술은 이론 정치적 혹은 이론 공학적인 숙고에서 나온 것이라고 간주해야 한다.

우리는 지금 감정을 다루는 다양한 철학적 연구들에 가능한 한 가까이 접근하려고 하기 때문에 다양한 전통들이 전수한 개념적 수단들을 사용해야 하며 또한 그 개념들의 신뢰도를 충분히 검토해야만 한다. 다양한 언어분석적 철학자들에 의해서 대변되고 현상학의 특별한 주장들과 모순되지 않고 필자가 주장하려는 인지주의의 한 형식은 아래와 같은 테제들을 함유하게 될 것이다.

- 생생한 감정들은 우리의 행위에 구속을 받지 않고 감정들이 우리를 신체적으로 공격했다는 의미에서 우리에게 일어난 일이다. 우리가 행위자로서 어떤 행위를 하지 않은 상황에서도 감정들은 우리의 신체에 어떤 느낌을 발생하도록 한 것이다.

- 정서들은 정신적 혹은 육체적 혹은 신체적 상태들의 다른 방식으로 환원될 수 없다. 정서는 정서 나름대로 자기표현 방식과 산출 방식을 갖는다. 그렇기 때문에 정신적 상태나 신체적 상태로 일방적으로 환원될 수 없다.

- 정서는 자신 안에 폐쇄된 전체적 자연의 과정들이다. 우리는 이들을 서로 다른 관점에 따라서 분석할 수 있으나, 존재론적으로 다양한 부분들로 분리할 수는 없다. 총체적인 과정으로서의 정서를 관점에 따라서 이해할 뿐이지 자연적 · 총체적 정서를 이해한 대로 다양한 존재의 구성 부분들로 분리할 수 없다. 감정의 철학을 그 구성요소를 탐색하는 구성요소 이론으로 발전시키는 것은 큰 의미가 없다.[39] 의미 있는 연구를 위해서 '정서의 총체적 입장'을 견지하기 위한 개념적 토대를 파악하는 일이 필요하다. 이를 바탕으로-

---

39 감정의 구성요소이론에 대해서 아래 저서들을 참고하여 나중에 다시 언급할 것이다. Aaron Ben-Ze'ev, The Subtlety of Emotions, a. a. O.; Christiane Voss, Narrative Emotion. Eine Untersuchung ueber Moeglichkeiten und Grenzen philosophischer Emotionstheorien, Berlin 2004.

감정들을 서술하는 데에ー 다양한 관점들이 어떤 방식으로 서로 대립하고 있으며, 서로 논쟁하며, 서로 중복되고 있으며 그리고 어떤 방식이 더 근원적인 것인지 밝혀내야 할 것이다.

ー 감정들을 구상하고 서술할 때 제1인칭의 관점과 제3인칭의 관점이 분명히 구별되어야 한다. 제1인칭의 관점에서 구상되고 서술된 내용은 감정이 일어난 신체의 주체가 느낀 내용을 말하는 것이며 제3인칭의 구상과 관점에서 서술된 내용은 감정 주체에 의해서 전달된 내용이거나 제3인칭이 자신의 신체로 파악하고 인지한 감정의 주체가 겪은 사건 내용이다.

ー 감정의 지향적 내용들은 모두 명제적으로 파악되어서는 안 된다. 감정의 지향 내용들이 보이는 실제적 차이는 언어적 연구와 그 외 다른 방식에 의한 연구와 일치하지 않는다. 많은 생명체들은 자신들이 가진 부족한 표현능력에도 불구하고 실제적 관점에서 감정의 지향 내용들의 차이를 만들 수 있다. 이것은 언어적으로 차이를 만들어 내지 못한다 해도 가능한 일이다.[40]

ー 정서는 구조화되어 있다. 정서는 이러한 구조 안에서 특정한 유형의 상황들 아래 맞춰진다. 동시에 이러한 상황들은 그 감정을 가진 사람이 소유한 개인적 상황의 기본 토대들이다. 다시 말하면 감정은 선先역사를 갖는다. 선역사는 선행사건antecedent; Elster 이나 선행조건, 혹은 열쇠시나리오Schlues-

---

40 이 문제는 명제적 지식과 비명제적 지식의 차이에 관한 논쟁과 관련이 있다. Chritiane Schlidknecht, Aspekte des Nichtpropositionalen, Bonn 1999. 참고.

selszenario: de Sousas 라고도 한다. 정서가 발생하기 전 정서를 느낄 수 있게 하는 조건이기 때문이다. 그래서 트라우마를 겪은 사람에게 이러한 선역사는 각각의 사람들이 겪는 생생한 감정과 엇갈릴 수도 있으며, 심지어 나쁜 경우에는 비합리적으로 나타날 수도 있는 것이다. 한 감정의 두 개의 층을 생각할 수 있고, 아래층이 위층에 영향을 줄 수 있다는 것을 생각해 볼 수 있다. 물론 모든 감정의 발생 역사가 원칙적으로 합리적으로 환원될 수 없다고 말하는 것은 아니다. 감정은 필연적으로 그 감정을 가진 사람의 각각의 경험들에 맞춰져 있기 때문에, 그 감정을 체험하고자 한다면 원칙적으로 체험이 가능하다는 의미에서다. 감정을 말할 때 합리성은 인식론적 의미에서 사용하는 합리성과 다른 점이 있다. 감정에서의 합리성은 일종의 내적 합리성이다. 감정의 내적 합리성이란 감정의 구조와 상황의 구조가 서로 일치하고 있음을 뜻할 때 의미 있는 사용이라 할 수 있다. 감정의 합리성 개념은 이렇게 이해되어야 한다.

      - 전체 감정 현상들 안에서 신체가 받은 느낌 혹은 필링의 내적 느낌은 지금까지 이론적으로 만족하게 설명되지 않았다. 그렇다고 해서 시도된 설명이 상황구조에 대한 설명이나 혹은 감정의 지향적 내용에 대한 설명과 서로 적대적으로 대립된 것으로 보이지는 않는다. 따라서 만족할 만한 설명을 위해 노력하여 이에 적합한 이론언어를 찾는 일은 현상학의 목적 중 하나라고 할 수 있다. 이를 위해서 현상학은 엄밀한 언어분석적 서술의 도움을 받아야 한다. 현상학을 대변한 사람들은 감정 철학 연구에서 아래와 같은 주장들을 견지한다. 이러한 주장들은 충분한 논의가 더 필요하다. 그래서 앞으로 아래 주장들에 대하여 각각의 개별적 감정 현상들, 즉 불안, 분 그리고 공감 개념과 관련하여 검토해야 할 것이다.

- 좁은 의미에서 감정이나 기분에 관한 보편적 개념을 획득하는 것은 의미가 깊다. 왜냐하면 이 두 개념들이 존재론적으로 명확히 분리되지 않을 뿐만 아니라 기분 개념은 임의의 감정으로 전이가 될 수 있으며 그 반대 현상도 가능하기 때문이다. 게다가 어떤 개별적 감정들은, 주로 미적 감정들이 여기에 해당하는데, 분명히 규정된 것으로, 즉 지향적 감정들로 인정되고 동일시될 수 있으나 그러나 실제로 지향적 내용을 갖지 않을 수 있기 때문이다.

- 감정들은 항상 주관적이다. 감정들은 신체적으로 영향을 미친다. 감정을 서술하기 위한 내적-외적-은유는 감정의 문제를 연구하는 데 적합하지 않다. 신체적으로 영향을 주는 감정들은 주관적인 것에 머물지 않고 사회적·객관적이기도 하다. 감정들은 신체적으로 표현됨으로써 개별적 주관성에 한정되지 않고 다른 사람들의 감정들과 상호 연관성을 가질 수 있기 때문이다. 그러므로 의식현상으로서 감정에 대한 이해는 근본적으로 이중의 사유를 전제해야 한다. 즉, 감정을 이해하려는 노력은 문제가 있는 정신-육체-서열계급을 재사유해야 한다.

- 감정들은 총체성이다. 이 총체성은 개인의 생각과 개인적 소원과도 관련이 있다. 그러나 역으로 어느 하나로 환원을 가능하게 하지 않는다. 감정들은 각각의 특수한 자기 전개형태를 총체적으로 소유하고 있다. 따라서 감정들을 이해하는 일은 감정의 총체적 과정 특성을 파악하는 일이다.

앞으로 이 책은 모든 감정의 열쇠가 될 수 있는 불안, 분노 그리고 공감의 개념들을 개별적으로 동시에 그와 서로 관련 있으며 유사한 감정들을 연구할 것이다. 텍스트 안에서 가장 중심을 이룬 전제는 인간이 가진 감정세계는 구조화된 총체성을 형성하고 있으며 이 총체성 안에서 서로 차이가 있는 감정들이 서로 관련을 이루고 결합되어 있다는 것이다. 그래서 감정들은 어느 정도 반복되어 설명될 수도 있을 것이다. 예를 들어, 불안 개념의 일부를 형성하고 있는 혼란스러움과 무기력함의 중복되는 부분과 함께 서로 다른 과정들이 비교된다. 분노와 관련된 시기와 질투 감정의 경우를 보아도 알 수 있다. 시기는 공격성 감정 표출의 분노 형태로 다룰 수 있으며, 질투와 연관시켜 그 차이에서 나타나는 서로 다른 전개 방법으로 비교될 수도 있다.

감정들을 현상학적·체계적으로 연구하고 명확히 서술하면서 철학사에서의 각각의 세 개념들과 유사한 감정들에 대한 검토도 함께 할 것이다. 아리스토텔레스, 에피쿠로스, 스피노자, 흄 그리고 키르케고르 등에 의해서 다뤄진 철학사의 감정이론에는 지속된 견해나 단절된 주장들이 있는데, 이러한 주장들을 새롭게 다루면서 많은 경우 감정논쟁에 새로운 관점들을 제공할 수 있을 것이다. 인지과학이나 심리학의 연구결과들도 함께 참고하여 해당하는 감정들에 대한 철학적 중요성을 일깨워 줄 수 있는 문제들에 대답하기 위하여 요구되는 것들도 다룰 것이다.

각 개별 정서개념들을 분석하면서 최근에 주장되는 감정이론들도 가능한 한 최대한 참고하여 서술할 것이다. 오늘날 감정들의 발생원인과 그 역할과 기능에 관한 보편적 이론들과 관련된 많은 주장들이 전개되고 있다. 이러한 연구과정에서 주로 감정들을 보편적으로 다루는 것에 만족하는 경향이 있다. 다시 말하면 각 개별적 감정들은 마치 보편적 감정의 특성을 설명하는 데 필요한 역할을 맡고 있는 것처럼 다뤄지고 있는 것은 감정 연구에서 큰 결함이 아닌가 생각한다. 이러한 결핍된 사고의 틀 안에서 불안이나 부끄러움 그리고 분노와 같은 감정들이 보편적 감정 이해를 위한 예시로 전락하지 않았나 하는 우려를 갖게 한다. 그래서 필자는 이 책에서 위와 반대되는 방법을 제안한다. 보편 감정 이해를 위해서 개별 감정 예시들이 필요한 것이 아니라 개별 감정들에 대한 정확한 이해가 바로 감정의 총체적 이해라는 테제를 유지한다. 그러므로 개별적 감정들이 출발점이 된다. 그 감정들이 중요하게 생각하는 주제들이 바로 자신들의 공통되는 특성들이다. 또한 각 개별 감정들이 전개하는 특수한 차이들이 연구 대상이다.

　　　감정에 관한 이러한 접근 방식을 숙고하게 된 것은 다양한 감정에 관한 연구서들에 대한 연구의 결과이다. 많은 감정 연구서들을 읽으면서 분명하게 알게 된 것은 이 연구들이 한 특정한 감정이나 혹은 많은 감정들에 대하여 하나의 정해진 사유체계 안에서 수행되고 있다는 사실이다. 개별 감정을 연구하기 전 이미 그 연구를 위한 보편적 감정의 틀을 상정하고 그 안에서 움직이는 것을 연상하게 한 것이다. 이러한 연구 방법에서는 감정의 총체성이 훼손될 수밖에 없다. 한통으로서의 감정의 전체 스펙트럼을 고려하지 않는 우를 범한 것이다. 예를 들면, 이야기하는 형식의 설명이론은 무엇보다도 사랑 개념을 분석하는 일에 토대를 두고 있다. 따라서 사랑의 감정 서술에 높은 개연성을 주는 것으로 보이나 기쁨이나 화와 같은 보다 단순한 개념 서술에는 더 낮은 개연성을 주고 있는 것 같다. 그리고 서로 상충하는 감정들 사이에는 어떤 감정의 현상들이 감정의 원형에 속하는지는 대체적으로 불분명하다. 예를 들면, 존경과 무시 감정 사이에서 나타나는 현상들이 그러하다. 존경과 무시의 감정은 생생한 감정으로서 혹은 감정의 성질로서 나타난 것인가? 혹은 자극하는 구성요소 _{매력이라든가 아름다운 모습 등} 들과 상관없이 상대에 대해서 품는 정신적 생각에 관한 것인가? 이러한 물음들은 생소하다.

지금까지 감정이론에서 거의 논의되지 않았던 지평에 놓여 있는 물음들이다. 낯선 물음들에 대하여 응답하고자 할 때, 천천히 좌우를 고려하면서 가까이 다가가야 한다. 이 책을 시작하면서 단언적으로 정의를 내리면서 시작하는 일을 피한다. 산책하는 듯 여유롭게 그러나 성^城을 향해 올라가는 듯 점진적으로 근본적인 논의를 시도한다. 세 개념들의 개별적인 감정들과 그들을 둘러싸고 있는 유사한 감정들의 현상들 _{현상학적으로}을 조심스럽게 _{언어분석적으로} 접근할 것이다. 개별 감정들과 유사 감정들에 대한 분석을 통해서 감정에 관한 보편적 이론화 작업은 더 큰 관심을 유발하게 될 것이다. 결정적인 것은 세 감정들을 서술해 나가면서 _{독자들은 읽어 가면서} 얻게 되는 세 감정의 미묘한 세계에 대한 이해와 그에 결부될 우리 태도의 변화일 것이다.

02   불안

인간의 감정 중에서 가장 핵심이 되는 감정은 불안 감정이다. 인류의 모든 문화권에서 예외 없이 최초로 등장하는 불안 감정은 키르케고르의 실존철학 이후 철학적 사고의 중요한 주제이다. 불안은 모든 감정의 핵심이라 할 수 있다. 이 감정은 다른 감정들에 결정적인 영향을 줄 수 있는 의미를 가졌음에도 불구하고 합리적인 기술이 아직 부족하다.

일상 언어에서 불안과 두려움이 유사한 개념으로 쓰이고 있을 정도로 불안과 두려움의 차이조차 명확하게 기술되고 있지 않다. 불안은 고등동물만이 느낄 수 있는 기본 감정이다. 불안은 생물학적으로 생명 유지를 위해서 주요한 기능을 맡고 있다. 불안은 생명의 힘을 파괴하고 좌절시키는 부정적인 면을 가지면서도 가능한 위험을 인지하고 그에 대한 방어의 힘을 기르게 하는 긍정적 면을 동시에 포함하고 있기 때문이다. 생산적인 측면에서 불안은 그 자체 방어체계를 갖는다. 불안은 위험한 상황에 대한 반응일 뿐만 아니라 어떻게든 앞으로 닥쳐오게 될 위험 상황에 대한 예견을 한다.

앞으로 본 저술은 구체적으로 불안과 신체성의 관계, 우리 몸에서 나타나는 불안의 지향적 내용, 병적 불안과 건강한 불안의 특성, 불안의 유사가족 감정-두려움, 경악, 전율, 혐오, 공황[Panik]-의 이해, 불안과 희망의 상관성 그리고 불안과 두려움의 개념 차이를 규명할 것이다.

불안과 두려움의 감정은 모든 인간 문화를 통해서 빠짐없이 나타나고 있으며 어느 시대를 막론하고 중요한 위상을 차지하고 있다. 인류는 그 기원과 더불어 불안을 안고 살고 있다. 그렇다고 현대를 살고 있는 인류가 그 불안을 조금이라도 극복한 것은 단언하건대 거의 없다.

신화적이고 종교적인 지평에서 불안 개념은 더욱 빈번하게 다뤄졌다. 동서양철학사를 막론하고 불안을 극복하려는 시도는 중요한 내용으로 다뤄져 왔다. 불안을 이해하는 관점도 매우 다양하고 그 해결책 역시 시대마다 그에 걸맞은 내용을 만들어 냈다. 위대한 현인들은 물론이고 시대정신을 이해한 학자들은-아우구스티누스, 키르케고르 등- 불안의 내용과 기능을 시대적 언어로 서술하고자 노력했다. 그러나 현대철학자들은 불안 개념을 연구하는 데 많은 시간을 할애하지 않은 것 같다.

철학적 사유에서 불안은 독특한 위상을 갖는다. 근대에 들어오면서 불안 개념은 철학적으로 특이한 감정으로 간주된다. 키르케고르와 관련된 실존철학에서 이러한 사유가 표현되기 시작한다. 실존철학의 불안 개념은 놀라운 방식으로 인간에 대한 의문을 만들고 인간을 정립하려고 시도한다. 이러한 철학적 영역에서 그리고 일부지만 심리학적 영역에서 불안과 두려움 사이를 용어적으로 구별하려는 시도가 일어난다.

일반적으로 그 차이는 다음과 같다. 불안은 지향하는바 확실한 내용 없이 자유롭게 엄습하는 감정인 것으로, 두려움은 규정된 대상이나 사건에 관계된 일종의 정서로 본다. 앞으로 이 두 개념을 문맥에 따라서 특별히 구별하여 사용하지 않는 한, 동일한 의미를 가진 것으로 사용할 것이다. 왜냐하면 일상생활에서 이 두 개념은 거의 유사하게 쓰이고 있으며, 학문적 영역에서도 어떤 통일적인 차이를 명백하게 보이지 않기 때문이다.

불안을 생겨나게 하는 일정한 상황들과 주어진 조건들은, 불안을 발생시키기도 하고 불안의 대상이 되기도 한다. 그래도 전개되는 일정한 공간은 벗어나지 않는다. 즉, 불안 개념은 일정한 틀 안에서 다양한 문화에 따라서 여러 가지 의미를 갖는다. 일상생활에서 불안을 사용하는 다양한 방식이 문화의 차이에 따라서 다르게 전개된다고 할지라도 불안과 두려움 같은 감정의 핵심은 인간학적으로 일정한 것으로 파악된다. 불안은 인간을 더 높게 발전시킬 수 있는 근본 개념 중 하나이다. 불안은 생물학적으로 아주 중요한 기능을 맡고 있다. 불안은 앞으로 다가올 가능성이 있는 위험을 미리 경고한다. 그래서 방어할 힘을 길러 주거나 위협으로부터 도피하게 한다. 불안은 일종의 경고 시스템인 것이다. 우리가 이러한 경고 시스템을 잘 활용하면 삶의 보존을 위하여 매우 유용한 감정이 되는 것이다. 불안은 위험 상황을 알려 주거나 혹은 어떤 방식으로 위협을 줄 수 있는 것들과 우리를 관련시키는 감정이다.[41]

41 Florian Holsbör, "Die Biologie der Angst", in: Grosse Gefühle. Bausteine menschlichen Verhaltens, Frankfurt a. M. 2000; Gerhard Roth, Denken, Fühlen, Handeln. Wie das Gehirn unser Verhalten steürt, Frankfurt a. M. 2001; Joseph LeDoux, Das Netz der Gefühle. Wie Emotionen entstehen, Müchen 2001; Claudia Wassman, Die Macht der Emotionen. Wie Gefühle unser Denken und Handeln beeinflussen, Darmstadt 2002. 참고.

불안을 다루는 제2장은 네 개의 항목으로 구성한다. 1) 먼저 불안의 신체적 토대가 어떻게 이뤄져 있는지 그리고 불안 개념의 지향적 내용이 무엇인지 밝힐 것이다. 2) 불안에 대한 철학적 관점을 더 확산시킨다. 그래서 불안의 다양한 스펙트럼을 그 차이에 따라서 배열한다. 특히 정신병리학적인 형태들을 분석한다. 그리고 불안 개념과 아주 유사한 두려움 개념에 대해서 논의한다. 3) 철학적으로 의미 있는 불안 분석의 결과들을 재구성한다. 불안과 희망 사이의 보완관계에도 주목한다. 4) 키르케고르와 하이데거를 위시하여 오늘날 불안 이해에 영향을 준 철학자들의 불안 개념의 핵심을 정리한다. 그래서 불안 개념이 가진 의미를 분명히 하고 더 풍성하게 할 것이다. 이러한 연구를 통해서 불안은 원초적인 생물학적 기능 외에도 인간의 삶에 의미를 담보하는 역할이 있음을 밝힌다.

2.1.   불안 감정의 신체성과 그 지향적 내용

우리가 불안에 떨게 되면 어떻게 변할까? 불안은 우리 몸과 신체에 어떻게 영향을 미칠까? 이 물음에 대하여 하나의 예를 통해서 접근해 보자. 김xx는 수능시험을 앞두고 있다. 그의 몸은 매우 긴장되어 있다. 아마도 평소에 기대했던 점수를 얻지 못할 수도 있다는 불안감을 안고 있다. 김xx의 불안은 두 가지 관점에서 더 잘 관찰할 수 있다. 어쩌면 문제가 더 어렵게 출제되어 예상했던 점수에 이르지 못할 것이라는 생각이 들면서 불안은 더 커진다. 마음속에서 일어나는 변화들과 외부상태의 변화가 관찰의 대상이다. 그의 마음

속에서 생겨나는 이러한 생각들을 넘어서 그의 외적 모습을 관찰하면 얼굴이 창백해진다고 서술할 수 있다. 눈은 초점이 약해지며 흔들리고, 몸은 약간 떨릴 것이다. 이러한 몸의 외적 변화는 제3인칭의 관점에서 더 잘 서술할 수 있다. 의사가 의료도구를 이용하여 수험생의 몸 상태를 기록할 수 있다. 그는 맥박과 혈압을 재고 신경의 변화과정을 열거할 수 있다. 뇌와 뇌신경에서 일어나는 변화들을 수치화한다. 그리고 수집한 정보를 불안 이전에 몸의 상태를 보여 주는 수치들과 비교할 수 있다. 제3인칭의 관점은 김xx의 불안감에 의해서 변화된 몸의 상태를 수치의 비교 서술로 분명하게 확인해 줄 수 있다. 그러나 정작 본인에게 이러한 외적 수치들은 별로 의미가 없다. 김xx 자신이 불안을 느끼고 있다고 믿는 것이 핵심 문제이다. 그는 맥박의 진동수나 신경과정의 변화를 나타내는 수치들보다 자신이 특별한 방식으로 불안을 느끼고 있다는 사실, 즉 자신의 몸이 불안하다는 사실에 억눌려 있는 것이다.

위의 두 가지 관점을 특징화하면 자연스럽게 불안 감정의 현상학적 체험과 주관성 같은 개념이 떠오른다. 자신의 몸이 불안에 노출되어 있음을 아는 사실이 이를 잘 말해 준다. 불안을 가진 사람의 불안에 해당하는 지각의 성질은 심리적이거나 신체적으로 측정할 수 있는 속성들을 서술함으로써 얻어지는 것이 아님을 알 수 있다. 불안의 주관이 생각할 때 모든 것이 생생하게 살아서 활동적으로 보이는데 정작 본인에 관계되는 것은 비좁고 심지어 위협적으로 다가온다. 김xx는 이 상태로부터 벗어나고자 하나, 무기력함만을 느낀다. 명석판명 한 생각을 가질 수도 없다. 자신의 몸을 움직이는 것까지 자신이 원하는 방식으로 변화시킬 수 없다.

여기서 앞으로 다룰 중요한 문제는 잠시 미뤄 둔다. 어떻게 불안을 가진 사람의 관점으로부터 불안지각을 서술할 수 있는가? 문제가 바로 그것이다. 지금까지 논의된 것들을 정리해 보면 우선 다음과 같이 정리할 수 있다. 우리는 적어도 두 가지 방식, 즉 몸과 신체의 방식으로 불안 감정에 관련되어 있다. 불안 감정은 신체생리학적이며 신경적인 과정에 그 뿌리를 두고 있다. 그러나 이들과 개념적으로 차이가 있는 지각성질도 소유하고 있다. 이 지각성질은 현상학적 성질이며 제1인칭의 관점과 밀착되어 있다. 그리고 이 현상학적 제1인칭의 관점에서 보는 성질은 신체생리학적이며 신경적 과정을 구성하는 요소들로 환원될 수 없는 것이다.[42]

헤르만 슈미츠는 감정들이 주는 신체적 느낌을 서술하기 위하여 '좁게 함Engung', '확산Weitung', '긴장Spannung' 그리고 '부풀어 오름Schwellung'의 개념들을 사용한다. 불안을 느끼는 현상학적 차원에서 끼어 있는 것 같은 비좁음을 느끼는 것은 그 특징적인 것으로 보인다. 그래서 불안을 느끼면, 사람들은 몸이 오그라들고 수축되는 것으로 느낀다. 그런데 이것은 감정의 어원학에서나 부분적으로 일상 언어의 은유적 사용에서나 잘 표현이 되지 않는다. 앞에서 언급한 중요한 시험을 앞둔 수험생에게서 나타나는 것처럼 목이 실로 감겨지는 것 같은 느낌을 갖는다거나, 불안을 느끼는 사람이 서 있는 땅이 꺼지는 것을 느낀다는 표현은 일반적 사용이 아니다. 신체적으로 비좁고 쪼임을 받는

---

42 지각이나 신체적 느낌에 대한 철학적 논의는 현상학적 성질에 관한 논의인데, 구체적으로 고통, 맛 혹은 냄새와 같은 것으로 주로 'Qualia(감각질)'이라는 주제 아래 논의가 이뤄지고 있다. 이에 해당하는 중요한 문헌들로 다음과 같은 저서들이 있다. Heinz-Dieter-Heckmann, (Hg.), Qualia. Ausgewählte Beiträge, Paderborn 2001; Michäl Pauen(Hg.), Phänomenales Bewusstsein — Rückkehr zur Identitätstheorie?, Paderborn 2002.

지각은 이 난국을 극복할 다른 수단 방법이 가능하지 않다는 것을 보여 주는 인상과 결부되어 있다.

그래서 흔히 불안에 빠진 사람이 무의미한 행동으로 반응을 하거나 마치 장애인인 것처럼 행동하는 경우를 볼 수 있다. 신체가 위축되어 무의식적으로 비합리적인 행동을 유발하는 경우는 불안의 깊이가 깊으면 깊을수록 더 심각한 형태로 나타날 수 있다. 불안이 심화된 상태에 이르면 극단적인 경향으로 전향되는데, 경악이나 공황, 놀람과 공포, 떨림과 전율 등의 유사 현상들이 여기에 해당한다. 이들은 특별한 의미에서 불안이 심화되고 상승된 형식으로 보아야 한다. 위와 같은 극단적인 불안의 유사 감정 형식들은 몸을 마비시키고 맹목적이고 전혀 예측할 수 없으며 조절할 수 없는 행위들로 표현된다. 우리가 불안을 느끼게 되면서 우리에게 요구되는 대로 체험하는 것은 일별하면 이 감정이 가져오는 생물학적 기능과 모순된다. 왜냐하면 이러한 위협적인 상황에서 의미 있는 신체의 반응이란 거의 불가능하기 때문이다.

그래서 슈미츠는 불안 감정을 억압된 '탈출열망Fluchtdrang'이라고 말한다. 탈출열망은 '억제된 길', '탈출하려는 충동'으로 표현되기도 한다.[43] 이러한 갈망들은 서로 단절되어 있으면서 지속적으로 되돌아 튀어 오르는 활동으로 전개된다. 그는 이러한 열망과 충동의 순간들을 꿈과 극적인 사건들을 예로 들어서 눈앞에서 실연되듯이 생생하게 그려 내고 있다. 우리는 흔히 꿈속

---

43   Hermann Schmitz, Die Gegenwart, Bonn 1964, 175쪽.

에서 탈출하고 도망하려 하지만 몸은 꿈적도 하지 않는 경험을 한다. 모든 길이 막혔을 수도 있고, 갑자기 움직일 수 있는 힘이 상실되었을 수도 있기 때문이다. 이런 예를 통해서 슈미츠는 꽉 낀 것으로 느꼈던 불안을 신체의 꽉 낀 상태로 이해하는 결론에 도달한다. 그리고 많이 쌓아진 둑 형태로 나타난 감정은 확산되거나 부풀어 오르기도 한다는 결론에 이른다.

슈미츠는 이렇게 확산되는 경향이 넓어지는 것을 두 개의 개념을 사용하여 정리한다. '긴장Spannung'과 '부풂Schwellung' 개념이다. 이 개념들을 사용하여 신체적 느낌이 갖는 뉘앙스의 차이를 드러낸다. 슈미츠는 대립하는 긴장과 서로 대결하면서 생기는 '신체적 비좁음'을 '긴장'이라 하고, 그 반대로 긴장과 대립하는 넓히려는 시도를 확산이라 한다.[44] 이러한 논의를 바탕으로 하면, 불안 감정에서 보이는 억제된 운동충동은 신체적으로 '비좁음'에 해당하고, 이는 신체적 '확산'과 대립한다. 그래서 불안은 신체적으로 긴장에 속한다. 서로 힘을 겨룬 다툼의 과정에서 불안은 그가 가진 비좁음과 낯섦의 방해가 주는 힘의 우세함으로 인하여 확산을 이겨 내고 비좁음의 자리를 지켜 낸다.[45]

슈미츠의 주장에 대해서 다양한 이의가 제기된다. 슈미츠의 불안 감정 서술을 의심하는 사람들은 불안만 그렇게 하는 것이 아니라 다른 감정들 예를 들면, 화의 감정 도 신체적으로 넓이를 확보하려는 것으로 이해될 수 있거나 혹

---

44   Hermann Schmitz, "Die Angst: Atmosphäre und leibliches Befunden", in: ders., Leib und Gefühl. Materalien zu einer philosophischen Therapeutik, Paderborn 1989, 135쪽 이하.

45   Hermann Schmitz, a. a. O., 145쪽.

은 억압된 운동충동 예를 들면, 부끄러움의 감정 으로 이해될 수 있다고 비판한다. 이에 대하여 슈미츠는 반론을 제기하지 않고 수용한다. 불안을 신체적으로 체험한 대로 서술하는 것이 중요하다고 본다. 그러나 불안의 특징을 완벽하게 서술할 수 있다는 것을 의미하지 않는다.

다양한 감정들이 신체적으로 현현現現하는 것은 대응하는 감정들이 동일한 것으로 간주되지 않아도 특정한 관점에서 유사할 수 있다. 슈미츠는 고통과 화의 감정을 억압된 열망으로 분석될 수 있는 현상들로서 논의한다.[46] 물론 감정의 '비좁음'과 '확산'과 같은 개념들을 이용하여 신체적 지각을 개념적으로 특징화하는 일은 감정의 서술에 적합하지 않다고 그 사용가능성에 대하여 의혹을 가질 수 있다. 슈미츠는 '비좁은'과 '넓은'은 그 언어적 의미에서 공간적 관계에 관한 것이라는 것을 의심하지 않는다. 그런데 그런 개념들을 신체적 지각을 서술하기 위하여 사용하게 되면 어떤 일이 발생하는가? 체계적인 언어사용을 의문시하는 단순한 은유적 언어사용법이 아닌가? 하고 반론을 제기할 수 있다.

신체적 지각을 이해하기 위한 비좁음이나 넓음과 같은 표시들의 은유적 특징들을 지적하는 것은 그 자체로 아무런 문제가 되지 않는다. 특히 은유법은 마술사와 같은 해결사 역할을 하기도 한다. 은유는 개념으로서 크게 해명하는 힘을 갖는다. 철학이나 과학 안에서 잘 다뤄지지 않은 관점들을 정

---

46 Hermann Schmitz, Die Gegenwart, Bonn 1964, 177쪽 이하.

당화시키기 위하여 사용될 수 있는 언어적 표현 중에서 더욱 필요한 것이 바로 은유의 방법이다. 문제는 다음과 같다. 우리가 감정의 신체성을 특성화하기 위하여 원칙상 각각의 문화적 특수성의 산물인 은유적 방식에 의존하고 있는 상황은 각기 감정들이 신체성으로 경험되는 것을 문화에 의존하고 있는 자기 이해와 의미규정의 결과로 간주하는 것으로 지지하는 간접증거로 채택해야 하지 않을까? 이렇게 보면 신체성 경험을 위해 의존하고 있는 문화는 자기 이해와 의미규명의 지평이 열리는 곳이기도 하다. 따라서 우리는 불안 감정의 서술을 위하여 이러한 은유적 방식을 수용해야 한다.

그럼에도 감정의 특수한 신체성은 문화의 차이만큼 다양해야 한다. 따라서 감정에 수반되는 감정에 따른 몸짓이나 표현태도는 문화적 차이를 갖는다. 서로 다른 언어나 문화권에 따른 표현들은 불안 감정을 대변하는 비좁음의 계기가 항상 불안과 관계되어 표현된다는 것을 가리키고 있다. 예를 들어보면, 그리스어의 'archein'은 질식하는 것, 목을 누르는 것을 의미하면서 동시에 불안을 느끼는 것을 뜻하기도 한다. 라틴어에서도 이와 유사한 예를 볼 수 있다. 'angor'는 질식함, 가슴을 죄는 압박, 불안을 뜻한다. anxietas=불안감을 느낌, angustia=비좁음, angere=목을 조름, 심장을 압박함 등에서도 볼 수 있다.[47] 불안과 두려움의 경험들은 모든 문화권에서 비좁음의 표상들과 함께 연계되어 있다는 주장은 신뢰할 수 있다. 그리고 이러한 언어사용은 다음 세대로 전승된다.

---

47 그리스어와 라틴어의 예시는 Christoph Demmerling(Hg.), Philosophie der Gefühle. Von Achtung bis Zorn, Stuttgart 2007, 66-67쪽을 참고.

결국 불안 감정을 표현하는 비좁음과 확산의 단어들이 은유적인 것인가? 하는 물음에 대한 대답은 어느 정도 슈미츠가 이 단어들을 사용하면서 결합한 신체의 공간성의 이해를 따를 것인가에 의존한다. 여기서 공간성에 대한 이해를 개별적으로 재구성하거나 보충하지 않고서는 슈미츠가 신체를 구성적이고 근원적인 공간으로 파악하고 있다는 것을 알 수가 없을 것이다. 그가 의미하는 구성적이며 근원적 공간이란 '어떤 의미로든 경험할 수 있는 공간'[48]을 가능하게 하는 선험적 영역을 의미한다. 이러한 논의에 따라서 비좁음과 확산의 개념들은 근원적인 삶의 경험 안에서 신체에서 획득된 것으로 타당해야 하는 것이다. 그래서 불안 감정이 신체의 공간적인 관계로 전달될 수 있는 것이다. 그래서 불안이 전달된 신체의 개념은 전통적인 의미의 은유를 넘어설 수 있다.

불안해하거나 두려워하는 사람은 원칙상 불안의 대상 앞에서 불안을 느끼고 두려워한다. 불안의 대상은 다양하다. 한 마리 개일 수도 있고, 어떤 특정한 사람일 수도 있으며, 지진처럼 어떤 사고나 사건일 수 있다. 치과의사의 행위일 수 있으며, 절박함 위에 서 있거나 줄에만 의지하고 있는 상황일 수 있다. 이들의 대상은 불안이 지향하는 대상들이라 할 수 있다. 따라서 감정의 지향성은 그 감정과 관계가 있고 그 대상이 가리키는 대상을 가리킨다. 감정의 내용은 원칙적으로 명제적으로 구조화된 형식을 통해서 표현된다. 한 마리 개 앞에서 불안을 느끼는 사람은 "나는 개가 나를 무는 것을 불안해한다^{두려워한}

---

48 Hermann Schmitz, Der Leib, der Raum und die Gefühle, Stuttgart 1998, 51쪽.

110

다" 하고 표현한다. 특정한 사람 앞에서 두려워하는 사람은 "어둠 속에서 검은 옷을 입은 사람이 나를 헤칠 것 같아 불안해한다"라고 말한다. 치과의사나 그가 가진 도구들이 대상이 되어서, 불안을 갖는다.

이와 같이 거의 모든 감정들은 그 나름의 대상을 갖는다. 격분과 분노와 같은 감정도 마찬가지로 대상을 갖는다. 분노를 지닌다면, 누구 혹은 무엇에 대한 분노인가를 말할 수 있고, 이들이 바로 분노의 내용이며 대상이 된다. 내용과 대상은 분노가 지향하는 대상이다. 원칙적으로 말해서 단순히 대상도 없이, 지향하는 것도 없이 분노한다는 것은 별 의미가 없다. 분노하는 것은 누구에 대하여 그리고 무엇 때문에 분노한다는 형식을 갖는다. 그리고 이것을 명제화해야 한다.

여기서 중요하게 언급해야 할 것은 감정이 지향하는 대상 혹은 내용이 반드시 실제적으로 존재해야 하는 이유는 없다. 우리는 악마에 대해서 불안과 공포를 가질 수 있는 것처럼 실제로 존재하지 않는 가상의 대상에서도 불안을 느낀다. 악마의 존재에 대해서조차도 존재한다, 존재하지 않는다, 하고 서로 대립하여 논쟁할 수는 있겠지만……. 그러므로 이렇게 말할 수 있다. 어떤 특정한 감정을 가진 사람은 그 감정을 불러일으킨 대상과 내용-언어로 서술하기에는 불확실하다 할지라도-을 가져야 한다. 그 내용과 대상은 실재적이거나 아니면 적어도 그 감정을 갖게 할 정도의 가능한 어떤 내용을 담고 있는 것으로 간주되어야 한다. 지향적 내용과 대상이 실제적이라면 언어적 서술이 가능할 것이며, 실재하는 것은 아니나 감정을 갖게 할 정도의 내용을 담은 것이라면 적어도 할 수 있는 데까지 언어로 표현하도록 해야 할 것이다. 그리고 이 모든 정보를 활용하여 감정에 대한 판단이 이뤄진다.

여기서 자연스럽게 감정과 그 감정을 언어로 표현하는 판단의 관계를 짚어 보아야 한다. 감정들은 판단과 결부되어 있거나 판단과 결부될 수 있어야 한다는 것을 오래전 주장한 철학자가 아리스토텔레스이다. 그는 이렇게 말했다. "따라서 두려움이나 공포는 불쾌에 대한 확실한 지각이며 불안을 느끼는 감정이다. 해악을 가져오거나 고통스러운 이 감정은 이미 발생한 불쾌한 것에 대한 표상^{생각}으로부터 생겨난다. …… 그러므로 어떤 것을 겪은 사람은 특정한 사람에 대하여, 특정한 사건에 대하여 그리고 특정한 시간대에 필연적으로 그 두려움이나 공포를 지각했어야만 한다."[49]

사람은 많은 종류의 해악에 의해서 두려움과 고통을 느낀다. 그리고 이러한 해악들을 해체하여 각각 차이 나게 구별할 능력이 있다. 모든 가능한 대상들, 상황들 그리고 사건들이 불안과 고통을 유발하는 중요한 요인이 될 수 있다. 동물들의 경우에는 일차적으로 가까이 있는 적들, 주변의 경쟁 동물들 그리고 신체와 생명에 위협을 줄 수 있는 다른 동물들이 불안과 고통을 유발할 수 있다. 그러나 인간에게 불안과 고통을 안겨 주는 요인들은 다르다. 인간의 불안과 고통의 감정을 유발하는 현상의 형식들은 동물들의 세계와는 비교할 수 없을 정도로 매우 다양하다. 불안이라는 개념과 유사한 현상들도 수없이 열거할 수 있다. 이 관계 안에서 중요하게 생각되는, 불안과 유사한 개념

49　Aristoteles, Rhetorik, München 1980, 1382 b.

들은 공포, 두려움, 전율, 경악, 혐오 그리고 공황 등등이 있다.

　　동물에게서는 찾아볼 수 없으나 인간에게는 나타나는 특별한 종류의 불안한 감정이 있다. 이러한 감정은 구체적인 대상이나 사건에 의해서 일어나는 감정들과 성질이 다르다. 미래라는 시간과 관련된 불안이다. 인간은 미래를 생각하는 동물이기 때문에 앞으로 다가올 삶에 대한 불안을 가질 수 있다. 이러한 불안은 구체적이고 직접적인 현재와 관련된 불안들과 다른 특성을 갖는다. 미래에 어떤 일이 일어날 것이라고 예측하여 선취된 위험에서 오는 불안이다.

　　이것은 인간의 삶이 가진 숙명적인 면과 결부되어 있다. 죽음과 파괴 그리고 사라짐에 대한 생각까지도 포함한다. 부상이나 질병을 예견하는 데서 오는 불안, 가난과 실직 가능성으로 인해 생겨나는 불안, 고독과 헤어짐을 염려하면서 갖는 불안 그리고 불의와 전쟁이 생길 수 있다는 생각이 주는 불안 등을 말할 수 있다. 그런데 이러한 미래와 관련된 불안은 단순히 미래에 일어날 수 있는 특정한 한 사건에 관련하여 제한된 것으로서의 일부 감정 파편이 아니라 미래에 관한 불안이면서 동시에 총체적인 자신의 삶과 결부된 불안으로 전인적 감정의 특성을 항상 내포하고 있으며, 결정적인 순간에 현현할 수 있는 감정이다. 다른 비인간적인 생물체와 달리 인간만이 가진 미래를 생각하는 표상능력에 기인하는 인간적인 감정형태이다.

　　따라서 불안은 인간이 자기 나름대로 다가올 미래를 예견하고, 계획을 세워 이에 대비하면서 자신의 삶을 꾸려 나가기 때문에 생겨날 수 있는 감정이다. 그런데 인간은 시공의 제한을 받는 존재이기 때문에 자신이 보는 미래는 한정될 수밖에 없다. 이런 이유로 그가 생각하는 미래는 미래 전체가 아닌 그 일부이다. 다가올 미래 전체를 미리 알고 거기에 적합한 계획을 세운다는 것은 불가능한 일이다. 그래서 사람이 예측하여 세운 기획은 다음 날이면 전혀 쓸모없는 종잇장이 되기도 한다. 이와 같이 생각하면 미래라는 대상은 불안의 아주 특별한 대상이 됨을 알 수 있다. 따라서 우리는 미래와 관련된 불안을 이야기할 때 막연한 미래의 불안에 대해서 이야기하는 것을 지양하고 각자 개별적인 삶이 삶 전체와 성공적으로 일관성 있게 진행되고 있는가를 고려하는 차원에서 이해되는 불안으로서 다뤄야 할 것이다.

이제 현실불안들Realängsten 과 실존불안Existenzangst 개념의 차이를 언급할 때가 되었다. 이 문맥 안에서 심리학은 흔히 현실불안들과 실존불안을 언급한다. 일반적으로 심리학은 현실불안들은 사람이 특정한 대상 혹은 세계 안의 특정한 사건들과 관련을 맺는 데서 느끼는 불안으로 이해하고, 반면에 실존불안은 앞으로 일어날 미래에 기인하는 불안으로, 삶 자체에서 오는 불안으로 구별한다. 실존불안은 총체적인 삶 전체를 지향하며 자신의 미래가 지속할 수 있는가? 하는 물음을 걱정한다. 현실불안과 실존적 삶 그 자체에 대한 불안은 불안과 두려움을 다루는 실존철학적 연구의 결과이지만 그러나 이들이 반드시 서로 일치하는 것은 아니다. 불안Angst 은 비지향적이며 불특정적인 것으로 원칙상 실존적 자기 경험에 뿌리를 두고 있는 감정, 즉 실존적 삶의 불안 감정이며, 반대로 두려움Furcht 은 구체적인 대상들과 사건들에 관련된 지향적 감정, 즉 현실불안이다.

불안이 지향하는 대상들과 내용들에 관한 한, 다양한 불안동기들을 어떤 정해진 틀로 분류할 수 있는 종류의 분류화를 허용하지 않는다. 불안의 지향 대상과 내용에 관한 논의를 위해서 먼저 도대체 불안이 지향하는 것은 무엇을 말하는지를 밝혀야 한다. 불안과 같은 감정은 어떻게 지향하는가? 지금까지 서술에 따르면 감정의 지향의 문제를 감정은 사건이나 대상들 혹은 사람에 관련된 것으로 이해해 왔다.

이 문맥에서는 앞에서 이해했던 감정의 고정화와 압축화 개념을 다시 기억하는 것이 좋겠다. 이 부분은 앞에서 다뤘듯이 헤르만 슈미츠의 치과의사를 방문한 데서 오는 불안의 예이다. 치과의사를 방문했을 때 발생한 두려움에 대한 그의 현상학적 서술은 다음과 같다. "진료를 위하여 치과의사를 방문해서 느끼는 두려움의 중심에 압축영역과 고정점이 놓여 있다. 두려움은 유기체적 모습으로서 고통을 예견하는 고정점 위에 놓여 있다. 그러나 이 고착점은 막상 두려움 속에서 현상적으로 압축영역으로 되돌아온다. 그래서 이러한 상황 아래 사람들은 치통으로 인한 두려움에 대해서 말하지 않고 치과의사 앞에서 생기는 두려움을 이야기한다. 치료받기 위해 의자에 앉은 환자가 신경을 자극하는 혼란스러운 상태에서 흰 가운을 입은 의사, 치료도구들을 갖춘 치료실을 자세히 관찰한 위험한 순간, 아마도 그의 두려움은 후에 치료를 받으면서 고통이 시작되는 순간보다 더 자극을 받아서 더욱 강하게 살아나게 될 것이다; 바로 이 위험한 순간에 고착점이 현상적으로 되돌아온다. 그 전에 압축영역에서 증오스럽고 공격적인 인상을 표현하는, 위협적인 것들의 불확실한 격앙이 한데 모아진다."[50]

　　위와 같이 볼 때, 일련의 지향적 감정들은 두 가지 종류의 대상들 혹은 사건들을 지향하는 것으로 구별해 볼 수 있다. 그래서 치과의사와 그가 사용하는 치료도구들은 불안의 압축영역에 속하고, 반면에 치료 중 고통을 예견하는 것은 고착점을 형성한다고 말할 수 있다. 압축영역에서 불안의 강도는 극대화되고, 이내 시간이 지나 막상 치료에 들어오면 불안 감정은 고착점으로 다시 되돌아온다. 그래서 실제로 치료를 받을 때 생기는 두려움보다 치료받기 전 형성된 두려움이 더 클 수 있는 것이다. 인간을 끝없이 괴롭히는 수많은 불안 감정들이 펼치는 다양한 폭의 스펙트럼을 자세히 검토해 보면, 그 바탕에 놓여 있는 중요한 현상영역들을 이해하기 위하여 더 많은 연구가 요청된다는 것을 알 수 있다.

2.2.　병든 불안, 건강한 불안
　　　　– 건강한 불안이 가능한가?

　　불안 감정은 사람을 가리지 않는다. 불안은 병든 사람이나 건강한 사람이나 누구를 막론하고 찾아간다. 불안은 누구에게나 친숙하다. 따라서 "건

50　Hermann Schmitz, "Angst: Atmosphäre und leibliches Befinden", a. a. O., 151쪽.

강한 사람이든, 환자이든, 누구나 불안을 안고 있다."[51] 인간은 누구나 생물학적인 신체 보존을 넘어서서 자신의 생명을 가능한 한 잘 보존하려 한다. 그렇다면 우리는 불안에 대해서 너무 부족한 인식을 가져서도 안 되지만 또 너무 지나치게 불안을 염려해서도 안 될 것이다. 불안 감정은 오늘날 자칭 문화가 발달했다고 하는 세계에서 병적으로 확산되는 경향이 있다. 자연과 환경으로부터 직접적인 위협을 극복했다고 믿는 많은 문화권에서 살고 있는 사람들이 가진 불안의 질병은 높은 확산 정도를 보인다. 따라서 의료치료나 심리치료를 통해서 불안을 체험하며 그 불안장애를 극복하려는 담론들이 활성화되고 있다는 주장은 논란의 여지가 없다.

무엇이 병든 감정이고 무엇이 건강한 감정인가? 하는 물음에 답하는 일은 쉽지가 않다. 특히 불안 감정의 경우는 더욱 어렵다. 그런데 "어떤 상황 아래서 그리고 어떤 비판의 토대 위에서 불안에 대한 반응을 질병으로 분류할 수 있는가?"라는 물음은 불안 감정을 이해하는 데 근본적인 물음에 속하기 때문에 아무리 어려운 문제라 할지라고 논의할 충분한 가치가 있다. 게다가 문제를 더욱 어렵게 하는 것은 질병이라는 개념 자체에 관한 정의도 여러 갈래로 나눠져 있기 때문에 많은 경우 질병이라는 개념을 사용할 때 생길 수 있는 논란의 여지를 함께 고려해야 하는 어려움도 있다.

우리의 논의에 집중하기 위하여 질병 개념을 간단히 정리하고 지나

---

51 Hermann Lang/Hermann Faller, "Einleitung: Angst — ein paradoxes Phänomen", in: Hermann Lang/Hermann Faller(Hg.), Das Phänomen Angst, Pathologie, Genese und Therapie, Frankfurt a. M. 1996, 7쪽.

가려고 한다. 필자가 생각할 때 심리적 질병은 아래 세 가지 특성을 가진 것으로 이해된다. 첫째, 질병, 특히 감정과 관련된 의미에서 심리적 질병은 원칙상 데이터를 통하여 객관적으로 검증할 수 있고 _{검증 가능해야 하며}, 둘째, 표현과 서술을 통하여 상호 주관적으로 수용할 수 있으며 _{소통 가능해야 하며} 그리고 셋째, 주관적으로는 개인이 체험할 수 있는 능력의 장애 _{당사자에게 체험 가능해야 하며}로 이해하려고 한다.[52]

프로이트의 심리학은 불안 질병 _{장애}을 이해하는 데 도움을 줄 수 있다. 그는 흔히 수정을 거치면서 많은 사람의 동의를 얻고 있는 유형학 _{類型學,} _{Typologie}을 제시하고 있다. 지금까지 많은 수정을 거치면서도 여전히 불안 질병을 분류하는 데 중요한 토대를 제공한다. 프로이트의 정신병리학은 불안장애를 연구하면서 연구 초점을 특이한 불안 체험, 즉 너무 강해서 상황에 적합하지 않은 불안들의 체험에서 오는 특이한 사례들에 한정하여 집중한다. 과도하게 불안에 집중하는 행위는 불안을 전혀 느끼지 못하는 경우와 마찬가지로 질병의 의심이 있는 것으로 볼 수 있다. 그렇다면 왜 이런 현상들이 생기는가? 하는 문제는 과잉 불안과 불안 불감증의 원인에 관한 물음을 제기할 수 있다. 이 원인들에 관한 연구는 더 많은 지면이 필요하겠지만, 간단히 추론하여 일반적으로 이야기해 보면, 불안 불감증은 무관심과 자포자기가 요인이라 할 수 있고, 과잉 불안은 필요 이상의 집착과 경쟁에서 오는 것이라 할 수 있겠다.

---

52 여기서 간단히 다루는 심리적 질병 개념에 대해서 Thomas Schramme, Patienten und Person. Zum Begriff der psychischen Krankheit, Frankfurt a. M. 2000, 114쪽 이하 참고.

프로이트의 유형학은 불안 질병의 세 유형을 제시한다. '일반적 불안^{소심함}', '불안 노이로제^{Angstneurose}' 그리고 '히스테리^{Hysterie}'이다. 첫째, 일반적 불안은 일상에서 흔히 나타나는 것으로 도처에서 만날 수 있는 불안에서 오는 장애이며 질병이다. 그는 이 유형을 자유스럽게 부유하는 불안으로 우리 가까이에 친숙하게 더불어 있는 가벼운 형태의 병이라고도 표현한다. 그렇지만 말 그대로 가볍지 않을 수 있다. 왜냐하면 이 가벼운 질병이 우리의 판단을 흐리게 하여 가능성 중에서 가장 최악의 것을 선택하여 -처음에는 아주 간단한 문제들이 점점 더 심각한 난제로 옮겨갈 수 있다.- 심각한 결과를 초래할 수 있기 때문이다. "소심한 불안은, 행위자의 행위를 정당화하기 위하여, 어떻게든 적합한 모든 표상내용을 추종할 준비가 되어 있으며, 판단에 영향을 주며, 다가올 기대를 스스로 선택하며 그리고 모든 기회를 이용한다. 우리는 이러한 소심한 불안 상태를 '기대 불안' 혹은 '불안한 기대'라고 부른다. 이러한 종류의 불안에 의하여 괴롭힘을 당하는 사람은 가능한 모든 가능성 중에서 항상 가장 최악의 것을 예견한다. 모든 우연을 재앙의 표시라고 이해한다. 그리고 모든 불확실성을 가장 나쁜 의미로 이용한다."[53]

두 번째 유형은 일반적으로 노이로제로 표현되는 '불안 노이로제'이다. 이는 일종의 공포증에 해당한다. 위에서 언급한 소심한 불안과 다른 점은 이렇다. 소심한 불안은 뚜렷한 대상 없이 임의적인 상황에서 드러나는 두려움이고, 반면에 불안 노이로제는 특정한 표상내용 혹은 특정한 상황, 사건들 그

---

53 Sigmund Freud, Vorlesungen zur Einfühlung in die Psychoanalyse. Studienausgabe Band 1, Frankfurt a. M. 1969, 384쪽.

리고 대상들과 밀접하게 연결되어 있다. 프로이트는 불안 노이로제^{공포 질병}의 다양한 형식들을 구분한다. 불안 노이로제가 실제적 위험과 어떻게 연결되어 있느냐에 따라서 구분하는데, 그 스펙트럼이 매우 다양하다. 불안 노이로제의 스펙트럼은 그 자체로 실제적인 위협과 관련되어 있으나 불안에 대한 반응을 과장된 형식으로 표현하는 단계에서부터 가능한 위협에 해당하는 것으로 상징적인 차원에 이르기까지 넓게 펼쳐져 있다.

불안 노이로제나 공포증과 달리 세 번째 유형인 프로이트의 히스테리는 오늘날 일반인에게도 너무나 잘 알려져 있는 개념이다. 그런데 그가 처음 이 개념을 소개할 때 매우 어려움을 느꼈다. 왜냐하면 히스테리는 수수께끼나 마술처럼 신비한 측면을 특성으로 가지고 있기 때문이다. 히스테리적 불안의 특성은 불안과 그 불안을 야기한 위험 대상 사이의 관계를 파악하기가 매우 어렵다는 데서 찾을 수 있다. 불안 감정의 표현과 그 원인 사이에 인과관계가 명확하지 않다. 그래서 히스테리적 불안은 질병 당사자인 본인뿐만 아니라 그 관찰자에게도 그 모습을 선명하게 드러내지 않는다. 히스테리는 흔히 흥분되거나 격앙된 상황에서 표현되는데, 그 감정 표현은 예견할 수 없을 뿐만 아니라 기대를 벗어난다. 히스테리는 주어진 어떤 조건 아래서 감정이 폭발하여 발작의 형식으로 나타난다. 전혀 예견할 수 없는 이러한 감정 폭발 형식은 타인의 공감을 얻지 못하며 본인 자신에게도 깊은 상처를 남긴다. 이러한 형식의 질병 히스테리는 프로이트 자신도 일종의 불투명한 질병으로 표현하고 있다.

오늘날 심리학과 심리치료 영역에서 불안 장애의 세 유형의 구별은 여전히 유효하다. 그러나 그 분류의 조건들은 프로이트의 심리분석적 기원과 비교하여 볼 때 변형되었다고 할 수 있다. 미국 심리치료학회는 불안의 증세로 일반화된 불안증generalisierte Angst , 공황 발작증Panikattacke 그리고 공포장애Phobien 를 구별한다.[54] 이러한 방식의 분류는 프로이트의 세 유형의 불안을 떠올리게 한다. 보편화된 일반적 불안은 의심할 여지가 없이 프로이트의 소심한 일반적 불안을 뜻한다. 불안 감정이 개인의 생에 있어서 모든 것을 지배하는 지배적 정서가 되면, 이를 일반적 불안이라 한다. 일반적 불안에서는 불안에 대한 반응을 정당화할 수 있는 원인들을 찾을 수 없어도 일어나는 일이 가능하다. 그런데 일반적 불안의 질병에 고통받는 대부분의 사람들에게 전형적인 것은 그들은 자신들이 겪는 불안 장애에 대해서 어떤 원인을 찾으려고 한다는 점이다.

일반적 불안 장애에서는 환자와 관련된 모든 것이 불안의 대상이 될 수 있으며 불안을 야기하는 원인이 될 수 있다. 숲속의 좁은 오솔길, 해가 지면서 낮과 밤의 경계인 어스름한 저녁 시간, 이제 막 봄을 맞으러 움트는 새싹들 그리고 너무나 일상적인 사회적 관계들예를 들면, 계산대 앞 직원의 하품하는 장면 등등이 일반적 불안 장애를 일으키게 할 수 있다. 일반적 불안은 신체적으로 전형적인 불안 징후를 가리킨다. 신체는 심장의 쿵쿵거림, 비 오듯이 흐르는 땀으로 젖은 손바닥, 호흡은 점점 힘들어지는 호흡곤란을 수반한다. 이러한 신체적 변화는 그 정도가 점점 심해지는 경향을 갖는다. 그러다가 약해지다 다시 강해

---

54 American Psychiatric Association, Diagnostic and Statistic Manual of Mental Disoders, Washinton 1994.

지는 반복을 한다. 그런데 일반적 불안 증세의 스펙트럼이 커진 단계에서 불안 노이로제 증상 개념을 사용할 수 있는가? 하는 문제는 논의의 여지가 있다. 어쨌든 일반적 불안 장애와 불안 노이로제 사이의 구별은 어려운 점이 없지 않다. 일반적인 불안들의 현상과 관련하여 일반적 불안이 충분히 조절된 내적 · 정신적 갈등이 아니라 무의식적 표현으로 간주되면 불안 노이로제와 구별하기가 더욱 어려워질 것이다.

그와 달리 미국 심리치료학회가 정의하는 공황 발작증은 갑작스럽게 집중적으로 생생하게 엄습하는 불안이다. 이때 표현은 거의 발작에 가깝다. 징후로 보았을 때 가장 높은 단계의 흥분상태를 유지한다. 신체는 통제할 수 없는 상태로 바뀐다. 신체의 각 부분들이 따로따로 운동한다; 심장 소리는 점점 커지고, 호흡은 점점 곤란해지고, 신체는 압박감을 느끼고 심지어 신체를 부들부들 떨기도 한다. 많은 사람들은 이러한 공황 발작의 상황에서 죽음으로의 불안을 느끼기도 한다. 흔히 감정이 섬세한 사람은 즉흥적인 공황 발작증과 상황에 기인한 공황 발작증을 구별하기도 한다. 즉흥적인 발작의 경우에는 사전경고나 예견할 수 있는 징후의 표시 없이 발작사고가 엄습한다. 이에 비하여 상황에 기인한 공황 발작증은 프로이트의 세 번째 유형 히스테리와 관련되는 부분이 있다. 흔히 공황 발작증을 지향하는 불안은 공황 질환과 밀접하게 연관되어 있다. 이것은 프로이트가 말한 "기다림에서 오는 불안Wartungsangst"을 기억하게 한다. 그러나 이와 달리 "불안으로부터 기인한 공황"은 그 대상이 명백하다. 대상은 도저히 견딜 수 없는 공황 발작 그 자체이다.

세 번째 그룹에 속하는 공포 장애Phobien는 병의 진단과 치료 측면에서 매우 중요한 불안에 기인한 질병이다. 프로이트는 이 개념을 특정한 상황이나 대상에 관련된 불안으로 사용한다. 공포 장애 증세가 발생한 후, 이에 대한 불안 반응이 지나치게 과장되거나 전혀 근거가 없을 때 불안 장애라 할 수 있다. 사회적 공포 장애 역시 도처에서 볼 수 있다. 예를 들면, 많은 사람들 앞에서 연설해야 하는 경우에 발생하는 연설 불안을 들 수 있겠다. 좁은 공간에 갇혔을 때 생기는 밀실 공포증과 다양한 동물을 대상으로 한 공포증도 사회적 공포 장애에 해당한다. 일반적으로 공포 장애는 대표되는 특성이 나타나는데, 질병에는 내적·정신적 갈등이 내재해 있으며, 막상 당사자는 그 사실을 의식하지 못한다는 점이다.

앞에서 언급한 일반적인 불안이나 공황 발작과 다른 점은 공포 장애가 자신의 삶의 발전 가능성에 대하여 반드시 부정적인 영향을 미치지는 않는다. 그래도 공포 장애에 관련된 대상들이나 사건들은 본인의 삶에 전혀 등장하지 않는 것이 좋다. 그렇지 않고 이것이 발생한다면 많은 피해를 준다. 공포 장애가 발생하게 되면, 공포 장애가 불러일으킨 대상에 대하여 효과적인 회피 태도를 취함으로써 삶을 지속적으로 방해하게 할 수 있기 때문이다. 예를 들어, 여행에 대하여 불안 장애를 가진 사람은 여행을 가능하게 하는 모든 조건들이 갖춰지는 것을 회피하고 방해하려 할 것이다. 그래서 그는 한평생을 태어난 자기 마을을 떠나지 않고 살다가 생을 마감할 수 있다.

그렇다고 해서 모든 종류의 불안 감정이 정신 장애라는 말은 아니다. 단순히 불안을 느끼는 것과 불안으로 인한 병적 질환을 지니는 것은 다르다는 것을 말하고자 한다. 이 일은 병적인 불안과 보통의 불안을 구별하는 일이기도 하다. 병적인 불안과 보통 불안을 구별하는 적절한 척도를 세우려는 모든 시도는 신중해야 할 것이다. 이러한 시도를 하려면 무엇보다도 먼저 건강한 불안과 병적인 불안 사이를 타고 흐르는 경계선은 매우 유동적이라는 사실을 유념해야 할 것이다. 물론 상식적으로 불안을 일으키는 원인, 불안 상태의 지속과 강도, 주관적으로 체험한 고통의 억압 등이 확실한 구별 척도가 될 수 있을 것이나, 이것은 절대 객관적인 판단기준이라 할 수 없고 기껏해야 합의가 가능할 뿐이라는 것을 보여 준다. 위의 구별 척도들은 첫 과정에서 상태를 구별하는 데에서만 유효할 뿐이지 종국에 가서 건강한 불안과 병든 불안을 구별하는 최종 판단기준이 될 수는 없다. 위의 구별을 위한 요소들은, 다시 말하면, 무엇이 건강한 불안이며, 무엇이 병든 불안인가에 관한 합의를 위한 적절한 표상들을 제공해 주는 디딤돌의 기능을 하고 있을 뿐이다.

이러한 방식의 구별 방법은 서로 차이를 가진 불안 개념들을 구분하기 위하여 요긴하게 사용할 수 있다. 생생하게 느낀 감정으로서의 불안과 한 개인에게 내재해 있는 감정으로서의 불안 사이의 차이를 구분하는 데 도움이 된다. 먼저 생생한 감정과 내재한 감정에 관하여 이야기하자. 만약 갑자기 어떤 원인이나 이유가 있어 그 감정을 갖도록 강요를 받게 되면 우리는 그 감정을 생생하게 느끼거나 혹은 일시적인 감정이라고 말할 수 있다. 일시적 감정은 특정한 시간대에 지속하다가 이내 다시 약해진다.

그러나 내재한 감정은 적어도 두 가지 면에서 이와 다르다. 첫째, 어떤 특별한 감정을 수용하는 일은 그 사람의 개성에 의해 좌우된다. 내재적 의미에서의 불안에 관해서 말하면, 어떤 사람은 아주 작은 자극에 의해서도 불안을 느낄 수 있으나, 또 다른 사람은 더 큰 자극에 대해서도 전혀 불안감을 느끼지 않을 수 있다. 우리가 보통 '저 사람은 매우 불안한 사람이다'라고 말할 때, 이러한 내재적 의미에서 불안을 사용하는 셈이다. 둘째, 이렇게 보면 감정은 개인의 세계와 자기 관계, 그리고 자기와의 관계를 잘 보여 준다. 따라서 감정에 대하여 어떤 태도를 보이느냐를 알게 되면, 그 개인을 잘 알 수 있게 된다. 이러한 점에서 불안은 내재적이다. 개인 성질이 갖는 속성인 것이다. 그래서 불안 감정은 정신병리학적 질환과 연결이 된다.

병리학적 불안들에 대해서 더 논의하기 전에 감정의 지향적이며 의미론적인 내용을 다시 고찰해 보자. 불안과 같은 감정들은 원칙상 지향적일 수밖에 없다. 왜냐하면 불안은 사태나 대상을 지향하기 때문이다. 그리고 이 사건이나 대상들은 원칙적으로 판단을 통해서 표현되어야 한다. 그런데 병적 사례들의 경우에 지향된 것이 사례를 더 악화시키고, 감정이 자신의 특수한 내용을 상실하는 것은 불안이 보이는 병리학적 사례가 갖는 특성-불안뿐만 아니라 거의 모든 감정들에 해당하는 것-이라 할 수 있다.

불안은 스스로 자신을 내보이면서 보통 자신이 드러냈던 내용이나 불안을 느꼈던 상황으로부터 독립적으로 된다. 여기서 장애가 나타난다. 감정은 방향 없이 헤매고, 감정은 자신이 체험하는 세계나 상황에 적응하지 못한다. 그렇다고 해서 정상적인 불안과 병리적 불안에 대한 구별을 가능하게 하는 척도가 제시된 것은 아니다. 다만 잠시 미뤘을 뿐이다. 이 물음에 대답하기 위하여 단호한 결정을 해야 한다; 언제 감정은 더 이상 우리가 체험하는 세계와 조화를 이룰 수 없는가? 하는 물음에 먼저 대답해야 하는 것이다.

특정한 위험상황을 구별할 수 있는 특정한 불안 강도를 적절하게 측정할 수 있는 객관적인 척도는 있을 수 없다고 말해야 할 것이다. 병적인 공포나 다른 문제를 안고 있는 불안형식은 매우 방해가 되고 견딜 수가 없기 때문에 이들은 적어도 불안이 발생하는 초기에는 정신에 대해서 어떤 역할을 하는 것으로 보일 수 있다. 불안의 감정이 처음에는 해당하는 사람에게 행하는 위협과 가해를 방어하도록 돕는 역할을 하기 때문이다.

2.3. 불안과 유사한 현상들
– 경악, 전율 그리고 공황(패닉)

어느 언어문화권에서나 불안이나 두려움에 관련된 말들은 그와 유사한 단어들을 갖는다. 겁, 소심함, 경악, 전율, 몸서리침, 오싹함, 깜짝 놀람, 혐오, 공황 등등의 단어들을 생각할 수 있다. 위 불안의 영역에 속하는 각 단어들은 불안에 관련된 각 상황에 맞게 사용된다. 겁이 많거나 소심한 사람은 아예 만사에 불안해할 준비가 되어 있는 사람으로 취급된다. 그는 겁 많고 소심함으로 인해 불안에 이르게 되는 성질을 가진 사람이다. 그는 특히 사회적 인간관계 안에서 어떤 일을 맡게 되면 이러한 성질이 더 잘 발휘된다. 어떤 방식으로든 그 겁 많은 성질을 드러낸다. 이때 겁 많고 소심한 성질은 부끄러움과 긴밀하게 연결되어 있다. 따라서 겁 많고 소심한 사람이 부끄러운 상황 아래서 불안감을 느끼는 것은 그가 가진 불안 성질이 발로한 것으로 간주해야 한다.

이와 반대로 일상에서 사용하는 경악과 전율은 감정에 관계하는 것보다는 신체 반응의 하나로 봐야 한다. 어떤 일이 전혀 예기치 않았던 상황에서 갑자기 닥쳤을 때, 우리 신체는 경악과 전율을 경험한다. 전혀 예상하지 않았던 큰 소리가 갑자기 들렸을 때 우리는 경악과 전율 앞에서 깜짝 놀라 몸을 움츠린다. 이때 놀라움은 반드시 소리와 관련된 것 앞에서의 불안과 결부되어야 할 이유는 없다. 그러나 경악과 전율의 표현은 전혀 예상하지 못한 갑작스럽고 생생하게 발생한 불안을 가리킬 수 있다.

몸서리치게 놀람이나 혐오 그리고 공황 등의 유사 개념도 불안 개념이 점점 증가하는 형식으로 표현된다. 흔히 불안의 형식을 지향하는 놀람의 대상들의 크기에 좌우한다. 오늘날 이 개념들은 어느 정도 과도하게 사용하고 있지 않나 생각된다. 모처럼 시간을 만들어서 저녁을 함께 보낸 사람들이 상식 이하의 태도를 보이면 이에 실망한 사람들은 '생각만 해도 오싹하다', '으스스하다'는 표현을 한다. 이러한 표현도 아주 적절한 개념 사용이라 할 수 있다. 왜냐하면 경악과 혐오를 불러온 그 대상들^{사람을 포함한 사건들}이 우리가 이해할 수 있는 능력의 차원을 넘어서서 위협을 가해 오기 때문이다. 전쟁으로 황폐화된 결과들, 인종청소, 고문, 테러행위, 자연재해 등등은 경악과 혐오를 불러오는 사건의 유형들이다.

혐오와 공황^{패닉} 개념을 생각해 보면, 이러한 감정을 불러오는 것은 감정대상들의 크기보다는 그 감정과의 밀접한 연관성, 즉 마음과 감정과의 연결 강도라고 할 수 있다. 사소한 대상이라도 우리의 불안을 자극하여 생생하게 활성화시킬 수 있다는 뜻이다. 공황 개념은 불안의 정신병리학적 형식으로 설명될 수 있고, 불안과 매우 밀접한 연관관계를 갖는 것으로 추론된다. 공황은 더 이상 생각할 능력이 없는 상태로 오직 본능적인 신체적 활동만을 유도한다. 이에 따라서 자포자기의 특성을 내포한다. 그래서 머리가 없는 상태가 되어 신체만 춤을 추는 것이다. 이와 달리 잔혹한 혐오 개념은 통일적으로 쓰이지 않는다. 혐오는 강조가 강한 불안 상태로—이 점은 공황과 유사하다— 자포자기 대신 두려움의 특성을 포함한다.

그래서 혐오의 대상들은 지금까지 자신이 생각해 왔던 논리형식을 뛰어넘고 전혀 예견할 수 없는 상황과 관계를 연출한다. 이러한 혐오의 관점은 문학이나 영화의 한 장르로 자리를 잡았다. 몸서리쳐지고 오싹한 감정 역시 당연히 불안 감정과 유사하다. 특히 혐오에 가깝다. 몸서리쳐지고 오싹한 감정은 불안 현상에 속하는 감정임이 분명하나, 불안으로부터 벗어나려고 하지 않고 그것을 즐기려는 면을 포함한 독특한 불안 감정이다. 그 불안과 고통을 음미하려는 열망과 쾌락을 동시에 내포한 감정이다. 그래서 몸서리치게 하는 오싹한 장면을 다시 엿보려 한다. 이러한 감정 상태를 '불안을 음미하는 쾌락'이라 하겠다. 불안이 품고 있는 한 패러독스이다.

불안 감정이 보이는 패러독스에는 불쾌와 쾌 감정이 뒤섞여 있다. 그 대상을 싫어하여 멀리하려는 불쾌의 감정표현과 동시에 그 대상에 현혹되어 열망하거나 어떤 특정한 끌림을 경험하여—일종의 쾌를 수반한다— 그 대상에 가까이하려는 고집을 발생시킨다. 쾌적함에 이끌리는 것이다. 몸서리치는 오싹함에는 쾌적함이 혼재해 있다. 이러한 감정의 패러독스는 무서운 내용의 동화책을 읽는 어린아이의 감정표현^{태도}에서 흔히 볼 수 있다. 아이들은 힘이 센 동물이 약한 동물을 집어삼키는 장면에서 불쾌와 쾌를 동시에 느끼는 것이다.

동화에서는 이러한 패러독스를 보여 주는 전형적인 주인공들을 소개한다. 예를 들면, 빗자루를 타고 날아다니는 나쁜 악녀, 악마의 모습을 한 추남 등등. 그래서 불안감을 재미로 느끼게 하는 스릴러와 혐오 필름이 꾸준히 생산되고 있으며, 범죄소설이 여전히 잘 읽히고 있는 것이다. 이러한 불안 사례들은 제3인칭의 관점과 관계가 있다. 자신이 직접 당하는 불안이 아니라 거리를 둔 관점에서 그 불안을 만끽하며 그 행위를 통해서 쾌를 느낀다. 분석해서 말하면, 감정을 느끼는 행위자 자신은 실제적 위험으로부터 벗어나 있어서 불안과 긴장감을 갖지만 이 감정을 추구하는 것은 어느새 기쁨을 주는 목적이 된다. 이것이 스릴러의 탄생이며, 스릴러 효과이다. 스릴러는 감정 네트에서 역설적인 부분을 대립적으로 자극하여 신경을 자극하는 목적을 갖는다. 스릴러가 보여 주는 사례들은 불안쾌의 역설적 특성을 잘 말해 준다. 그래서 불안은 보통의 상황에서 우리가 즐겨 갖지 않으려는 감정이지만, 다른 관점에서 **보면** 체험하는 제3인칭; 자신이 그 불안을 느끼지만 그로부터 피해를 받지 않고 쾌를 느끼는 주체 **열망의** 대상이기도 하고 우리에게 쾌를 선사하기도 한다.[55]

사람은 어떤 경우에도 불안을 유발하는 상황들을 피하려 한다. 그런데 쾌를 수반하는 불안인 '불안쾌'[56]를 약속하는 상황들은 예외다. 심지어 불안쾌를 느끼게 하는 상황들은 의도적으로 추구의 대상이 된다. 단 그 상황들이 줄 수 있는 위험은 실제가 아니어야 한다. 동시에 거짓이며, 모방된 위험이

---

55 Michäl Balint, Angstlust und Regression, Stuttgart 1960. 참고.

56 '불안쾌' 개념은 영어의 'thriller', 우리말의 '스릴러'에 해당한다. 불안 상태에 있으면서도 그 불안을 즐기는 쾌감을 뜻한다. 이러한 쾌감은 불안이 주는 부정적 측면이 수반되지 않아야 하는 여러 조건들을 지니고 있다. 독일어로 'Angstlust'이다.

어야 한다. 불안쾌를 자극하는 감정은 위험한 스포츠 운동으로 추구하기도 한다. 이에 적합한 예들로 철인 경기, 사막 달리기, 자동차 경주, 행글라이더 비행, 낙하산 고공 낙하 혹은 극기의 산악훈련 등을 열거할 수 있다. 그런데 이러한 스포츠 활동도 그 위험성 면에서 생각해 보면, 극장의 스릴러 감상과 다른 점이 있다. 극장의 호러 영화가 관람자에게 주는 실제적 위험은 거의 없다. 그러나 과격한 스포츠는 나름 위험을 감수하면서 도전하기를 요구하는 활동이다. 스포츠를 통한 불안쾌에 대한 도전은 실제로 위험을 줄 수 있고, 신체와 삶을 위협할 수도 있다. 그럼에도 불구하고 사람들은 자발적으로 위와 같은 상황으로 들어가기를 원한다. 이와 같이 쾌를 수반하는 불안 감정은 사람들에게 도전과 모험이라는 상황 지평을 열어 주는 역할을 한다.

그런데 불안쾌 개념을 더 분석해 보면, 불안쾌를 구성하는 쾌락 요소를 찾아볼 수 있는데, 그것은 불안을 극복하는 데서 오는 쾌감이다. 불안을 극복하는 데서 오는 쾌감을 느끼는 사람은 우선 불안 속에 자신을 가두고서 그로부터 탈출하는 쾌를 누린다. 그래서 정신심리학에서 흔히 하는 말로 의도적으로 위험한 상황에 들어선 사람을 위험에 중독된 공포증 환자라고 한다. 위험에 중독된 환자는 정작 불안에 대한 염려나 걱정이 적다. 이것은 대부분의 정신병리학적 사례들에서 일반정신병 환자들이 불안에 대한 너무 많은 공포증을 갖는 것과 대비된다. 위험에 중독된 공포증 환자들이 내적 원만한 균형감을 유지하려면, 먼저 모든 확실성을 분명하게 담보한 후, 위협하는 상황 속으로 들어가야 한다.

위험한 스포츠나 놀이를 통해서 쾌를 느끼려는 사람들은 위험을 즐길 고도의 고양된 감정을 가지고 있다. 고도의 위험을 즐기려는 불안쾌의 감정은 금지된 신경자극의 쾌와 밀접한 관련이 있다. 이러한 쾌는 흔히 아무런 감흥이 없는 평범한 생에서 느끼는 불안이 그 원인이 된다. 삶의 의미가 뚜렷하지 않고 무의미한 일상이 지속되고 있다는 불안감에서 생기는 평범한 일상이 실은 주범이 될 수 있는 것이다. 한때 유명한 자동차 경주자 니키 라우다Niki Lauda가 평범한 일상으로 돌아온 후 어둠이 주는 견딜 수 없는 불안을 호소한 적이 있다. 세계 14개의 8,000m 이상 되는 높은 수많은 정상에 올랐던 라이홀드 메스너Reinhold Messner는 자신의 방 안에서 평범하게 앉아서 생활하면서 미칠 것 같다는 불안에 대해서 이야기한 적이 있다.[57] 그러나 이러한 정보를 바탕으로 성급한 결론에 이를 필요는 없다. 불안쾌의 현상은 쉽게 병리학적 의혹을 불러온다, 혹은 불안쾌는 일상과 조화를 이룰 수 없다, 등등의 단언적 결론은 더 필요한 것을 놓치게 할 위험이 있다. 엄격히 분석해 보면, 불안쾌 감정도 다른 모든 감정들처럼 다양한 형식들로 구별될 수 있음을 알아야 한다. 그래서 다른 불안 개념을 다룰 때처럼 불안쾌의 형식들에 관하여 신중하게 접근해야 한다. 불안쾌의 경계를 정하는 일은 결국 정상적 불안쾌와 병리학적 불안쾌를 구별하는 것으로 다른 감정들처럼 어려움을 안고 있는 문제이다.

지금까지 논의는 불안과 두려움의 감정에 유사한 감정들을 살펴보았다. 불안과 유사한 현상들로서 겁, 소심함, 경악, 전율, 몸서리침, 오싹함, 깜짝 놀람, 혐오, 공황 등등의 단어들을 검토해 그 차이와 유사점을 비교했다. 그

---

57 Horst-Eberhard Richter, Umgang mit Angst, Hamburg 1992. 참고.

러면서 이러한 감정들을 일으키는 원인들, 감정의 지속성과 강도 그리고 다른 감정들과의 관계를 살피고, 어떻게 불안의 감정을 정신적 삶 속에서 조화롭게 펼칠 수 있는가도 연구했다. 이렇게 유사 감정들은 결국 불안 감정의 요소들이라 할 수 있다. 다시 말하면 위 감정들을 통해서 불안 감정의 유형들이 적절하게 분석되고 이해되는 것이다.

2.4. 불안과 희망에 대하여
– 철학적 사유 속에서 나타난 불안의 감정

앞에서 언급한 것처럼 불안과 두려움 개념은 인간의 문화가 시작한 곳에서 함께 이야기되었다. 그러나 고대 철학에서 논의된 불안 개념은 오늘날 우리가 알고 있는 두려움 개념에 훨씬 더 가까운 것으로 구체적 대상에 대한 두려움의 의미로 사용했다. 따라서 불안 개념은 위험한 상황이나 자연이나 주변의 위협에 대하여 특별한 방식의 두려움으로 표현되었으나, 오늘날 우리가 생각하는 삶의 불안 혹은 실존적 불안의 의미를 담아내지는 않았다. 실존적 불안은 키르케고르의 철학적 사유를 만나면서 비로소 사유의 전면에 등장하기 시작했다. 고대 철학자들은 구체적 불안에 대해서 이야기했는데, 이러한 용어사용은 오늘날 실천철학의 영역에서 보면 일상적인 두려움으로 간주된다. 고대인들의 사유 속에서 두려움은 다른 감정들로부터 분리되어 따로 사유되지 않고 개인들의 생각이나 태도와 관련하여 표현되었다. 그리고 구체적 사물에 대한 두려움은 용기나 용맹의 덕과 대립해 관찰했다. 두려움과 대립된 용기나 용맹의 덕을 아리스토텔레스는 희망의 개념과 연결시킨다. 예를 들어,

아리스토텔레스는 두려움의 의미론적 내용을 "당면한 불쾌에 대한 표상"으로 규정한다. 이러한 불쾌한 것들은 사라지는 것이나 고통스럽다. 그는 두려움과 대립되는 것을 "희망의 표상"으로 특징짓는다. 희망의 표상은 일종의 구원이며, 구원은 두려움을 불러일으키는 것들이 전혀 존재하지 않거나 멀리 떨어져 있음을 뜻한다.[58]

철학적 사유의 전통에서 불안과 희망 개념은 서로 상대를 돋보이게 하는 관계를 가진 현상들로 간주된다. 아리스토텔레스가 그 이유를 제시한다. 불안과 희망은 서로 상대를 보완하는 판단을 내포하고 있으며, 두 개념 모두 미래와 관계있음을 보여 준다. 불안이나 두려움과 관련된 판단들은 불쾌와 불행을 수반하고, 대신 희망과 관련된 판단들은 좋은 것이 자신과 대립된 것을 이겨 내며, 자신의 고유한 능력을 신뢰하게 한다. 아리스토텔레스는 이것을 "구조가 이뤄진 것"이라고 표현한다.[59]

아리스토텔레스의 의미에서 불안과 희망은 반드시 직접적인 것은 아니라 해도 상호 보완적인 현상으로 이해된다. 불안과 직접적으로 반대되는 개념을 찾아보자. 두려움 없음 혹은 용감함? 그리고 희망의 반대말을 찾으면 …… 낙담 혹은 절망? 그러나 희망은 지향적 내용에서뿐만 아니라 우리가 신체적으로 체험하는 방식에 의해서도 불안과 대립된 것으로 보인다. 왜냐하면

---

58 Andreas Spira, "Angst und Hoffnung in der Antike", in: Günter Eifer (Hg.), Angst und Hoffnung. Grundperspektiven der Weltauslegung, Meinz 1984. 203–270쪽. 참고.

59 Aristoteles, Rhetorik, a. a. O., 1383 a.

희망은 자유로운 확산으로 체험되나, 불안과 절망에서는 왜소화 경험이 일어나기 때문이다. 희망에 대한 강도가 신체적으로 강하면 강할수록 희망은 엄습하는 불안을 이겨 내고 이를 극복하게 한다. 이러한 의미에서 불안과 희망은 극과 극의 대립각을 이룬다. 그러나 오늘날 희망 개념은 그 빛을 잃었다. 그래서 생생한 감정에 휘둘리지 않는, 일종의 자제력의 의미로 사용하기도 한다. 그 희망의 정서도 색조가 매우 약해졌다. 그래서 일상생활에서 자신이 바라는 것을 희망이라는 말로 대신하곤 한다. 그러나 철학적 전통에서는 이와 달리 일관되게 희망의 특성을 불안과 대립하여 사고했다.

정신적·감정적 개념들을 다른 언어로 이해하는 일은 매우 어렵다. 정신적 상태를 서술하기 위하여 사용하는 개념들을-만약 이 개념들이 특별한 체험의 형태, 즉 자신에게 특징적인 신체성과 분명히 결합될 수 있지 않으면- 다른 언어나 다른 문화권으로 옮기는 일은 매우 난해한 일이다. 예를 들면, 희망과 같은 개념이 그렇다. 그리스어 'elips'는 희망을 뜻한다. 개념은 부정적인 면과 긍정적인 양면을 갖는다. 플라톤과 아리스토텔레스에게 있어서 'elips^{희망}'는 의미구성요소로 미래 인간에 관하여 낙관적인 것을 담았다. 긍정, 현실적인 것, 생생한 힘 그리고 흥분한 삶을 포괄했다. 그러나 헤시오도스나 스토아학파에게 있어서 희망은 부정적인 것으로 쓸모없는 취급을 당했다. 'elips^{희망}'는 거짓된 힘이며 허영이고 심지어 위험한 존재이기도 했다. 희망은 사실과 참된 것을 보지 못하고, 현실을 부정하여, 심장을 항상 불안하게 하기 때문이다.

서양의 문화권에서는 종교적 전통이 희망 개념에 긍정적인 위상과 가치를 부여한다. 유대교와 기독교는 신앙의 이름으로 희망의 개념을 좋은 삶의 방식과 연결시킨다.[60] 고대 거짓의 힘으로 취급된 희망을 영혼을 치료하는 삶의 완성으로 탈바꿈하게 한 것은 신앙의 힘이었다. 사도 바울이 말한다. "나는 아직 내가 잡은 줄로 여기지 아니하고 오직 한 일, 즉 뒤에 있는 것은 잊어버리고 앞에 있는 것을 잡으려고 푯대를 향하여 그리스도 예수 안에서 하나님이 위에서 부르신 부름의 상을 위하여 좇아가노라."[61]

희망은 기독교 발전사에서 핵심 개념 중 하나가 된다. 신앙, 사랑 그리고 희망을 종교적 덕이라고 이야기할 정도이다. 심지어 기독교를 희망의 종교라 할 만큼 희망은 기독교의 중요 덕의 위치를 차지한다. 그런데 문화정신사에서 세계와 인간의 삶에 관계된 불안의 문제점이 점차 감염되어서 그와 상반되는 희망 개념도 정서로 취급하는 경향이 생긴다. 아우구스티누스와 같은 교부학자들은 신약성서와 관련하여 희망과 불안을 하나의 정서로 이해한다. 그래서 기독교의 희망은 죽음 후에 계속되는 삶, 최후의 심판 그리고 신의 은총과 벌이라는 교리와 관련하여 인간의 마음속에 자리한 하나의 정서 역할을 하게 된다.

특히 중세철학의 완성자 토마스 아퀴나스에 있어서 희망 개념은 지상의 삶과 신의 세계를 연결시키는 결합의 위상을 갖는다. 그는 신학대전에서

---

60 H.–G. Link, "Hoffnung", in: Historisches Wörterbuch der Philosophie 3, hg. von Joachim Ritter, Basel 1974, 1157쪽 이하 참고.

61 『칼라 라이프 성경』, 칼라라이프성경편찬위원회 1999, 빌립보서, 3장 13–14절.

희망을 두 가지 다양한 문맥에서 다룬다. 하나는 현실적 삶에서 희망을 갖는 것은 인간을 격정적으로 살게 하는 삶과 관련되어 있고, 다른 하나는 기독교의 덕 이론 부분이다. 그는 희망을 자연적인 것과 초자연적인 영역에 속하는 것으로 구분하고, 이를 의혹과 절망 그리고 두려움에 대립시켜 설명한다. 그는 기독교적 덕의 의미로서 희망을 아리스토텔레스의 희망 개념에 적용하면서 정립한다. 아리스토텔레스는 중용의 미덕으로서 희망을 거만함과 절망 사이의 옳은 중용으로 이해한다. 아퀴나스는 이러한 생각을 아주 구체적으로 현실적 삶에 적용하여 희망을 실제적이고 세밀한 좋은 것으로 규정한다. 희망은 다양한 사물들 사건들과 관련됨에 있어서 가장 좋은 상태를 말하고, 아퀴나스는 이것을 신의 은총과 연결한다. 그래서 아퀴나스에 있어서 희망은 인간 자신의 고유한 삶에서 좋은 것이며, 신의 은총과 관련된 좋은 것이다.[62]

그래도 희망과 공포는 지상에서 일어나는 사건들을 바탕으로 초자연적인 것을 지향한다. 초자연적인 것은 인간의 힘이 닿을 수 있는 활동반경을 넘어선 저편에 있다. 인간의 희망은 넘어설 수 없는 그곳에 가 닿으려고 하는 시도이다. 희망의 세계는 인간의 이성이 사용하는 개념들이 그 기능을 행사할 수 없는 영역이다. 그러므로 희망하는 행위를 비판하는 일은 지상에서 말하는 현명함이라는 혹은 이성적 논리라는 잣대의 힘에 허용되지 않는 일이다. 그래서 근대 감정이론이 전개되면서 철학과 과학의 주도 아래 희망에 대한 희망이 역설적으로 빛을 잃은 게 사실이다. 희망을 긍정적으로 이해하려는 시도가 후

---

62 Thomas von Aquin, Summa Theologica, I-II, quästio 40. 참고.

퇴한 것이다. 그럼에도 불구하고 희망과 두려움이 서로 영향을 주고받는 감정적 정서의 영역이라는 생각은 여전히 지속된다. 여기에 적합한 사례가 데카르트이다. 그는 『정념론』에서 불안과 희망을 일종의 자기암시로 설명한다. "희망은 자신이 욕망하는 것이 현실이 될 수 있도록 하기 위하여 영혼이 자신을 설득하려는 권유이다. …… 공포 역시 영혼의 권유이기는 하지만 자신이 욕망하는 것이 현실로 일어나지 않도록 하려는 권유이다. 그래서 우리는 이 두 개념이 서로 대립되었을 때 결코 두 개념을 모두 동시에 갖는 것은 불가능하다는 것을 알아야만 한다. 따라서 사람들은 욕망을 달성하기 위하여 더 적합한 판단들을 끌어낼 수 있는 다양한 이유들을 제시한다."[63]

여기서 우리는 불안과 공포가 서로를 보완하는 개념이라는 데카르트의 생각을 엿볼 수 있다. 물론 그는 희망과 두려움이 서로 대립하는 것이라고 생각하지 않는다. 어느 한 순간 둘 중 하나의 감정만을 가져야 하는 것은 아니다. 그 둘은 서로가 서로를 배제하는 것도 아니다. 우리는 희망과 두려움의 감정을 함께 동시에 가질 수 있다. 일상에서 흔히 경험하듯이 이러한 일은 얼마든지 가능하다. 자신의 판단이 불확실할 경우, 혹은 확실한 지식이 없을 경우 혼란의 상태에서 희망과 두려움의 감정들이 서로 교차하며 일어날 수 있기 때문이다. 그래서 희망과 공포의 감정을 동시에 가질 수 있다. 우리는 끊임없이 두 세계를 경험하며 산다. 우리가 알 수 없는 미래라는 세계는 두려움의 대상이면서 동시에 희망의 대상이기도 하다. 스피노자 역시 이러한 생각을 갖고

---

63 René Descartes, Die Leidenschaften der Seele, hg. von Klaus Hammacher, Hamburg 1984, 164쪽.

있다. "희망은 우리가 그 결과에 대하여 항상 의심하는 현재나 과거 사물에 대한 환영상像으로부터 생겨나는 불확실한 쾌기쁨 그 이상이 아니다. 이와 달리 공포는 의심되는 사물에 대한 환영상으로부터 생겨나는 불확실한 불쾌슬픔 그 이상이 아니다."[64]

불안과 공포에 대한 스피노자의 견해는 기본적으로 아리스토텔레스의 입장을 변형한 것으로 보인다. 근대에 들어오면서 희망이라는 말과 더불어 거짓과 환영이라는 표현이 쓰이고 있다. 예를 들어, 스피노자는 불안과 희망의 정서를 "부족한 인식"이나 "정신의 무능력함"[65]에 기인한 것으로 파악한다. 그래서 불안과 희망은 그 자체로 좋은 것일 수 없다. 그러므로 이성의 인도에 따라서 살고자 하는 사람은 공포와 희망의 감정으로부터 자유로워야 한다. 이것이 스피노자 윤리학의 핵심적 결론이다. 공포와 불안으로부터 자유를 추구하는 것은 스토아학파의 대를 잇는 일이며, 이성의 탄탄한 바탕 위에 선 사고이다. 그는 유한한 존재로서의 인간적인 관찰을 바탕으로 공포와 희망의 정서에 대한 실용적 정당화를 주장하는 셈이다. "인간이 이성에 따라서 사는 일은 매우 어렵기 때문에…… 공포와 희망은 피해를 가져오는 것보다는 이익을 줄 것이다."[66]

이성에 대한 신뢰를 바탕으로 공포와 희망의 상호 관계를 강조한 생

---

64 Baruch de Spinoza, Ethik, hg. von Konrad Blumenstock, Darmstadt 1967, III, 18. 필자 번역.

65 같은 책, IV, 47.

66 같은 책, IV, 54.

각을 흄에게서도 찾을 수 있다. 흄은 스피노자와 다른 철학적 전제에서 출발한다. 스피노자가 이성적 사유의 근거 위에 서 있다면, 흄은 경험적 판단을 바탕으로 한다. 흄은 희망과 공포를 직접적 정서로 이해한다. 경험적으로 보았을 때, 희망과 공포의 감정은 좋은 것 혹은 나쁜 것으로부터 직접적으로 산출되거나 그들에 대한 표상들로부터 만들어지기 때문이다. 그래서 흄은 스피노자와 달리 논의하는 정서들의 가치평가의 문제를 먼저 다룬다. 그는 경험적 입장에서 도덕적 가치를 재평가한다. 흄에게 있어서 감정이 주는 격정에 굴복하는 것은 인간 정신의 자연적 표현이며 발로이다. 감정은 하나의 정신사실이다. 달리 바꿀 수 없다. 그래서 감정은 철학적 가치의 대상이 될 수 없다. 흄은 이렇게 자신의 입장을 표현한다. "희망과 공포는 습관적으로 좋은 것과 나쁜 것의 개연성으로부터 발생한다; 개연성이란 대상을 이해하는 데에 확실하지 않고 변하기 쉬운 방식이다. 그렇기 때문에 개연성은 그에 대응하는 정서의 혼합과 불확실성만을 산출할 뿐이다."[67]

위에서 흄의 분석은 희망과 공포가 불확실성과 무지에서 생겨나는 것을 말해 준다. 우리가 사건이나 사태를 제대로 알지 못하기 때문에 그들을 희망하거나 두려워하는 감정을 갖는다. 예를 들어, 우리가 놀라는 경우는 예상하지 못했던 낯선 것을 갑자기 만났을 때이다. 이 대상들에 대해서 아는 것이 없을 뿐만 아니라 우리를 기다리는 것에 대해서도 알지 못한다. 그런데 이러한 낯선 것들이 어느새 공포로 변할지 알 수 없는 것이 자연적 인간이다. 따라

---

67 David Hume, Ein Traktat über die menschlichen Natur. Buch II: über die Affekte, hg. von Reinhardt Brandt, Hamburg 1978, 184쪽.

서 희망과 공포는 구조적으로 이러한 불확실성에 기인한다. 그러므로 희망과 공포의 정서는 인식이론적인 평가의 대상이 될 수 없는 것이다. 이것이 불안과 공포의 감정에 대한 흄의 경험론적 입장이다. 불확실한 경우에 희망과 공포를 불러올 수 있는 사건들에 대하여 확실히 알 수 있다 해도 기쁨이나 염려 혹은 고통이 생기는 것은 어쩔 수 없는 일이다. 흄은 다양한 감정들을 연결시키고 이들을 모아서 감정 좌표계를 만든다. 이 좌표 안에서 공포는 미래의 알 수 없는 불쾌와 연결되고, 희망은 미래의 알 수 없는 쾌, 선과 일치하며, 염려는 현재나 미래의 악과 한 쌍을 이루고, 그리고 기쁨은 현재나 미래의 확실한 쾌나 기쁨과 연결된다. 오늘날 우리의 사고 안에서 여전히 유효하게 작동하는 감정 좌표계가 아닌가 생각한다.

2.5. 불안과 공포 – 감정의 보편성과 특수성에 관하여
  : 셸링(F. W. J. Schelling)과 키르케고르(Sören Kierkegaard)

아우구스티누스의 전통이나 토마스 아퀴나스의 입장에 서서 보면, 불안은 어떤 구체적으로 생각할 수 있는 불쾌를 지향하는 것이 아니라 보편적 범위를 갖고 있는 불쾌 감정으로 보인다. 중세시기를 지배했던 핵심적 주제들은 보편적인 것으로 세계에 대한 불안, 절대자 앞에서 공포, 원죄에 구속된 허약함 등을 예시할 수 있다. 그리고 신앙을 통하여 이러한 보편적 고통으로부터 벗어나는 구원과 해방이 궁극적 주제이다. 이러한 주제들은 플라톤이 제기했던 이원론적 사고의 영향을 받아서 생성되었다고 볼 수 있는데, 이 땅의 현실은 혼란과 무질서의 세계이며, 이 세계를 벗어나는 길만이 인류를 치료와 구원의 길로 안내하는 유일한 방법이라고 본 것이다. 이러한 신앙은 문화적 토대에도 영향을 주어서 인간이 경험하는 보편적 불안과 같은 감정을 극복할 수 있다는 생각을 심어 주었다. 요한복음서는 이 사실을 알린다. 인간이 세상을 사는 동안 불안을 떠날 수 없으나, 근심하지 말라! 내가 세상을 이겼다.[68]

인간 예술의 미적 감각이 단절되지 않고 이어져 지속되는 것처럼 개념의 역사에도 단절이란 없다. 한 개념에 대한 새로운 해석 혹은 새로운 개념의 시작은 그 이전에 사용하였던 개념으로부터의 변형으로 보는 것이 타당하다. 우리 논의의 주제인 불안 개념이 가진 실존철학적 의미–불안을 인간 자유의 운명으로 파악한–는 이미 넓은 의미에서 기독교적 전통에서 찾을 수 있다. 일찍이 야코프 뵈메Jakob Böhme 는 불안 개념을 자유를 추구하는 열망의 표현으로 이해했다. 개념영향사적으로 관찰하면 뵈메의 불안 개념은 셸링이 재해석하였고, 이 내용은 키르케고르에게 이어진다.[69] 셸링은 당시 고전 계몽주의자들의 생각과 달리 이성과 진보가 세상을 지배하는 유일한 원동력이 아니라 비참함과 혼란 역시 생의 근본 원천임을 알아야 한다는 생각을 피력한다. 이제 이성은 더 이상 전지전능한 것이 아니다. 이성은 이제 자신의 기능과 역할에 회의하면서 스스로 이해할 수 없고 해결할 수 없는 세계, 즉 생의 불안의 세계를 인정해야 한다. 그 세계는 어둠이 지배하고 혼란스러우며 지금까지 인간이

---

68 요한복음, 16장 33절의 내용을 각색함.

69 Christoph Demmerling(Hg.), Philosophie der Gefühle. Von Achtung bis Zorn, Stuttgart 2007, 81쪽. 참고.

경험한 세계와 다른 미지세계이다.[70]

　　새로 경험하는 미지의 어둠과 혼란 속에 선 불안은 인간의 자유와 직접적 관계를 맺게 된다. 인간은 자유의 지평 위에서 불안을 느낀다. 만약 인간에게 자유가 허용되지 않고, 필연만 주어져 있다면 불안을 느낄 이유가 없다. 불안은 인간 본성인 자유에서 나오는 것이다. 셸링에 의하면 인간 정신 혹은 인간 그 자체는 찢겨지고 분리되며 혼란스러운 존재 양식을 취한다. 인간 존재는 그 실존과 삶의 토대가 서로 어긋난 상황 위에 서 있다. 셸링에 따르면 이 상황은 근원적 의지와 정신의 충돌 상황인데, 근원적 의지는 다시 개인의 고유한 의지와 일반적 의지로 구성되었기 때문에 결국 세 계기가 충돌하는 장면을 연출한다. 세 계기란 개인 의지, 일반 의지 그리고 두 의지 사이에서 그 관계를 정립하려는 인간 정신의 계기를 말한다. 인간 정신은 앞의 두 의지와 달리 자발적 충동이라는 특성을 갖는다. 그래서 자발적 인간 정신은 불안해하면서 동시에 그 불안을 헤쳐 나가는 자유정신을 구현한다.

　　셸링에 따르면 개인 의지와 일반 의지로 구성된 의지의 힘들은 서로 차이가 없이 혼란 속에서 혼합되어 전개되고 있다. 이 전개 과정 속에서 의지와 정신이 만든 개념과의 관계구조가 형성되고 그 안에서 인간은 그 자신을 역시 형성한다. 셸링은 이 흐름 속에서 일어나는 과정을 분석한다. 우선 신의 세계와는 달리 인간 세상에서 다양한 의지들의 충동은 서로 다른 힘으로 상대

70　Walter Schutz, "Freiheit und Geschichte in Schellings Philosophie", in: F. W. J. Schelling, über das Wesen der menschlichen Freiheit, Frankfurt a. M. 1984, 21쪽. 참고.

를 파괴한다. 이 과정은 투쟁의 연속이다. 그래서 인간의 자기 형성 과정도 하나의 투쟁 관계들의 재구성으로 나타난다. 그리고 이러한 투쟁의 재구성은 고유한 개인 의지가 일반 의지를 넘어서려는 충동의 끊임없는 시도의 결과이다. 인간 세상에서는 투쟁이 지속적으로 일어나지만 신의 세계에서는 신 개인의지와 일반 의지가 통일되어 있다. 지속적 투쟁을 과정으로 가진 인간 세계에서 고유한 개인 의지가 모든 다른 충돌들을 지배하려고 한다. 이것이 인간과 신의 다른 점이다. 따라서 인간은 그가 처한 상황토대이 신과 다른 존재이고, 신과 다른 것을 충동으로 갖는다. 그러므로 셸링은 불안을 벗어나려는 인간의 자유를 악이며 타락이라고 규정한다. "신에게서와 달리 인간 정신에서 두 원리의 동일성이 용해될 수 없다면, 그것은 차이가 아니다. …… 신 안에서 분리될 수 없는 통일성이 인간에게서 분리될 수 있어야 한다. 이로부터 선과 악을 판단하는 길이 가능해진다."[71]

의지는 자유와 관련이 있다. 모든 것을 특수화시키고 자연스럽게 만들고자 하는, 근본과 토대로부터 우러나오는 의지는 인간의 자유 추구의 열정 안에서 활동한다. 셸링은 이렇게 설명한다. "절벽 아래로 추락하면서 비밀스러운 소리를 지르거나 혹은 옛 서사시에서 지나가는 배를 격랑 속으로 유인하기 위하여 심연에서 울려 퍼지는 사이렌의 음성처럼, 의지의 현기증이 높고 가파른 정상에서 획득한 피조물을 향한 쾌락은 모순적이다. 이미 특수한 의지를 보편적 의지와 결합하는 일 그 자체가 모순이다. 그렇다고 이들의 결합이

---

71 F. W. J. Schelling, über das Wesen der menschlichen Freiheit, a. a. O., 58쪽. 참고.

불가능하지 않다. 다만 매우 어려운 일이다. 삶의 불안은 인간을 인간이 창조된 그 중심과 본질로 몰고 간다."[72] 개체의 의지는 중독이며 욕망 그리고 피조물을 향한 쾌락이다. 이것은 셸링에게 있어서 인간 본성의 어두운 측면_{자기 결핍}을 특징짓기 위하여 사용해야 하는 변환점이다. 이 변환점을 통과하면 의지와 다른 점에 있는 빛, 이성 그리고 보편적 의지를 만난다. 그래서 삶에서 느끼는 불안은 결국 어두운 자기 결핍에서 온다. 자기 결핍이란 단순히 부족함을 뜻하지 않는다. 의지의 요소들 사이에 관계가 없음을 의미하는 것이 아니라 인간 본성의 어두운 측면_{자기 결핍}을 인간의 밝은 측면으로 그 대가로 지불하고 절대화하려는 것을 의미한다. 그래서 불안 속에서 인간은 자신을 상실하게 된다.

셸링은 인간 본성의 다양성을 설명하기 위하여 어둠과 밝음의 은유를 사용하면서 플라톤과 기독교 전통에서 중요한 역할을 했던 가치, 즉 이원론의 세계를 소환하여 이를 극복하려 한다. 그는 대립하는 두 세계 가치의 모순을 해결하기 위하여 인간의 사실성에 주목한다. 인간은 그 본질상 자유를 가진 존재라는 사실이다. 인간의 근원적 요소로서 자유에 대한 이해는 필연적으로 사실로서의 불안을 수용한다. 인간에게 자유가 주어진 한, 인간은 불안과 결합된 존재이다. 불안은 삶이 가진 불안이다. 따라서 인간은 살아 있는 한 자유와 불안의 양날을 가진 칼을 소유하고 있다. 앞에서 셸링이 삶의 불안을 정상에 선 공포와 사이렌의 불안으로 묘사했던 부분은 삶의 불안, 그 일부를 보

---

72 같은 책, 74쪽.

여 준 것이다. 여기서 우리는 키르케고르 Kierkegaard 의 생각과 만나게 된다.

키르케고르는 불안의 자아와 자기 결핍의 주제를 더욱 심화시킨다. 그의 불안 연구는 셸링의 자유와 불안의 모순을 극복하려는 시도로 볼 수 있다. 키르케고르의 이러한 시도는 인간의 자기 형성으로 연결된다. 그는 불안 주제를 인간의 죄와 죄의식의 관계 안에서 다룬다. 그는 셸링이 강조했던 불안과 악의 관계를 원죄 개념으로 확장하여 고찰한다. 그의 연구는 신학, 심리학 그리고 철학의 영역을 넘나들면서 새로운 사유의 개방성을 제공한다. 그 바탕에는 주체적 사상가로서 자기 이해가 자리하고 있다. 키르케고르가 강조하는 주체적 사유는 헤겔 철학의 영향을 받고 있지만, 그러나 그는 헤겔의 주체 개념의 보편적 타당성 요구로부터 거리를 둔다. 그래서 키르케고르는 앞으로 다가올 실존철학의 발전에 공헌하는 불안의 실존 개념을 제공한다.

키르케고르는 지향점이 없고 대상도 없는 감정으로서 불안 개념을 심화시킨다. 그는 맹목적인 불안과 항상 특정한 대상이나 사건과 관련된 두려움 사이의 구별을 시도한 독창적 사유의 원조이다. 키르케고르에게 있어서 불안의 대상은 무Nichts: 無이다. 그가 사용하는 불안 개념은 두려움이나 그 밖의 유사한 개념과 현저하게 다르다. 두려움은 특정한 어떤 대상과 항상 관련이 있는데, 불안은 그 대상이 없다.[73] 우리는 특정한 대상에 대한 두려움을 갖지만, 불안은 그 대상을 갖지 않는다. 즉, 이유 없이 불안한 것이다. 물론 불안과

---

73 Sören Kierkegaard, Der Begriff Angst. Gesammelte Werke, hg. von Emanül Hirsch, Gütersloh 1981.

두려움 사이의 차이를 필연적인 것으로 이해할 필요는 없을 것 같다. 키르케고르 자신도 이 두 개념의 차이를 다루는 것을 중심 주제로 하지 않는다. 오히려 키르케고르가 의도한 것처럼 불안 개념을 죄와 죄의식과 관련하여 다룸으로써 불안 개념이 가진 인간학적 중요성을 드러내 보여야 할 것이다.

우선 키르케고르는 불안을 무죄^{Unschuld} 상태에 처해 있는 것으로 이해하고 출발한다. 무죄 개념은 인간의 원죄 이전 상태를 뜻한다. 동시에 무죄의 시기는 발전단계를 위한 암호로 이해해야 한다. 인간은 자신의 힘을 완성해 나가야 한다. 특히 정신적 능력을 완성해 나가는 일은 인간 본연의 몫이다. 무죄의 단계는 인간이 평화와 고요 속에서 자신의 자연성을 직접적으로 통일하는 상태이다. 다시 말하면, 무죄는 인간이 자신의 주체성을 완전한 형태로 형성하기 전 단계를 의미한다. 키르케고르에 따르면 완전한 주체성에 도달하기 위하여 필요한 세 계기가 있다; 영혼적인 것과 신체적인 것 그리고 이 둘을 종합하는 제3의 정신적인 것을 말한다. 여기서 우리는 헤겔 개념에 친숙한 키르케고르를 볼 수 있다. 인간은 영혼적인 것과 신체적인 것의 종합인데, 이 둘을 종합하는 제3자가 없으면 종합은 불가능하다. 제3자가 바로 정신이다. 이러한 논리는 헤겔의 철학 개념에 빚을 지고 있음을 알 수 있다.

키르케고르는 서양철학의 전통을 이끌어 온 정신-신체-이원론의 체계와 달리 삼원론의 구상을 시도한다. 그에게 있어서 높은 단계에서 완성된 성숙한 주체성의 의미에서 정신은 신체적인 것과 영혼적인 것의 차이의 근원이며 동시에 두 요소의 한 단계 승화한 종합이다. 이와 같이 정신은 신체적인 것과 영혼적인 것을 재정립하는 역할을 한다. 즉, 키르케고르의 정신 개념은 두 요소의 관계를 정하는 것으로 자신과의 관계를 표현한다. 인간은 사는 동안 영혼적인 것과 신체적인 것의 종합을 통해서 정신의 자기 자신과의 관계를 정립해 나가야 한다. 이 외에도 키르케고르는 개념의 쌍으로 신체와 영혼, 필연성과 자유, 시간과 영원 그리고 유한성과 무한성을 제시하고, 인간 주체성의 완전한 형성을 위하여 이들의 종합을 시도한다. 따라서 정신은 이러한 개념들이 갖는 극과 극의 차이를 이해하고 생의 과정 안에서 이들의 종합을 위해 노력해야 한다.

키르케고르는 태초 인류의 출발을 원죄로 이해하는 신학적 토대를 가지고 있으나 그의 설명에서 계통발전사적이며 존재발전사적인 관점을 읽을 수 있다. 불안의 역할이 인간 존재가 일반적 종種으로서 그리고 개별적 개체로서 자기 자신과 직접적으로 관계하는 과정 안에서 이야기되기 때문이다. 키르케고르에 따르면 무죄의 단계에서 고요와 정적만 아니라 어떤 다른 것도 존재한다. 왜냐하면 정신은 꿈꾸는 정신으로서 그곳에 존재하기 때문이다. 정신은 꿈꾸거나 의식하거나 그곳에 존재한다. 꿈꾸거나 의식하는 정신은 점차 자신의 모습을 찾아가고, 자신의 가능성을 앞당긴다. 그러다가 자신을 파악하자마자 이내 그 가능성은 또 사라진다. 이 문맥에서 인간은 불안을 느낄 수 있다. 이 점이 인간과 동물 사이의 결정적 차이이다. 그래서 키르케고르는 불안은 "가능성을 위한 가능성으로서 자유의 현실화"[74]라고 정의한다. 인간은 교육 이전 이미 알고 있는 혹은 선의식된 자기관계를 가지고 있으며, 이를 통하여 계

---

74 같은 책, 40쪽.

속하여 자신을 규정해 나간다. 무죄의 상태는, 정의상, 선과 악의 차이를 알지 못하는 선先도덕적 상태로 타당하다. 이 상황 아래서 정신은 자신의 가능성을 인식한다. 그리고 자신의 가능성에 대한 인식은 정신을 불안하게 한다. 불안은 무죄의 의식이 자신의 가능성을 이미 인식의 형태로 경험할 수 있다는 것을 확인해 준다. 이 문맥에서 키르케고르는 잠자는 정신과 꿈꾸는 정신을 진지하게 구별한다. 잠자는 상태는 의식이 완전히 단절되어 전혀 없는 상태를 말하고, 이와 반대로 꿈꾸는 정신은 이미 가능성의 암시를 경험하는 정신이다.

키르케고르가 무죄의 불안 개념을 부정적이고 부담을 주는 느낌으로 다룬 것도 매우 흥미로운 내용이다. 이때 불안은 무죄를 상실한 불안이라 할 수 있다. 이는 무죄의 불안에 이어서 무죄를 상실한 상태에 놓은 불안으로서 불안의 이중적 성격을 보여 준다. 이것은 불안의 내면에 살고 있는 힘으로 양립하는 감정이다. 그래서 키르케고르는 이 불안 감정의 특성을 "호의의 감정을 가진 혐오감과 혐오를 가진 호의감sympathetische Antipathie und antipathetische Sympathie"[75] 으로 규정하고 있다. 여기서 불안의 이중적 성격이 분명히 드러난다.

이중적 성격을 특성으로 가진 불안은 스스로 자신이 억제된 열망임을 보여 준다. 불안은 무엇인가에 의해서 끌림을 당하고 동시에 거부된다. 이와 관련하여 키르케고르는 무지와 무식의 단계에 놓여 있는 꿈꾸는 정신의 불안의 현상적 내용을-어린아이가 갖는 불안처럼- 모험, 무서움 그리고 수수께

---

75 같은 책, 40쪽.

끼 같은 것을 찾아가는 노력의 반영이라고 말한다. 불안은 어린아이가 벗어날 수 없는 본질적인 것이다. 그는 자신을 불안해하면서 동시에 달콤하고 부드러운 불안함에 몰입한다. 이렇게 하면서 어린이는 자신을 만들고 형성해 나간다. 이것이 불안의 운동충동이다. 그러므로 자기 자신을 형성하는 관계 안에서 불안의 운동충동은 일정한 방향으로 가는 길을 걷는 것이 아니라 많은 경우 이리저리로 방황하는 혼란의 길을 걷는다.

그런데 아이러니컬하게도 혼란의 길을 걷는 불안으로부터 주체성을 확립할 수 있다. 키르케고르는 정신과 형성된 주체성 사이에서 불안의 내용물을 찾는다. 그는 셸링이 파악했던 고도의 불안, 자유의 현기증으로서의 불안 혹은 집을 떠나 공포심을 배우는 그림Grimm 의 어린이 우화를 기억하게 한다. 공포를 배운 사람은 대가를 지불하고 불안함을 배운 것이다. 그는 최고 가치 있는 것을 배웠다.[76]

키르케고르가 설명하는 불안에는 유인하는 매혹이 내재한다. 그 환상과 매혹이 불안을 발생하게 한다. 그곳에 두려움만 있는 것이 아니다. 항상 매혹이 따라다닌다. 불안은 고통을 호소하는 부담과 부채가 아니라 자유와 구원을 경험하게 하는 것이다. 인간은 불안을 통해서 자연적이고 생생한 충동과 정서적 규정에 대립하여 자신을 자유로운 존재로 선언하는 셈이다. 동시에 이 해방과 구원의 경험 그 자체가 또 부담이 된다. 왜냐하면 모든 방해를 무릅쓰

---

76 같은 책, 40쪽.

고 획득한 조화로운 상태를 반드시 떠나게 되고 자신의 삶을 형성할 가능성을 실현시키지 못하기 때문이다. 인간은 살아 있는 동안 자신을 항상 위험 속에 내몰리게 하는 불안의 존재인 것이다.

인간은 불안 속에 잠겨 있다. 인간은 불안 속에 잠긴 채, 그는 불안을 사랑하고, 불안을 두려워한다. 아니 정확히 말하면, 인간은 불안을 두려워하면서 동시에 불안을 사랑한다. 그리고 이러한 이중적 행위를 통하여 죄의 상태로 질적 비약을 한다. 이와 같이 키르케고르는 죄 개념을 통해서 자기 선택이라는 인간의 책임을 주제화한다. 이제 인간은 불안이 던져 주는 유혹에 넘어져서 정신이 되어야 하는 책임을 가진 존재이다. 인간은 자기 선택을 통하여 비로소 자유의식을 갖는다. 이러한 자유의식은 인간의 행위 과정들을 통하여 스스로 죄의식이며 죄-불안임을 계시한다. 그러나 이것은 인간이 자기규정을 통하여 자신을 죄의 상태로 빠지는 것이 아니라 질적 비상으로의 전환을 의미한다. 질적 도약은 그 어떤 사람도, 그 어떤 학문도 이러한 놀라운 현상을 설명할 수 없다. 키르케고르에 의하면 질적 비상은 완벽함이 아니라 그 연약함과 무기력함으로 자기규정 되며 수행된다. 따라서 그는 이렇게 주장한다. "불안 속에서 죄의식을 갖는 사람은 가능성 속에서 이중적 죄의식을 갖는다."[77]

인간의 자기 탐구와 형성은 결국 불안의 역할에 의해 이루어진다. 자유를 통하여 자신의 수동성과 연약함의 계기를 느끼고 질적으로 비상한다. 곧

---

77 같은 책, 61쪽.

불안과 자유의 이중적 죄의 구조 안에서 비상이다. 유한한 존재의 자유는 마음대로 처분할 수 없다. 주체성이 관철하는 질적 상태 변화, 즉 비상은 절대 인간의 성질에 해당하는 것이 아니다. 키르케고르는 인간 존재가 가진 절대적 자유-관념철학에 그 토대를 두고 있는-에 관한 생각을 반대한다. 인간은 무한히 자유로운 존재가 아니다. 따라서 필연적으로 불안해하는 존재이다. 인간은 특정한 관점에서 자유로운 존재일 뿐이다. 인간의 자유는 무엇인가에 의해서 규정을 받는다. 즉, 조건 없는 자유란 없다. 인간의 모든 자유는 제한된 자유인 것이다. 이것이 키르케고르의 생각이다.

앞에서도 언급했지만, 키르케고르는 불안의 대상을 무無: das Nichts 라 한다. 불안의 대상인 무를 죄 개념과 연결시켜 보자. 불안의 대상이 무이기 때문에, 불안의 대상은 아직 오지 않은 그 무엇이다. "불안의 대상인 무는 점점 어떤 것으로 되어 간다." 아직 오지 않은 대상은 순수하며 죄가 없다. 그러나 점점 다가오는 것은 무죄일 수 없다. 따라서 죄이다. 이러한 논리로, 불안의 대상은 무죄의 단계로부터 점점 유죄의 단계로의 이행 속에 있다고 말할 수 있다. 무죄의 단계에 선 인간은 영혼과 신체의 뜨거운 직접적 통일을 방해하는 정신 앞에 불안해한다.

그와 반대로 유죄의 단계에서 정신은 자신과 자연적인 것과의 결합 앞에서 불안해한다. 키르케고르에 의하면 인간은 죄의 단계에서 불안의 현상적 내용들은 감성적 주제들로 구성되어 있다. 성적 불안, 수치심에 대한 불안, 무력함에 대한 불안을 말할 수 있다. 성적 불안은 은유이다. 이 은유는 정신이 자연과 밀착되어 있는 상태를 가리킨다. 불안은 일반적으로 감성과 결부되어 수치심을 불러온다. 수치심은 정신이 성적인 것으로 만나는 낯선 것을 경험하는 데서 오는 결과이다. 정신은 에로티시즘의 절정에서 그곳에 있을 수 없다. 그는 그곳에서 소외를 느낀다. 정신은 자기 자신으로부터 낯선 타자가 된다.[78]

키르케고르에게 불안은 대상을 갖지 않는 감정이다. 불안에 관련된 대상의 관점에서 보거나 불안이 관계하고 있는 사건들을 비교해 보면 불안의 대상을 미뤄 짐작할 수 있을 것 같지만, 그는 그렇게 하지 않는다. 그의 불안 연구 목적은 불안의 은폐된 사건들을 규정하려는 것이기 때문에 무죄와 무지의 상태에서 불안의 대상으로서 정신의 개별적 규정과 죄의 단계에서 수치심이 되는 불안의 대상으로서 감성의 개별적 규정 역시 자유의 가능성의 보편적 규정과 관계되는 것으로 보아야 한다. 즉, 키르케고르의 정신과 감성의 규정은 불안을 유발하는 가능성이 된다.

키르케고르가 생각하는 불안은 본질적으로 자유불안Freiheitangst 이다. 자유불안의 현상적 특징들은 어린이 불안, 고도 불안 그리고 무서움에 대한 불안들에서 나타난다. 이러한 불안은 상반된 감정이 병존하는 감정이다. 이 감정 안에 자기 형성 과정에서 나타나는 쾌와 고통, 힘과 무력함 그리고 자유로운 결정과 강요된 억압이 혼재해 있다. 자기 형성과정에서 하게 되는 다양한 불안경험을 진지하게 검토해 보면, 키르케고르가 우선적으로 감정의 실존적 차원을 중심 주제로 다루고 있음을 알 수 있다. 이러한 불안 개념의 실존적 차

78   같은 책, 72쪽 참고.

원이 희미하게 남아 있는 잔영들이 대목 시장의 풍경, 영화 등에서 나타난다. 좀 더 적극적으로 과격한 스포츠를 하는 행위도 여기에 포함시킬 수 있다. 키르케고르에게 불안이 인간의 삶이 가진 본래의 의미내용으로 이해되어야 하는 이유가 여기에 있다. 불안이야말로 인간이 자기 자신을 찾아가는 결정적 충동을 주는 감정이며 동시에 자기 관계와 자기 형성을 위한 필수불가결의 정서이기 때문이다.

이제 마지막으로 키르케고르는 분명한 형식으로 대상과 사건을 지향하는 정서의 상태로서 불안과 공포의 차이를 어떻게 구별했을지 살펴보자. 불안은 자기 형성의 과정으로 파악되기 때문에 불안정서의 표출은 외적 충동을 필요로 하지 않는다. 또한 내포된 사건과 대상들은 불안의 주체들에게 안개 낀 것처럼 희미한 상태로 드러날 뿐이다. 불안의 대상과 사건들은 명쾌하게 꿰뚫어 보이지 않는다. 따라서 불안은 지속한다. 이와 반대로 공포의 대상은 외부로부터 다가온다. 두려움의 대상과 사건이 명백하다. 두려움과 공포는 구체적으로 드러난 그 무엇에 대한 반응의 정서인 셈이다. 따라서 그 대상이 사라지면 공포감 역시 사라진다. 위 두 개념을 구별하기 위하여 지향성 개념을 척도로 사용하는 방법은 키르케고르가 제시한 텍스트의 한계를 넘어서는 일이다. 키르케고르의 사상은 하이데거에게 깊은 영향을 끼쳤다. 특히 하이데거가 지향성 개념을 그 척도로 하여서 불안과 공포의 엄격한 차이를 파악한 점이 그렇다.

2.6. 불안과 염려
– 하이데거(Martin Heidegger)의 불안과 염려 개념

하이데거의 현존재 분석에 있어서 감정들 혹은 정서들은 매우 중요한 위상을 차지한다. 그는 『존재와 시간Sein und Zeit』에서 공포와 불안 개념에 각각 따로 절을 할애하여 설명한다. 공포는 제1장 30절에서, 불안은 제1장 40절에서 그리고 제2장의 죽음의 분석에서 아주 중요하게 다룬다. 그는 공포를 '존재성의 양식Modus der Befindlichkeit'이며, 불안을 '현존재의 탁월한 개시성ausgezeichnete Erschlossenheit des Daseins'으로 다룬다.[79] Da-Sein으로서 인간=현존재은 시간과 공간 안에서 '지금, 거기 있는 존재'이다. Da의 의미가 지금, 여기를 뜻한다. 현존재로서 지금, 여기 있는 존재는 외부 다른 존재들과 연결되어 존재할 수밖에 없다. 현존재로 자각하는 순간 존재는 세계의 관계 속으로, 자기 자신과의 관계 속으로 들어간다. 이러한 관계 형성은 우리 자신이 의도하든 의도하지 않든 일어나는 일이다. 이것은 우리의 생이 세상 속으로 내던져졌음이며 사실성임을 말해준다. 이 상황은 우리가 '존재하고 있고 존재해야 하는 상황'이다. 우리는 이 상황 속에서 다른 부차적인 것을 변화시킬 수 있다. 인간은 살면서 직업, 상대 배우자, 친구들, 주거지, 삶의 스타일을 바꿀 수 있다. 그러나 우리가 존재하고 있고 존재해야 하는 상황에 놓여 있다는 그 사실을 바꿀 수 없다. 우리는 살아야 하며 삶에 특별한 내용을 부여해야 하는 것을 바꿀 수 없는 것이다. 이것이 존재의 내던져져 있음이며, 현존재가 특별한 방식으로 다른 사물들

---

79 Martin Heidegger, Sein und Zeit, Tübingen, 1979.

과 어울려져 있는 것으로 개시된다.

인간은 삶을 통하여 존재함과 동시에 염려^{Sorge}와 결부되어 있다. 인간은 존재함과 동시에 주변의 사물들과 관계되어 있는 삶을 살기 때문에 실천적 자기 관계와 세계 관계를 만들어 가는 과정 안에서 존재의 염려가 추구하는 가능성의 조건들을 지향하려고 한다. 하이데거는 현존재의 구조 전체의 존재를 이해하기 위해 불안을 탐구한다. 현존재가 본래적 자기에게 다가설 가능성은 자기를 개시하는 일인데, 우리는 여기서 근본적 정상성인 불안을 만나게 된다. 불안은 두려움과 비교된다. 두려움의 대상은 그 때마다 일정한 방역에서 가까이 다가오는 세계 내부적 존재자다. 그런 존재자는 유해하긴 하나 나타나지 않을 수도 있다. 그러나 불안의 경우는 이와 다르다. 불안의 대상은 우리가 세계 속에서 만나는 어떤 특정한 존재자가 아니다. 우리가 그 안에 살고 있던, 유의미하다고 생각했던 세계는 불안 속에서 그 의의를 상실한다. 이렇게 기존의 의의를 상실한 세계 앞에서 우리는 불안해한다. 정확히 말하자면, 세계는 세계-내-존재인 현존재의 존재에 속하므로, 불안의 대상은, 이렇게 그 의의를 상실한 세계 안에 살고 있는 나의 존재 자체, 즉 세계-내-존재 자체이다.

우리가 불안해한다는 것은 세계 내부적 존재자가 몽땅 마치 썰물처럼 밀려가고 거기에 텅 빈 허공이 입을 벌리고 있어서 거기에 대해 으스스한 정상성을 갖는 것을 의미한다. 그러나 우리를 엄습했던 불안은 어느 순간 씻은 듯이 사라지기도 한다. 그러나 또 그 때 물안개 걷힌 뒤에 주변이 아스라이 드러나듯이 그렇게 세계가 드러난다. 즉, 불안을 통해 세계가 세계로서 개시된다. 불안을 통해서 세계는 오히려 단독적으로 더욱 선명하게 드러나는 것이다.

그런데 현존재가 불안해하는 까닭은 현존재가 지닌 어떤 특정한 존재 가능성 때문이 아니다. 오히려 불안의 이유는 바싹 압박해 오는 세계 속에 살아가는 자기의 존재에서 온다. 불안의 이유는 바로 존재 그 자체이다. 즉, 인간이 세계-내-존재이기 때문이다. 이 때문에 불안을 통해 현존재는, 이제 퇴락적 삶 속에서 벗어나 그동안 망각해 왔던 자기의 본래적 존재에 비로소 직면한다. 불안은 현존재가 단독화된 자로서 가장 독자적 존재 가능에 이르는 존재임을 드러낸다. 불안으로 인해, 현존재는 세인 속에서 상실되었던 본래적 자기를 만나게 된다. 불안 속에서 현존재는 본래적 자기에게 직면한다.

하이데거에 있어서 불안해한다는 것은 근원적·직접적으로 세계를 세계로서 개시하는 것을 의미한다. 불안이 심정성의 양상으로서 제일 먼저 세계를 세계로서 개시한다. 그것 때문에 불안해하는 그 이유는 현존재의 특정한 존재양식과 가능성이 아니다. 불안의 위협은 그 자신 무규정적이며, 그러기 때문에 현실적으로 구체적인 이 또는 저 존재 가능을 겨냥해서 위협하면서 밀치고 들어올 수는 없다. 그것 때문에 불안해하는 이유는 세계-내-존재 자체이다. 불안이 언제나 이미 세계-내-존재를 잠재적^{latent}으로 규정하고 있기 때문에, 세계-내-존재는 세계에 몰입해서 염려하고 배려하는 정상적^{情狀的} 존재로서 두려워할 수 있다. 두려움은 세계에 퇴락한 비본래적 불안이며, 그 자신에게는 감추어져 있는 불안이다. 따라서 하이데거의 불안은 두려움과 고통 개념과 병행하여 이해하는 것이 좋다.

하이데거는 불안과 달리 두려움을 대상과 사건을 지향하는 존재성의 양식^{Modus der Befindlichkeit}으로 규정한다. 두려움은 두렵게 하는 대상 그리고 두려워하는 이유의 관점에서 살펴볼 수 있다. 인간이 두려워하는 대상이 되는 것은 자연적 혹은 사회적 관계 안에 있는 대상들이나 사건들일 수 있다. 이들이 사람에게 위협적으로 나타나기 때문이다. 하이데거는 이것을 '유해한abträglich' 것이라고 특징짓는다. 우리를 위협할 수 있는 것들은 세상에 있는 특정한 대상들이다. 이 대상들이 인간 존재에 가까이 다가오면 위협을 느낀다. 폭풍우가 몰아치고 폭설이 내리거나 하여서 날씨가 매우 나빠지거나, 해야 할 숙제가 많다거나 혹은 해를 끼치는 야생동물이 주위를 배회하면 우리는 두려워한다.

그런데 하이데거는 두려움을 가능한 것이라고 생각되는, 어떤 위협적인 사건들을 확인하는 일과 구별한다. 우리가 무엇인가를 두려워하기 위해서는 위협적인 것이거나 유해한 것에 의해서 직접 영향을 받아야 한다. 우리를 두렵게 하는 중요한 사건들은 이미 자신의 기분과 느낌에 의하여 '여과가 된gefilterte' 것들이다.[80] 어떤 것이 미래에 다가올 해악으로 정해지고 그리고 그것을 두려워하는 것이 아니다. 두려움의 대상이 거기에 와 있기 때문에 인간의 신중함은 그것을 두려워한다. 그래서 하이데거는 두려움의 이유를 인간 현존재 자체에서 찾는다. 현존재 자체를 두려워하는 자로 본다. 어떤 위협적인 사건에 대해서 두려워하면서 인간은 자기 자신 주변을 두려워한다. 두려움과 유사한 감정들은 놀람이나 경악, 전율 그리고 공포 등이 있다. 위협적인 것이 갑자기 현존재를 엄습하면 놀라며 경악이 생기고, 불확실하고 난해한 것이 위협하면 전율이 생긴다. 또한 갑자기 그리고 불확실한 위협에 대해서 공포 감

---

80 같은 책, 141쪽.

정을 말할 수 있다. 이와 유사한 방식으로 하이데거는 소심함과 수치심, 걱정과 고집스러움도 두려움의 일종의 변형이라고 이해한다.[81]

하이데거에 따르면 불안은 두려움과 달리 현존재의 전체와 관련된 감정이다. 인간 불안의 대상은 바로 '세계-내-존재로서의 세계'이다. 불안 속에서 불안을 통해서 세계 안의 사물들 그리고 다른 사람들-내적 세계의 상태 혹은 공동-현존재- 역시 무의미한 것wertlos 이 된다. 즉, 인간은 불안과 더불어 되돌려지고 단독자가 되어 자신으로 돌아온다. 다시 말하면 불안은 인간을 자유로운 자기 자신과 특별한 관계를 맺게 한다. 이러한 주장은 키르케고르의 사상과 일치하는 점이 있다. 하이데거는 키르케고르의 불안 분석처럼 불안의 개념을 현존재의 자유 개념과 연결시키고 있는 것이다. "불안은 현존재 안에서 고유한 존재 가능성을 위한 존재를 드러낸다. 이것은 자기 자신을 선택하고 이해할 수 있는 자유를 위한 자유로움을 의미한다. 불안은 현존재를 가능성-가능성은 항상 이미 존재한다-으로서 존재의 특성인 자유로움 앞에 세운다. 그러나 동시에 세계-안-존재로서 현존재가 자유로운 존재에 대한 책임을 지고 있다."[82]

하이데거에 따르면 불안의 대상은 두려움과 달리 무규정적인 것이기 때문에 불안은 사람으로 하여금 일상적 삶의 자기 이해에 안주하지 못하게 하

---

81 같은 책, 142쪽.
82 같은 책, 188쪽.

고 자기의 가능성을 고민하게 한다. 그래서 하이데거는 불안을 "가능성 존재로서 현존재"[83]의 특성으로 해명한다. 이렇게 보면 하이데거는 불안의 개념을 이해하기 위하여 무엇보다도 불안을 인간 삶의 의미결정체로 파악해야 한다는 것을 강조하고 있는 셈이다. 인간은 불안을 통하여 아주 특별한 방식으로 자기 자신과 대면하고 있는 존재이다.

하이데거의 불안 분석은 아주 특별한 방식으로 정립된 염려Sorge 개념과 관련이 있다. 이러한 분석의 특성은 염려-구조와 현존재의 삶 전체를 하나의 통일된 구조로 이해한다. 불안이 현존재를 자유로운 존재 앞으로 데려온다는 주장과 관련하여 하이데거는 이러한 자유로움의 가능성에 대하여 의문을 갖는다. 인간이 불안을 갖고 무엇인가를 위한 자유로움을 가질 수 있다는 것은 지금 이 순간을 살고 있는 것만을 의미하지 않고 앞으로 계속 살아가야 하는 존재임을 의미한다. 하이데거에 따르면 현존재는 계속하여 살고 있는 존재이다. 이렇게 계속하여 살고 있는 존재는 이미 어떤 조건 아래 놓여 있다. 그리고 또 미래에도 어떤 조건의 제한을 받는다.

현존재의 불안은 과거, 현재 그리고 미래 시간과 연관되어 있다. 현존재가 시작하는 현재와 불안 속에서 다가올 미래와의 차이와 더불어 이미 과거와의 관련성이 현존재에게 주어져 있다. 현존재는 자신의 일을 수행하는 데에 항상 그리고 이미 현재 속에 있기 때문에 하이데거는 그 토대가 되어 있는 불

---

83 같은 책, 188쪽.

안으로부터 출발하여 전체 삶의 염려-구조를 발전시킬 수 있고 그로부터 직접 현존재의 시간성으로 끌어갈 수 있는 것이다. 인간 삶의 모든 여정은 과거, 현재 그리고 미래에 대한 각기 다른 중요성을 두고 있다. 그 모든 과정은 다름 아닌 전체로서 삶과 관련된 불안이다. 불안은 현존재의 실존의 조건인 시간성을 해명한다. 이러한 의미에서 불안과 두려움에 대한 하이데거의 분석은 단순히 살아 있는 존재에 대한 분석을 넘어선다. 불안 개념은 하이데거의 현존재 분석의 체계적 핵심을 구성하는 것이다.

하이데거의 불안 개념은 현존재의 해석학적 현상학의 관점에서도 이해되어야 한다. 그는 여기서 불안의 유형을 세 개념으로 정리한다. 그가 정리한 개념은 '세계 불안', '현존재 불안' 그리고 '자유 불안'이다. 세 유형의 불안 개념은 모두 불안 그 자체가 갖는 대상의 비규정성에 기인한다. 두려움과 공포는 구체적 대상이나 사건을 지향하는 반면, 세계와 삶 그리고 자유에 대한 불안은 그 전체를 지향하는 불안으로 그 어떤 대상을 구체적으로 지시할 수 없다. 다시 말하면 불안하게 하는 구체적 대상이나 상황을 지시할 수 없는 것이다. 하이데거가 불안을 정의한 것처럼 대부분 사람들은 불안 개념을 사용한다. 이러한 방식으로 두 개념의 차이를 규정하는 일은 존재에 관한 하이데거 사유의 독특한 방식이 가져온 결과이다.

불안과 두려움 개념 같은 감정들은 그 복잡성을 해명하기 위하여 다양한 관점들을 요구한다. 우리는 다양한 관점 중에서 어느 하나를 선택하여 그 관점 아래서 불안을 해명할 수 있다. 그러나 우리가 경험하는 불안은 하나의 관점 아래 항상 해명되는 것은 아니다. 다시 말하면 불안은 하나의 현상으로서 그곳에 있고, 그 현상을 해명하기 위해선 다양한 관점들의 상호작용이 필요하다. 하나의 현상으로서 불안은 항상 긴장 상태를 유지하고 있기 때문에 그 긴장 관계를 해명하기 위한 다양한 관점들의 작용 속에서 그 불안의 뿌리까지 파악되어야 한다. 불안의 뿌리에까지 깊이 들어가는 연구는 인류 정신사의 전제 아래 가능할 것이며, 이러한 연구는 인간적 삶의 내용을 경험하는 일이 될 것이다.

하이데거는 불안 개념을 현존재의 특성이라고 이해한다. 그는 『존재와 시간』에서 인간을 '지금', '여기에' 사는 '현존재^{現存在: Dasein}'라고 말한다. 이 현존재는 곧 실존을 뜻하며, 인간이 가장 자기다운 선택을 할 때의 모습이다. 그에 의하면 사람이 살아가는 방법은 결국 두 가지인데, 하나는 자신의 고유한 선택을 함으로써 자신만의 삶을 실현하는 방법과, 다른 하나는 자신의 것이 아닌 타인의 모습으로 살아가는 것이다. 지금 여기에 있는 나의 '현존재'란 통일된 모습을 갖지 않기 때문에 누구에게나 적용되는 방식으로 설명할 수 없다. 그것은 다만 각자의 삶에 의해서 이해될 수밖에 없다.

다시 말하면 현존재의 실존적인 모습은 '이 세계 속의 존재'로서 사는 나의 불안한 모습이다. 이 세계 속의 존재란 그럼 무엇을 뜻하는가? 우선 나의 현존재는 또 다른 현존재를 만나고 관계를 맺는다. 다른 사람들과의 관계는 '남에 대한 배려'를 통해서 이루어지는 사회적 관계이다. 그러나 이렇게 남에 대한 배려에 매이다 보면 현존재는 자기 자신의 고유함을 잃어버리고 남들이 살아가는 방식을 좇아가게 되는 것이 문제이다. '나'는 다른 사람들에게 맞춰서 행동하고 웃고 슬퍼함으로써 나의 '현존재'를 포기하고 모든 것을 남들처럼 하려고 노력한다. 이를 가리켜 하이데거는 '보통사람^{man}'이라고 말한다. 이 보통사람은 '튀는' 것을 가장 두려워하기 때문이다. 그 이유는 책임을 지지 않으려는 데 있다. 남이 입는 것을 입고 남이 웃을 때 웃는다면, '나'는 문제가 있을 때 언제나 '남'들을 핑계 댈 수 있기 때문이다. 그러나 이렇게 '남'들을 핑계의 대상으로 사는 것이 세상을 무난하게 사는 것 같지만, 그것은 사실 자신이 그 '누구도' 아니라는 뜻이 된다. 나의 존재는 남의 방식에 의해서 지배되기 때문이다. 따라서 이 보통사람의 모습으로 사는 삶은 자신의 현존재를 포기하는 것이다.

또 다른 모습의 현존재는 '이해하는 능력'을 가진다. 이 '이해하는 현존재'는 자기 자신의 고유함을 이해하고 자기가 세계와 어떤 관계에 놓여 있는가를 생각한다. 따라서 이해란 곧 자신의 고유한 실존, 인간이 이 세계에 내던져졌다는 냉정한 현실 그리고 보통사람으로서의 타락을 염려하고 걱정하는 것을 뜻한다. 그리고 염려하고 생각하는 능력을 통해서 현존재는 자신의 고유함에 맞는 계획을 세우고 구상함으로써 '평범한 일상'에서 벗어나서 자신의 모습을 찾는다.

그러나 우리가 진정한 자기 자신을 발견하고, 가장 자기다운 가능성을 찾아내는 상황은 '불안^{Angst}'에 직면할 때이다. 불안이란 어떤 대상에서 오는 공포와는 달리, '세계 속의 존재'로서 인간이면 누구나 느끼는 것으로, 우리 삶에 대한 불안은 우리를 보통의 평범한 사람으로부터 아무런 가식 없는 자신에게로 돌아오게 만든다. 곧 이 불안은 인간의 무력함과 유한함을 알게 함으로써, 우리는 더 이상 남들에 맞춰 웃고 떠들며 살아갈 수 없는 것이다. 왜냐하면 불안은 이 세계에 던져진 존재로서의 우리가 스스로 세상을 배워 가야 함을 일깨워 주기 때문이다. 게다가 우리는 삶에 있어서 길을 잃거나 완전히 실패할 수도 있다. 불안을 통해서 인간은 결국 자신이 '죽음을 향해서 있는 존재'임을 알게 되고, 삶의 무의미와 허무함을 절실히 느끼게 된다. 이제 이 세상은 '현존재'에게 더 이상 편안하고 익숙한 집이 아니라 기이하고 낯설게 느껴지고, 편안함 대신 '죽음'이 엄습해 오는 것을 보게 된다. 이 죽음으로 향하는 불안 속에서 '현존재'는 철저하게 혼자이며 아무도 곁에 없음을 알게 된다. 삶의 끝에 놓인 죽음을 피할 수 없음을 받아들일 때 비로소 우리는 자신의 현존재를 전체적으로 이해하며, 무엇을 위해 자유로워져야 하는가를 묻게 된다.

그러나 이러한 불안과 정면으로 마주 서서 자신의 모습을 바라보는 것은 결코 쉬운 일이 아니다. 누구도 나를 불안에서 건져 줄 수 없고, 그리고 누구나 혼자서 가야 되며 어디에도 우리가 머무를 수 있는 '나의 집'은 없다는 것을 인정해야 하기 때문이다. 그래서 많은 경우 사람들은 그럴수록 더욱 '보통사람'으로서, '자기 자신'이 아닌 타인의 삶을 살기 위해서 일상 속으로 도망을 치거나 착각 속에서 머무르려 한다. 그러나 하이데거는 불안이야말로 실존을 원하는 사람에게는 진정한 자신을 발견할 수 있는 결단으로 나아가는 길이며 기회라고 말한, 곧 그에게 있어서 인간의 실존은 '결단'의 의미가 된다. 이렇게 하이데거는 누구의 도움도 보호도 없이 혼자서 결단하고 책임지는 '현존재'를 주장하므로 무신론적이고 고독한 실존주의자에 속한다.

하이데거의 불안의 실존주의에서 언어는 대단히 중요한 자리를 차지한다. 그에 의하면 존재는 언어로 가는 도중에 자신을 밝은 곳으로 드러낸다.

그래서 그는 "언어는 존재의 집이다. 인간은 이 존재의 집안에서 살면서 감춰진 존재의 진리를 엿듣고, 또 존재는 자신을 드러낸다"라고 말한다. 언어를 통해서 불안 존재의 의미가 이야기되고 전달되므로, 언어가 없는 불안 존재란 생각할 수조차 없는 것이다. 이때 하이데거가 말하는 언어는 단순히 어떤 것을 전달하는 도구가 아니기 때문에 언어를 통해서 세계의 모든 것을 이해한다는 것은 아니다.

그리고 존재 자체가 '말로써 표현될 수 있는 부분'과 '이야기될 수 없는 것' 양면을 갖고 있다. 그러므로 존재를 보다 더 잘 드러내고 밝혀 줄 수 있는 언어는 인간의 불안한 삶의 생생한 현장에서 오는 언어이고, 이러한 언어는 시적 언어이어야 한다. 그래서 하이데거에 의하면 철학적 개념보다는 '시를 통한 이야기'가 보다 더 잘 인간의 깊은 불안을 보여 주며, 삶의 의미를 참답게 해명한다는 것이다. 이러한 의미에서 하이데거는 횔덜린의 말을 빌려서 불안한 인간과 시의 관계를 말한다. "불안한 인간은 이 땅 위에서 시적으로 살아간다."

03   분노

3장의 주제는 분노 개념이다. 분노 개념을 중심으로 분노와 그에 관련 있는 공격성 감정들을 서술한다. 공격성 감정에 속하는 감정으로 분노, 화, 불쾌한 역정, 격노, 분개, 증오, 미움, 질투, 시기 등의 개념을 열거할 수 있다. 분노 개념을 다루면서 위의 유사 개념들 사이의 문제들을 주로 개념분석적으로 서술해 나갈 것이다.

위의 목적을 달성하기 위하여 첫째, 위 개념들이 어떻게 구별되며, 또 어떻게 서로 관련이 있는지 살펴볼 것이다. 둘째, 각 개별적 정서들이 어떻게 중첩된 의미를 갖는지 서술할 것이다. 동시에 이들 모두가 갖고 있는 공통점을 찾아본다. 셋째, 위 공격적 감정들이 갖는 분리된 현상들을 구별한다. 각 정서들이 어떤 다른 지향 차이를 갖는지, 이들의 질적인 차이가 신체적 체험을 어떻게 달리하는지 그리고 이들이 서로 대립하는 부분이 있는지 함께 검토할 것이다.

좀 더 자세한 서술을 위해서 1) 분노와 화^{짜증}를 서로 대립시켜 논의한다. 여기서 분노와 화 개념을 중점적으로 다룬다. 2) 분노 연구의 중심축을 이루는 공격성 개념을 연구한다. 인간과 공격성, 공격성 개념의 근원과 원인, 공격성 개념이 다른 정서에 미치는 영향 등을 서술한다. 3) 그리고 기분과 감정의 차이와 관련하여 공격성 개념을 연결시킨다. 4) 공격성 감정으로서 증오와 미움을 다룬다. 5) 어떤 이유로 이러한 공격성 감정들이 이념화되고 도덕화되는지 살필 것이다. 6) 분노와 격분 역시 서로 밀접한 관련을 갖는 감정들이다. 이들의 서로 다른 역할을 구별할 것이다. 도덕이라는 이름으로 벌어지는 공격성을 서술한다. 주로 증오와 원한 감정이 다루어질 것이다. 또 이들이 진정한 의미의 도덕적 감정과 어떻게 조화를 이룰 수 있는지도 연구한다. 7) 종합적으로 공격적 감정들이 어떻게 서로 영향을 주고받는지 그리고 신체에 영향을 주는지 개념분석적으로 검토한다.

3.1. 분노와 화는 서로 어떤 관계를 갖는가?

전통적으로 공격적 감정에 속한 개념으로 질투와 분노를 들 수 있다. 그 외에도 철학적 사유의 관심을 끄는 개념으로 화, 즉 짜증 섞인 화를 함께 생각할 수 있다. 그런데 짜증 난 화에 대한 분석과 토론의 결과는 별로 유익한 것을 주지 못한다. 화의 개념이 너무 심리적인 요소를 많이 담고 있기 때문이다. 화는 철학연구에서 일종의 터부시된 공격성 감정이기도 하다. 그래서 철학이 분노와 화를 대상으로 다룰 때 개념들이 가진 공격적인 측면보다는 도덕적 기능을 더 우선시하는 경향이 있다.

서양의 정서론의 관점에서 보면 일련의 공격적 정서들을 비공격적 정서들로부터 구별해 볼 수 있다. 공격적 정서에 속하는 감정은 화^Aerger, 분노^Zorn, 시기와 질투의 정서들이 속하고, 비공격적 정서에는 사랑, 연민, 동정과 공감의 감정 등이 속한다. 그런데 공격적 정서에 속하는 감정들 사이에도 서로 다른 차이점을 찾을 수 있다. 화와 분노의 경우를 보면, 이들 사이에 격한 화내기 과정이 들어 있다. 격하게 화를 내는 격동^Empoerung 이나 분개 등의 정서를 거쳐서 화는 분노에 이르게 된다. 분노에 이르기 전의 작은 화들은 일시적 현상으로서 사라지거나, 혹은 지속적으로 반복되지 않으면 그대로 소멸한다. 그러다가 화가 반복적으로 지속하거나 더 심한 화로 이어지면 이내 그 정서는 분노로 변할 수 있다. 이렇게 보면 분노란 화들이 해소되지 않고 응어리져 뭉쳐진 결과가 나타나는 것이라 할 수 있다. 화가 해소되지 않는 이유는 매우 많을 수 있다. 심지어 해소된 것처럼 여겼던 화들이 은밀하게 내부에 축적되어 있다가 다른 화들과 더불어 포도송이처럼 서로 뭉쳐서 작동할 수 있다. 이것이 분노로 이어진다. 따라서 분노는 하루아침에 형성되는 것이 아니다. 작은 화들에서 시작하여, 이들이 해소되지 않고 지속적으로 응어리져 있다가 분노로 연결된다고 할 수 있다.

화의 정서를 거치지 않고 분노로 나아갈 수 없다. 그 과정에서 미움과 증오가 겹친다. 미움은 뭔가가 꼴사납고 마음에 들지 않아 거리끼고 싫어하는 마음으로 화에서 출발한다. 위에서 보듯이, 해소되지 않은 화들이 모여서 미움이 되고 이는 증오로 연결되어서 결국 분노로 이어지기 때문이다. 그래서 분노 개념에 대한 이해를 위해서 먼저 화에 대한 분석과 토론이 필요하다. 그런데 화에 대한 논의를 철학적으로 시도하는 일은 쉽지가 않다. 왜냐하면 화는 너무 일상적인 개념이기 때문이다. 이 개념은 매우 단순하기도 하고 복잡하기도 하다. 그리고 다양한 현실적 요인들에 의해서 영향을 받는 정서다. 그래서 철학적으로 그 연구가 소홀히 되어 왔던 것이 사실이다. 심지어는 철학적 연구에서 터부시된 정서라고 할 수 있다. 일반적으로 연구보다는 교육적 차원에서 화는 참거나 표현하지 않아야 할 도덕적 행위의 규범으로 제시되곤 했다.

못마땅하거나 언짢아서 생기는 노엽고 답답한 감정이 화 개념이다. 이 개념은 분노 개념에 비교하여 상대적으로 덜 다뤄진 철학적 연구 대상이다. 그래서 화 연구는 매우 희귀하며 거의 중요한 주제로 다뤄지지 않는다. 철학적 연구에서 분노가 화보다 더 중요한 정서로 다뤄진 이유는 분노가 가진 공격적 요소에 있기보다는 도덕적이고 인간 성품을 더 고상하게 할 수 있는 기능에서 찾을 수 있다.[84]

화에 대한 연구는 철학보다는 심리학이 더 관심을 보였다. 철학이 화 개념에 소홀한 이유는 이 개념이 정서와 감정상 너무 일상적이며 통속적이라는 점에 있다. 일상적이며 통속적인 감정에 속하는 개념으로 기쁨을 말할 수 있다. 화나 기쁨의 정서는 철학에서 거의 다뤄지지 않고 있다. 왜냐하면 이들은 너무 통속적인 개념이라고 생각해서 그렇다. 화나 기쁨에 관한 이야기는 너무 흔한 이야기가 될 가능성이 많다. 화나 기쁨 개념이 매우 통속적이라는

---

84 이러한 논의는 토마스 아퀴나스의 『신학대전』이나 데카르트의 정념이론에서 그 근거를 찾을 수 있다.

것을 부인할 사람은 없을 것이다.

그래도 화에 관한 언급을 하고 시작하는 것이 좋겠다. 화는 다른 정서와 마찬가지로 화를 내게 되면 우리의 몸에 영향을 미친다. 이때 화를 통해서 몸이 경험하는 체험은 분노에 비해서 훨씬 덜 인상적이다. 다시 말하면 화를 내도 분노에 비하여 몸이 크게 변화된 체험을 하지 않는다는 말이다. 반면에 화가 지향하는 내용은 분노가 지향하는 내용에 비하여 크게 차이가 나지 않는다. 그뿐만 아니라 화가 분노나 격분과 크게 다른 점은 도덕과 거의 관련을 맺지 않는다는 것이다. 분노나 격분은 도덕성과 깊은 관계가 있지만 화는 그렇지 않다. 그래서 쉽게 화를 냈다가도 사람들이 금방 다시 화를 풀곤 일상으로 되돌아갈 수 있는 것은 화의 단순함을 잘 보여 준다. 일상에서 쉽게 풀어지는 화는 화내는 사람의 마음에 큰 상처를 남기지 않는다.

그럼에도 불구하고 일상생활에서 매우 빈번하게 표출되는 화의 정서는 어느 정도 숙고할 가치를 갖는다. 인간의 정서 중에서 화는 가장 동물적인 자극적 반응에 가깝다. 동물들은 자신이 위험에 처하면 즉각적으로 화로 반응한다. 그래서 한편으로 사람의 화는 그 표현 상태를 집중해 보면 동물의 자극 반응과 비교할 수 있다. 또 다른 한편으로 화의 정서는 인간의 특별한 감정으로 간주되기도 한다. 화를 통한 감정의 표현은 인간의 특별한 행위에 대한 어떤 의미를 부여하기 때문이다. 사랑하는 연인 사이의 경우, 상대가 해서는 안 될 행위를 할 때 화가 먼저 일어나는 것은 그 행위에 의미를 담고 있기에 가능하다. 그러므로 화라는 정서는 계통발생적으로나 개체발생적으로 볼 때 매우 원초적인 정서와 매우 섬세한 복잡한 정서 사이에서 중요한 중간 고리 역할을 하고 있다는 것을 알 수 있다.

화가 다양한 감정들 사이에서 중간 고리 역할을 하고 있다는 것을 알 수 있게 하는 것을 화와 불안의 관계에서도 찾아볼 수 있다. 화를 불안과 구별함으로써 특징지을 수 있다. 감정에 관한 철학적 담론에서, 키르케고르와 하이데거 이후, 화를 불안과 연결 짓는 연구는 매우 우월한 위치를 차지하고 있다. 고대 감정이론에서는 거의 중심 주제가 되기도 했다. 화가 불안과 매우 밀접한 연관을 맺고 있다는 것은 의심할 여지가 없다. 불안을 갖는 것은 위협을 느낀다는 것인데, 이때 불안은 인간 자신이 그 위협을 통제할 수 없는 어떤 조건 아래 내팽개쳐져 있음을 느끼는 데서 시작한다. 불안이 엄습하면, 불안을 느끼는 사람은 대부분 희생자가 되며, 화를 내는 사람은 자신의 공격성으로 가해자가 될 수 있기 때문에 도덕적으로 불쾌한 해를 끼칠 수 있다. 화는 일반적으로 행위 하고자 하는 일이 방해를 받을 때 생겨나는 부정적인 불쾌한 반응이다. 이 반응은 불안에 처했을 때 실제로 위험에 처하지 않는 계획들을 실행하려는 동기에서 나올 것이다.

위험 앞에 서면, 두려워하거나 불안해한다. 이때 화를 내는 것은 해가 되지 않는 관계를 획득하려는 시도다. 그래서 성공하면 두려워하거나 불안해하는 것에서 벗어날 수 있다. 화를 내는 것은 위험한 상황에 대한 일종의 적극적인 대처로 볼 수 있다. 그래서 그 상황에 문제없이 적응하게 해 준다. 이렇게 보면 화를 통하여 상황에 적응하고 지배하려는 것이며, 불안이나 두려움은 그 상황에서 탈출을 의도한다. 화는 적응으로의 적극적 시도며, 불안과 두려움은 탈출로의 숨은 의도이다. 화는 상황을 통제하려는 정서이며, 두려움과 불안은 다른 곳에서 구원을 찾는 정서이다. 따라서 아이에게 화를 내는 엄마는 그 상황을 장악하려 하며, 시험 앞에 두려워하는 응시생은 그 상황을 피하려 한다.

이렇게 보면 화는 상황이나 다른 사람과 적극적으로 관련을 맺으려는 정서이며, 불안과 두려움은 주체를 분리시켜서 그 자신에게 되돌려 보내려는 정서이다. 따라서 이 정서는 상황과 대상과의 관련 맺기를 원하지 않고 이것에서 벗어나기만을 희망하게 한다. 반면에 화의 정서는 행위에 대한 책임의 문제를 정하려고 하는 계기를 제공한다. 그래서 누가 화를 내는가? 왜 화를 내는가? 화를 내는 동기나 이유가 있는가? 혹은 조금 다른 물음이지만 매우 중요한 물음으로, 꼭 그 상황에서 화를 내야만 하는가? 하는 문제가 중요한 문제로 제기되는 것이다. 그러므로 화를 내는 자는 본인 스스로 화를 내는 이유를 알아야 하며, 그 이유는 화의 대상이 되는 사람에게도 납득이 되고 수용되어야 할 것이다.

해소되지 않고 축적된 화는 분노가 된다. 대상에게 집중적으로 겨냥하듯이 화가 발생하면 화는 증오로 변한다. 이것은 화의 공격적 정서가 특정한 사람이나 그룹을 겨냥하여 생성된 것이다. 화가 증오로 변하기 위해서 화가 더 심화된 단계를 거쳐야 하는데, 이를 격분의 상태라 할 수 있다. 격분의 상태는 화가 응축되어 참기가 어려운 상황을 경험하는 것이다. 격분이 증오로 변화해 가는 과정에서 화의 대상이 유일한 상황이나 내용에 한정되지 않는다. 상황이 더 절박해지거나 내용이 더 극심해져서 화의 정도를 더 심화시킬 수 있다. 이 과정에서 격분 정서는 다른 사람이나 그룹으로 확산되는 경우가 많다. 그래서 증오 단계에 오면 처음 화를 불렀던 최초이며 최소인 상태는 원시적 정서로 오히려 그리움의 대상이 되기도 한다. 과거를 회상하며 '그 정도는 화의 대상도 될 수 없을 거야!' 하는 말을 하게 된다. 이전에 화를 내던 사람은 동일한 사람임에도 불구하고, 시간이 지난 후, 증오하는 사람이 되면 그는 전혀 다른 사람으로 변신해 있는 것을 보게 된다. 그러므로 증오하는 인간은 화를 내지 않는다는 역설이 가능하다. 화가 개방적이라면, 증오는 은밀하게 감춰져 폐쇄적이다.

화의 정서가 남을 미워하는 것으로 나타나면 시기의 정서로 표현된다. 자기보다 더 잘되거나 나은 사람을 공연히 미워하고 싫어하는 시기는 증오와는 다른 차원의 부정적 관계를 표현하는 정서다. 시기가 증오와 다른 점은 의식된 사회성bewusste Sozialitaet 을 전제로 한다는 것이다. 시기가 발생하려면 먼저 나와 다른 사람들과의 비교가 전제되어야 한다. 상대가 소유한 어떤 것이라든가 어떤 소질과 능력이 행위자의 그것들과 비교되어야 한다. 그리고 자신이 그 내용을 의식화해야 한다. 다른 사람이 소유한 것을 나의 것과 비교하여 미워하거나 싫어하는 시기의 감정을 갖게 되기 때문이다.

시기는 이어서 질투로 변화할 수 있다. 흔히 시기를 불러일으키는 특성은 일정한 한 그룹 안에서 특별한 이익이나 선호와 관련이 있다. 그래서 그 특성을 독차지하려 한다. 이러한 경우에 시기는 곧 질투로 연결될 수 있다. 사람들과의 관계 정서인 질투는 더 나은 것에 대한 시샘이며, 부러움에 대한 변형된 표현이다. 질투는 질투의 대상이 소유하고 있는 특성을 시기하며 부러워하기 때문에 발생하는 것이다. 따라서 시기의 대상이 다른 사람들의 더 많은 인정이나 주목을 받는 것에 비례하여 시기의 정도가 더 심하게 드러날 수 있는 것이다. 이때 대상이 받는 인정이나 주목이 반드시 사실일 필요는 없다. 다만 그렇게 보이기만 해도 사실로 받아들이게 하기 때문이다. 질투하는 사람의 판단은 사실과 그럴듯한 것에 대하여 정말 그것이 그러한가에 대한 고민을 거치지 않는다. 그래서 질투는 맹목적 성격을 지닌다. 오셀로가 한 것처럼 보는 것을 그대로 믿는 단순함과 순진함이 질투의 한 면이기도 하다. 질투하는 사람은 단순하며 순진한 사람이라고 할 수 있다.

이러한 구조 외에도 화와 분노는 또 다른 구조를 갖는다. 이들은 도덕의 언어로 표현되는 정서와 관련이 되어 있다. 화와 분노를 느끼는 사람은 그것을 느끼게 하는 동기가 사라져야 한다고 생각한다. 그리고 화와 분노를 일으키게 한 원인을 유발한 상황이나 사람에 겨냥한다. 그래서 화의 중심에 화를 내게 하는 내용이 자리 잡는다. 격분의 중심에 격분하게 하는 내용^{화의 대상이 중요한 게 아니다}이, 증오의 중심에 증오의 대상^{증오의 내용이 중요한 게 아니다}이, 시기의 중심에 시기의 특성^{대상이 중요하지 않다}이, 화와 분노의 중심에 옳지 않음^{부정의}이 자리한다. 화나 분노의 중심에 도덕적 비난과 부정의가 깔려 있는 것이다. 이러한 이유로 화를 내는 사람은 자신이 옳다는 것을 항상 전제로 한다. 그래서 사람들은 말한다. 오죽하면 내가 화를 내겠느냐? 화를 내는 사람의 입장에서 볼 때 화는 정당하다는 주장이 곧잘 등장하는 이유다. 따라서 화를 내는 경우, 바로 그 순간에 자신의 행위를 돌아보는 반성이 결핍되어 있다. 반성은 한참 화가 가라앉은 후에 비웃으며 나타난다. 반성이 나중에 나타나는 것만도 행운이다. 대부분의 사람들은 화냈던 자신의 모습을 되돌아보려 하지 않는다. 제정신으로 돌아보면 부끄럽기 때문이다.

시기와 질투의 정서에서도 다른 사람과의 직접적 비교를 포함한다. 비교하는 과정에서 사람이 소유하고자 하는 물건이나 성질에 초점을 맞춘다. 이때 상대 혹은 상대의 소유물에 더 나은 평가를 하게 되고 막상 자신이 가진 것에 대한 평가는 상대적으로 인색하다.

물론 표현 방식에서 차이가 있지만 그럼에도 불구하고 위의 모든 정서들의 표현 방식은 외부로 향한다. 행위자의 충동을 신체를 통해서 겉으로 드러낸다. 정서를 외부로 표현하여 대상에게 영향을 미친다. 영향을 받은 사람들은 그 정서 표현을 화, 격분이나 분노로 느낀다. 이들은 그런 점에서 모든 신체⍔가 발산하는 충동적인 면을 갖는다.

이쯤에서 화, 격분 그리고 분노의 정서들이 서로 차이가 있음에도 불구하고 공동으로 연구하는 것이 정당한가 물을 수 있다. 이에 대해서 긍정적인 답변을 찾아볼 수 있다.

① 화, 격분 그리고 분노의 감정은 자기표현을 넘어서서 모두 상대에 대해서 공격적이다. 이들은 모두 매우 공격적인 면을 가지고 있으며, 서로 분명히 증가하는 관계에 놓여 있다. 이 점에서 공통점을 갖는다. 미움이나 증오는 이 그룹에서 배제된다. 미움이나 증오는 사랑이나 안녕과 대립하기 때문이다. 따라서 미움이나 증오에 대한 분석은 파괴적 감정들의 분석을 하는 데 빛을 던져 줄 수 있다. 즉, 이 정서들은 상호 연관된 관계 안에서 더 분명히 이해될 수 있는 감정들이다. 그러므로 이들을 공동으로 서술하는 것이 바람직하다.

② 감정표현으로 드러난 공격성은 문맥에 따라서 다양한 기능을 발휘하는데, 그에 걸맞게 서로 다른 평가가 가능하다. 위에서 언급된 감정들은 문화권에 따라서 많은 차이가 있을 수 있지만 일정한 문화권 안에서는 어떤 분명하고 일반적인 공통 형식을 갖는다. 대체로 서구화된 나라의 문화권에서 시기와 질투 그리고 증오는 거의 항상 나쁜 감정으로, 격분은 감정상 조절이 어려운 급한 감정으로, 반대로 일정한 시간을 통해서 성숙한 형식으로 드러나는 화의 표현으로서 분노는 당연하거나 정당한 것으로 수용되는 경향이 있다. 그렇기 때문에 문화권에 따라서 어떤 특정한 감정들은 규범적으로 촉진되기도 하고 혹은 바람직하지 않은 것으로 억압당하기도 한다. 일반적으로 말하면 안정적인 문화권 안에서 사랑과 안녕의 감정이 더욱 촉진되고, 반면에 불안정한 문화권 안에서 분노와 격분의 감정이 권장될 수 있다^{이 경우는 물론 발전을 전제로 한 분노이다}. 위의 전제를 수용한다면, 선호하는 감정을 촉진하는 것과 이 감정과 대립되는 감정들을 어떻게 이해해야 하고, 또 이들이 현상적으로 서로 부딪히지만 공존하고 있다는 것을 출발점으로 삼아야 하는 것은 당연한 일이다. 이 개념들은 함께 다뤄야 하는 공동의 문제가 되는 것이다. 그러므로 감정 그룹의 공동의 연구 아래서만 어떤 경우에 어떤 종류나 형태의 공격성 정서가 적합한 것인지, 혹은 이들이 문화적으로 수용될 수 있는지, 아니면 금지되어야 하는지를 검토해 볼 수 있다.

③ 마지막으로 위 정서들을 통합적으로 함께 연구해야만 개념들의 체계적 연관성을 확보할 수 있다. 화와 분노처럼 서로 유사한 개념들은 일정한 그룹 설명 안에서 그들의 상호 의미가 더욱 분명해진다. 한 나무가 속한 숲 안에서 그 나무의 의미를 찾아볼 수 있듯, 한 정서 개념은 유사한 정서 개념들

과의 공동 연구를 통해서 감정의 현상들의 상호 연관성을 더욱 분명히 연구할 수 있는 것이다. 유사한 감정들의 현상이 어떻게 연결되어 나타나며, 어떻게 서로 분리되는가를 이해해야만 한 정서의 이해가 바로 이뤄지기 때문이다.

3.2. 화와 분노에 내재한 공격성은 어떤 위험을 갖는가?

심리분석의 중요성이 강조되면서 공격성 개념은 매우 빈번하게 쓰이고 있다. 심리분석에서 다루는 '공격' 개념은 실제적이거나 환상적으로 실행되면서 다른 사람에게 피해를 주는 형식을 갖는다. 공격은 상대로 하여금 행위를 강요하거나 상대에게 수치심을 안겨 주거나 심지어 극단적인 경우 파괴와 제거의 형태로 드러난다. 따라서 공격 개념은 파괴하는 행위이거나 이를 수행하려는 의식된 동기뿐만 아니라 다른 형태로도 표출된다. 우리의 마음이 드러나는 태도는 부정적이거나 도움을 청하는 것을 거절하는 경우, 적극적이거나 자발적인 행위의 경우 그리고 공격적이라고 할 수 없는 아이러니, 즉 상징적 태도로 나타난다. 일상에서 심리분석적 공격성 감정의 사용은 매우 분명하다. 어떤 사람의 행위를 공격적이라고 쉽게 판단할 수 있다. 그래서 흔히 "너는 왜 그렇게 매사에 공격적이냐?" "사람을 공격적으로 대하는 것은 좋지 않다" 등등의 표현을 사용한다. 여기서 더 나아가서 공격성의 의미를 좀 더 분명히 이해하기 위하여 공격성 개념이 갖는 좁은 의미와 넓은 의미에 대한 천착이 필요하다.

한국 교육 현실에서 학생들이 사용하는 언어가 심각할 정도로 공격적으로 변화하고 있다고 걱정들 한다. 이러한 현상은 어제오늘의 문제가 아니다. 이미 견고한 형태를 이루고 완성된 모습으로 일상이 되었다고 해도 하등 부족함이 없는 통찰이다. 학생 언어의 심각한 공격적 사용현상은 거의 일반화되어 있다. 공격적 언어 사용의 심각화는 감정 언어가 공격적으로 변했다는 반증이다. 거기에 따른 교육현실도 일정한 공헌을 한다.

먼저 공격성 개념에 대한 논의에서 시작한다. 감정 언어의 공격적 사용은 현대의 중요 현상이다. 이러한 현상은 심리분석적 연구가 일상언어 사용을 해명하면서 인지될 수 있었다. 심리분석에서 공격성은 다른 사람에게 심리적 외형적 해를 가하려는 경향성을 뜻한다. 그리고 공격성은 실제적이거나 환상적인 관계방식으로 활성화된다. 타인을 공격하여 어떤 생각이나 행동을 강요하거나 수치심을 불러일으킨다. 물론 모든 경우에 신체적·정신적 고통이 수반된다. 극단적인 경우에 공격성은 타자를 파괴하고 소멸시키려는 의도를 갖기도 한다. 이때 공격성은 어떤 수단도 정당화하려고 한다. 그래서 공격성 개념은 파괴적인 행위나 그에 대응하는 의식된 동기를 내재하고 있을 뿐만 아니라 다른 변형된 행위로 구현된다.

예를 들면, 급한 도움을 요청받은 경우에 도움을 거절하는 부정적인 태도를 취하거나, 분명한 의도를 감춘 채 주도적인 행위를 통해서 적극적으로 공격하는 태도방식 혹은 공격성으로 이해될 수 없는 아이러니와 같은 상징적인 방식과 같은 형태로 타인을 공격하기도 한다. 이러한 감정표현에 대한 일상적 평가는 심리분석적 공격성 개념을 당연히 사용한다. 그 사용은 비난하고 부정하는 뜻을 담고 있다. '너는 너무 공격적이다' '그렇게 공격적으로 말^{행동}

하지 마라!' 이런 표현들은 도덕적으로 규범적인 것을 포함한다. 그런데 이것을 자세히 고찰해 보면 좁은 의미와 넓은 의미의 공격성 개념이 어느 정도 그 구별이 가능하다.

좁은 의미에서 공격성은 타자를 폭력적으로 억압하거나 강제하려는 시도이다. 이때 폭력을 통해서 얻으려는 어떤 원하는 것^{목표}이 반드시 있다. 목표가 겉으로 분명히 드러나거나 아니면 은밀하게 감춰진 상태에서 폭력이 행사된다. 이 목표를 수행하기 위해서 폭력은 과격하고 위협적이다. 목표가 성공하면, 그 대상은 좌절하거나 해체되므로 폭력은 좌절시키거나 해체시키는 힘으로 작동한다. 그래서 폭력이 행사되는 일이 일어나면 궁극적으로 타자가 파괴되거나 아니면 피행위자가 소멸되어야 하는 상황이 연출되고 그 목표가 달성되어야 폭력이 멈춘다. 그래서 공격적인 폭력을 사용할 경우는 그 폭력의 기원상 상대에 대한 포괄적인 비난과 항상 결합되어 있다. 상대에 대한 비난은 자신을 정당화하는 일에 속하며, 이런 비난은 폭력을 정당화하는 수단으로 사용된다. 따라서 이러한 정당화의 구조 안에는 공격적인 감정을 표현한 사람을 그 폭력을 유발했던 고통에서 치유될 수 있다는 것이 가능하며 동시에 필요하다는 것이 전제되어 있다. 이렇게 좁은 의미로 폭력성을 이해하면 폭력의 필요성을 역설하는 경우가 있다.

좁은 의미에서 공격성은 강한 의미로 사용하지만 넓은 의미의 공격성 개념은 그와 반대로 약한 의미로 사용한다. 넓고 약한 의미로서 공격성은 그 대상을 변화시키는 일반적으로 모든 힘으로 이해된다. 그래서 넓은 의미의 공격성 개념은 힘과 에너지 혹은 활동성이라 할 수 있다. 활동성으로서 공격성은 중립적이다. 힘들의 행사 결과가 반드시 파괴적일 필요는 없다. 활동성은 어떤 경우에는 창조적인 역할을 할 수 있다. 넓은 의미에서 폭력에 따르면, 어떤 폭력이 파괴적이냐 창조적이냐 하는 것은 힘을 행사하는 사람의 의지에 따라서 달라질 수 있기 때문이다.

힘을 가하여 변화를 시도하는 넓은 의미의 공격성을 중립적인 것으로 이해하게 되면, 파괴적인 것이 아닌 변화를 통한 창조적인 것으로 공격성이 이해될 수 있다. 이러한 경우 공격성은 주도적으로 변화를 시도하는 데 꼭 필요한 변화를 주는 충격으로 일반화될 수 있다. 화나 증오를 표현하는 것에서 잘 나타나지만 이러한 의미에서 공격성은 자기 보존의 한 반응으로 이해되어야 한다. 이 경우 공격성은 해가 없는 것으로 보아야 한다. 왜냐하면 넓은 의미의 공격성 표현을 통하여 자기 자신을 적극적으로 보호하며 나아가서 세계 안에서 자신의 행위를 정당화하는 일을 가능하게 하기 때문이다. 강하게 화를 내는 사람일수록 확고한 삶의 원칙을 대변하려고 하지 않는가?

물론 자기 보존을 위한 모든 공격성 표현이 정당화될 수는 없다. 자기 보호를 위한 모든 방어가 항상 정당화될 수 없는 것처럼 공격성과 자기 보존 혹은 자기 보호의 관계는 조심스럽게 다뤄야 하는 문제다. 이 문제를 자세히 설명하기 위하여 공격성은 필연적으로 자기 보존을 이유로 동기화된다는 사실에서 출발해야 한다. 만약 이러한 전제에서 출발한다면, 공격성은 원칙상 자기 보존을 위한 경계선을 넘어가서는 안 된다. 그러므로 이러한 점에서 공격성을 변화를 가져오는 일반적 동기와 충동으로 이해하는 것은 공격성에서 파괴적인 특성을 제거한 넓은 의미의 공격성 개념과 연결되어 있다고 볼 수 있다.

다른 한편으로 공격성 개념에 관한 모든 이론은 일상의 현실과 조화를 이룰 수 있어야만 한다. 그런데 현실은 그렇지 않다. 현실 안에서 실제적이고 공격적 행위들은 어떤 도전하는 것에 대한 대응으로서 화를 낸 것에 대한 객관적이고 상호 주관적으로 대변될 수 있는 적합성을 거의 내포하지 않는다. 그래서 공격적 행위들이 적절한 것인가는 항상 해석의 문제로 남게 된다. 그런데 넓은 의미의 공격성 개념을 활용하면 의외의 도움을 받을 수 있다. 심지어 문제의 해결을 시도할 수도 있다. 시도가 유용한 결과에 도달하기 위하여, 공격성 표현은 과정으로서 이해되어야 하기 때문에, 시간적 관점을 함께 도입해야 한다.

개체발생적으로 고찰할 때 공격성은 성장과정에서 자기를 지키기 위해서 일어난다. 그리고 항상 이미 일어난 위협적인 일에 대한 반응이다.[85] 이미 일어난 일은 최근에 일어난 일일 수도 있고 아주 먼 과거에서 일어난 일일 수도 있다. 어렸을 때 경험이 오랫동안 지속될 수 있는 것이다. 여기에 해당한 것으로 심리학적으로 트라우마를 말할 수 있다. 트라우마는 시간의 제한을 받지 않는다. 시간에 종속되거나 지배되지 않는다. 즉, 시간이 지났다고 해서 사라지지 않는다. 오히려 시간을 능가한다. 따라서 트라우마의 나라에는 시계가 필요 없다. 그러므로 감정의 공격성 표현은 이미 일어난 일에 대한 일종의 함축

---

85 흔히 '이유 없는 화'라는 표현도 있는데, 이러한 표현은 그 이유를 알 수 없는 상태에서 가능한 표현일 뿐이다. 모든 일에는, 우리가 그것을 알든 모르든, 반드시 그 이유가 있게 마련이다.

된 반응인 셈이다.

공격성을 계통발생적으로 이해할 때, 공격성과 공격적 감정을 불러 일으키는 원인으로서 서로 대립되는 두 가지 테제를 제시할 수 있다. 하나는 공격성은 항상 자기 보존이라는 동기를 갖는다는 테제이다. 개체가 자신의 몸을 보호하고 보존하기 위하여 공격한다는 것이다. 공격성은 자기 보호를 위한 것이기 때문에 항상 원칙적으로 '반응적 reaktive '이다. 사람의 공격성은 외적이거나 내적인 위협에 대한 자기 보존을 위한 반응으로서 행위다. 이와 달리 두 번째 테제는 공격성은 경험에 근거한 공격성이 아니라 원래 사람의 구조상 갖춰진 본래적 성질이라는 주장이다. 공격성은 내면적으로 구조화되어 있는 파괴적인 것이며 악한 것이라고 보는 입장이다. 이러한 테제 위에 문화의 존재 이유가 설 수 있다. 문화는 이러한 악을 폐지하고 악에 대립할 수 있는 반대 급부를 창출해 내는 것이다. 그러므로 두 번째 공격성 테제 바탕 위에서 문화는 인간을 악의 그늘에서 사회적으로 수용할 수 있는 보호망 안으로 끌어오는, 악에서 보호하는 행위로 이해될 수 있다. 이렇게 보면 악에서 탈출하는 양식으로 문화가 생성된다. 그래서 문화란 이러한 악들과 악에서 나오는 폭력의 힘들을 사회적으로 수용할 수 있는 길로 안내하는 역할을 한다고 할 수 있다. 여기서 문화란 악을 통제할 수 있고 심지어 이를 억제하기 위하여 악이 가진 힘의 발산력을 사용하는 면을 볼 수 있다. 따라서 문화는 인간에게 내재해 있는 폭력적 공격성을 순화시킨다는 프로이트의 주장에 공감할 수 있다.[86]

---

86 참고: 프로이트, 『문명 속의 불만』, 성해영 옮김, 서울대학교출판문화원 2014.

그렇다면 공격성을 유발하는 악의 근원은 어디에 놓여 있는 것일까? 이 물음은 시기적으로 근대에 들어오면서 공격성 개념에 대한 관심이 높아지면서 시작되었다. 철학적 인간학 연구는 이 물음을 오늘날 인간 연구의 중심 문제로 다루고 있다. 철학적 인간학의 관점에서 보면 악의 근원은 두 가지 방향으로 크게 정리되었다. 홉스와 루소의 기본입장이 여기에 해당한다. 이들의 기본입장은 서로 대립한다.

홉스는 이 문제를 매우 단순하게 인식하고 설명했다. 인간은 근본적으로 악의 본성을 가졌기 때문에 문화에 의존해야 하는 존재 homo homini lupus 이다. 홉스는 "권력이 뚜렷하게 나타나면 곧 선이다. 왜냐하면 힘은 우리에게 생명의 안전을 위한 수단을 제공해 주기 때문이다"라고 말하는 것처럼 공포와 불안의 경험이 근원에 놓여 있다. 홉스 사상의 배경에는 그가 이미 어머니 배 속에서부터 겪은 공포의 경험 때문이라는 주장이 있다. 그는 자신에 대해 다음과 같은 말을 했다. "내 어머니는 쌍둥이를 이 땅으로 내보내셨다, 나와 공포를." 전쟁과 내란이 일으키는 공포가 홉스에게 있어서 큰 문제가 되고 있음을 보여 주는 대목이다. 당시 영국을 공격하는 스페인의 무적함대에 대한 두려움으로 그의 어머니는 홉스를 조산하게 되었다고 한다.

이 공포문제는 그의 정치철학의 핵심적인 동기가 된다. 그는 많은 정치적인 변화를 겪었고, 직접 간접으로 이에 관여했다. 독일에서는 30년 전쟁 1618~1648 이 진행 중이었고, 영국에서는 왕과 국회 사이의 내전이 한창이었다. 널리 알려진 그의 대표작 『리바이어던 Leviathan 』은 1651년에 출판되었는데, 홉스의 반대자들은 그가 크롬웰의 도움을 받으려는 생각으로 이 책을 썼다고 주장하기도 했다. 『리바이어던』은 구약성서에 나오는 거대한 동물의 이름이지만, 여기에서는 교회 권력에서 벗어난 국가권력을 의미한다.

홉스는 이기적인 자기 보존 본능과 공포를 인간의 근본 본능으로 보는 성악설을 지지하는 입장이다. 결국 이로 인해서 그는 가장 비난받은 정치가가 되었다. 가톨릭교회는 그의 글을 금지했고, 프로테스탄트는 그의 글들을 불태웠다. 홉스의 『리바이어던』은 사회계약 이론으로서 국가론에 가장 많은 영향을 미친 저서 중의 하나이다. 그에게 있어서 철학은 원인과 결과의 관계를 알려는 학문이며 많은 현상적인 물체, 즉 대상 뒤에 숨어 있는 원인에 관한 연구를 뜻한다. 그는 철학을 포함한 모든 영역에서 모든 사실을 기계론적으로 설명하는 방법을 사용한다. 따라서 사람의 내면적 정신은, 즉 감성과 의지 등은 외부의 어떤 대상이 주는 자극을 받아서 생겨나는 반사작용이라고 보았다. 우리가 끌리는 사람에게 호감을 느낀다든지 하는 경우이다. 이 중 기쁨을 느끼고 관심을 느끼게 하는 일은 정신의 활동을 증가시키기 때문에, 이러한 활동을 불러일으키는 것들은 좋은 대상이라고 보았다.

그에게 있어서는 무엇이 어떤 정서를 일으키며 가치를 갖는가 하는 문제가 중요한 기준이 된다. 이 중 가장 근원적인 것은 자기 보존의 가치이다. 각 개개인과 개체는 자기 보존의 욕구를 최고의 가치로 여기며, 따라서 모든 유기체와 인간은 이기적이다. 이기적인 본능이 최고의 척도가 된다는 것이다. 누구를 막론하고 자신에게 좋은 것을 스스로 결정하려 한다는 것이다. 이렇게 되면 갈등과 불화는 심지어 전쟁도 당연히 피할 수 없게 된다. 여기에서 그의 국가론이 나오는데, 그는 사람을 본능적으로 사회적인 존재라는 전통적인 입장을 거부한다.

　국가의 형성이 사람들의 편의와 이익을 위해서 이루어졌다는 주장을 하기 위해서 홉스는 '자연상태'라는 개념을 사용한다. 이 개념은 국가의 법에 의해 다스려지는 안정된 사회와 반대되는 개념으로 무질서하고 힘에 의해서 지배되는 상태를 말한다. 이 자연상태에서는 모든 사람은 누구나 무엇이든 원하는 일을 행하고 가질 권리를 주장한다. 따라서 목적을 위한 어떤 수단도 정당하다. 자연은 홉스에게 통제되고 지배되어야 하는 '무법천지'일 뿐이다.[87]

　그래서 이러한 자연상태는 우리에게 진정한 평등과 권리를 보장할 수 없다. 왜냐하면 모두가 자신의 이익을 위해 다른 사람에게 해를 끼칠 수밖에 없기 때문이다. 따라서 그에 의하면 투쟁은 피할 수 없는 뻔한 일이다. "사람들이 국가를 이루기 전의 자연상태는 전쟁, 즉 만인의 만인에 대한 투쟁이었다"라는 것이다. 이 유명한 '만인의 만인에 대한 투쟁'은 홉스를 자연스레 떠올리게 하는 대표적 구절인데, 즉 이러한 전쟁상태를 끝내기 위해서, 그리고 자신을 전쟁에서 보존하기 위해 국가가 필요하게 되었다는 것이다. 곧 자기 보존의 욕구가 국가를 탄생시켰으며 자기 보존을 위해 사람들은 자신의 권리 일부를 양보하고, 또 다른 사람의 권리를 제한하면서 모두에게 적당한 계약을 맺는다는 것이다. 이것이 곧 '사회계약설'이다.

87　홉스의 견해에 따르면, 국가권력은 범법자를 엄격한 형벌로 다스려야 한다. 〈참혹한 처형〉이라는 그림은 찰스 2세가 다시 왕권을 장악하여 구체제를 부활시킨 후 1660년, 찰스 1세를 살해한 살인자에 대한 처형을 보여 준다.

이렇게 해서 성립된 국가는 제도와 의지이다. 이 의지는 개인들의 의지이지만 통치자에게 이양된 주권자의 의지이다. 그러므로 사회계약에 참여하는 사람들은 통치자의 의지를 자신들의 의지처럼 받아들여야 하며 복종해야 한다. 이러한 국가의 권력은 제한이 없으며 분리되지도 않는 것으로, 이 절대권력을 홉스는 『리바이어던』으로 상징했다. 또 그는 국가의 최대 의무는 야만과 공격적 본성에서 국민의 안녕을 책임지는 것이기 때문에, 법을 어긴 자를 혹독하게 처형하는 것이 국가의 책임이라고 보았다. 이와 같이 홉스는 인간의 악은 타고난 것이기 때문에 사회적 힘에 의하여 억제되어야 한다고 보았다. 반면에 루소는 전혀 다른 악의 근원을 말한다.

프랑스의 계몽기 천재적 사상가 루소Rousseau: 1712~1778는 대단히 독창적이고 자유분방한 입장을 다방면에 걸쳐 주장했다. 시계기술자의 아들로 태어나 16세에 가출을 하는 등, 그의 생애도 그의 주장만큼이나 다채롭다. 그의 주장을 한마디로 요약하면, "모든 것은 조물주의 손에서 나올 때는 더할 나위 없이 선하나 인간의 손에 들어오면 타락한다"라고 할 수 있다.

루소는 특히 인간의 자유의지-사람은 자유로운 상태에서 자연의 규칙에 따라서 구속받지 않고 감정과 느낌에 따르며 살았다-를 강하게 옹호한다. 그런데 인간은 사회 속에서 살면서 오히려 잘못되기 시작해 본래의 모습을 잃었다는 것이다. 오히려 문화와 사회는 사람의 선한 본성을 해치는 결과를 가져왔고 사람들은 이기적으로 변했는데, 그 원인은 노동의 분업과 사유재산에 있다고 그는 본다. 인간의 소유욕은 모든 것에서 경쟁하게 하며, 경쟁하기 위해서 서로 투쟁을 피할 수 없게 된다는 주장이다. 약한 사람은 이 생존경쟁에서 늘 강한 사람의 '희생물'이 되며, 강한 사람은 더 많은 권력을 갖게 되는 사회모순이 일어나게 된다는 것이다.

따라서 우리가 본래의 모습을 회복하고, 잃어버린 자유를 되찾는 방법은 교육이라는 것이다. 『에밀』에서 드러나는 자신의 교육관을 그는 다음과 같이 말한다. "참된 교육은 아이들이 사회의 나쁜 물이 드는 것을 최우선으로 막아야 한다." 이러한 교육관에 의하면 강요와 지시에 의한 교육은 아이들을 틀에 맞게 '길들이'는 비인간적인 교육방법이다. 따라서 아이들은 사회라는 '더러운 손'에서 보호되고 격리되어 교육받아야 한다고 주장했다. 아이들은 자연 속에서 경험에 의해 스스로 배워 가야 한다는 것이다. 이를 위해서는 좋은 자연 교육환경과 신체적 운동도 한몫을 차지한다. 자유를 회복하기 위한 또 하나의 방법은 루소의 사회철학에서 찾을 수 있다. 그가 주장하는 사회계약설이 그것이다. 개인이 자신의 의지를 사회공동체의 뜻에 맞추는 만큼, 사회공동체는 또 개인의 자유와 평등을 보장해야 한다. 따라서 주권은 국민에게 있다. 국가법은 국민의 뜻이 모아져서 된 것이며 통치자도 국민의 한 사람이기 때문에, 통치자 역시 법 위에서 군림할 수 없다는 것이 루소가 주장하는 것이다.[88]

---

88 민주주의를 실현해 가기 위하여 법에 따라서 통치해야 한다는 주장이 오늘날 변화하는 사회 안에서 지배적이다. 그런데 루소가 그의 『사회계약론』에서 주장하듯이, 법률이란 원래 융통성이 없다. 그래서 변화하는 현실에 잘 적응하기 못한다. 법조항은 그 적용 때마다 매번 해석되어야 한다. 이러한 이유 때문에 경우에 따라서 법은 유해한 작용을 할 때가 있으며, 국가의 발전적 변화에 부정적 영향을 끼칠 수도 있다. 법률의 절차가 요구하는 순서와 형식성은 반드시 시간적 여유가 필요하지만, 때로는 절박한 상황이 있을 수 있다. 입법자가 예상할 수 없는 일들이 정치 현실에서 일어나기 때문이다. 그러므로 법률만이 국가의 모든 문제 해결방법이라는 편협한 생각에서 벗어나야 한다.

    루소의 생각을 다시 정리하면, 원죄는 에덴이 아닌 바로 문화에 있다. 본래 인간은 선했으나 문화라는 손이 그를 더럽힌 것이다. 홉스와 루소는 공격성의 원인에 대하여 서로 대립하는 주장을 하면서 서로 출발하는 자연상태 개념은 공유하지만 그 의미는 다르다. 그러니 이러한 자연상태는 하나의 이론적인 가상 구조일 뿐이다. 이 자연상태에 관한 도덕적 평가는 다양하게 허용된다. 그리고 이 둘은 서로 화해할 수 없는 다른 전제에서 출발한다. 따라서 홉스와 루소의 악의 근원성을 해석하는 입장은 서로 화해할 수 없는 길을 가고 있다.

    오늘날 악의 존재와 근원에 관한 물음은 홉스와 루소의 악의 근원에 대한 해석의 틀에서 벗어나지 못하고 있다. 분노에 바탕을 둔 테러와 파괴의 공격성이 더 심각해질수록 이 물음은 더욱 진지하게 물어져야 한다. 과학적 연구들은 인간 본성에 관한 물음들에 매우 집중적이다. 특히 신경과학계는 "악과 공격성이 신경조직의 문제가 아닌가?"라는 의혹을 제기하며 연구한다.[89] 신경과학계가 수행하는 많은 공격성 연구는 자유문제를 해결하는 데도 많은 영향을 미친다.[90] 이러한 많은 연구가 있음에도 불구하고 개인의 공격적 행위에 대하여 책임을 부여하는 것이 어디까지 정당하며, 법체계가 과연 모든 공격성의 결과를 정당하게 판정하고 있는가의 물음은 여전히 유효한 것이다. 왜냐하면 악이란 일정한 사회 속에서 경험적으로 발견되고 규정되는 것이기

---

89 Monika Lueck/Daniel Struebe/Gerhard Roth (Hg.), Psychobiologische Grundlagen aggressiven und gewalt-taetigen Verhaltens, Oldenburg 2005. 참고.

90 Gerhardt Roth, Aus Sicht des Gehirns, Frankfurt a. M. 2003, 166 ff.

때문에, "왜 악과 공격성이 생겨날 수밖에 없었는가?"라는 근원에 관한 물음이 항상 함께 되물어져야 한다. 그러므로 악의 사회적 현상을 규정하는 것과 악의 근원에 관한 물음은 언제나 함께 성찰되어야 한다.

개념 공격성에 대한 자연과학적 관점은 이러한 성찰방식에 도움을 주는 역할을 할 수 있다. 동물들의 공격본능을 한번 생각해 보자. 인간의 공격적 행위와 동물의 본능적 공격성을 동일시할 수 없을 것이다. 생물학자들은 이러한 차이를 '적극적 공격성'과 '방어적 공격성'으로 구분하여 설명한다.[91] 예를 들면, 집단 안에서 자리를 차지하려는 동물의 서열투쟁은 적극적 공격성에 속한다.

적극적 공격성을 발휘하는 동물은 외부 공격에 대한 반응으로서 동작하는 것이 아니라 일정한 목표를 갖는 행동을 취한다. 그 목표는 공격자의 관계 안에서의 위치를 개선시키는 일이다. 그래서 거의 예견할 수 없이 불시에 공격이 이뤄질 수 있다. 이 상황 아래서 관계는 항상 예측 불가능하게 변한다. 생생한 불안과 공포가 내재해 있는 예측 불가한 관계이며, 이 관계 안에서는 항상 자기 보존의 원리가 우선시된다. 공격자의 순간적 결단에 의해서 상황은 급변하며 일시에 위협이 가해진다.

반면에 소극적이며 방어적 공격성은 공격적 행위가 일어나기 전 공

---

91 공격성에도 다양한 기능이 있다. Konrad Lorenz는 이 문제를 역사적으로 자세히 구분한다. Das sogenannte Boese. Zur Naturgeschichte der Agression, Wien 1963.

격자는 불안을 느끼거나 경험한다. 그래서 그 불안에 대처하려는 자세를 취한다. 닥친 불안에 대하여 방어하는 자세가 또 하나의 공격성으로 나타나는 것이다. 그래서 방어적 공격성이라 한다. 동물의 세계에서는 이러한 불안에 대한 개체의 반응으로서 소극적 공격성이나 위치를 차지하려는 적극적 공격성은 도덕적으로 평가될 수 없다. 그러나 이를 인간 세계에 적용하면 문제가 발생한다. 왜냐하면 인간은 '상징적 동물animal symbolicum'로서 문화 세계를 이미 향유하고 있기 때문이다.

그렇다면 동물의 세계에서는 방어적 공격성만 나타나고, 인간의 세계에서만 기획된 공격성이 가능한 것이라고 강하게 주장할 수 있을까? 아마도 그렇다고 대답할 수 있겠다. 동물들은 의도적으로 기획하여 공격하지 않지만, 사람은 그 반대로 할 수 있기 때문이다. 그러나 소극적 공격이나 적극적 공격의 조건을 그 경험적 관점에서 살펴보면 그렇게 분명하지가 않다. 적어도 의도적으로 강한 공격성을 인간에게만 한정할 경우 동물의 방어적 공격능력이 어디서 오는가를 되물어야 할 것이다. 적극적으로 공격할 능력이 없다면 방어적으로 공격할 능력은 어디서 생기는 것인가? 따라서 사람의 경우이거나 동물의 경우에도, 소극적으로 방어하는 공격성을 가정하려면 동시에 원칙적으로 임의적인 목적을 수행하려는 공격성을 인정해야 한다. 그러므로 공격성의 기원의 문제를 고려하면, 방어적 공격성과 기획된 공격성을 분리하여 생각하는 것은 적합하지 못하다.

이러한 논의를 거쳐 이른 결론은 다음과 같다. 인간학적 난제, 즉 "인간은 그 본성상 선한가, 아니면 악한가?"라는 물음은 잘못된 물음이다. 아무리 자연상태를 가정한다 해도, 그 정의상 도덕을 반드시 함께 생각해야 한다. 왜냐하면 인간이 사회적 존재로서 존재하는 한 일정한 규범들 아래 살기 때문이다. 아담과 이브 역시 에덴의 규범 아래서 살았던 것처럼. 도덕성의 입장권을 발급받은 즉시 인간은 본래의 선과 악에 관해서 더 이상 이야기할 수 없는 처지에 빠진 것이다. 인간은 한 문화권에 들어서면서 이미 주어진 도덕적 판단 능력을 사용하는 선택 가능성을 소유하기 때문이다. 그렇게 주어진 운동장 안에서, 그것이 기울어져 있든 어느 정도 평평하든, 선을 규정하고 악을 지적하게 되는 것이다.

지금까지 이야기한 악의 기원으로부터 다시 공격성에 대한 물음으로 되돌아가 보자. 공격성을 어떻게 특징지을 수 있을까? 필자가 생각할 때 공격성에 대한 설명은 공격적 정서가 나타나는 현상에서 접근해야 한다고 본다. 그래야만 공격적 정서가 갖고 있는 근본적 구성요소를 해명할 수 있을 것이다.

3.3. 공격적으로 상처받은 기분은 어떤 결과를 가져오는가?

감정과 기분은 일반적으로 지향 대상의 유무에 따라서 구분한다. 철학적 입장에서 보면 기분 개념에 지향적 대상이 결핍되어 있다. 기분은 그것이 가능한 조건들을 설정함으로써 재구성이 가능하기도 하다. 그럼에도 불구하고 기분은 어떤 특정한 내용을 담보하지 않는다. 지향 대상을 결여하고 있다. 기분 역시 감정처럼 세계와 관련을 맺지만 그 방식은 매우 특이하다. 기분과 감정 사이에 서로 다른 현상들이 존재한다. 어느 날 아침 도발하는 기분은 그 전날 사적이거나 직업 때문에 겪은 사건들이 영향을 줄 수 있다. 마찬가지로 현재 공격적이며 도발하는 기분이 앞으로 일어날 일들에 대하여 영향을 미칠 수도 있다.[92]

기분과 감정은 서로 다른 개념이다. 기분은 지향적 내용이 부재해도 가능하지만, 감정은 반드시 대상과의 연관성을 가져야 한다. 철학적 주장들에 의하면, 기분은 지향성을 갖지 않지만, 감정은 지향성을 갖는다. 감정은 뚜렷한 대상을 지향한다. 사람이나 동물에 관한 감정을 가지며, 나아가서 무엇에 관한 감정을 갖기 때문이다. 반면에 기분은 어떤 대상 없이 가능하다. 그래서 어떤 대상과 관여하지 않고서도 '난 기분이 좋다' 혹은 '지금 매우 기분이 나쁘다'라고 말할 수 있다.

기분은 선先역사를 가질 수 있다. 일정한 기분이 느껴지기 위해서 그 이전의 앞서간 시간과 어떤 경험을 필요로 한다. 그래서 나중에 그 기분이 어떻게 생겨났는가를 재구성할 수가 있다. 이때 재구성은 그 기분을 만든 조건들을 재조립하면 가능하게 되는 일이다. 그럼에도 불구하고 지향성을 갖지 않기 때문에 흔히 특히 규정할 수 있는 내용물을 소지하지 않는다. 물론 기분은 세계 안에서 이뤄지지만 매우 단순한 방식으로 실행되고 있음을 엿볼 수 있다. 그래서 기분은 갑자기 좋다가도 다시 나빠질 수 있다.

---

92 공격적인 기분과 증오의 상호 영향 문제에 대하여 Konrad Lorenz의 Das sogenannte Böse. Zur Naturgeschichte der Aggression을 참고한다.

기분과 감정은 서로 다른 영역을 안고 있다. 그러나 그 영역 사이의 간극은 매우 미세하다. 그 미세한 사이에도 과도기적 상태와 현상들이 있을 수 있다. 무엇엔가 자극을 받아 흥분된 기분을 상상해 보자. 심장은 평소 이상으로 빠르게 뛰고 있으며, 의식하지 못하나 숨결도 고르지 못하다. 정신은 어딘가로 향하고 있다. 이러한 기분은 본인보다 그와 대면하는 사람이 더 잘 느낄 수 있다. 여러 정황을 고려해 보면, 흥분된 기분의 원인을 찾을 수 있을 것이다. 예를 들어, 지난날 사적이거나 공적으로 나쁜 일을 경험했던 것에 대한 화나 분노에서 흥분된 기분이 생겨날 수 있는 것이다. 따라서 어제의 실망에 대한 화의 감정이 흥분된 기분 속에 묻혀서 살아 있음을 알 수 있다.

기분과 감정들은 특별한 방식으로 세계를 설명하는 것 같다. 세계를 설명하는 데에 기분과 감정들은 다른 어떤 것을 통하지 않고 오직 그들 자신을 통해서만 설명이 가능하다. 이 문제에 대해서 감정의 철학은 매우 다양한 논의를 전개하고 있다. 간단하게 언급하면, 감정은 인식의 특별한 기여의 결과라거나 혹은 일종의 특별한 지각에 속한다고 한다. 그러나 이들이 서로 연결이 된다고 해서 감정을 인식이나 지각으로 환원하려는 것은 잘못된 것이다. 정확하게 표현된 인식을 의미한다고 할지라도 인식기능이 감정이나 기분을 불러일으킨다고 말할 수 없다. 모든 감정이 항상 개념으로 서술되거나 적절하게 서술될 수 있는 것은 아니다. 서술 언어가 닿지 않는 감정의 영역이 존재한다. 모든 감정이 언어로 환원될 수 있는 것은 아니다.

여기에는 많은 난점이 있다. 이러한 어려움은 정서의 특수성이 갖는 본질적 측면을 말해 준다. 마찬가지로 모든 감정이 지각으로도 환원될 수 없다. 왜냐하면 감정은 감각기관보다 훨씬 덜 중립적으로 외부 세계에 대한 정보를 줄 수 있으며, 동시에 감정은 지각보다 질적으로 훨씬 더 강한 크기로 주체에 의해서 해석될 수 있기 때문이다. 이러한 생각은 일반적이다. 마사 누스바움에 따르면, 감정은 지각과 달리 단순한 대상이나 사태로 보아서는 안 된다. 감정은 반드시 주체와 특별한 관계를 맺고 관심을 갖는 관점으로 표현되는 것으로 이해해야 한다.[93]

감정을 성급하게 인식이나 지각과 동일시하거나 환원시킬 필요는 없는 것 같다. 이 문맥에서 간단히 하이데거의 주장을 검토해 보자. 그에 의하면 이른바 정황성 Befindlichkeit 은 현존재 Dasein 의 세계-내-존재를 해명한다.[94] 여기서 정황성 개념은 감정을 가지고 세계를 이해할 수 있는 방식을 의미한다고 할 수 있다. 하이데거에 따르면 정황성은 세계 속에 던져져서 생성된 것이다. 정황성은 우리 자신이 일정한 상황 속에서 우리 자신을 발견한 것의 총체이다. 일정한 상황 속에서 의식하는 인간은 특정하게 규정된 것으로서 존재한다. 세계 속에 던져져 있음은 이러저러한 모습으로 현존하고 있음을 의미한다.

우리는 존재하면서 세계 속에서 일정한 모습을 보인다. 만약 하이데거가 기분은 던져진 현존재가 최초로 만나는 방식이라고 말한다면, 그것은 우리 자신이 기분 없이 실제적으로 존재할 수 없음을 의미한다. 다시 말하면 기

93 Martha Nussbaum, Upheavals of Thought. The Intelligence of Emotions, Cambridge 2001, 28쪽.

94 Martin Heidegger, Sein und Zeit, Tuebingen 1979. §29.

분을 포함한 정황성이 우리 자신의 모든 행위 형식과 표현 형식을 만든다고 해야 한다. 그러므로 기분을 토대로 하지 않고서는 세계 속에서 어떤 감정도 발생할 수 없는 것이다. 이러한 기분 개념을 전제해야만 다른 복잡한 상태의 감정들로 이행이 가능하다. 예를 들면, 기분의 바탕 위에서 분노함, 시기함, 지루함, 만족함 그리고 의심함의 감정들이 생성된다. 따라서 기분은 다양한 복잡한 감정들을 가능하게 하는 개념이다.

하이데거에 따르면 기분은 고유한 자기 존재에 대한 수용과 포기를 통해서 현존재를 해명한다. 기분은 현존재를 보다 더 분명하게 볼 수도 있고, 혹은 현존재에서 더 거리를 둘 수도 있다. 기분이 현존재를 수용하여 더 분명하게 볼 수 있으면 현존재가 서 있는 조건과 관계들을 더 잘 인지할 수 있으나, 현존재를 포기하여 그로부터 멀어지면 제약성 중 일부를 제거하여 보다 더 고양된 기분 이해에 도달할 수 있다. 여기서 하이데거에게 있어서 기분에 의한 세계 해명 기능은 현존재의 최후 특성과 밀접한 관계를 맺고 있다는 것을 알 수 있다. 인간은 세계 속으로 던져지고 생존이 강요되었을 때, 우리는 세계가 우리에게 보이는 대로 그렇게 세계에 대하여 태도를 취하게 된다. 따라서 기분은 세계 이해와 밀접한 관계를 맺으면서, 세계를 이해하고 그에 따른 태도를 취한다는 주장이 가능하다.

그렇다면 이 주장은 무엇을 의미하는가? 정확히 말해서 어떤 기분들에 의해서 무엇이 해명된다는 것인가? 기분과 세계 해명의 관계를 좀 더 구체적으로 이야기해 보자. 자극받은 공격적 기분은 세계가 우리에게 밀려오고 있음을 해명한다. 적극적이고 공격적인 기분은 우리가 항상 세계에 대하여 준

비하고 태도를 취해야 함을 말해 주고, 동시에 세계가 우리에게 요구하는 것에서 벗어날 수 없음을 보여 준다. 자극받은 기분에 놓이게 되면, 저하된 기분에 빠진 경우에 비해서보다 하이데거가 말한 세계의 "타락Verfallenheit"에 대하여 더 직접적인 비난과 문책이 뒤따른다. 즉, 일상적인 일에 연루되어 엮어진다. 그래서 자신이 원래 원하는 것인지, 아닌지에 대한 생각 없이 맹목적으로 그 일에 빠져들게 된다. 이와 같이 적극적이고 공격적 기분은 세계와 대면하는 자리에서 사유하는 기회를 빼앗는다.

세계와의 관계에서 자극을 받은 사람은 일상적 요구들이 자신에게 가능한 세계가 아니라는 것을 이미 알고 있다. 그럼에도 불구하고 세계로부터 벗어날 수는 없다. 그는 사람들에게 요구되는 기존의 일치 압박이나 기대 압박에서 자유롭지 못하다. 이뿐만 아니라 자신에게 선택 가능한 것이 무엇인지 알지도 못한다. 자극받은 기분은 다만 무엇인가가 옳지 않다는 것을 즉각적으로 드러낼 뿐이다. 그리고 낯설게 느껴지는 모든 것에 대해서 견뎌내는 것을 힘들어할 뿐이다.

다양한 기분들을 비교해 보면, 기분 현상에 대해서 좀 더 풍부한 이해를 할 수 있다. 전혀 대상관계를 갖지 않거나 혹은 어떤 분명한 대상관계를 갖지 않고 다만 불안한 선기대를 갖고 있는 것으로서 수동적인 특성을 갖는, **불안을 느끼는 기분**이때 불안은 하이데거가 사용한 의미의 불안이다. 그는 준비되지 않은 기분으로서 불안과 준비된 기분으로서 두려움을 구분한다. 불안은 대상이 보이지 않는 막연한 공포이지만 두려움은 어떤 특정한 대상에 대한 분명한 공포에서 나온다에서와 달리, 자극받은 기분을 갖게 되면 아마도 세계에 대한 적극적인 방어를 보일 것이다. 느끼는 기분에 따라서 태도가 수동에서 적극적 대응으로 바뀐 것이다.

이와 달리 매우 분명하지 않은 막연한 불안은 세계와 주도적으로 마주 서는 일에 있어서 더 어렵게 된다. 그래서 우울하거나 억압된 기분은 불안이나 공격적인 기분을 능가할 수도 있다. 이렇게 해서 세계에 대한 방어는 완벽하게 수행된다. 공격적인 감정의 흔들림이나 충동은, 이들과 함께 외부적으로 세계는 더욱 자극받은 상태로 이행하는데, 반대로 내면으로 더욱 깊숙이 침잠하고 응축된다. 그래서 마침내 자극받은 기분은 다양한 정서, 즉 공격적인 감정으로 재배열된다. 예를 들면, 화, 격분, 증오로 나타난다. 하나의 응답으로서 현재가 각각의 특수한 상황 아래서 드러난 것이며, 그들이 가진 조건들을 해명해 주는 감정이다. 이들은 조건과 상황에 따라서 자극받은 기분이 자신을 드러내는, 감정과의 가족 유사성을 가진 감정 양식이다.

적대감, 미움이나 혐오의 특별한 결합도 위와 같이 이해할 수 있다. 적절한 이해를 위해서 하이데거의 세상에 던져진 존재 개념을 이해하는 것이 필요하다. 적대감과 혐오는 흔히 편견의 결과에서 오는 것이라고 이해된다. 그리고 이러한 편견에서 자유로워지면 적대감과 혐오 감정을 버릴 수 있다고 믿으면서, 이를 수행하기 위하여 이성을 강조하고 이성의 계몽을 주장한다. 그러나 이성에 의해서 쉽게 적대감과 혐오의 감정이 풀리지 않는다. 이성적인 설득은 더욱 이성과 논리에 집착하게 되고 적대감과 혐오의 심연은 더욱 깊어진다. 아무리 실천적으로 노력을 해도 그 간극을 극복하는 일은 그리 희망적이지 않다. 이 경우 이성적 설득은 서로에게 더 깊숙한 상처를 만들 수도 있다. 혐오는 응축된 야비하고 더러운 감정이다. 따라서 이 감정을 극복하는 일은 매우 어려운 일이다. 해결이 어려운 이유는 혐오의 감정이 갖는 원시성을 전제하고 위 감정을 이해하기 때문이다.

적대감과 혐오의 복합 감정을 그 원시성을 전제하지 않고 다른 방식으로 설명을 시도해 보자. 이에 적합한 것이 하이데거의 던져짐/피투에 대한 분석이다. 과거 국가폭력에 피해를 받은 사람들의 후손들은 오늘날 국가정책에 의혹의 눈초리를 보낼 수밖에 없을 것이며 개인에 대한 국가의 간섭에 대해서 혐오 감정을 감출 수 없을 것이다. 마찬가지로 과거 백인에 의해서 많은 피해를 입었던 오늘날 흑인의 후손들 역시 과거의 불신에서 벗어나기 어려운 상황에 놓였다고 할 수 있다. 이들이 갖는 적대감과 혐오의 감정은 정황성에 기인하여 볼 때 이해 가능하다. 그래서 국가의 폭력에 저항하다 생명을 잃은 가족을 둔 사람들은 국가에 저항한 것을 두고 테러라고 말하지 않을 것이다. 즉, 남은 가족들은 구성원들의 행위에 대하여 적대감과 혐오 감정을 갖지 않을 것이다. 심지어 테러를 범했어도 적으로 간주하지 않을 것이다. 피투/던져져 있음이 이념이나 이데올로기보다 더 위대하기 때문이다.

적대감과 혐오의 감정이 투쟁으로 변해야 하는가? 변해서는 안 되는가? 변해야 한다면 언제, 어떻게 그리고 누구에 의해서 등등의 문제들은 매우 어려운 숙제이다. 우리는 감정을 분석하는 올바른 토대를 쌓기 위하여 무엇보다도 감정을 소유한 개개인이 그 감정을 조절할 충분한 능력을 소유한다는 환상에서 벗어나야 한다. 이것은 매우 중요한 출발이다. 인간은 감정에 대하여 겸손해야 한다. 오만해서는 안 된다. 자신들이 가진 기분과 감정을, 그것들을 가능하게 한 객관적 원천과 거리를 둘 수 있다고 하는 믿음은 매우 허황된 것이라는 것을 알아야 한다. 적대감과 혐오의 원시성에 대한 편견이 수정되어야 하지 않겠는가? 앞으로 좀 더 이 문제를 주의 깊게 연구해야 할 필요가 있다. 인간 감정의 높이와 깊이는 우리의 이성 한계를 넘어서기 때문이다.

3.4.   혐오/증오 감정으로 이해하는 세계는 어떠한가?

혐오나 증오의 감정으로 세계를 보게 되면 어떨까? 우선 감정을 통해서 세계를 해명한다는 주장은 매우 강한 주장임이 틀림없다. 감정은 인간 행위에 대하여 적극적인 영향을 줄 뿐만 아니라 더 나아가서 인간이 세계를 이해하는 데에 근본 구조의 역할을 하기도 한다. 감정은 세계로 가는 특별한 길을 안내하는 것이다.

감정에 대한 이러한 출발 전제는 증오 개념에 대하여 심각한 도전이 된다. 왜냐하면 증오는 비합리적이어서 세계를 해명하는 과정에서 적어도 기능장애를 불러올 수 있기 때문이다. 증오는 증오의 대상뿐만 아니라 증오하는 주체에게도 해를 가하는 감정이다. 증오는 우리의 의지를 결박한다. 자유를 빼앗는다. 증오는 증오하는 주체를 부정적이며 더 이상 견뎌낼 수 없는 방식으로 증오의 대상과 결합시킨다. 증오의 범위가 넓고 깊을수록 심각할 정도로 삶의 에너지를 증오의 대상에게 허비한다. 증오하는 사람은 상대에게 해를 가하기 위하여 자신이 할 수 있는 모든 행동을 상대를 파괴하는 충동으로 몰아가며 심지어 극단적인 경우 증오의 대상을 파괴하고 파멸하는 데까지 치닫는다.

그래서 자신의 삶 속에 증오를 키우는 사람은 이 감정이 원하는 방향으로, 즉 증오의 목적에 맞게 나름 주관 이성적으로 활동해 나간다. 이러한 행위는 제3인칭에 의하면 전혀 합리적이지도 않고 유용하지도 않다. 다시 말하면 증오를 품은 자는 증오에 의하여 연주되는 삶을 살게 된다. 여기서 우리는 분노와 증오 개념의 차이를 연구할 것이다. 아리스토텔레스가 말한 것처럼, 분노하는 자는 비합리적으로 행동할 가능성이 많다. 그러나 증오하는 사람은 그렇지 않고 매우 합리적으로 행동할 수 있다. 증오하는 사람은 자신이 증오하는 대상의 몰락을 유인하기 위하여 매우 합리적으로 목적을 향해서 나아가는 행동을 하기 때문이다.

인간의 감정은 다양한 층위를 갖는다. 각 층마다 미세한 차이로 서로 구별되거나 중첩되기도 한다. 이러한 차이 구별은 각 층이 갖는 기능에 따라서 이뤄질 수 있다. 또한 각각의 개별적 감정들은 인간 존재가 어떠한가를 말해 주는 기본구조를 형성한다. 그리고 이러한 감정들은 인간이 어떻게 세계와 만나는가를 해명해 주기도 한다. 따라서 인간의 감정 표현을 이해하면 세계가 보인다. 감정을 이해한다는 것은 곧 세계를 이해하는 문을 개방하는 인지행위이다. 감정 표현은 인간이 세계와 어떻게 만나는가를 말해 주는 것이라고 할 수 있다. 어떤 감정을 가지고 세계를 읽는가에 따라서 다른 세계 이해가 가능하기 때문이다.

그런데 혐오와 증오의 감정은 이러한 출발점에 의문을 제기한다. 혐오나 증오는 원칙적으로 비이성적이기 때문에 세계를 옳게 이해하는 것을 방해하며 나아가서 잘못된 이해를 유포하여 폐해를 끼치기도 하기 때문이다. 이러한 부정적 기능은 혐오하는 사람이나 혐오의 대상이 되는 사람 모두에게서 작동한다. 증오나 혐오는 관계되는 모든 사람들에게서 자유를 빼앗는다. 증오와 혐오의 틀 안에서 강요된 양식으로 반응하게 하기 때문이다. 증오와 혐오의 과정은 그 대상과 부정적 방식으로 대면하며 서로에게 이익을 줄 수 없는 방식으로 진행된다.

증오와 혐오가 광범위하고 깊으면 깊을수록 세상을 보는 눈에 더 많이 부정적인 영향을 미친다. 극대화된 증오와 혐오는 행위자의 삶의 에너지를 그 대상에게 모두 쏟게 한다. 그리고 더 강하게 자신의 모든 활동들을 이 감정과 결합되어 있는 모든 충동들을 표출하기 위해서 활용한다. 그래서 돌이킬 수 없는 상처를 남긴다. 심지어 증오와 혐오의 대상들을 지구상에서 제거하려는 극단적인 수단들이 허용되고 있다. 그 적합한 예들은 오늘날 우리 시대에 도처에서 찾을 수 있다. IS 점령지에서 벌어지고 있는 테러 행위와 이를 억제하고 응징하기 위한 서구의 전략적 공격들은 인류의 역사에 치유하기 어려운 피해와 손실들을 안기고 있는 것이다.

그런데 다른 관점에서 증오와 혐오 감정을 분석해 보면, 이 감정들이 이성적으로 작동한다고 볼 수도 있다. 자신의 삶의 내용 안으로 증오와 혐오를 받아들인 사람은 이 감정을 성공적으로 해소하기 위하여 아주 이성적으로 대처할 수 있기 때문이다. 물론 감정 표현 자체가 유익하거나 합리적이라 할 수 없지만 말이다. 증오와 혐오를 표출하는 감정 표현 전체 과정이 합리적일 수 없는 일이다. 이 문맥과 관련하여 아리스토텔레스는 분노하는 사람은 비이성적으로 행동하지만, 미워하거나 증오하는 사람은 그렇게 하지 않는다고 말한다. 다시 말하면 위와 같은 사람은 자신이 겨냥한 증오와 혐오의 대상을 말살하려는 목적을 위하여 아주 합리적으로 ^{영리하게} 방법을 고안해 낸다는 뜻이다. 따라서 분노하는 사람은 비이성적으로 행동하지만, 증오하거나 혐오하는 사람은 이성적으로 행동을 통제하기도 한다.

증오 감정은 그 대상을 적으로 한다. 적은 사라져야 할 대상이다. 적이 아니면 자신이 사라져야 하기 때문이다. 선택의 여지가 없다. 적을 파멸시켜야 한다. 여기에서 증오심이 나온다. 따라서 증오 감정은 반드시 적을 대상으로 한다. 적이 없이는 증오도 없다. 만약 증오의 대상이 없다면 증오가 생겨나지 않는 것이다.

이러한 증오 감정은 대부분 쌍방적이다. 일방적인 증오의 경우도 있으나, 이 경우는 희소하다 할 수 있다. 왜냐하면 증오하는 사람은, 서로 증오하는 과정을 통해서, 미움이 커지고 점차 증오로 나아갔기 때문이다. 그래서 증오의 표출은 쌍방이 이를 인지할 수 있는 충분한 시간을 뒤에 두고 일어난다. 그러므로 증오스러운 적과의 관계는 상호 관계임을 전제해야만 한다. 이 전제 위에서 증오는 증오를 부른다. 증오는 세대를 걸쳐 지속된다.

증오는 단순히 여기에서 그치지 않는다. 증오 감정은 매우 특별한 사회적 현상이기도 하다. 증오는 필연적으로 내부에서 드러나는 감정에 속하는 것이 아니라 생생하게 서로 영향을 주고받는 구조 안에서 작동하는 감정이다. 그렇기 때문에 증오의 대상이 단순히 그 증오에 대하여 과소평가하고 무시한다고 해서 해결될 일이 아니다. 증오를 당하는 사람은 어떻게든 반응하는 행동을 취해야 한다. 무시하게 되면 더 큰 화를 자초하는 일로 커진다. 증오는 그 자신의 내부에서 더 험한 괴물로 변할 수 있는 것이다.

증오를 당하는 사람은 증오의 현장에서 후퇴함으로써 피할 수 있으나, 상대의 증오를 아무것도 아닌 것처럼 무시할 수 없다. 그래서 자발적이든 비자발적이든 증오가 발생하는 상황에서 흔히 증오는 증오로 답할 수밖에 없다. 오늘날 이스라엘과 팔레스타인의 상황과 미국과 아랍 반미 세력의 예가 여기에 대한 가장 적합한 예라고 할 수 있다. 이렇게 증오가 불이 타듯 타오르면 가장 어려운 증오의 광풍 속으로 함께 내몰린다. 증오로 서로 어깨동무를 하는 셈이다. 이제 증오현상이 심각해지면, 증오의 가해자와 피해자가 서로 뒤바뀌는 상황이 전개된다. 누가 증오를 하는 사람이고 증오를 당하는 사람이 누구인가 알 수 없는 상황이 된다. 서로가 서로를 증오하는, 함께 물고 물린 상황이 된다. 따라서 증오는 쌍방의 상호 교환의 구조와 틀을 갖는다. 이 구조 안에서 증오하는 사람은 모든 수단을 동원해서 상대를 공격하고, 상대 역시 수단과 방법을 가리지 않고 이에 대응하는 방법을 강구한다. 이 방어기제의 모든 요소에 증오 감정이 자리한다.

증오에 대한 반응은 감정으로만 응답될 수 있다. 어떤 다른 수단도 감정을 대신할 수 없다. 증오의 대상이 된 사람은 감정적으로 반응한다. 당하는 입장에서 받은 겹겹이 쌓인 감정으로부터 서서히 반대급부의 증오가 성숙한다. 증오를 받은 사람은 어느새 이 늪에 빠져서 나름대로 헤어나려고 시도한다. 이 시도는 증오하는 사람을 향한 증오하는 행위로 변한다. 그래서 몸에서 발생한 감정의 충동을 증오하는 사람에게 향하게 한다. 증오하는 감정에 대하여 증오하는 감정으로 되돌려 주는 '증오의 악순환'이 작동하는 것이다. 이는 마치 폭력이 폭력을 부르는 '폭력의 악순환'과 같은 현상이다.

이유가 없는 증오는 없다. 모든 증오는 원칙상 나름대로 이유를 갖는다. 그리고 증오하는 사람증오 행위자이 증오의 이유를 정한다. 우선 증오하는 사람이 해를 당했다는 것이 전제된다. 증오하는 사람이 지금 해를 입었거나 과거에 해를 입었다고 생각하고, 증오의 대상이 이러한 해를 끼쳤다고 믿는 데서 증오심이 작동한다. 이와 같이 증오하는 동기는 증오하는 사람이 해를 입었다는 것을 믿는 것에서 시작한다. 경멸이나 멸시와 같은 파괴적인 감정과 유사한 점이 있다. 상대를 경멸하는 사람은 상대가 경멸의 동기를 주었다고 믿으며, 무시하는 사람도 무시당하는 사람이 무시당할 일을 했다고 믿기 때문이다.

위 두 감정은 서로 유사할 뿐만 아니라, 증오하는 감정에는 무시와 멸시 감정도 함께 섞여 있다. 증오의 파괴적 감정은 증오하는 사람에 의해서 해석된 부정적 성질 혹은 무시당하는 사람의 부정적 태도 방식에 그 발생 뿌리를 둔다. 그리고 증오의 대상인 인격 전체를 공격 목표로 설정한다. 전체 인격을 평가절하 하는 것으로 무시되는 성질에 대한 무시 행위는 아마도 증오의 대상에 대한 증오의 행위는 더 내용이 실질적이다. 증오의 내용이 무시 내용보다 더 정밀하다는 뜻이다. 왜냐하면 증오 행위는 무엇보다도 증오의 대상에게 실제적이고 단순히 가정된 해를 입히는 행위를 목적으로 하기 때문이다. 그렇기 때문에 무시나 멸시는 흔히 증오보다 더 근거가 있는 것으로 보일 수 있다. 그리고 그 근거는 무시되는 사람이 가진 있는 그대로의 모습에 의해서 정당화된다. 따라서 무시하는 사람은 무시의 대상이 본래 생긴 것이 무시 받을 수 있게 그렇게 생겼기 때문에 무시 행위를 부른 것이라고 믿는다.

개인의 증오 감정과 마찬가지로 집단적 증오 감정도 이와 같은 구조를 갖는다. 여성혐오^{Misogynie}, 유대인 배척주의, 인종차별주의 그리고 동성애 공포증과 같은 집단적 증오구성이나 집단적 무시구성은 이념의 문제와 밀접하게 연결되어 있다. 증오와 무시를 구성하는 이념에 따라서 무시당하는 사람이나 증오 받는 사람이 사회에 해를 끼치는 쥐나 이와 같은 존재로서 박멸되어야 할 대상으로 규정지어진다. 무시와 증오가 나누는 이념의 작동에 따라서 행위가 칼춤을 추는 것이다.

집단적 정서는 타자의 의지와 기획에 의해서 형성된다. 개인의 경험은 집단적 정서 형성에 큰 작용을 하지 못한다. 집단적 정서를 충동시키는 것은 흔히 문화적으로 임의적인 구조이거나 완전히 비이성적인 야만성에 근거한 거짓 홍보와 강요된 폭력이 그 원인이 될 수 있다. 여기서 구조는 항상 의도되고 기획된 변형구조다. 자연적 구조가 아니다. 왜냐하면 증오와 멸시를 부르는 구조는 상황해석이나 상황평가에 바탕을 두고 세워지기 때문이다. 새로운 상황해석이나 상황평가가 축적되어 온 경험에 걸맞게 새로운 상황에 대한 체험을 왜곡하여 구조화한다.

개인적 증오 형성이나 표현은 마찬가지로 집단적 증오 형성과 표현처럼 새로운 상황을 바르게 해석할 공개성을 제한하는 데서 시작한다. 이러한 의미에서 모든 형성과 표현은 구성적이다. 그래서 이들은 역사적이나 사회적으로 우연한 상황들에 의존할 수 있다. 그렇기 때문에 이들은 '이론적으로' 항상 달리 일어날 수도 있는 사건들이 된다. 그리고 바로 또 그러한 이유 때문에 그렇게 '임의적으로' 일어날 수밖에 없는 사건들이 된 것이다. 따라서 증오와 멸시의 행위는 달리 일어난 사건들이 될 수도 있지만 동시에 또 달리 일어날 수 없고 반드시 그렇게 일어날 수밖에 없는 사건들이 되는 것이다.[95] 이런 관점에서 증오와 멸시는 서로 밀접한 연관관계가 있다.

그러나 이 두 감정은 서로 차이가 있다. 증오와 그리고 증오와 유사한 상태의 멸시 감정은 그 표현 동기나 유발하는 이유들에 있어서 사랑이나 친절과는 매우 다르다. 우선 증오는 '뜨거운' 정서라 할 수 있고, 멸시는 '차가운' 정서라 할 수 있다. 증오는 끓어오르는 정서이지만 부정적인 어둠 속에 감춰져 있다. 그러나 멸시는 칼날같이 매섭게 드러낸다. 멸시가 지배하면 주변에 찬바람이 생생하다. 증오가 갖는 뜨거움의 은유는 많은 것을 생각하게 한다. 이러한 경우 증오와 멸시가 갖는 사회적 발생 조건이 서로 차이가 있음을 보여 준다. 멸시하는 사람은 멸시를 받는 사람보다 더 높은 사회적 위치를 점유하고 있다. 반면에 증오하는 사람은 자신이 사회적으로 핍박당하는 위치에 있다고 느낀다. 따라서 증오하는 사람은 문제가 되는 사회적 상황이 자신의 관점에서 모든 문제의 책임이라는 의식을 갖는다.

물론 현실에서는 이 두 정서가 뚜렷하게 구별되는 것은 아니다. 특히 힘의 우열관계에서 보는 관점이 항상 명료한 것은 아니다. 증오와 멸시는

---

95 Ian Hacking, Was heisst 'soziale Construcktion'? Zur Konjunktur einer Kampfvokabel in den Wissenschaften, Frankfurt a. M. 1999. 참고.

서로 혼합되어 나타나기도 한다. 이들은 서로 밀접한 연계를 하면서 서로 번갈아 나타나기도 한다. 상황에 따라서 그리고 감정 변화에 따라서 증오했다가 멸시하기도 한다. 또한 권력의 우열관계 역시 항상 견고한 것이 아니다. 상호 교섭 관계 차원에서 이 증오와 멸시의 힘들은 서로 흔들리기도 한다. 따라서 우리는 이렇게 주장할 수 있다. 증오와 멸시 정서의 상호 교섭하는 결합은 이 두 정서가 각각 우월함이나 열등함의 입장에서 그 책임을 상대에게 묻고 있다는 것을 보여 준다.

이러한 구조 아래서 증오의 정서는 그 대상자가 열등하게 취급받은 경험에서 기인한 것이라 할 수 있다. 증오를 생성하게 한 경험들은 역사적·사회적 갈등 대립의 결과물이라든가 정치적·적대적 투쟁의 산물들과 동일하게 취급될 수 있다. 물론 개인들 사이의 우열관계에서 만들어진 결과물들도 이러한 경험으로 이어질 수 있다. 그렇기 때문에 이러한 상황에서 더 나은 자리를 차지하지 못한 대부분의 사람들이, 경향적으로 보면, 무능력함과 힘이 부족함을 느끼면서 타인에 대한 증오감을 증가시킨다.

증오감의 표현이 성공적이지 못하면 못할수록, 즉 증오가 소멸되지 않는 시간이 길수록 '뜨거운' 증오는 견딜 수 없는 상황들을 극복할 수 있는 힘을 작동시킨다. 온 힘을 증오에 쏟는다. 그래서 발산하는 힘을 한곳으로 모은다. 역설적으로 힘이 없어서 발생했던 증오는 시간이 흐름과 함께 증오하는 행위 속에서 증오를 행위 할 수 있는 힘을 충전하게 된다. 따라서 증오는 힘이 없는 자에게 힘을 만들어 주는 역할을 한다. 증오는 세상을 바꿀 수 있는 힘을 경험하게 하는 정서이다.

힘은 증오하는 행위를 통해서 폭력으로 표현된다. 증오가 힘을 폭력화한다. 증오에는 원칙상 폭력이 내재되어 있으며, 준비되어 있다. 물론 의도하지 않은 폭력일 수 있다. 증오하는 사람은 자신의 생각이 의도하지 않았던 행위로 인하여 폭력적이 될 수 있다는 뜻이다. 이러한 점에서 분노나 노여워함과 달리 증오는 행위자 자신이 자기 행위를 위한 척도를 소유하지 않는다. 화내는 사람은 일정한 정도에서 그치는 자신의 행위 척도를 갖지만, 증오하는 사람은 한계가 없다. 왜냐하면 증오의 대상이 소멸되고 파괴되는 것을 추구하기 때문이다. 증오하는 자는 상대를 제거하려 한다. 존재를 말살시키려고 한다. 따라서 개인의 경우, 증오의 대상이 존재 의의를 상실하고 파괴되어야 하며, 집단의 경우, 증오의 대상이 이 세상에서 사라져 더 이상 존재하지 않아야 하는 것이다. 폭력화한 증오가 살인을 손짓하고, 인종말살을 시도하는 이유가 여기에 있다.

그와 달리 어떤 한 상황 아래서 우위를 점한 사람은 멸시의 경험으로부터 독립적으로 행위 하거나 열등한 사람을 멸시한다. 이때 증오와 멸시 사이의 내재적 관계는 서로 거의 어떤 의미도 없는 것 같다. 이렇게 보면 증오가 꼭 지나간 멸시에 대한 응답이라 할 수도 없고, 멸시가 증오에 대한 필연적 응답이라 할 수도 없는 것이다. 여기서 내린 결론은 멸시에 대해서 사람들은 다양한 반응을 하게 된다는 것이다. 멸시 경험을 가진 사람은 자아존중의 가치를 상실할 수도 있고, 부끄러움을 느껴 위축될 수 있으며, 노여움으로 화를 낼 수도 있으며 또한 되돌려 주려는 증오로 반응할 수 있는 것이다. 증오는 멸시 받은 사람이 되돌려 줄 수 있는 다양한 가능태 중 하나인 것이다. 필연적으로 증오의 정서를 가질 근거는 없는 것이다. 즉, 증오의 정서로부터의 탈출이 가능하다.

결국 증오는 특별한 문화적 문맥 안에서 열정적으로 기획되어 형성된다. 실제 폭력이 난무하는 대립과 갈등 상황이나 권력 투쟁의 장에서 열등한 위치에 배열된 사람들은 고통을 주는 사람들에 대항해서 자신의 입지를 개선시키기 위하여 미래를 위한 행위를 준비하고 방어하여 상황을 개선시키려 한다. 자신들의 입장에서 보면 이는 다가오는 공격에 대한 대비인 셈이다. 이러한 주장은, 만약 우리가 증오하는 사람은 증오의 대상이 과거에 자신에게 해를 끼쳤다는 것을 전제하고 행위 한다면, 증오의 정서는 원칙상 공격에 대한 방어이며 자기 보존에 공헌하는 것이라고 분명하게 말해 주는 것이다. 그러니 증오는 문화적 산물의 결과이며, 평화적 상호 이해가 거의 불가능한 복잡한 구조 안에 붙잡혀 있는 정서인 것이다. 동시에 생생하게 살아 움직여 사회적으로 큰 영향을 주는 부정적 기능을 한다. 증오의 대상을 임의로 만들려는 어떤 시도는 외부에 적을 두려는, 그래서 누군가를 증오하게 하려는 정치가들을 위한 전략의 근거가 되는 이유이기도 하다.

만약 타자와 동일한 감정을 공유하게 되면, 대부분의 감정은 집중화되며 상승되는 경향을 갖는다.[96] 즉, 감정은 집단적 특성을 갖는다. 이러한 집

---

96 대부분의 감정들은 함께 나누면 심화되고 집중되는 경향을 보이는 데 반해서 유독 슬픔의 감정은 다른 것 같다. 동일한 대상에 대해서 기뻐하는 사람이 주위에 있으면 기쁨의 강도는 더 커진다. 분노하는 감정도 이와 같다. 동일한 일로 분노하는 사람이 많으면, 개인의 분노 감정은 더욱 상승한다. 그러나 슬픔의 강도는 다르다. 만약 동일한 일로 슬퍼하는 사람이 주위에 있으면, 정작 슬퍼하는 사람은 자신의 내면으로 들어온다. 슬픔은 더욱 개인화되고 내재화되는 특성을 갖는다.

단적 특성은 분노나 멸시를 표현하는 과정에서 개인의 두려움이나 주저함을 소멸시키는 역할을 한다. 그래서 감정의 집단성은 감정의 집중화와 상승효과를 불러와 개인의 문화적·심리적 한계와 제한을 넘어서서 폭력을 행사할 정도로 심각하게 상승하게 된다. 그래서 멸시나 증오에 의해서 생성된 감정은 힘을 사용하여 약자를 공격하는 급진적이고 과격한 파괴적 행동을 유발한다. 폭력을 앞세운 이들은 집단적으로 힘이 약한 약자들에게 폭력을 행사한다. 이때 공격하는 사람들은 항상 상황으로 보았을 때 매우 상대적이다. 즉, 상황이 바뀌면 힘을 가진 자들이 바뀌고 폭력의 행사자와 희생자 역할이 바뀌는 것이다.

이것이 증오에 결부된 멸시 현상이 보이는 전형적인 모습이다. 그래서 폭력 사건이 이뤄지는 상황 아래서 멸시받는 사람들은 자신들을 보호할 처신이 매우 어렵게 된다. 강한 자들이 규정한 멸시당하는 자의 '자화상'에 반하여 희생자들이 자신의 권리와 보존을 요구하는 일이 매우 어렵게 된다. 위 사례에 대해서 많은 열거를 할 수 있다. 힘이 약한 그룹으로 구타당하는 배우자나 어린아이, 비정상인들, 외국인들 등등, 우리 사회에서 기울어진 운동장 편에 서 있는 사람들은 거의 이 범주에 속한다고 보아야 한다. 이 왜곡된 감정 관계 아래서 혼란한 폭력이 난무한다. 폭력은 더욱 상승하고 집중하여 멸시 대상자를 향한 손짓을 더욱 멀리 하고, 나아가서 자신들의 행위를 정당화할 기회를 더욱 마련하며, 결국 희생자를 사냥한다. 증오와 결부된 멸시 현상 속에서 노련한^{약한} 전문 증오자와 멸시하는 자가 탄생하는 것이다.

그러나 모든 폭력을 증오의 표현이라 할 수는 없다. 증오나 멸시를 위한 집단적 형식이 만들어지기 위해서 때로 그 대상이 특정한 사회적 범주에 속한다는 사실로 충분할 때가 있다. 이러한 형식이 지배하게 되면, 그 사회 안에서 적과 친하게 지내는 사람들, 낯선 종교적 혹은 문화적 그룹, 심지어 여자라는 이름의 집단이라는 사실만으로 생생한 멸시와 증오의 감정을 불러올 수 있으며, 이들에게 폭력을 사용하게 도전하는 그룹이라는 낙인을 찍는 일이 가능하게 된다. 그러나 모든 폭력이 증오의 표현인 것은 아니다. 증오 감정을 가졌다 해서 반드시 생생한 폭력을 행사하는 것은 아니다.

증오 역시 멸시처럼 조용하고 은밀하게 작동할 수 있다. 비폭력적으로 가능하다. 증오 역시 멸시처럼 지속적으로 습관화된 기본 감정의 양상을 띨 수 있다. 사람을 멸시하는 사람은 그 태도를 일반화하는 것처럼, 그래서 세상에 대해서 경멸하는 태도를 지니는 것처럼, 증오하는 사람 역시 그 태도를 일반화하여 인간관계를 증오의 고리로 파악하며 세상과 현실을 증오하는 태도를 지니게 된다. 이러한 점에서 증오는 감정의 단순한 한 표현을 넘어선다. 증오는 자발적으로 증오를 더 생산하여 그 길로 매진하게 하는 마력적인 부분을 지닌다. 증오하는 사람은 다른 사람들과 반대의 길을 선택하며 필요한 사람과의 관계를 최소한으로 제한하는 '자기 협로의 길'[97]을 간다.

증오와 멸시의 관계는 고정된 내재적 관계가 아니라 오히려 사회적 공간 안에서 변화에 좌우되는 관계이다. 이러한 사실은 많은 사회적 변화 운

---

97 '자기 협로의 길'은 주변을 배려하지 않으며 오직 은폐된 상태로 자신을 보호하고 자신의 주장을 관철하려는 자세를 가리킨다. 증오의 이러한 특성은 증오하는 사람에게서 관용이나 배려의 정신을 찾아볼 수 없게 한다.

동이 일어나는 데서 더 분명히 인지할 수 있다. 일반적으로 지주들은 소작인들을 증오하지 않는다. 그렇다고 해서 하나의 인격체로 인정하지도 않는다. 다만 조용히 그리고 은밀히 멸시하고 무시할 뿐이다. 소작인들과 달리 노예들은 주인에 대한 증오를 키워 갈 수 있다. 그래서 노예들은 어떤 결정적인 사회 변화의 순간이 도래하면, 즉 증오가 도를 넘어 화와 결합하고 여기에 정치적 변화가 수반되면, 그들은 주인들을 위협하고 어떤 대상을 멸시할 수 있고 증오할 수 있는 힘을 갖게 된다. 그래서 사회적 관계의 변화에 따른 주인과 노예 사이의 멸시와 증오의 감정이 응축되어 있었다가 분출의 기회를 얻게 되는 것이다.

여성혐오에 대한 감정도 이러한 사회변화의 문맥에서 새롭게 생각해 볼 수 있다. 역사적으로 여성들은 흔히 여성이라는 이유로 비하되거나 멸시를 받았지만 집단적으로 증오의 대상이 되진 않았다.[98] 그러나 아주 밀착된 남녀 사이의 관계 안에서는 다르게 나타난다. 예를 들어, 아내가 뛰어난 언어 능력을 지녔고, 그 남편은 자신이 이 영역에서 더 왜소한 느낌을 받게 되면 증오의 감정을 가질 수 있다. 왜냐하면 여기서 남녀 사이의 권력관계가 간여할 수 있기 때문이다.

모든 인간관계는 힘의 균형관계를 고려해서 이해해야 가장 적합한 이해에 도달할 수 있다. 많은 남자들은 특정한 영역에서 여자가 자신보다 더

---

98 여기서 물론 편집광적인 여성증오자들을 제외한다.

우월한 것을 견뎌 내지 못하는 동물이다. 그래서 남편은 자신보다 언어 능력이 우수한 아내를 증오할 수 있다. 그러나 남편에게 있어서 증오는 여성 집단을 증오하는 경우가 아니다. 이러한 경우에 언어를 잘 구사하는 모든 여성들이 집단적으로 증오의 대상이 되는 것은 아니다. 바로 유일한 여자, 즉 그 남편의 아내만 증오의 대상이 된다. 그것도 바로 한 가지 조건이 성숙했을 때 일어난다. 즉, 아내가 자신의 우월한 능력을 이용하여 남편에게 어떤 수치심을 안겨 주었을 때 가능한 일로 드러난다. 그렇다고 해서 일반적인 여성을 멸시하는 경향성이 힘을 발휘하지 못한다는 주장을 하지는 않는다. 개별적인 남녀 사이 힘의 규정 관계에서도 항상 일반적 여성 멸시 사상이 큰 역할을 하는 것을 아무도 부인해서는 안 된다.

증오와 무능력 사이에서 일어날 수 있는 힘의 관계는 집단적 힘의 관계와 독립적으로 개인적 관계에서 그대로 적용될 수 있다. 예를 들어, 질투 감정의 경우가 그렇다. 질투 감정이 생겨나면서 동시에 실제적으로 자신의 열등함이 드러나면 이들의 감정은 결합이 되어 증오로 변할 수 있다. 이때 증오 감정은 극단적으로 그 대상을 살해할 수 있는 정도로 감정 급변침이 가능하다.

감춰진 은밀한 멸시 감정이 어느덧 생생하게 활성화된 멸시 행위로 변하게 되면, 자연스레 멸시에 수반된 폭력의 필요성이 뒤따른다. 게다가 변화하는 상황이 더 극적으로 되면 폭력의 강도는 그에 맞게 더욱 강해진다. 그런데 힘이 약한 사람은 폭력적 증오를 느끼지만 이 상황을 해결하기 위해서 실행할 능력이 없다. 그는 힘이 없기에 증오를 폭력적으로 해결할 수 없다고 생각하여 증오는 더욱 깊이 침잠한다. 침잠된 증오는 언젠가 표출을 위하여 준비된다. 증오 표출을 위해서 다양한 가능 행위들을 검토한 후, 사회 변화에 따른 관계의 변화에 병행하여 그 한 가능성을 현실화한다. 이때 폭력이 거의 함께 수반된다. 그래서 많은 경우 약자들에 의한 증오가 표출되면 그 파급효과가 매우 크다. 그리고 사회에 심각한 영향을 미친다. 이러한 경우 증오가 유발한 폭력은 분명하게 사회의 전 흐름에 영향을 주는 직접 폭력 사용의 형태를 띠게 된다.

증오와 멸시 감정은 대상의 인정에 관한 문제에서도 서로 차이가 있다. 한 사회에서 멸시는 공개적으로 극복되어야 할 감정으로 계몽하고 있다. 사람들이 누군가를 멸시하는 것은 잘못된 태도와 속성을 가진 사람으로 규정하는 것에서 출발한다. 이때 대상의 어떤 한 특성을 지정하는 것이 아니라 그 사람 전체를 인격적으로 멸시한다. 그래서 멸시 대상은 그 사람 일부^{어떤 행위나} _{말, 습관 등}가 아니라 항상 사람 그 자체이다. 한 사람 전체를 인격적으로 멸시한다. 이것은 화나 분노와 같이 대상의 특정한 행위에 대해서 그 행위가 잘못되었기 때문에 보복을 가하는 화, 분노 감정의 행위와 다르다.

멸시가 일어나는 무대 배경에는 항상 '자신만의 도덕적 우위'[99]가 버티고 있다. 이에 반하여 증오는 도덕적 판단에 관한 숙고 없이 상대를 향하여 직선적으로 돌입한다. 증오는 상대에 대한 집중적 주의가 결부된 것이다. 그래

---

99 멸시하는 사람이 보이는 태도에는 항상 자신의 입장이나 관점에서 파악한 사태가 기초가 된다. 그래서 니체의 관점주의의 틀 안에서는 멸시 감정을 완화시킬 가능성이 매우 희박하다. 다양한 관점을 통해서 무엇이 더 나은 것인가를 주장하려면 또 하나의 관점이 필요하기 때문이다. 자신의 도덕성에 기초한 증오의 감정 동굴에서 벗어나기 위하여, 사람은 누구나 더 좋은 선택을 원하는 동물이기 때문에, 더 나은 것에 대한 합의와 소통 능력이 우선되어야 한다.

서 증오는 결합하고, 멸시는 분리한다. 증오는 상대를 향하여 돌진하는 반면, 멸시는 상대와 자리를 같이하지 않을 정도로 떨어지려고 한다. 그래서 멸시는 상대에게 동일한 권리를 가진 사람으로 인정하는 것에 대해서 매우 인색하다. 그 결과, 멸시당하는 사람은 그 존재가 무시되어야 한다. 있어도 없는 사람이 되어야 하는 것이다.

증오하는 사람은 증오 대상이 지상에서 사라지기를 바란다. 대상의 존재 자체를 파괴한다. 증오하는 대상의 몸과 정신 모두를 태워 버려야 한다. 그래서 몰살, 완전 제거의 충동에 사로잡힌다. 반면에 멸시는 사회적 배제와 추방의 충동을 갖는다. 멸시하는 사람의 영향권 밖으로 내모는 것이다. 추방은 신체를 파괴하는 것이 아니라 사회적 죽음을 의미한다.

위와 같은 사실을 인정의 관점에서 두 개념을 비교하면, 멸시는 결코 상대에 대한 인정을 허용하지 않는다. 멸시하는 관계에서 화해란 있을 수 없다. 그러나 적대적 관계나 그에 따른 증오의 관계 아래서 화해가 가능하다. 증오는 항상 상대를 인정할 수 있는 여지를 담고 있기 때문이다. 증오에는 인정 계기가 있지만, 멸시에는 인정 계기가 없다. 오늘 적이기 때문에 증오의 대상이지만, 내일 적장으로서 존경의 대상이 될 수 있다. 그러므로 오늘 전선을 마주하고 선 적대적 관계이지만, 내일 평화협상을 위한 파트너가 될 수 있는 것이다. 증오의 감정에는 화해의 가능성을 담고 있지만, 멸시의 감정에는 오직 영원한 분리만 지배한다.

오늘날 우리 사회는 어떤가? 증오보다 멸시의 풍조가 난무하지 않는가? 주위를 둘러보면 멸시의 벽과 구획선이 빼곡하게 그리고 더욱 구체적으로 자리를 잡아 가고 있는 것 같다. 물론 구체적으로 드러내놓고 증오하거나 공개적으로 멸시하는 일은 형식상 금지되어 있는 것으로 법적인 보호라는 이름으로 되어 있다. 그렇다고 해서 이러한 파괴적인 증오와 무시의 감정이 사라지는 것은 아니다. 실제로 우리 삶의 형식과 방식을 지배하는 것은 상대에 대한 멸시와 무시의 행위라고 해야 하지 않을까?

증오와 무시를 표현하는 모든 사고와 행위들은, 그 한계와 이들을 특별히 권장하는 적절한 상황들은, 의사소통적으로 통제 가능한 영역 안으로 수용되어야 할 것이다. 증오와 멸시에 불이 붙으면 아무도 이를 제지할 수 없다. 화재가 제 기능을 발휘하게 되면 소방행위는 무의미해진다. 초기에 화재를 진화해야 한다. 인간의 모든 감정은 다른 감정에 의해서 더욱 생생하게 되며, 어떤 변화된 사회적 환경이 덧붙여지면, 그 감정은 극한 상황에까지 자신을 노출시키기 때문이다. 오, 위대한 무한한 감정의 영역이여! 이런 상황에 이르게 되면, 멸시받는 사람들은 소외되고 무시된다.

증오 감정과 멸시 감정의 차이를 현상학적으로 그리고 사회철학적으로 더욱 자세하게 기술해야 하지만 이는 분명히 간단한 과제는 아니다. 이 과제에 신중하게 접근하기 위하여 다음 장에서 새로운 관점을 제시할 것이다. 예를 들면, 증오와 같은 특별한 감정들은 한 사회 안에서 금지되고 죄악시되기 때문에 거의 체계적으로 다른 감정과 중첩되어 표출되는 경향이 있다.

3.5. 증오나 분노와 같은 공격적 감정들은 어떻게 도덕화되고 이념화되는가?

증오나 분노의 공격적 감정은 도덕화되거나 이념화된다. 아리스토텔레스에 따르면 증오는 제한이 없을 정도로 타오를 수 있고 치료가 거의 불가능하다. 흔히 증오는 도덕적 감정이 아니라고 한다. 그럼에도 불구하고 증오는 도덕적 이중성에 의하여 정당화될 수도 있다. 누군가 옳지 않은 행위를 저지르게 되면, 그에 대한 공격이 정당화될 수 있기 때문이다. 행위를 규정하는 감정이 단순한 화에 기인하는 것인지, 혹은 증오에서 나온 것인지 구별하기 어려운 것도 사실이다. 더구나 행위 당사자가 상황에 마주하면서 이것을 구별하는 일은 매우 어렵다. 중요한 것은 증오의 행위에 대한 정당한 이유를 제시하는 것이다. 그런데 증오의 행위에 대한 이유들이 사회적 힘에 의하여 왜곡되는 경우가 있다. 그리고 왜곡된 이유들을 근거로 하여서 대중에게 일정한 증오의 행위를 강요하는 경우도 가능하다. 이러한 경우 심각한 부정적 결과들을 초래할 수 있다. 따라서 공격성향의 증오에 대한 이데올로기적 특성이 자세히 다뤄져야 한다.[100]

아리스토텔레스는 『수사학』에서 증오는 "절제하기 어려운", "치료가 가능하지 않은" 감정이라 한다. 그는 분노와 증오를 구별한다. 분노는 인격적으로 공격받았다고 느낄 때 개인적 관계에서 발생하지만, 이에 반하여 증오는

---

100   Rolf Haubl, "Über Hass, Neid und Gewaltbereitschaft", in: ZDF-Nachtstudio (Hg.), Große Gefühle. Bausteine menschlichen Verhaltens를 참고한다.

개인적 동기 없이도 생겨날 수 있다고 본다. 우리가 싫어하는 어떤 성질을 가진 사람을 증오하게 된다. 분노는 거의 한 개인에 대한 감정이지만_{아테네 권력자} 들이 소크라테스에 대한 증오, 부패한 특정한 정치가 등, 증오는 계층 전체에 대해 품는 감정이다. 그래서 일반적으로 도둑이나 밀고자를 증오하게 된다. 이러한 논증을 바탕으로 "분노가 시간이 지남에 따라 치유될 수 있는 반면, 증오는 그렇지 않다"[101]라고 말한다.

증오는 도덕적으로 권장되는 감정은 아니다. 그래서 증오의 감정은 포장된 정서로 혼란스럽게 은밀하게 표출된다. 동시에 은폐되어 나타나면서 이를 정당화하려는 시도가 함께 수반된다. 또한 증오는 화를 내거나 분노를 표출하는 행위와 겹쳐진다. 따라서 화와 분노는 전통적으로 부정적인 감정으로 분류되었다. 그러므로 화와 분노의 공격적 감정은 옳지 않은 상대의 행위에 대한 정당한 반응의 감정으로 포장하려는 시도를 하게 된다.

화와 분노를 표출한 사람은 상대가 옳지 않은 일을 했기 때문에, 일상에서는 흔히 '네가 화의 원인을 제공했기 때문에 내가 화를 내는 것이다'라는 말로 자신의 행위에 대한 정당화를 시도한다. 이러한 정당화 과정에서 화와 분노는 증오와 중첩되어 표출된다. 그래서 행위를 규정하는 감정은 정작 화 혹은 분노인지, 아니면 증오인지 구분이 어렵게 된다. 당하는 사람에게나 행위 주체자에게 역시 거의 구분할 수 없는 상황이 매우 흔히 일어난다. 여기서 중요한

101　아리스토텔레스, 『수사학』, 이종오 옮김, 한국외국어대학교출판부 2015, 147쪽.

것은 중첩된 행위를 표출한 후, 그 행위에 대한 이유와 근거가 자신을 포함한 당사자들에게 어느 정도 이해될 수 있는가의 문제로 환원된다는 점이다.

감정 역시 그 사회의 문화와 밀접한 관계 속에서 표출되고 이해된다. 따라서 감정에 대한 기술과 설명은 문화가 형성하는 문맥 안에서 다뤄져야 한다. 문화 안에서 감정은 매우 다양하게 다른 감정들과 혼합되어 특정한 방식으로 표현 표출된다. 감정은 순수하게 어떤 특정한 스펙트럼으로 존재하지 않고 표현되지 않는다. 특히 공격적 정서는 더욱 분명하게 이러한 표현 방식을 유지한다. 공격적 정서는 처음부터 터부의 영역에서 산출된 규범들과 복합적으로 혼재한다. 사회를 기존의 방식으로 유지하려는 터부의 힘은 시기와 질투를 포함한 증오의 공격적 감정들에 옷을 입히기를 강요한다. 시기와 질투, 증오가 생생하게 노출되기를 꺼려 하기 때문이다. 그래서 옷을 입혀서 다른 규범으로 덧씌운다.

이러한 은폐되고 덧씌워진 공격적 감정들은 종교화 혹은 종교 비판의 영역에서 정리되어 정비된 감정의 형태를 갖는다. 감정 표현을 종교의 교리와 어울리게 이해하고 해석한다. 이것을 '감정의 종교화 작업'이라 할 수 있다. 감정의 정리와 정비 작업은 이념화나 이념 비판의 영역에서도 생겨난다. 마찬가지로 감정 표현을 이념의 테두리 안에 안착시킨다. 이것을 '감정의 이념화 작업'이라 할 수 있다.

예를 들면, 전통적 감정 이론에서 '정당한 불만족'이나 '올바른 시기'라는 감정의 종교화 내지 이념화 작업의 결과들을 찾아볼 수 있다. 이와 같은 결과 구축물들은 곧 분노와 비난에 대한 이념적 정당화의 단계로 이행한다. 그래서 올바른 의미의 '시샘의 대상geneideter Sachverhalt'[102]이 가능해진다. 예를 들어 보면, 흔히 사회적 분배 현상의 정당성에 관한 토론에서 사람들을 열광시키고 광기로 몰아갈 수 있는 가장 적합한 주제와 상표가 사회적 시기와 질투에 의한 불만과 불안을 말하는 것이다. 사회적 비판이 오직 사회적 시기와 질투에 의해서만 불이 당겨지면 그것은 불만족을 가진 소수의 자기 궤변으로 몰아세워지고 비방의 벌판에 세워진다. 왜냐하면 시기나 질투 그 자체는 정당한 저항행위 동기로서 가치를 획득하지 못하기 때문이다.

따라서 사회비판이 성공적으로 진행하려면 시기와 질투 감정에 충실해서는 안 된다. 즉, 시기와 질투 자체를 정당화해서는 안 된다. 시기 질투는 자신과 관련된 것으로서 갇혀진 좁은 감정이다. 그러므로 오늘날 사회 비판의 의미에서 시기 감정의 이념화는 좀 더 보편성을 가진 정당성의 관점에서 시도되어야 한다. 정당성은 다양한 분리 관심들을 융합하면서 가능해지고, 감정의 성공적 표출은 다양한 분리 감정들과의 조화로운 표현을 통해서 성숙해지기 때문이다.

---

102 하우블(Rolf Haubl)은 시기와 혐오의 전염성 강한 경향성을 지적하고, 이 감정을 준-권리감정(pseudo-Rechtsgefuehle)으로 이해한다. 그리고 이를 이념적으로 정당화한다. 시기와 혐오할 만한 정당한 이유가 있을 수 있다는 것이다. 하우블에 따르면, 우리의 시기 감정은 대부분 사회적 분배가 적절하게 이행되지 않는다는 판단에서 생겨난다. 사회현상에 대하여 조금 반성적으로 접근해 보면, 대부분의 사람들이 얻고자 하는 부를 일부 사람들이 소유하고 있다는 사실에 공감할 수 있다. 그렇게 되면 분배에 관한 한 시기하는 것이 적절한 감정 표현이라는 주장을 뒷받침할 수 있는 수많은 이유들을 찾게 되는 것이다. 그래서 격렬한 감정들이 쉽게 이념화된다. Rolf Haubl, "Ueber Hass, Neid und Gewaltbereitschaft", in: ZDF-Nachsudio (Hg.), Grosse Gefuehle. Bausteine menschlichen Verhaltens, Frankfurt a. M. 2000, 47-75쪽 참고.

사고방식은 오만해서는 안 된다. 사고하는 행위는 사고의 경계를 알고, 자신에게 제한을 주는 일이다. 특히 감정에 관한 한 더욱 그러하다. 철학이 감정에 대해서 합리적이고 타당한 기준을 제공하려는 시도는 오만이며 월권이다. 그래서 감정 기술에 관한 한, 철학에 허용된 일은 가능한 한 문화적이고 역사적인 문맥 안에서 시기와 질투의 특성을 서술하는 것으로 만족해야 한다. 지금까지 철학적 논의에 따르면, 화, 분노, 시기, 질투 그리고 증오의 감정들을 정당화하려는 이론들은 아직 만족하게 준비되지 않았다. 정당성이라 해도 전통적 이론과의 관계 안에서 주장되기 때문에 극히 상대적이라 해야 할 것이다.

혐오와 시기는 전통적으로 규범적으로 배척의 대상이었다. 공동체 안에서 이러한 감정은 가능한 한 피해야 할 것으로 교육되었다. 적어도 피할 수 없는 것이라면, 사회가 통제하고 조절해서 일정한 길로 끌어가기를 원했다. 사회와 문화는 이러한 감정들을 분출할 기회를 열어 준 것이다. 국가 반역자들을 무자비하게 처형한 것이라든가, 규범이탈자들을 대량으로 그리고 극형으로 처벌토록 하여 혐오와 시기의 분출구를 마련해 준 것이다. 그런데 오늘날 대부분의 혐오와 시기의 행위들은 공적으로는 엄격히 금지되었다. 적어도 이른바 계몽된 사회에서는 낯선 이방인이나 약자들에 대한 혐오와 시기의 행위를 금지하고 있다. 그렇다고 해서 이 감정들은 사라지지 않았다. 은밀하게 개인화되어 지속적으로 개인영역으로 스며들어 작동하고 있다. 그리고 공개적으로 금지되었음에도 불구하고 약자들에 대한 혐오와 시기의 언행들은 여전히 힘을 갖고 있는 실정이다. 위협적인 것은 이 감정들이 폭력을 수반한다는 점이다.

사기와 혐오의 감정 표현에 뒤따르는 폭력은 폭발적이다. 그렇기 때문에 사회의 건전한 발전에 위협이 된다. 감정을 수반한 폭력은 사회에 내재하고 있는 다양한 혼란을 부추기는 비합리적 요소들을 생생하게 살아 움직이게 한다. 이렇게 되면 사회 구석에 산재해 있던 각종의 불협화음들이 제 소리를 내게 되면 전체적으로 사회 붕괴 현상으로 이어지게 되는 심각한 문제로 떠오른다. 이러한 되돌릴 수 없는 지경에 이르기 전에 일정하게 고정된 연출이 필요하다. 그래서 기획자들은, 독재자이든 민주주의자이든, 시기와 혐오의 감정을 분출할 수 있는 적당한 준비물을 제공해 왔다. 팽팽하게 긴장된 적과의 관계 끈을 항상 점검한 것이다. 긴장된 평행한 사다리 줄 영향 아래서 개인들은 계몽된 자기 이해의 상을 찾았다. 심지어 자유로운 영혼이라는 근대 시민들도 여기에서 벗어날 알리바이가 없다고 해야 한다. 따라서 증오와 혐오 감정은 사라지지 않았다. 오히려 변형된 모습으로 더 심각하게 우리의 영혼으로 들어와 잠식해 있는 것이다. 혐오와 시기는 오늘 우리 시대가 문화적으로 수용할 수 있는 길을 새롭게 개척하여 더 센 바이러스로 변신한 것이다.[103]

오늘날 강력한 바이러스로 은폐되고 심층적으로 변신한 혐오와 시기의 감정은 도덕적 우위성, 승자독식에서 오는 무능력자에 대한 멸시 그리고 남의 불행을 기뻐하는 심술궂음의 모습을 하고 있다. 기쁨이나 증오 그리고 혐오의 감정이 차차 변하고 있는 것이다. 변형된 감정들이 공적이거나 사적인 사람들의 인격을 파괴하는 결과를 초래한 것이다. 이러한 감정 변형은 사람의 삶과 방식에도 영향을 미쳐 다른 길을 만들고 있다.

---

103 문화가 허용하는 한, 자기혐오, 집단증오와 같은 많은 혐오와 시기 군(群)들이 삶의 광장에서 자기 자리를 차지하고 있는 부정할 수 없는 오늘날 현실은 이 주장을 뒷받침해 준다.

변형된 감정이 영향을 끼친 결과, 삶의 의미와 방식에 관한 다른 길들이 촉진되고 있다. 감정은 최우선으로 노동시장으로 방향을 정한다. 다시 말하면 감정 형성은 노동시장의 절대적 지배를 받는다. 감정 흐름은 지도자 위상에 적합한 내용에 맞춰지고, 스포츠에 열광하는 생산적인 시기와 질투에 경도한다. 그리고 기쁨과 황홀한 경쟁에 희열을 만끽한다. 이러한 환경 아래서 우리 감정은 실패를 수용할 능력을 상실한다. 실패가 주는 영향을 수용할 느낌 능력을 아예 키우지 않은 것이다. 변형된 감정을 가진 사람들은 실패해서는 안 된다. 어떻게든 공인이 인정하는 영역 안에서 자신의 위상을 찾아야 한다. 어떤 심혈과 희생을 치르더라도 사회적으로 견고한 밧줄을 놓지 않아야 하는 삶의 방식에 기성복처럼 맞춰야 하는 것이다. 감정들도 노동시장 친화형으로 변형된다.[104]

노동시장에 자신의 감정을 적응시키지 못한 사람은 고유한 행위 가능성을 인지하지 못하게 된다. 이들은 루저나 부적응자로 분류되고, 이 범주에 속한 사람들은 주변의 변화와 흐름을 매우 회의적으로 관찰하면서 감정을 더욱 수동적으로 변형시킨다. 그래서 수동적 변형으로 이뤄진 감정 소유자는 더욱 감정의 심화된 측면을 드러내게 된다. 그래서 단순한 시기에서 불쾌한 질투로 변한다. 왜냐하면 극단화된 시기 감정에 치우쳐서 내가 소유할 수 없는 것은 다른 사람들도 소유해서는 안 된다는 판단을 고집하게 되기 때문이다.

---

104 이 외에도 시기와 혐오는 다양한 형식으로 설명되기도 한다. 시기와 저질 평준화, 시기가 시간의 지속과 연관되어 나타나는 원한과 적대감, 시기의 근원적 발생 원인에서 나눠 볼 수 있는 차이로서 적게 해를 끼치는 시기와 자신을 비하하고 파괴하는 시기들의 구별이 가능하다.

이러한 불쾌한 질투는, 이러한 억압된 상황이 지속될 경우에, 자연스럽게 증오로 이어지고 나아가서 폭력적 증오로 연결된다.

넓은 의미에서 공격적 폭력 가능성을 가진 모든 감정들이 멸시되고 터부시되는 것은 아니다. 분노와 격앙된 분개와 같은 감정은, 공격적 폭력을 수반할 수 있지만, 꼭 부정적이지 않다. 그 나름대로 생산적 측면이 있는 것이다. 그 생산적 특성을 도덕과 연계하여 설명해 보자.

3.6. 도덕적으로 인정될 수 있는 분노와 분개가 가능한가?

감정 표현은 그 사회의 문화적 도덕상과 밀접한 관련이 있다. 증오와 시기 개념은 흔히 도덕적으로 폄하되는 경향이 있다. 그러나 나름 사회적 공헌을 한다. 증오와 시기 개념은 제3인칭의 관점에서 볼 때 매우 부정적이다. 그러나 분노와 화는 부정의에 항의하는 적절한 반응으로 이해될 수 있다. 이러한 문맥 안에서 분노와 화 개념은 수치심과 죄의식과 관련이 있다. 그래서 분노와 유사한 개념들을 분석하고 이들이 각각 도덕감과 어떤 상관관계를 보이는지 분석할 필요가 있다.[105]

---

105 그래서 본 장에서는 분노와 화 개념을 수치심 개념과 연계하여 연구한다. 위에서 언급한 Rolf Haubl의 이론을 정리한다.

지금까지 다뤘던 혐오와 무시의 감정에 대한 분석은 이러한 정서들이 문화적으로 구조화된 네트워크 아래서 작동하고 있음을 분명하게 보여 주었다. 감정들의 표현은 문화의 그물망 아래서 전개되는 씨줄과 날줄의 연결고리로서 상호 보조적 기능을 통해서 자기 기능을 하고 있기 때문에 감정을 분리하여 설명하고 이해하려는 것은 통합적 · 인문학적 사고와 거리가 멀다고 보아야 한다. 이 장에서 다루는 감정들은, 분노와 분개 감정은 공격적 성질을 가진 정서들에 속하지만 개별적으로 특징적인 차이가 있다. 위의 혐오와 무시 개념들은 흔히 사회적으로 비난의 대상이 되는 감정들이다. 이 감정을 소유한 주체의 자화상에 비춰서나, 제3자의 관점에서 비춰 볼 때나 부정적 감정으로 이해되고 있는 것이 사실이다. 이들은 도덕적으로나 교육적으로 개선되어야 할 이유가 있다.

그러나 분개와 분노 감정에 대한 분석에서는 그들이 가진 특성으로 인한 특별한 차이를 구분해야 할 필요가 있다. 위의 혐오와 멸시와 달리, 분개와 분노의 감정은 천시되거나 터부시되지 않는다. 분개와 분노는 도전에 대한 적절한 반응으로 이해되는 부분을 갖는다. 더구나 옳지 않은 일에 대한 강요나 상대가 요구하는 부정한 행위를 위한 공모 제안에 대해서 화를 내거나 분노하는 것은 얼마든지 가능하기 때문이다.[106] 다시 말하면 부정한 일에 대한 도전으로서 분개와 분노의 감정이 생산적이며 긍정적으로 표출될 수 있다는 것이다. 이러한 의미에서 보면, 분개와 분노는 공동체를 위해서 아주 필요한

---

106 요즘 전 사회를 뒤덮고 있는 국정논단이 발생하게 된 근본 구조를 바로 이 감정들의 적용과 관련하여 논의할 수 있다. 옳지 않은 것에 대한 분노함과 분개함의 정서가 거의 작동하지 못한 사회 시스템에 대한 비판에서 개선으로 나아가야 한다. 그리고 옳지 않은 일에 대한 협조가 자신의 이익과 평행하는 것으로 인식하는 미성숙한 개인들에 대한 스스로의 성찰과 반성에 관한 문제가 반드시 논의되어야 할 것이다.

기능을 맡고 있다.

　　부정의와 옳지 않음에 대한 응전으로서 분개와 분노 개념을 사용함에 있어서 부정의함은 이미 도덕과 내적인 연관성을 갖고 있다. 어떤 것이 부정의 하다는 것은 이미 도덕적 판단 기준에 의해서 판단되었기 때문이다. 따라서 공격적 감정으로서 분개와 분노 개념을 도덕적으로 사용할 충분한 전제를 확보한 셈이다. 이렇게 생각해 보면 공격적 감정이면서 도덕적으로 사용될 수 있는 개념인 분노와 분개를 부끄러움이나 죄의식 감정과는 다른 방식의 도덕적 감정으로 규정할 수 있을 것이다. 이것은 하등 놀랄 일이 아니다. 더구나 분개와 분노 개념에 대한 깊은 이해를 위해서 위의 감정들과 도덕 사이의 긴장 관계는 더욱 세밀하게 규정되고 분석되어야 할 것이다. 논의를 이어가기 위해서 먼저 공격적 정서의 열외에 서 있는 부끄러움이나 죄의식에 대한 분석이 우선 필요하다.

　　부끄러움과 수치 감정은 원죄의 의식에서 출발한 감정이다. 원죄 의식은 원래 선악의 개념처럼 종교적인 개념에서 출발한다. 특히 유태교나 기독교에서 그 뿌리를 이룬다. 죄란 신이 마련한 율법을 거스르며 의식적으로 인간 자신의 자율 의지를 발동하는 것이라고 한다. 죄의 기원을 보면, 본래 '목표에 어긋나다'라는 뜻이다. 신이 정한 목표나 규범을 거역하고 인간이 자신의 의지대로 신에게 도전하는 것으로 신이 원하는 목표에 거역하는 인간의 행위를 죄라고 본 것이다. 이러한 신화적 사고의 틀 안에서 인간은 죄를 통하여 신과 인간의 관계를 어떻게 정립해야 할 것인가를 고민한 것이다. 죄를 고백하고 신의 율법 안에서 생활할 것을 요구한다. 신의 구원에 의한 인간다움을 모색한 것이다. 따라서 죄를 범할 수밖에 없는 인간은 종교적으로 자기의식을 반성하는 것과 신의 구원을 통한 더 나은 세계를 희망한 것이라고 볼 수 있다. 그러므로 원죄 의식 안에는 신의 질서 기준과 이를 어겼을 때 내리는 분노 개념이 함께 작용한다. 이런 생각을 바탕으로 수치심, 죄의식을 분노, 분개와 연계하여 한 범주로 다룰 수 있다.

수치와 죄의식 감정에서 주체는 동일하다. 다시 말하면 부끄러움을 느끼거나 죄의식을 갖는 자와 이와 같은 의식을 갖도록 한 행위를 유발한 사람이 동일한 사람이다. 따라서 부끄러움은 스스로의 행위에 대한 반성적 자기표현이다. 그러나 분개와 분노 감정의 주체는 동일하지 않다. 즉, 분노, 분개하는 주체는 이 감정을 일으키게 한 사람과 동일하지 않다. 다른 사람의 행위에 대한 반응으로 분개하게 되는 것이다. 즉, 분노는 다른 사람의 잘못된 행위에 대해서 화를 표현하는 행위이다. 이렇게 서로 다른 구조를 갖지만, 위 범주 감정이 표출되기 위한 공통적인 점은 어떤 주체가 도덕적으로 매우 중요한 규범을 어겼다는 것이 기본으로 전제되어 있다. 전자에서는 누구나 지켜야 할 도덕적 규범을 스스로 어겼다는 것이며, 후자에서는 모두가 중요하게 생각하는 도덕적 규범을 다른 사람이 지키지 않았다는 것을 뜻한다.

한 범주로 다루고 있는 감정들은 도덕에 대한 우리 경험과 아주 밀접하게 관련되어 있다. 도덕 경험은 주체의 도덕적 관점에 따라서 형성되는 것이기 때문에,[107] 위의 감정들이 어떤 도덕적 관점에서 판단할 수 있는 전제를 표현

---

107 어떤 행위를 도덕적 혹은 비도덕적이라고 판단하는 것은 자신이 가진 도덕적 관점에 따른 판단 결과로 보아야 한다. 즉, 사람은 도덕 경험을 하기 위해서 어떤 도덕적 관점을 전제로 하고 있다.

할 수 있는지, 있다면 어떤 의미에서 할 수 있는지, 하는 물음은 해결하기 어려운 논쟁거리를 불러올 수 있다. 이 글의 흐름을 지속하기 위해서 더 이상 이 논의로 들어가지 않는다 그러나 여기서 다룰 수 없는 문제가 있다. 분개, 분노 그리고 수치심의 감정은 도덕적 관점에서 중요한 사태를 위한 척도로서 유효할 수 있다는 것을 아무도 부인할 수 없다는 것이다. 한 주체에게 있어서 도덕적 규범과 금지는 매우 중요한 영향을 미친다. 이것은 의심할 수 없는 사실이다. 그런데 규범을 파괴하는 경우에 느끼게 되는 위의 감정들을 경험하게 된다는 것 또한 부인할 수 없다.

그러나 감정 표출이 도덕적 규범을 어긴 것에 대한 증명이라는 가정은 아마도 잘못된 것이다. 다시 말하면 수치와 화 그리고 분노를 드러냄이 도덕적 관점에서 중요한 규범을 파괴하는 것에 대한 증명이라고 할 수 없다는 뜻이다. 예를 들면, 부끄러워한다는 것은 도덕적 행위와 상관이 없는 경우가 있기 때문이다. 서로 약속했던 일을 어기거나 숙달된 손 기능을 보여 주지 못할 때, 사람들은 부끄러워한다. 음치가 부끄러워하는 것도 마찬가지다. 이러한 행위들은 도덕적 행위와 질적으로 동일한 것이라고 볼 수 없다. 그러니까 화를 냈다고 해서 상대가 도덕적으로 잘못을 범했다 할 수 없으며, 수치심을 가졌다 해서 자신이 어떤 도덕적으로 비난받을 행위를 했다고 말할 수도 없는 것이다. 페널티킥을 성공시키지 못한 대표선수가 부끄러워할 수 있다. 페널티킥을 실축한 것은 도덕적 행위와 전혀 무관하다. 그러니까 부끄러워했다 해서 꼭 도덕적 행위와 연계되지는 않는다. 그러므로 수치, 분노의 표출은 도덕적 규범을 어겼다는 명백한 증명이라고 할 수 없는 것이다. 그럼에도 불구하고 사람들은 자신이 옳다고 혹은 옳지 않다고 믿는 것을 근거로 해서 도덕적 규범을 어겼다고 생각하면 수치심이나 부끄러움 혹은 분노나 분개로 감정 표현을 한다.

수치나 분노 감정을 갖기 위하여 먼저 도덕적 규범이든 혹은 숙달된 것을 인정해야 할 필요성이 있다. 특정한 상황 아래 살인하는 것은 옳지 않다. 그러니 살인자는 분노의 대상이 된다. 골을 성사해야 할 기회에 실축한 것은 잘못된 것이다. 그러니 기회를 놓친 선수는 부끄러워해야 한다. 따라서 자신이나 다른 사람이 규범을 손상하는 것에 대해서 부끄러워하거나 분노한다면, 이 손상된 규범은 해당하는 사람에게 중요한 의미를 갖는 척도라고 해야 한다. 따라서 다음과 같이 말할 수 있다; 수치나 분노의 감정을 표출한 사람은 이미 특정한 규범을 인정했음을 확인할 수 있으며, 이 규범은 그 해당자에게 합리적으로 옳은 것이라고 증명될 수 있으며 동시에 이 규범은 자신의 삶에 있어서 중요한 의미를 갖고 실제로 삶을 이끄는 것이라고 말할 수 있는 것이다. 이와 같은 것은 수치심이나 분노를 전혀 느끼지 않는 사람을 통해서 추론할 수 있다. 만약 사람이 부끄러워하지도 않고 화를 내지도 않는다면 어떨까? 생각만 해도 매우 끔찍한 일이다. 여기에 해당하는 사람이 있다면, 그에게는 자신의 삶에서 중요한 것이라고 인정하는 옳음에 대한 척도가 부재하며 또 이를 바탕으로 추구하려는 삶의 방향도 이미 상실되어 있지 않을까?

　　이러한 관점에서 보면, 수치와 분노 감정은 잘못된 행위에 대한 일종의 보복의 의미를 갖는다. 그래서 어떤 일에 대하여 수치스러워하고 분노하는가는 곧 자신이 생각하는 도덕적 방향 정립을 암시하는 것이며, 동시에 한 인간의 양심의 단면을 제시하는 소중한 정보가 된다. 여기서 하나의 해결은 또다른 물음을 수반한다; 첫째, 감정은 잠깐 생겼다가 사라지는 그래서 너무 피상적이지 않은가? 그러니 해당자의 도덕적 방향성에 대해서 정보를 줄만큼 감정을 신뢰할 수 없지 않을까? 감정은 순간 생성되었다가 다시 풀어지는 성질이 있기 때문에 한번 생성된 감정으로 그 사람의 도덕적 잣대를 추정하기 어렵다는 뜻이다. 둘째, 위에서 잠깐 언급했지만, 수치심이나 분노감이 비도덕적인 척도를 어기는 것에 대한 반응으로 나타난다면, 그 경우에 감정이 도덕적 방향성을 지시하는 것이라는 주장이 어떻게 가능하겠는가? 감정은 도덕적 방향성과 비도덕적 척도를 동시에 수반할 수 있기 때문에 이들의 경계를 나누는 일이 쉽지 않다는 뜻이다.

화의 개별 감정을 예로 들어 보자. 개별 감정만으로 화를 유발한 사태가 도덕적인 사태인지 아닌지 알 수 없다. 먼저 상황이 고려되어야 할 것이다. 손상된 규범이 어떤 상황에서 이뤄졌는지 당사자에게 명백해야 한다. 당사자가 어떤 경우에 화를 냈다면, 그는 그에 해당하는 규범 손상을 경험했을 때 화낼 수밖에 없는 자신의 견고한 입장을 이미 가졌을 것이다. 이것은 우리가 규범 개념을 보편화시켜 적용할 때 추론해 볼 수 있는 일이다. 어떤 명제를 도덕적 규범으로 인정한다는 것은, 그 규범이 모든 사람에 의해서 각별한 것으로 인지되었거나 혹은 적어도 특별한 유형으로서 개인에 의해서, 즉 화를 낸 당사자 한 사람에 의해서 각별한 것으로 인지되었다는 뜻이다. 이렇게 생각해 보면 개별적으로 사람에 따라서 특별한 도덕규범이 요청된다는 것도 수긍할 수 있다. 예를 들어, 조국을 구하려는 애국자에게는 그가 도덕규범을 인정하는 울타리 안에는 일반 사람들이 생각하는 것보다 더 높은 도덕규범들이 자리해야 할 것이다. 어쩌면 애국자들은 일반 사람에 비하여 순국이라든가 희생이라는 규범을 아주 일상적으로 받아들일 수 있는 것이다.

개념적으로 이해했을 때 규범개념은 이미 일반화를 전제로 해야 한다. 만약 규범을 일반화할 수 없다면, 어떤 규범을 개인을 위한 행위 규범으로 적용시킬 수 없게 될 것이다. 즉, 규범의 일반화가 인정되지 않으면 규범의 행위자 적용 가능성을 잃게 된다. 규범의 일반화가 부정되면, 규범은 오직 그 규범을 자신의 규칙으로 만드는 사람에 의해서만 타당성을 갖게 된다. 즉, 규범을 인정하는 사람에게만 적용된다는 것이다. 이런 상황에 이르게 되면 내가 수용한 규범을 다른 사람이 수용하라는 것을 기대할 수 없다. 그렇게 되면 규범이 손상되었을 때 화를 내거나 유감을 표시하는 일이 상호 소통되지 못한다. 따라서 내가 화를 냈을 때, 상대는 전혀 화낼 일이 아니라고 할 수 있는 넓은 공간들이 전개되는 것이다.

일반적으로 규범은 힘을 갖는다. 규범은 도덕적 규범일 수도 있고, 미학적 규범일 수도 있으며 또한 사소한 일에 대한 규칙을 의미할 수도 있다. 이러한 규범들은 어떤 영역에 속하든 개인들에게 힘을 행사한다. 규범들은 개인에 대하여 매우 다른 방식으로 권위를 갖고 있으며 어떤 사람은 많은 권위를 부여하나 다른 사람은 그렇지 않은 경우가 있다, 또한 이러한 권위들은 사람에 따라서 각기 차이가 나는 힘을 행사한다. 그러나 이러한 힘이 행사되는 것은 사람에 따라서 다양하게 전개된다. 어떤 사람은 규범이 미치는 영향력에 대하여 일정한 거리를 유지하는가 하면, 또 다른 사람은 아주 최소한의 거리만 유지하기도 하고 심지어 어떤 사람은 규범의 영향력을 완전히 무시하기도 한다. 그래서 규범과 개인 사이의 상관관계는 "그 사람이 어떤 삶을 살아왔는가?"라는 물음과 아주 밀접하게 연결될 수 있다.

예외가 있을 수 있겠지만, 단순하게 말해서 명백한 것은 다음과 같은 사실이다; 사람들은 일반적으로 도덕적 타당성을 가진 규범들에서 일정한 거리를 두거나 이를 무시한다는 것은 쉬운 일이 아니다. 그렇기 때문에 이렇게 추론할 수 있다; 수치심과 분개 감정은 규범을 손상시켰기 때문에 발생한다. 특히 당사자가 무시할 수 없는 규범일수록 그 감정은 고조되거나 심화된다. 마찬가지로 도덕적 방향성을 정립할 정도의 규범에 대해서는 더욱 큰 영향을 받는다. 따라서 이러한 척도를 바탕으로 할 때 도덕적 분개나 수치심은 비도덕적 분개나 수치심과 그 차이가 분명하게 드러난다. 규범에 대한 거리를 둘 수 없다는 것, 즉 한마디로 말하면 무시할 수 없는 규범에 대한 척도가 도덕적인 것과 비도덕적인 규범을 구분하는 지시어가 되는 것은 아니다.

도덕적인 성질을 수반하지 않는 규범들에 대하여 무시하거나 거리를 둔다는 일은 매우 어려울 수 있다. 예를 들면, 야심이 많은 성공 지향적인 사람은 특정한 스펙과 업적을 쌓는 일로부터 거리를 두기 어려울 것이다. 이 일에 매진하다 보면 자연스럽게 주변 사람과의 바람직한 관계 행위가 소원해질 것이다. 그에게 있어서 성공적인 업적을 쌓는 일은 생활의 규범으로 작동할 것이며, 적어도 본인이 이 규범을 합리적으로 의심하기 전까지, 이 규범은 자기 파괴로까지 인도할 수 있는 견고한 타당성을 갖게 될 것이다. 물론 성공 지향적인 사람에게 업적은 도덕의 명령과 전혀 다르다. 그렇지만 도덕이 아닌 것이 사람을 이끌 수 있다. 이것은 매우 당연하다. 그에게 도덕감은 다른 감정으로 변형된 것이기 때문이다. 그는 다른 사람의 모습을 한 것이다.

그래서 단순히 무시할 수 없다는 속성만으로 도덕적 규범이라 할 수 없다. 도덕적인 것 외에도 사람이 거리를 둘 수 없는 것들이 수없이 많기 때문이다. 성공욕, 명예욕, 권력욕, 욕망 등등 부지기수이다. 그래서 어떤 규범이 도덕적 규범이기 위해서 무시할 수 없는 속성과 함께 또 다른 속성을 부가해야 한다. 그 속성은 자신이 원하는 규범을 다른 사람에게도 권해야 한다는 것이다. 즉, 내가 규범으로서 타당한 것이라고 인정한다면, 다른 사람도 그것을 수행하도록 요구해야 한다는 뜻이다. 이것은 사람의 행위에 있어서 진지함과 관련이 있다. 사람은 규범과의 수행관계에 있어서 -이것이 사람의 실천적 삶의 영역인데-, 무조건적으로 진지함이 요구되어야 한다. 규범은 실천해야 하며, 현 상황에서 실천할 수 없다면 그에 대한 충분한 이유가 합리적으로 존재해야 한다.

이러한 고찰을 거쳐서 우리는 규범에 관해서 한 척도Kriterium 에 접근할 수 있다. 일찍이 투겐타트가 제안한 것인데, 순수한 도덕감의 동일화 개념이다. 즉, 수치심과 분개의 상호 관계의 개념을 동일성으로 파악하는 주장이다. 투겐타트에게 있어서 도덕적 의미의 수치심은 잠재적 관찰자의 분개 감정과 일치한다. 동일한 사태를 사이에 두고 행위 주체자는 부끄러움을 느끼고 그 행위를 관찰하는 사람은 화를 내는 경우에 도덕적이다. 도덕의 틀 안에서 내게 부끄러움은 타자에게는 분개 감정으로 엄습한 것이다. 행위자와 관찰자의 관점에 따라서 동일한 사태가 서로 다른 감정으로 나타나지만 결국 하나의 사태 안에서 머문다. 즉, 하나의 사태 안에서 서로 일치하는 것이다.[108]

이러한 관점으로 수치심을 설명하면, 수치심에 대한 척도를 제시할

---

108 투겐타트는 도덕적 수치심과 비도덕적 수치심 사이 개념적 차이를 언급하고 있다. Ernst Tugendhat, Vorlesungen ueber Ethik, Frankfurt a. M., 1993, 59쪽.

수 있다. 아래와 같은 조건을 충족하면 그 수치심은 도덕적 성질을 갖춘다. 규범을 손상하는 일이 발생했고, 발생시킨 당사자가 그로 인해서 부끄러움을 느꼈으며, 동일한 사태에 대하여 다른 제3자에 의해서 화와 분개가 촉발되었으면 그 규범손상은 도덕적인 것에 해당한다. 비도덕적인 것은 그렇지 않다. 마찬가지로 척도를 적용하면 비도덕적인 수치심은 규범을 손상한 사람이 부끄러워하지만 제3자가 화나 분개의 감정을 갖지 않으면 그 규범손상은 도덕적인 것이라 할 수 없다는 것이다.

이러한 투겐타트의 주장은 비판의 여지가 있다. 그가 주장한 것처럼 한 사태에 대해서 행위자는 부끄러워하고 다른 제3자는 화를 내는 경우에도 도덕적이라 할 수 없는 사례가 무수히 많이 있기 때문이다. 예를 들어, 결승전 승부를 판가름하는 마지막 페널티킥을 실패한 선수는 스스로 부끄러움을 느낄 것이며, 이를 지켜보던 응원관중들은 화를 내고 분노할 수 있다. 이 경우 페널티킥을 실축한 것은 전혀 도덕적인 문제가 아님에도 불구하고 한 사태에 대해서 부끄러워함과 분개가 일치했다고 해서 도덕적인 사태라고 말하는 것은 무리한 주장이라고 생각한다. 이러한 예들은 우리 주변에서 흔히 발견할 수 있다. 아이의 재능이 충분히 발현되지 못한 경연대회의 결과 앞에서 부모는 아이에게 화를 내고, 아이는 수치심으로 부끄러워한다 해서 그 사태를 도덕적인 것이라 할 수 없는 것이다. 따라서 투겐타트가 주장한 도덕의 일치설은 공감하기 어려운 약한 주장이다.

그러나 수치심과 분개 감정의 상호 관계 일치설을 부정하는 것은 아니다. 이 이론이 가진 옳은 면이 있다. 수치심과 분개 감정의 상호 관계는 도덕에 아주 중요한 상황을 표현한다. 행위의 당사자는 스스로가 타당하다고 생각한 규범을 타자도 그렇게 생각하기를 기대한다. 큰 틀 안에서 보면, 도덕은 사람들이 상호 기대하는 행위에 바탕을 하고 있다. 투겐타트에 있어서 이것은 도덕적 규범들이 처음부터 상호 주관적 성질을 갖는다는 것에 대한 간접증거에 속한다. 도덕은 감정의 상호 주관성의 성질에서 출발한 것이다. 이때 도덕은 많은 사람들의 동의를 바탕으로 한다는 암묵적 전제가 깔려 있다. 도덕은 많은 사람들에게 해당하는 규범이며, 따라서 그 규범은 많은 사람들에 의해서 공유되고 지속 가능성을 보장받는다.

도덕이 반드시 상호 주관적 성질 안에서 작동해야만 하는 것은 아니다. 다시 말하면 극히 주관적으로도 도덕규범의 적용이 가능하다. 일련의 주관적 도덕규범의 경향은 누군가 혼자서, 특별한 상황 아래 있을 때, 주변의 모든 환경들이 자신에 대해서 공격적으로 덤벼올 때, 자신이 내세운 특별한 도덕적 규범을 내세우고 이에 따라서 도전에 응전한 후, 그 일이 지난 후, 다른 사람들에게 동일한 상황이라면 타자들도 당연히 자신의 행동방식에 따라야 한다는 기대를 한다. 이것은 도덕의 문제가 반드시 상호 주관적으로 규명되는 것이 아니라 개인의 독단적 판단에 의거할 수도 있다는 것을 보여 주는 사례이다. 이 사례에서도 수치심과 분개 감정의 상관성을 엿볼 수 있다. 그래서 본인에게 수치심을 유발하게 하는 손상된 도덕규범은 다른 사람이 이 규범을 어겼을 경우에 그에게 화를 내는 결과를 초래한다. 이렇게 수치심과 분개함은 밀접하게 상호작용한다.

그런데 도덕감정의 상호작용 문제도 도덕감을 어떻게 이해하는가에 따라서 다른 결론에 이르게 된다. 도덕감을 고찰할 때, 적어도 보편적 도덕 이해와 상대적 도덕 이해로 크게 나눌 수 있다. 서로 다른 위 두 입장은 각기 달리 이해하는 도덕개념의 차이에 근거한 것이다. 상대적 도덕 이해에 따르면, 한 주체가 도덕규범을 정하고, 자신은 이 규범을 손상했을 때 부끄러움을 느끼며, 타자가 이 규범을 어기면 화를 내고 분개한다. 그러니까 상대적 도덕감 이해는 주체의 도덕결정권에 의한 것으로 보아야 한다. 이와 달리 보편적 도덕 이해의 입장에 따르면, 도덕감 이해는 상호 주관적 타당성에 근거한 것으로 인식한다. 보편적 도덕 개념이 이미 전제된 바탕 위에서 이해가 이뤄진다.

지금까지 도덕적인 것과 비도덕적인 규범 침해를 구별할 수 있는 척도를 제시하기 위하여 투겐타트의 수치심과 분개 사이의 상호 일치 관계를 살펴보았다. 도덕적 규범을 수치심과 분개의 감정 사이의 상호 관련성을 도움으로 그가 시도했던 일치이론은 아래와 같은 문제점을 안고 있다; 위의 상호 관련성은, 수치심과 달리 분개함^{화는 내는 것}은 항상 도덕적 보복으로서 이해해야 한다고 가정하는 조건 아래서만, 도덕적인 것을 특성화하고 있지 않은가? 그렇다면 이 논증은 단지 동어반복의 원리에 불과하다. 이런 방식으로 논증하는 것은 도덕의 개념이 미리 가정되었기 때문이다. 우리는 도덕에 대한 모든 논의는 이미 도덕에 대한 선개념을 전제한다는 생각에 만족하지 않는다. 이뿐만 아니라 사람들이 도덕적으로 중요한 것이라고 할 수 없는 어떤 사태에 대해서 분개하는 경우가 수없이 많다. 이러한 경우들은 도덕적인 것과 비도덕적인 것에 대한 이해가 매우 다양할 수 있기 때문이다.

예를 들어 보자. 전통적으로 일정한 형식으로 진행해 온 한 가족모임이 있다. 한 구성원A 이 정해진 시간보다 늦게 나타났다. 이에 대해서 다른 구성원들이 분개한다. "어떻게 우리 모임에 늦을 수 있는가?"라고 격렬하게 비난한다. 나중에 확인한 결과, A는 그 모임에 중요한 의미를 두지 않았지만, 다른 구성원들은 매우 중요한 가치를 두었다. A가 늦게 나타난 그 순간을 좀 더 천천히 분석해 보면, 화가 생생하게 느껴지는 바로 그 순간에 앞서, 먼저 자리한 구성원들은 이미 도덕적으로 '모임에 늦게 나타나는 것은 잘못된 것이다'라는 도덕적 판단을 내린 상태에 있었다. 다시 말하면 이 상황 아래서 화를 내는 것은 이미 도덕적 판단을 내린 후라는 뜻이다. 여기서 상황과 연계하여 부당함을 느낀 것이 도덕적 입장을 발전시킨 것인지, 혹은 이미 오래전부터 몸에 밴 도덕적 입장인 것인지 하는 질문이 가능하지만, 우리의 논의에 집중하기 위하여 이 질문은 무시하기로 한다. 하여튼 위에서 언급한 경우도 예외 없이 분개하는 것은 하나의 도덕 감정의 표현으로 인정해야 한다.

여기서 오해해서는 안 되는 점이 있다. 감정을 발생하게 한 사태가 항상 어떤 사람에 의해서 화나 분개함을 수반해야 한다는 뜻은 아니라는 것이다. 해당하는 사태는 상황과 거리를 두고 봤을 때 비도덕적일 수 있다. 예를 들어, 도덕감과 상관없이 단순히 화를 나게 하는 동기가 될 수도 있다.

이제 분개하는 것과 분노하는 것 사이의 관계를 살펴보자. 화를 내는 것과 분노하는 행위 사이에는 구별해 보아야 할 차이가 있으며, 이 차이를 명료하게 하는 일은 유의미하다. 이들의 관계를 명료하게 하는 것은 매우 어려운 일이지만, 개념 자체 이해를 위해서 필요한 것 같다. 위 두 감정 개념들은 아주 가까이 이웃하고 있으며, 서로 중첩되는 부분도 많다. 그래서 이 개념들을 구분할 수 있는 명료한 기준들을 제시할 수 있으면 큰 의미가 있을 것 같다. 우선 분노 감정은 대상으로서 인격체 ^{개인 혹은 집단이나 복수}를 목표로 한다. 분노의 대상이 되는 누군가가 존재해야 한다. 대상은 한 개인일 수도 있고 복수의 여럿일 수도 있다. 분노가 발생했을 때 그 대상은 분노하는 자신일 수도 있고, 적어도 분노하는 사람과 가까이 있는 사람일 것인데, 이때 해당하는 대상은 부당한 일을 함으로써 규범을 손상했다. 이로 인하여 분노를 유발한 것이다. 이렇게 보면 분노 감정은 두 가지 조건을 필연적으로 갖췄을 때, 즉 대상으로서 인격체를 목표로 하며 그 대상이 규범을 손상시킨 경우에 발생한다고 보아야 한다.

그러나 격하게 화를 내는 분개의 경우는 다르다. 화를 내는 경우에는 위 두 조건이 꼭 필연적이지 않다. 화를 내는 것은 분노에 비하여 덜 구체적이다. 화를 내는 일은 분노에 비하여 뚜렷한 대상을 갖지 않기 때문에 훨씬 더 추상적이고 분노에 비하여 구체적인 갈등에 의해서 생성된 정의 비전에 대한 감염력이 더 강하다. 이에 반하여 증오 감정은 비교적 지속된 삶의 방식 과정에서 만들어진 구체적 적대자를 대상으로 한다. 동시에 증오하는 사람은 자신이 항상 옳음의 편에 서 있다는 확신을 갖는다. 그리고 증오 행위와 더불어 정의를 요구한다. 따라서 증오의 표현이 정의를 실현하는 일로 간주되는 것이다.

그래서 화를 내는 것 ^{분개함}은 막연한 것일 수 있다. 그 결과 화를 낸 후, 지각된 옳지 못함에 대한 책임의 문제라든가 잘못된 일에 대한 해결책을 강구하는 문제에서 뚜렷한 방향 설정 없이 애매한 상태에 머문다. 그러나 분노가 발현되면 그 대상은 항상 분명해야 한다. 증오의 대상은 분명히 눈앞에 선명한 상^像으로 존재한다. 예를 들면, 착취당하는 노동자 입장에 서면, 분노의 대상으로서 착취하는 자본가의 모습이 분명하게 하나의 상像으로서 대립되는 것과 같다. 바로 그 상으로 대변되는 인격체가 모든 분노의 대상이 되어야 한다. 옳지 않음을 행한 사람을 분명한 상으로 정립하는 일은 잘못된 일을 바로잡기 위한 행위로 나아가기 위한 조건이 된다. 올바른 해결을 하기 위해서 먼저 옳지 못한 일을 하는 사람의 모습을 분명한 상으로 가져야 하기 때문이다. 이러한 의미에서 분노는 단순한 분개함보다 훨씬 정의로움의 이상에 더 가까이 가 있다. 여기서 누구의 정의에 대한 이상이 더 정당한 것인가 하는 문제는 미해결로 남겨 두도록 한다

위의 분개와 분노의 차이 설명에 대한 예를 들어 보자. 서울역 지하철에 한 노숙자가 있다. 노숙을 시작한 지 한 달이 되어 간다. 그는 자신의 주변에서 무엇인가가 잘못되어 가고 있는 것 같지만 정작 그것이 무엇인지 분명하게 인지하지 못한다. 어느 날 그는 배고픔에 지쳐 하늘을 향해 소리를 지른다. 자신에게 혹은 대상이 불분명하지만 누군가를 향해 화도 난다. 그래서 더 크게 고함을 지른다. 그의 화를 수반한 고함 소리는 일종의 구원을 요청하는 소리일 수 있다. 이 광경을 목격한 지나가는 행인이 노숙인의 고통스러워함을 보고 도움을 줄 수 있다. 그리고 노숙자와 긴 이야기를 나눈다. 오랜 대화 후, 노숙자의 슬픔과 고통을 경험한 행인은 이 모든 일에 대한 원인이 무엇인지 고민한다. 무엇인가 잘못된 일이 분명히 어떤 것이며 또 그것은 어디에 그 근원이 있는가? 하는 문제를 자신의 중요한 삶의 문제로 고민한다. 어느 정도 시간이 지난 후, 그 행인은 노숙자를 화나게 한 잘못된 것의 정체를 나름 분명하게 인식하게 된다. 그사이 자신의 도덕적 차원에서 사회적 부당함의 실체를 파악한다. 사회의 부정의함에 대한 인식은 그 행인을 현 사회구조와 흐름의 경향성에 대한 비판적 입장을 갖게 하고, 결국 그를 차차 분노하는 사람으로

변모하게 한다. 잘못된 사회현상에 대해서 분노하게 된 행인은 자신에게 허용된 그리고 가능한 어떤 일을 시도하게 된다. 그래서 행인은 노숙인의 화를 인지한 상태에서 분노하는 사람으로 변신하게 된 것이다. 그러므로 이 과정을 살펴보면 화는 불분명하고 막연한 것으로 부당함을 변하게 하는 힘으로 작동하지 못하지만, 증오는 화가 더 심화되어 대상을 분명하게 정립시켜 그 해결과 방안을 모색하게 하는 실천적 대응의 길로 나아가게 하는 감정이다. 여기서 분개와 분노 감정에 대한 이해에 만족하자.

분노와 분개 감정에 유사한 가족 유사성 정서를 생각해 보자. 현대인들이 가진 정서에서는 그 흔적을 거의 찾아볼 수 없는데, 아리스토텔레스는 이 정서를 "네메시스Nemesis"라 칭했다.[109] 우리말로 번역하면 "정당한 불쾌함gerechter Unwille"의 감정쯤 되겠다.[110] 흔히 불쾌함은 주관적인 것으로 치부되기 쉬운데, 여기서 불쾌함은 일반성을 요구하는 불쾌감이라 흔히 생각하는 불쾌감과 매우 다른 특성을 갖는다. 아리스토텔레스에 따르면 '정당한 불쾌함'은 주관에서 비롯한 고통스러운 아픈 느낌이다. 사회의 규범에 충실하고 느끼는 능력을 갖춘 사람은 다른 사람이 부당하게 행운을 누리는 것에 대해서 불쾌한 고통을 느끼는데, 이 고통은 자신이 지키려는 옳음이 손상되었다고 생각하는 데서 오는 고통이다. 그래서 주관의 입장에서 생각할 때 정당한 것이며, 고통

---

109 Aristoteles, Rhetorik, a. a. O., 1386 b(112).

110 정서가 어떤 내용으로 채워지는가는 그 시대의 문화에 관련이 깊다. 문화의 영향을 받아서 정서가 형성될 때 (도덕적) 규범이 큰 역할을 하게 된다. 도덕적 규범은 정서적 체험을 각인시키며, 기존 문화를 새로운 문화로 변형시켜 나간다. 그래서 도덕적 규범은 감정의 느낌에 영향을 미쳐 어떤 정서를 구체화시키며 나아가서 형성된 정서들이 주가 되는 행위를 만들어 나간다. 그리고 이러한 인간 행위는 '문화'라는 이름을 갖는다.

이 되는 슬픔의 감정이다.

이 감정은 단순히 시기나 질투와도 다르다. 아리스토텔레스도 이 두 개념을 분리한다. 일반적으로 시기나 질투는 다른 사람이 부당하게 벌어들인 이익이나 행운에 대해서 주관적으로 고통을 느끼는 것이라면, 아리스토텔레스의 네메시스는 고통을 느끼는 감정이라는 점에서 동일하다. 여기에 덧붙여 네메시스 감정 소유자가 어떤 특정한 '물건'을 소유한 사람이 그 '물건'을 소유할 가치가 없다는 것을 알았을 때 느끼는 고통이다. '물건'은 실제로 골동품처럼 어떤 대상의 의미로 사용될 수도 있고, 추상적 힘으로서 권력이나 명예를 뜻할 수 있다. 예를 들어, 능력이 없는 사람이 권력을 장악했을 때 느끼는 일반 사람들의 슬픈 고통을 '네메시스'라 할 수 있다. 그러니까 요즘 촛불로 표현되는 사람들의 분노가 한편으로 '정당한 불쾌함'과 유사하다고 할 수 있다. 이 불쾌감 속에는 자신의 무능력에 대해서 한탄하는 자괴감도 혼재해 있다.

그리스인들은 모든 사람들은 무엇인가를 소유하기 위해서는 그에 맞는 적합한 능력을 갖춰야 한다고 생각했다. 권력과 부를 소유하기 위해서 적합한 가치를 가진 사람이어야 한다는 것이다. 예를 들면, 오직 선한 사람만 권력과 부를 소유할 가치가 있다. 이들이 생각하는 '네메시스'는 오늘날 우리가 사용하는 감정 중에서 적합한 감정을 찾기 어렵다. 분개나 격분의 감정이 '네메시스'의 가족 유사적인 감정들인 것 같다. 옳지 않고 부당한 상황들에 직면하여 치밀어 오르는 격렬한 화의 감정은 불의에 맞서는 정의로운 투사를 생각하게 한다. 아리스토텔레스 역시 '네메시스'를 정의감에 속하는 것으로 인식한다. 이와 같이 '네메시스'는 사회적으로 의미 있고 가치 있는 재화가 부당하게 분배되는 것에 대한 분노이다. 그럼에도 불구하고 아리스토텔레스가 사용했던 '네메시스'와 오늘날 우리가 사용하는 도덕적 정의감 사이에 보이는 중요한 차이를 구별해 보는 것은 유의미하다; '네메시스'는 특별한 사회적 재화를 획득하였으나 그럴만한 가치가 없는 인격체를 주 대상으로 정의와 결부된 불쾌 감정이라는 점이 강조된다. 그러나 오늘날 정의감은 이보다 훨씬 더 넓게 일반적으로 사용하는 의미의 분개 감정이다.

아리스토텔레스의 '네메시스' 감정에는 사회화의 한 특별한 형식이 감춰져 있다. 즉, 인간 불평등 원리가 내포되어 있다. 특권을 누릴 권리를 가진 사람들은 제한되어 있다는 뜻을 내포한다. 아무나 명예와 부를 가질 수 없다. 선한 사람, 인간의 가치를 아는 자만이 특권을 누릴 수 있는 것이다. 그러나 분개 감정에는 꼭 특정한 인격체가 호명되지 않는다. 그래서 추상적인 사태에 관련된 화를 낼 수 있다. 분개 감정에 있어서 시기나 질투에 전형적인 자신과 비교하는 점이 전혀 중요한 역할을 하지 않는다. 예를 들어, 자신의 집에 불을 낸 방화범이 누구인지 모르지만 우리는 누군가를 향해서 화를 낼 수 있는 것이다. 이때 자신과 비교하는 행위가 포함되지 않는다. 그러나 이런 경우에 '네메시스'를 적용할 수 없다. '네메시스'는 더 제한적이고 도덕적인 의미의 경계 안에 머문다. 따라서 '네메시스'에는 분개하는 주체도 아무나 될 수 없으며, 그 대상 역시 특별한 인격체에 한정되어 있다. 이러한 의미에서 '네메시스'는 특별한 사회적 형식을 갖는다고 말할 수 있다.

'네메시스'를 더 잘 이해하기 위하여 이 감정은 그 대상으로서 하나의 인격체를 목표로 한다는 점이 강조되어야 한다. '네메시스' 감정이 분노의 감정에 가깝게 정의감으로 이해될 수 있으며, 분개 감정처럼 도덕적 감정을 조성해 온 역사적 선도자 역할을 한 것을 인정할 수 있다면, 당연히 다음과 같은 물음을 해야 할 것이다; 왜 아리스토텔레스는 '네메시스'를 수치심과 구별하였으며, 분노 범주 안에 포함시키려 하지 않았는가? 어쩌면 우리는 '네메시스' 감정을 시기나 질투와 유사하게 받아들일 수 있다. 그러나 구별하는 일은 우리 감정의 세분화를 위해서 필요하다. 그러니 이 문제를 우리는 좀 더 진지하게 생각해 보아야 한다. '네메시스'를 분노와 혼동할 가능성이 있지만, 이 감정을 시기나 질투와 혼동할 가능성은 더 크기 때문이다.

3.7. 불쾌, 화나 미움의 감정에서 시기와 질투를 지나 분개와 분노 감정으로의 발전에 관하여

감정들을 그 강도와 심도에 따라서 위계를 만들 수 있을까? 이 질문은 인간의 감정과 사회성을 규명하는 일에 속한다. 물론 감정이 어떤 존재론적인 위계질서를 갖는다는 것을 의미하지 않는다. 이 장에서는 분노 개념과 유사한 공격적 감정들이 개별적으로 가지고 있는 특성들을 열거함으로써 각 감정들의 차이와 그 차이를 토대로 일정한 공격 성향의 감정들의 진화과정을 만들려는 시도를 한다. 즉, 공격적 감정의 성립과 그 발전과정을 연구하는 것이다.[111]

지금까지 우리의 논의는 감정 표현이 다양하게 전개되고 있음을 알

---

111 연구를 위하여 Martin Dornes, Die frühe Kindheit. Entwicklungspsychologie der ersten Lebensjare와 Andreas Paul, Von Affen und Menschen. Verhaltensbiologie der Primaten을 분석한다.

수 있으며 감정의 전개 과정에는 그 깊이와 넓이가 서로 차이가 있지 않나 하는 의구심을 갖게 한다. 이 의구심을 해결하기 위하여 우리가 다뤘던 각 공격성 정서들은 정렬할 필요가 있다. 각 정서들은 개별적으로 서로 차이가 있기 때문에 어떤 기준에 따라서 일렬로 제시할 수 있을 것이다. 우선 정서들이 어떤 대상을 목표로 하는 것인지, 감정의 구조 안에서 각 정서들이 어떻게 관계를 맺어 가고 있는지 그리고 각 다른 정서가 타자와 관계 안에서 어떤 사회화 과정이 일어나고 있는지 하는 의문들을 나열해 볼 수 있다. 이렇게 문맥에 따라서 서로 관련이 있는 정서들을 정리한 다음, 이들을 외부에서 가져온 비교 관점에서 이해하는 방법이 좋은 것 같다. 왜냐하면 감정은 그 구별 기준을 어떻게 세우느냐에 따라서 매우 달라지는 섬세한 사유 대상이기 때문이다. 먼저 주의할 것은 여기에서 계통발생적이나 개체발생적 정서 사유 유형으로 들어가지 않으려 한다. 왜냐하면 이 방향으로 들어가면 정서의 개인 혹은 민족 심리적 영역으로 들어가기 때문에 민속학적 연구를 포함할 넓은 영역의 연구가 요구되기 때문이다.[112]

정서 발전의 양태를 살펴보기 위한 연구를 시작하면서 각 개별적 공격성 정서의 연관 관계에 관하여 추정해 보면, 오늘날 인간 정서를 연구하는 신경과학은 인간 정서가 어떻게 변화하고 있는가? 하는 물음에 대하여 생물학적 증명을 내세울 수 있을 것이다. 심지어 인류의 역사라는 관점 아래서 혹은

---

112 정서의 발전적 변화 문제를 진화이론적으로 환원하는 연구는 방법론적으로 증명되어 있지만 정서 내용 그 자체에 관련된 가정은 아직 충분한 논의가 이뤄지지 않고 있다고 생각한다. 정서 변화에 대한 진화론적 연구는 경험적 검증이 기본이 되어야 한다. 이 부분은 우리의 연구 한계를 넘어선다. 이 책에서는 경험적 논증 부분을 다루지 않는다. 오직 이론적으로 사고하고 서술하는 것으로 만족한다.

개체 발전이라는 틀 안에서 그 해결점을 가까운 미래에 제시할 수 있을 것이다. 유아 연구나 변화심리학의 연구는 위의 문제 _{공격성 정서의 생성과 변화의 문제}에 대하여 앞서서 그 결과를 내고 있다.[113] 이 주제에 대한 고전적 연구로는 찰스 다윈의 연구를 들 수 있다.[114] 다윈이 지적한 것처럼 동물과 비교하는 연구에서 너무 인간 중심적으로 생각하는 것은 위험하다.[115]

어쨌든 인간과 유사한 동물들에게서 나타나는 특별하고 단순한 정서들을 증명할 수 있다. 예를 들면 불쾌, 기쁨, 불안, 두려움, 공포, 화 그리고 분개함의 정서를 들 수 있다. 그럼에도 불구하고 동물들이 서로 미워하고 혹은 인간처럼 도덕적 의미에서 화를 내며 분노한다고 가정하는 것은 적절치 못한 것 같다. 왜냐하면 이러한 정서에 기인한 행위들은 대상과 관계 아래서 어떤 행위의 결과와 영향을 예상해야 하기 때문이다. 한마디로 하면 도덕적으로 화를 내기 위해서 합리적으로 생각할 줄 아는 능력이 전제되어야 한다는 뜻이다. 그러나 동물들은 상황에 대한 판단 나아가서 이웃 동물들과 관계 설정에 관한 문제 등에서 합리적으로 계산할 수 있는 능력이 없다고 보아야 한다. 그러니까 동물들이 도덕적인 감정을 바탕으로 한 정서 표현을 할 수 없는 것이다.

마찬가지로 동물들이 인간처럼 시기하고 질투하는 감정을 도덕적 의

---

113 공격적 정서의 생성과 변화에 관한 연구는 아래 저서의 도움을 많이 받았다. Martin Dornes, Die fruehe Kindheit Entwicklungspsychologie der ersten Lebensjahre, Frankfurt a. M., 2001, 244쪽 이하.

114 Charles Darwin, Der Ausdruck der Gemuetsbewegungen bei dem Menschen und den Tieren, Stuttgart 1908.

115 인간 중심으로만 생각하면 연구를 실패할 확률이 높아진다. 인간으로서 생각하는 한, 어느 정도 의인화되는 것(anthropomorphisch)은 피할 수 없는 일이지만 인간적 사고방식으로 인해서 생길 수 있는 위험을 항상 경계해야 한다.

미와 관련하여 판단하고 활용한다고 가정하는 것은 의문의 여지를 안고 있다. 동물의 시기와 질투는 인간적 의미에서 시기와 질투라고 할 수 없을 것이다. 동물들이 사료를 앞에 두고 서로 상대를 비난할 수 있다는 것을 상상하더라도 그 행위는 단순히 음식을 얻으려는 시도일 뿐 다른 의도는 없을 것이다. 또한 동물적 질투도 인간적 감정처럼 미움과 사랑이 혼재한 행위가 아니라 계급의 위계질서 안에서 위치를 노리는 행위에 불과하며 무리 안에서 제자리를 찾기 위한 수단으로 이해해야 한다. 그러므로 동물들의 정서 표현인 시기와 질투 역시 인간적 의미의 시기와 질투로 이해되어서는 안 된다. 왜냐하면 인간의 관점에서 보았을 때, 시기와 질투라고 할 수 있는 동물들의 반응은 결코 의도된 어떤 기획을 마련한 것이 아니기 때문이다. 동물들은 그 상황 아래서 적절한 반응으로서 위 정서를 표현하는 것일 뿐이다. 동물들이 갖는 시기, 질투의 정서는 인간의 정서와 다만 그 기능적 의미에서 동일할 뿐이다. 내용이나 함축하는 의미는 서로 전혀 다르다.

그러나 성향이 다른 정서들, 즉 기쁨, 불안이나 특별하지 않은 공격성 정서들은 그렇지 않다. 이러한 유형의 정서에서 사람들과 마찬가지로 동물들에게서도 분명한 사회화 효과를 관찰할 수 있다. 특히 집안에서 키우는 동물들에게서 흔히 관찰할 수 있는 현상이지만 다른 야성의 동물에게서도 어렵지 않게 관찰할 수 있다. 이들은 기쁨으로 친절하게 하는 혹은 알 수 없는 대상 앞에서 불안해하는 혹은 상대에 대한 공격적인 특정한 의도를 임의적으로 만들 수도 있다. 그리고 이 의도는 지금까지 그들이 어떻게 대접을 받았으며 어떤 경험을 해 왔는가에 따라서 의존하게 될 것이다. 그러므로 감정들이 어떤 구조화에 형성되어 있는가를 보여 주는 가정들은 바로 보편적인 계통발생적

이며 개체발생적인 경향성에 대응하는 것이라 할 수 있다. 즉, 감정의 구조화
는 계통적이며 개체적인 경향성의 대응에 의해 형성된 것이다.

이제 각 개별자들에게 있어서 공격적 정서가 구조화되어 있다는 것
은 무엇을 의미하는가? 하는 물음에 답해야 할 순서다. 구조화 자체도 많은,
서로 다른 형식들로 이뤄졌을 것이다. 그러면 어떤 의미로 구조화의 형식을
이해해야 할까?

먼저 불쾌, 화를 냄과 같은 정서로부터 출발하자. 불쾌와 화는 어떻게
형성되는가? 기본의 상황 지배가 깨지거나 혹은 자신의 고유한 행위의도가 방
해를 받으면 불쾌하거나 화의 감정이 일어난다.[116] 먼저 이 말의 구조화를 생
각해 보자. 독일어에서 일상적으로 불쾌Aerger 는 화의 감정Wut 보다 훨씬 더 자
주 사용하는 말이다. 불쾌는 주관의 영역 안에 흔히 머물 수 있는 표현이지만
화는 그렇지 않다. 반드시 대상이 되는 상대와 부딪히는 영역이 있어야 한다.
불쾌는 혼자 길을 가다가 역겨운 것을 보면서 가질 수 있는 감정이며, 길가 돌
멩이를 차면서 날려 보낼 수 있는 감정이고 또한 하늘을 우러러보면서 화해시
킬 수 있는 감정이다. 그러나 화는 특정한 대상인 누군가에게 소리를 지르거
나 물건을 집어던져야 하는 상호 주관적 행위를 필요로 하는 감정이다. 그래
서 화는 훨씬 더 넓은 파급효과가 있다. 그 결과에 대한 책임의 문제까지 거론

---

116 독일어에서 'Aerger(불쾌)'는 일상에서 매우 잘 사용하는 언어 중 하나이다. 우리말로 하면 '짜증난다' '불쾌하다'
'신경에 거슬린다' 등등의 의미로 사용하는 말로, 독일사람 중 이 말을 사용하지 않고 하루를 보내는 사람은 아마
거의 없을 것이다. 그만큼 일상적으로 구조화된 말이다.

될 수 있는 감정이다. 이러한 의미에서 화는 신체적 구성요소를 갖고 있다. 불쾌는 자신의 영역 안에서 잠재울 수 있지만 화는 반드시 다른 영역에까지 점령하며 사방으로 튈 수 있는 감정이다. 이에 반하여 불쾌는 어떤 의미에서 더 쉽게 통제되고 제어될 수 있다. 불쾌는 좀 더 쉬운 감정이다. 그러나 화는 더 강한 감정이다. 그러므로 불쾌의 구조는 느슨하고 약하나, 화의 구조는 단단하고 강하다고 말할 수 있다.

우리가 사용하는 일상 언어에서는 불쾌와 화의 감정이 이렇게 엄격하게 구분되지 않는다. 그러나 우리의 연구를 위해서, 즉 화나 불쾌 감정이 어떻게 분노의 감정으로 변화하는가를 알아보기 위하여 이들의 감정을 세밀하게 들여다볼 필요가 있다. 먼저 화와 불쾌의 감정에서는 이와 관련된 대상이 중립적이라 할 수 있다. 다시 말하면 불쾌와 화를 유발한 대상이, 즉 나의 생각이나 행위를 방해한 것이 인격적 개체인지, 아니면 사건이나 사태인지, 무엇인가 하는 물음과 관련하여 중립적이라는 뜻이다. 대상이 사건이나 사태인 경우에는 반드시 어떤 인격체를 계산할 필요가 없다. 화나 불쾌는 인격체와 관련되지 않고도 생성될 수 있다. 사람이나 사건, 사태에 국한되지 않고 생성될 수 있는 감정이라는 점에서 중립적이다. 우리는 정치가들의 잘못된 정책, 상인들의 간교한 술책 혹은 누군가의 잘못된 행동방식에 대해서 심지어 내 자신의 부족함에 대해서도 화를 내거나 불쾌해할 수 있다. 이와 같이 어떤 상황이든 나를 억압하는 감정의 무게를 느꼈을 때 화나 불쾌의 감정이 생성된다. 우리는 거의 모든 것에 대해서 열려 있다. 모든 것이 우리를 화나게 할 수 있고 우리에게 불쾌감을 줄 수도 있는 것이다. 그래서 우리는 누군가의 지나가는 말 한마디에 화를 내기도 하고, 작은 버려진 생선가시 하나에서도 불쾌감을 느끼기도 한다. 이를 뒤집어 보면 불쾌와 화가 생성되는 과정에서 반드시 사람이 동기가 될 이유가 없다는 것이다. 사람과의 관계 아래서만 책임의 문제가 생긴다. 그러므로 화와 불쾌함은 책임의 문제와 연관되는 필연성을 갖지 않는다. 그러나 분노 감정은 다르다.

책임 문제는 사람과 사람 사이의 감정 문제에서 발생한다. 다른 사람과 나의 관계 속에서 다뤄진다. 이것이 분노 생성의 조건이다. 이러한 의미에서 위의 화와 불쾌 감정은 분노 감정에 비하여 더 좁은 영역과 활동범위를 갖는다. 화와 분개가 서로 결합된 감정은 신체 표현의 긴장도나 명백함이 증가되는 것으로 이해될 수 있다. 그러나 증오는 전혀 다른 새로운 차원으로 구성된다. 증오는 반드시 하나 혹은 집단의 인격체를 대상으로 한다. 그리고 이 인격체가 무엇인가 해를 끼친 것에 대한 책임이 있는 사람들이다.

증오는 단순히 혐오가 증가한 것으로 이해해서는 안 된다. 증오는 일상적 감정과 다른 면을 갖는다. 흔히 일상에서 증오와 사랑을 대립개념으로 이해하는데, 증오와 사랑은 사실 대립하는 개념이 아니다. 사랑은 어떤 근거 없이 필연적으로 사라지거나 그 근거 속성을 제시하면 반드시 사랑이 피어오르는 그러한 의미에서 사랑의 근거는 존재하지 않는다. 사랑을 시작하게 하거나 사랑을 그만두게 하는 정해진 근거는 없다는 뜻이다. 그래서 사랑은 이유 없이 한밤의 흰 눈처럼 불현듯 다가오는 감정이라 한다.

그렇다고 해서 왜 사랑이 생겼는가? 이 물음에 대답할 수 없는 것은 아니다. 사랑의 생성도 재구성이 가능하다. 어떤 이유 때문에 사랑이 시작되었는지 재구성해 볼 수 있다. 그러나 반드시 사랑이 시작하게 되는 결정적인 근거를 제시할 수는 없는 것이다. 사랑은 인풋과 아웃풋처럼 자료를 입력하면 사랑이 출력이 되는 그러한 조작 행위가 아니다. 사랑은 이런 의미에서 근거 지울 수 없는 속성을 갖는다. 그러나 비합리적이라는 뜻은 아니다. 사랑의 논리는 나름의 합리성을 갖는다. 다시 말하면 사랑의 논리가 가능하다.

어쨌든 사랑은 근거 지울 수 없는 것인데, 그런데 증오는 증오 감정을 불러오는 동기들을 갖는다. 증오를 불러오는 동기들은 많은 경우에 잘못된 혹은 나쁜 동기들이다. 증오에는 나쁜 동기든 옳은 동기든 반드시 동기를 필요로 하는 감정이다. 그렇기 때문에 증오에 갇힌 사람은 계획적으로 증오 행위를 기획하게 된다. 이와 달리 혐오는 거의 그냥 싫은 것이다. 왜 싫은가에 대한 다른 사람들이 이해할 수 있는 객관적 근거를 델 수 없다. 다만 주관적으로 싫은 것이다. 그래서 파급효과나 그 피해는 증오에 비하여 아주 적다고 할 수 있다. 그러므로 증오 감정에 의한 행위의 결과는 혐오 행위의 결과보다 훨씬 더 큰 책임을 져야 하는 것이다.

증오는 인격적 대상을 필요로 한다는 점에서 매우 특이한 감정이다. 반면에 화, 분개, 시기, 분노나 격분의 감정은 그렇지 않다. 이 감정들에 있어서 꼭 인격체가 대상일 필요는 없다. 동시에 이와 같은 유사한 정서들 중에서 증오는 대상인 인격체에게 어떤 행위를 할 수 있는 기회가 가장 적은 감정이다. 화나 분개는 대상들에게 곧장 행위로서 전달이 되는 경우가 매우 흔하다. 화가 나면 따귀를 때린다든가, 물건을 집어던지든가 할 수 있다. 화와 분개의 표현 외연은 쉽게 그 행위 표현의 범위 안에 들어와 있는 것이다. 그러나 이와 같은 화의 대상이 꼭 필연적인 것은 아니다. 우연하게 서로 결합될 수 있다는 점이 특색이다. 예를 들면, 특정한 사람에게 그가 어떤 잘못을 범했다고 화를 내며 혹은 자신을 버리고 떠난 애인에 대한 화가 가까이 있는 약자에게 표현될 수 있는 것이다.

우리는 흔히 누군가를 증오할 때 그 증오 구조에 대하여 다음과 같은 형식화가 가능하다. '나는 누구를 증오한다. 왜냐하면 그가 이러저러한 일을 했기 때문이다. 그리고 그는 나에게 바로 이러저러한 일을 한 것이다.' 더 나아가서 여기서 주목할 것은 증오는 그 사람 전체에 관한 증오라는 점이다. 그가 한 어떤 행위 하나만을 문제 삼지 않는다. 어떤 한 행위가 아니라 그 사람 전체가 증오의 대상이다. 증오하는 것은 한 행위가 아니다. 그 사람 전체다. 반면에 화나 분노는 그 사람 전체에 관한 것이 아니라 그 사람이 행한 한 행위에 대하여 화를 내거나 분노한다. 그래서 잘못한 행위에 대하여 화를 내고 분노하는 것이다. 따라서 각각의 결과에 있어서도 다른 면을 갖는다. 분노는 특정한 행위에 대한 보복에 의하여 소멸될 수 있다. 반면에 증오는 한 보복 행위에 의하여 소멸되지 않는다. 특정한 보복행위를 했다 해서 사그라지는 감정이 아니다. 그러므로 분노는 그것이 복수든, 처벌이든 대상이 완전히 소멸되어 사라지기 전까지 유효한, 몸 전체에 밀착된 감정이다.

시기Neid 의 감정을 표현하는 데에 행위에 대하여 책임을 부과하는 일은 감정 표현의 중심이 되는 일은 아니다. 상대의 잘못으로 인하여 시기하는 일이 생기는 것보다는 감정 표현자 자신의 주관적 판단에 더 의존한다. 따라서 흔히 시기에서는 자기 자신이 부풀린 감정들이 더 많은 중심 작용을 할 수 있다. 그럼에도 시기 감정 안에는 사회적 차원의 문제가 포함되어 있다. 시기하는 사람은 그 대상 자체나 속성을 자신이 기꺼이 소유하고자 하는 내용과 비교하기 때문이다. 이때 비교의 대상은 소유자 혹은 소유 대상일 수 있다. 이러한 비교는 감정 행위자를 사회적 공간 안의 특정한 사태 속에 자리하게 한다. 따라서 시기의 감정은 다른 사람이나 다른 물건들과 비교한 결과이기 때문에 사회적 공간 안에서 전개되는 파노라마 형식의 감정이 된다.

질투Eifersucht 감정도 위와 같은 시기 감정의 속성을 공유한다. 질투는 시기보다 더 복합적인 구조를 갖는 감정이다. 즉 더 많은 인격적 대상을 필요로 한다. 최소한 세 명의 인격체가 관여한다. 서로 관계가 맞물려서 벌어지는 것이 질투 표현이다. 질투라는 이름으로 서로의 관계들이 비교된다. 그리고 비교를 통하여 각각의 주관에 의해서 추상화 과정이 진행된다. 각자가 상관관계를 자신의 사유 속에서 주관적으로 정립한다는 의미에서 추상화이다. 질투하는 사람을 A, 질투 받는 사람을 B 그리고 관계되는 사람을 C라 하면, C가 B에 대하여 어떤 마음을 갖고 있는가의 상태는 A 자신에 의하여 해석되어서 A의 사고에 영향을 주는 내용이다. 따라서 A의 주관적 평가는 B와 C의 관계를 질투하는 사람 A의 사고에 지대한 부정적 영향을 미친다. 그래서 질투는 피의 결과를 초래할 수 있는 파국적 힘을 갖는다. 그러므로 질투는 시기처럼 특정한 속성, 가능성 혹은 소유물을 갖는 인격체를 비교하는 것에 그치지 않고 서로 차이가 나는 사회적 관계가 갖는 다양한 색조色調가 비교 대상이 되는 것이다. 이 다양한 색조는, 인간관계에서 특히 남녀 사랑관계에서 이뤄지는 질투라면, 그 해석의 폭이 매우 다양해질 수 있는 가능성을 갖는다. 질투의 결과는 예측 불가능하다. 따라서 질투의 세계에서 펼쳐지는 일은 자기 자신이나 해당되는 사람 그리고 제3자에 의해서도 전혀 예측할 수 없는 미지의 일이 된다. 그래서 질투의 화신이 던지는 미지의 낚시는 매우 위험하다.

분노의 감정에도 커다란 추상화 작업이 수행된다. 분노의 구조를 보면, 우리(A)는 누군가에게(B) 무엇 때문에(C) 분노한다. C에 해당하는 일은 누군가 행위 한 것이며, 그 행위는 결과로 나타났고, 따라서 그 행위는 A에 의해서 옳지 않은 것으로 간주되었다. 부정의함이 개인적으로 A에게 해를 끼친 것은 아닐 수 있다. 그래도 분노라 할 수 있는 것은 어떻게든 사람들이 그 행위에 의해서 옳지 않은 일을 당했거나 적어도 누군가 이 사람은 A에게 친밀한 사람이어야 한다 가 부당함을 당한 일이 일어났어야 한다. 누군가를 대신해 분노하는 경우가 있다. 이때는 제3자가 분노하라 해서 분노하는 것이 아니라 스스로 분노 행위를 선택한 것이다. 이러한 의미에서 분노는 자기 스스로 추상적으로 결정한 감정이다.

다른 한편 분노에는 부당함과 관련하여 이미 하나의 주관적 관점이 포함되어 있다. 이 주관적 관점은 자신의 이익을 반영하고 대변할 뿐만 아니라 각각의 특수한 것들을 제거하고 가장 본질적인 것에 집중하여 추상화한다. 분노의 경우에 있어서 부당함을 지각하는 일은 시기와 질투에 포함된 비교보다 더 큰 추상화 작업이다. 왜냐하면 사유 가능한 많은 관점들을 조절하고 그리고 모두가-적어도 대부분이- 동일한 정의감을 가져야 한다는 것을 강조하는 것이 부당한 것으로 간주되기 때문이다.

이것은 화의 감정에서도 마찬가지로 주어진다. 화 감정은 인격적 관계를 이중으로 추상화한다. 화를 내는 사람의 행위는 인격을 지닌 자신에게 해당한다. 화의 행위는 자신에게서 나오지만, 화를 내면서 자신이 어떻게든 손상되지 않아야 한다. 그리고 화를 유발한 사건이나 사태는 그것이 누구의 책임인가 분명히 지적할 수 있는 것이어야 한다. 그래서 화는, 꽃병을 깨뜨린 아이에게 "네가 이것을 깨뜨렸지?"라는 물음과 동일하게 발생할 수 있다. 그러나 화를 내는 것은 분노와 같은 개인적 대상을 요구하지 않는다. 나는 누군가에게 화를 낼 수 있다. 그리고 마찬가지로 분명하게 누가 책임을 져야 하는지 알 수 없는, 그러나 인간에 의해서 만들어진 관계들에 대해서 화를 낼 수 있는 것이다.

이와 같이 공격적인 감정들 사이의 관계는 매우 다양하면서 동시에 다면적이다. 화, 분개, 분노, 무시와 멸시 그리고 시기와 질투 더 나아가서 증오와 같은 부정적 감정들은 매우 밀접하게 서로 중첩되어 작동하는 특성을 갖는다. 그래서 이렇게 물을 수 있다; 이들은 정말 엄격하게 서로를 구별할 수 있는 분명한 감정 영역을 따로 갖는가? 그들이 보여 주는 현상들은 엄격하게 분리될 수 있는가? 지금까지 연구는 위의 감정들 사이에 어떤 중요한 차이가 있는지를 검토했다.

화와 분개 감정은, 이들 사이에서 지향하는 내용에 관한 한, 서로 구별할 수 없는 것으로 보인다. 그러나 이들은 표현에 있어서 육체상의 방향이나 크기나 강도에 있어서 서로 구별이 된다는 것을 알 수 있다. 표현된 분개 감정은 신체적으로 모든 방향으로 튄다. 어떤 특별한 방향이나 목적에 집중하지 않는다. 분개는 신체적으로 열을 발산하는 것이다. 이러한 성질은 분노의 성질과 매우 유사하다. 그와 달리 화는 매우 혼란스럽게 무엇인가를 겨냥한다. 그러나 무엇을 겨냥하는지 분명하지 않다. 분개나 증오에서는 매우 분명한 대상이 화에서는 혼란스럽다. 분명하지 않다. 화의 자극된 분위기가 거의 방향을 잃고 있는 것이다. 혐오 감정은 혐오의 대상과 신체적으로 매우 밀접하게 연결되어 있다. 그리고 혐오는 완전히 그 대상을 신체적으로 포위하는 감정이다. 그래서 어느 한 부분을 혐오하는 일이 없다. 혐오는 대상 자체를 모두 가리킨다.

그러나 우리가 이러한 연구를 통해서 잊지 말아야 할 것은 위의 모든 감정들이 커다란 차이가 있음에도 불구하고 서로 무엇인가를 나누며 공유하고 있다는 사실을 잊지 말아야 한다. 우리는 이러한 사실을 멸시^{Verachtung} 라는 개념과 위의 공격적 개념들을 비교하면 더욱 분명히 알 수 있다. 멸시는 지금까지의 의미에서 볼 때 공격적 효과를 갖지 않는 감정이다. 물론 멸시가 파괴적 특성을 갖는 감정이라는 것을 부인할 수 없다. 그러나 멸시가 공격적 특성을 갖지 않는 이유는 그가 적대관계에 있는 사람과 대립관계를 설정하지 않는다는 점에 있다. 멸시는 대립하지 않고 그를 회피하려 한다. 멸시의 대상과는 관계를 맺지 않으려 하는 것이다. 예를 들어, 멸시받는 상대에게는 눈길 한번 주려고도 하지 않는 것을 보면 알 수 있다. 멸시는 다른 공격적 감정들이 갖는 효과를 전혀 보유하고 있지 않다. 그러므로 감정의 공격적 효과는, 우리가 지금까지 논의한 바에 따르면, 대부분 특정한 감정 주도권의 형식에 의한 것이라고 말할 수 있다. 공격적 감정이 갖는 효력은 사람^{인격체}에게, 또한 사태나 상황에도 미칠 수 있다.

04   공감 감정에 대하여

공감의 감정은 앞에서 다룬 두 감정, 불안과 분노와 달리 좀 더 생산적·능동적 감정으로 이해된다. 사람 관계에서 무엇보다도 소통이 요구되는 시대에 공감 감정은 모든 감정의 지향적 목표가 될 수 있다는 생각에서 지금까지의 연구를 종합하는 것이라 볼 수 있다. 공감은 타자의 감정과 나의 감정이 소통함을 전제로 한다. 소통은 감정의 흐름이다. 흘러야 서로 나눌 수 있다. 만약 감정이 소통할 수 없는 것이라면 감정의 공감은 불가능할 것이다. 그래서 먼저 물어야 한다. 과연 감정을 나눌 수 있는가? 이 물음은 나의 감정과 다른 사람의 감정의 교류 가능성에 관한 물음이다.

감정을 타인과 나눌 수 있는 것인가? 이 물음은, 나의 감정을 다른 사람과 나눌 수 있는가? 현대의 소통 요구와 관련하여 시의적절한 물음이다. 다른 사람의 감정을 느낄 수 있는가? 혹은 타인의 고통을 내 고통처럼 생각할 수 있는 조건은 무엇인가? 하는 물음들은 공감을 통하여 개인적으로 가치부여의 삶을 기획할 수 있고, 또한 사회적으로 의미부여를 위한 연대의 토대를 놓을 수 있기 때문에 두 차원에서 다뤄지는 매우 흥미로운 물음이다.

따라서 앞으로 공감의 감정을 크게 두 가지 관점에서 다루게 된다. 하나는 공감의 의미와 유사한 감정들을 이해하는 것이며, 다른 관점은 공감 감정과 다른 인간의 기본 감정과의 관계를 성찰하는 것이다. 두 번째 관점을 통해서 감정을 다른 사람과 나눌 수 있는가? 하는 물음에 적절하게 답할 수 있을 것이다.

이를 위하여 공감_{연민, 동정, 동감, 연대의 가족 유사 개념과 함께}의 역사적 고찰, 감정의 소통 가능성, 공감의 현대적 의미, 공감 형성을 위한 조건들, 공감과 공감의 대립 개념_{질투, 무시}들 사이의 관계를 다룬다. 동시에 공감 감정의 질적 진화를 도모할 수 있는 방법을 모색할 것이다. 이 방법으로는 적극적이며 긍정적 감정들_{예를 들면 존중, 사랑 그리고 신뢰와 같은 개념들}과의 상관관계를 분석하는 방법을 택할 것이다.

공감 감정은 매우 현대적인 감정으로 이해되지만 사실 그 역사는 매우 길다. 현대적 감정으로 이해되는 이유는 공감 개념이 동정심이나 연민과 같은 가족유사개념들과 혼동하여 쓰이면서 주로 동정심 그리고 연민의 감정이 강조되었기 때문이다. 공감, 동정심 그리고 연민 감정은 서양철학적 분석에서 시대마다 중요한 개념으로 등장했던 감정들이다. 이 감정들은 지속적으로 그 중요성을 인정받아 왔다. 이 개념들은 도덕의 영역에서, 기독교의 인간형성과정에서 그리고 서양의 문화적 가치 안에서 독특한 위치를 유지하고 있다.

공감 감정은 다른 감정과 다른 특이한 체계적 물음을 수반한다. 다른 감정들이 그것이 무엇인가를 묻는 물음 체계 안에서 연구되는 면이 있다면,

04 공감 감정에 대하여

공감 감정은 다른 사람과 공유하거나 나누는 혹은 함께 느끼는 감정이란 무엇을 뜻하는가? 하는 물음 체계 안에서 전개된다. 한 감정을 나눈다는 것, 혹은 함께 공유하며 느낀다는 것은 무엇을 뜻하는가? 한 생각을 공유한다든가, 한 감정을 공유한다는 확신은 어떻게 가능하며 어떤 차이가 있는가? 이러한 감정 이입에 관한 질문 체계는 자기 자신의 감정과 다른 사람의 감정이 서로 소통할 수 있는가? 혹은, 다른 사람의 고통을 내 고통으로 느낄 수 있는가? 하는 근원적 질문을 선先질문으로 갖는다.

그러므로 공감의 문제는 현실과 가상의 영역을 구분하여 검토해야 할 것이다. 즉, 소설이나 영화 등에서 나타나는 가상적 캐릭터들 사이의 공감과 실제 삶에서 느끼게 되는 공감을 구별하면서 연구해야 할 것이다. 이러한 차이를 비교하면서 연구하는 이유는 공감이라는 긍정적이고 적극적인 감정의 심화와 확산을 위한 목표를 이상으로 하기 때문이다.

더 나아가서 연구는 철학 영역에서 쇼펜하우어와 칸트의 공감 개념 이해 차이를 다룬다. 그리고 소설에서 나타난 공감 감정을 공유할 것이며 공감을 통한 자기 이해를 다룰 것이다. 소설 속의 인물들과 공감하기에서는 도스토옙스키의 『죄와 벌』, 카프카의 『소송』 연구에서 공감 감정을 통한 자기 이해를 구체적으로 논변할 것이다.

그리고 실제적 공감 개념을 연구한다. 공감과 동정심은 어떤 조건에서 생겨나는가? 이 감정들은 특별한 질적 문화를 필요로 하는가? 아니면 타고난 선천적 능력에 속하는 감정인가? 원칙적으로 모든 감정들이 공감을 불러오는 계기를 마련할 수 있는가? 다른 사람의 기쁨이나 슬픔 그리고 고통뿐만 아니라 수치심, 죄의식 혹은 멸시나 무시의 감정도 공감을 불러올 수 있는가? 이러한 개념분석적 공감 감정 연구를 시행하면서 당연히 중요한 문제로 떠오르는 공감 개념의 태도화를 다룰 것이다. 공감을 실천하는 방법은 어떻게 가능한가? 공감은 태도로서 함양될 수 있는가? 있다면 어떤 방법이 현실화가 가능한가? 하는 물음들이 될 것이다.

또한 다른 감정들의 연구에서도 중요한 물음이었던 감정 혹은 소질로서의 공감 문제를 다룰 것이다. 공감은 생생한 감정의 영역에 속하는가 아니면 정해지고 고정된 소질의 문제로 간주해야 하는가? 하는 문제를 다뤄야 한다. 그리고 이어서 다른 사람들의 감정을 이해하고 함께 느낀다는 것이 무엇을 의미하는지 알아야 할 것이다. 그리고 이러한 차원의 공감이, 상대의 고통을 나의 고통으로 상대의 슬픔을 나의 슬픔으로 느끼는 것이, 어떻게 가능한지를 밝혀야 한다. 앞의 연구에서 수행했던 방식처럼, 공감과 유사 감정들 사이의 상관관계를 검토하면서 공감의 의미를 더욱 선명하게 드러낼 것이다. 공감과 부정적 혹은 긍정적 개념들과의 상관관계 남의 불행을 기뻐하는 마음, 시기나 질투 혹은 사랑, 기쁨, 존중 등 도 다루게 된다.

특별히 무시와 공감의 관계뿐만 아니라 공감과 낭만적 사랑의 상관관계도 살필 것이다. 인간의 사랑은 얼마나 많은 실현되지 않는 공감을 아쉬워하는가! 물론 이러한 연구를 위해서 기본적으로 타인의 모든 감정과의 공감이 가능한가? 하는 물음이 중심축으로서 해결되어야 할 것이다. 어떻게 다른 사람들의 감정에 가까이 다가갈 수 있는가? 방법에 관해서도 연구할 것이다.

공감과 다른 부정적 혹은 긍정적 감정들과 관계를 살펴볼 것이다. 이러한 연구를 통해서 우리 사회가 필요로 하는 공감 의식을 확산시킬 수 있는 작은 기회를 준비한다.

오늘날 대량의 국제 난민 문제가 심각한 국가 사회적 문제로 등장하면서 타인에 대한 고통을 자신의 고통으로 수용해야 한다는 서구의 도덕의식과 문화적 성숙이 시험받는 상황에 이르렀다. 물론, 이러한 상황 아래 공감 문제는 매우 중요한 의미의 대상 감정으로 대두되었다. 따라서 공감의 윤리에 대한 많은 토론들이 이뤄지고 있다. 그럼에도 불구하고 공감 감정에 대한 연구는 더욱 필요하다고 생각하기 때문이다.

4.1. 서양 역사적 발전 속에서 본 자아의식의 성숙과 공감 (공감 가족유사개념 포함, 동정심, 연민, 배려 등) 개념의 상호 관련성의 변화

제4장에서는 공감 감정을 주로 다루면서, 그 첫 번째 소주제로 서양 역사적 발전 속에서 본 자아의식의 성숙과 공감_{공감 가족유사개념 포함, 동정심, 연민, 배려 등} 개념의 상호 연관 변화를 서술한다. 왜냐하면 공감의 감정은 동정심, 배려하는 마음, 연민 등의 개념과 서로 밀접하게 연결되어 사용될 수 있기 때문이다. 서로 감정이 통해야_{즉, 소통} 다른 사람을 배려할 수 있고, 타자에 대한 연민이 가능하며 동정심이 생겨날 수 있는 것이다.

먼저 공감 감정의 기본구조를 세밀하게 짜기 위하여 개념사적 연구로 시작한다. 서양 개념사에서 일반적으로 공감의 의미인 그리스어의 sympatheia는 라틴어 compassio와 misericordia로 사용하였다. 주로 동정심으로 번역이 된 공감 개념들은 기독교 전통 아래서 넓은 영역으로 확산되었다. 독일어권에서는 성서의 번역 이후 17세기부터 일반적으로 사용하기에 이른다. 영어권에서는 독일어권과 거의 동시에 사용하기 시작하는데, 그 계기는 북유럽의 계몽운동에 따른 도덕철학 발전 문맥에서 찾을 수 있다. 이러한 과정을 거치면서 공감 개념은 처음 시작하면서 개인적 혹은 주관적 마음 상태^{감정이입: 感情移入, Einfuehlung}에서 점점 사회적 기능을 포함하는 감정으로 변하게 된다. 그래서 오늘날 공감 개념은 인간 사이에서 나타나는 합의와 의견일치 나아가서 관심을 불러일으키는 매력^{Anziehungskraft}을 가진 특성에 끌리는 적극적인 감정 요소를 포함한다.

우리말에서 공감과 공감 가족유사개념의 사용을 보면 서로의 차이가 있는 것을 알 수 있으며, 동시에 공통점을 찾을 수 있다. 기본적으로 연민^{Mitgefuehl}은 타자를 불쌍하고 가엽게 여기는 마음이다. 동정심^{Mitleid}은 다른 사람의 사정을 제 일처럼 여기고 안타까워하는 마음이다. 공감^{Empathie, Sympathie}은 남의 주장이나 감정, 생각 등에 찬성하여 자기도 그렇다고 갖는 느낌 또는 그러한 마음이다. 공감은 흔히 동감으로도 사용한다. 연민은 공감의 구조 안에서 가장 기초적인 충동으로 타인의 사정이나 고통에 대하여 우선 안타깝게 느끼는 감정이다. 연민을 바탕으로 동정심이 발휘된다. 그러니 동정심은 안타깝게 느껴지는 타자에 대해서 어떤 행위를 해야 할 것에 대한 마음에까지 나아가려는 감정이다. 이와 같은 타자와의 감정 소통을 바탕으로 공감은 영역 안에서 자신의 사정이나 생각 혹은 사상을 타자의 그것과 동일시하려는 보다 적극적인 감정이다. 공감 개념과 그 가족 유사성 개념들을 더 차별화하기 위하여 삼손L. Samson 과 아스트리드 폰 더 뤼에Astrid von der Luehe 의 공감 개념 정의를 참고한다.[117]

"다른 사람의 감정과 소통할 수 있는가?"라는 물음을 다루기 위하여 먼저 더 체계적인 물음에 들어갈 필요가 있다. 이 물음을 철학적인 물음이라 할 수 있는데, 다른 사람과 감정을 나눌 수 있다는 말은 어떤 의미를 갖는가이다. 우리는 이론적인 영역에서 다른 사람이 주장하는 사실이나 확신을 이해할 수 있다고 생각하며, 그 주장이나 확신에 동의하거나 반대하여 거부한다. 그러나 감정의 영역에서는 이와 구조가 다르다. 감정에 관한 물음은 사실을 바탕으로 하는 것이 아니라 주관적 느낌에 근거하고 있기 때문이다. 그래서 이론을 이해한다는 말과 감정에 공감한다는 말은 매우 다른 체계 위에 서 있다.

그러므로 이러한 물음이 가능하다. 이론에 관한 어떤 사람의 확신과 주장을 공유한다는 것과 다른 사람의 감정을 공유한다는 것은 어떤 차이를 갖는가? 이론에 동의하는 것과 감정을 나눈다는 것은 전혀 다른 차원에 있다는 것을 명확히 하기 위한 물음이다. 이론의 문제와 달리 감정의 문제는 그 느낌을 겪는 몸을 전제한다. 몸은 누구도 대신할 수 없는 개체에게 고유한 것이다. 몸은 대체가 불가능하다. 내 몸만 내 감정을 느끼기 때문이다.

---

117 Ritter, Joachim(Hg.), Historisches Woerterbuch der Philosophie, Band 5와 Band 10, Basel/Stuttgart 1998.

다시 말하면 다른 몸이 느끼는 고통을 내 몸이 느끼는 고통으로, 다른 몸이 느끼는 감정을 내 몸이 느끼는 감정으로 느낄 수 있는가? 하는 물음이 해결되어야 하는 것이다. 이 물음을 해결하기 위하여 내 몸이 느끼는 감정과 다른 사람이 느꼈다고 서술하는 감정에 대한 성찰이 필요하다. 내 몸이 느끼는 나의 고통과 감정이 소설이나 연극, 나아가서 영상을 통해서 전달되는 다른 사람들의 감정과 고통들_{제주에서 뜨거운 찬반문제로 부상한 예멘 난민들에 관한 보고들이 이에 해당한다}과 서로 어떻게 다른가를 검토해야 할 것이다.

위의 체계적인 물음을 바탕으로 한 걸음 더 들어가는 물음들이 가능하다. 감정을 공유하며 소통할 수 있는 공감이나 연민이 어떤 조건에서 생겨나는가? 조건을 이루는 것이 특별한 문화화의 한 과정으로 보아야 하는가? 아니면 각 개체의 몸에 우연적으로 덧붙여진, 타고난 감정인가? 또한 철학적 물음은 꼬리를 물고 이어진다. 공감의 감정은 기쁨이나 슬픔, 고통의 감정에만 해당하는가? 아니면 모든 감정, 즉 부끄러움, 죄의식, 무시나 멸시 등의 감정에도 그대로 적용된다고 해야 하는가? 나 아닌 다른 사람이 부당하게 무시당하는 것을 주시했을 때, 마치 내 몸이 그러한 무시를 당하고 있는 것처럼 공감의 감정을 느낄 수 있을까? 만약 느낄 수 있다면, 이때 공감은 느끼는 사람에게 어떤 마음의 상태를 의미하는가?

타인이 느끼는 무시의 감정을 내 몸이 느낄 수 있는가의 물음은 곧 다음과 같은 물음을 불러온다. 공감이나 연민의 차원에서 무시에 대한 입장을 표명하거나 그에 대한 태도를 취하는 것과 다만 인지론적으로 공감한다고 하는 것 사이의 차이를 말할 수 있는가? 공감도 분명히 문화화의 영향에서 벗어날 수 없음에도 불구하고 무시에 대한 공감은 어떤 문화의 조건 아래서도 다만 인지론적으로 공감한다고만 말하고 거기에 만족할 수 없다. 다시 말하면 타자가 당하는 무시에 대한 공감은 공감하는 자의 행위의 태도와 반드시 연결되어야 한다는 것을 위 물음들은 전제하고 있다.

사람은 누구나 타인이 당하는 무시에 대하여 공분하고 타인의 고통에 대하여 연민을 느낀다. 즉, 연민과 공감은 내 몸이 반응하는 태도와 관련된 감정이다. 따라서 공감이나 연민은 도덕의 틀 안에 자연스럽게 자리하게 되었다.

따라서 앞으로 1) 먼저 서양윤리사상사에서 연민과 공감의 감정이 어떻게 특징되고 있는가를 살펴볼 것이다.[118] 2) 그다음 공감과 연민의 감정이 생겨나기 위해서 어떤 조건들이 갖춰져야 하는가를 연구할 것이다. 사람의 느낌과 감정은 일정한 조건들이 갖춰지면 발생하는 관계 속의 생성물이기 때문이다. 물론 이유 없는 불안이나 근거 없는 두려움처럼 특별한 감정의 경우도 있지만 이러한 경우도 깊이 들여다보면 관계의 틀 안에서 설명될 수 있을 것이다. 3) 아울러 공감과 연민이 갖는 akute 감정과 감정의 disposition 사이의 차이를 연구할 것이다. 4) 다른 사람의 감정과 소통하는 일이 어떻게 일어나는가를 볼 것이다. 이 연구는 다른 사람의 감정을 느낄 수 있는 가능성을 찾는 일이 될 것이다. 5) 그리고 대표가 되는 감정들의 현상들 _{기쁨, 슬픔, 고통 그리고 무}

---

118 이미 독자들이 충분히 느꼈을 것이지만 이 책의 주 관심은 서양철학에 한정되어 있다. 이것은 필자의 능력의 한계이다. 필자에게 개인적으로 제한된 서양철학에 한정된 것에 매우 유감으로 생각한다.

^{시등}과 공감 감정의 연결고리를 찾을 것이다. 6) 마지막으로 공감 감정과 다른 감정들의 관계를 살펴본다. 특히 공감과 무시, 공감과 낭만적 사랑과의 관계들을 볼 것이다. 이러한 검토 과정들은 자연스럽게 다른 사람과의 감정을 공감하고 공유하는 일이 어떻게 가능한가를 분명하게 보여 줄 것이다.

앞으로 더 설명하게 되겠지만, 공감은 연민이나 동정심의 감정을 통해서 실천적으로 구체화된다. 연민이나 동정심은 공감의 감정을 바탕으로 하기 때문에 공감의 감정이 더 근원적이라 할 수 있다. 공감하지 않으면, 연민이 생길 수 없고 동정심도 싹틀 수 없기 때문이다. 특히 연민은 서구 기독교의 영향 아래 더욱 확산된 감정이라 할 수 있다. 어쨌든 서구에서 연민이나 동정심이라는 공감 감정은 17세기 이후 계몽의 영향을 크게 받고 문화적으로 뿌리를 튼튼히 내렸다고 할 수 있다. 특히 17세기 스코틀랜드를 중심으로 한 영국에서의 종교적 관용이 강조되면서 공감 감정이 문화화되었다. 이렇게 해서 공감은 도덕철학의 기본 요소로 자리하게 되었다. 인간됨으로서의 공감하는 인간의 상^像이 만들어진 것이다. 이후 공감 감정은 자신의 외연과 내포를 확장시켜 나가기에 이른다.

이렇게 보면 공감을 비롯한 연민, 동정심의 감정이 근대 도덕의식을 선구적으로 이끌었다고 할 수 있다. 이들의 감정은 덕 있는 태도와 행동을 위한 기본으로 간주되었다. 하나의 도덕철학의 부흥이라 할 수 있는 현상이 생겨났고, 흄, 애덤 스미스 그리고 대륙의 루소를 그 선구자라 할 것이다. 그러나 이 전통이 그대로 이어져 온 것은 아니다. 공감과 동정심, 연민에 대한 비판의 흐름도 있었다. 스피노자와 니체가 그 비판적 대열에 속한다. 공감 감정에 대한 비판가들은 그 부정적 측면을 강조하고 있다. 연민과 동정심은 강한 의지를 약화시킨다거나 공감은 하향 평균화하는 결과를 초래한다는 지적이다. 비판가들과 달리 동정심과 연민을 가슴에 품은 사람은 관점의 변화를 가져온다. 즉, 다른 사람이 필요로 하는 것을 통해서 세계를 이해하게 되는 눈을 갖게 되는 것이다.

이것은 매우 중요한 변화이다. 왜냐하면 논의를 시작할 수 있는 도덕적 출발점을 위한 조건을 충족시키기 때문이다. 물론 모든 철학이 근원적 감정으로서 연민과 동정심이 도덕적이라고 생각하지는 않는다. 그러나 연민과 공감이 인간이 갖는, 관점을 변화시킬 수 있는 능력이라고 한다면, 인간관계의 많은 것이 달라질 수 있는 것이다. 이론적 논쟁에서 감정과 느낌의 세계로 전환을 시도한 것이기 때문이다. 연민과 공감은 타자를, 특히 약한 자를 배려하여 인간관계를 다른 차원으로 끌어올릴 수 있는 독특한 감정으로 제시하고 있는 것이다. 새로운 도덕은 이론의 세계를 벗어나서 감정과 느낌의 영역으로 채색되어 간 것이다.

공감의 감정과 행동으로 나타내는 그 표현에 있어서 두 가지 경우가 가능하다. 공감이 전제된 경우와 전제되지 않고 다른 이유 때문에 하는 경우이다. 다시 말하면 다른 사람이 어려움과 고통에 처한 상황을 유감스러워하고 그를 돕지만 공감이 배제된 경우와 그렇지 않고 공감 안에서, 공감하기 때문에 행동으로 옮겨서 행동이 이뤄지는 경우가 있다. 공감이 배제되어 있지만 돕는 경우는 합리적 사유의 결과로 나온 것으로 사회적 안정과 조화가 사회발전에 기여한다는 이유 등을 제시할 수 있다. 그러나 감정의 공유를 전제로 한 공감하기 때문에 불우한 이웃을 돕거나 그들의 상황을 개선하려는 경우는 전혀 서로 다르다.

거시적으로 사회적 측면에서 사회적 약자에 대한 우선적 배려와 관용의 법칙은 위의 공감을 느끼지 못해도 시행할 수 있으며, 공감을 느끼면서 시행하는 경우는 다른 차원으로 나아간다. 공감을 느끼면서 하는 관용과 배려는 제도나 구조가 주는 건조한 해결을 넘어서기 때문이다. 이 경우는 감정이입 능력empathie 이라는 새로운 감정력感情力=감정의 힘[119]을 갖게 된다.

감정이입은 서로 다른 몸을 가진 개체들이 감정을 통하여 교류하면서 생긴 관계를 표현한다. 우리는, 그 감정이 왜 생겨났는가를 정확히 이해하진 못하지만 다른 사람의 감정을 느낄 수 있다. 사람은 감정을 모두 설명할 수 없지만 느낄 수 있고, 이 느낌은 다른 사람에게도 열려 있다. 전달되고 전이될 수 있다. 내 몸이 반응할 정도에 가까운 거리감정이 흐를 수 있는 정도의 거리에 있는 사람이 깊은 슬픔에 빠져 있는 경우, 대개의 경우 사람의 슬픈 감정은 전염되어서 그 슬픔을 공유하고 공감한다. 앞서 무슨 일이 일어났는가는 중요하지 않다. 감정의 상처 깊이, 바로 그 상태가 중요하다.

이 경우 동정심이나 연민이라는 개념보다는 감정이입이라는 개념이 더 적절한 표현이 된다. 왜냐하면 동정심이나 연민의 감정은 일방적으로 흐름

---

119 감정력은 축구선수가 훈련을 통하여 공을 다루는 새로운 기술을 선보이는 것처럼 감정의 힘을 새롭게 표현할 때 생기는 힘이다.

이 강하지만, 감정이입은 쌍방에서 흐름의 양상으로 성립하기 때문이다. 슬픔과 고통이 전해졌고, 전달된 것에 대해서 반응하였기 때문에 쌍방에서 흘러가고 흘러들어온 것이다. 그래서 감정이입은 연민이나 동정심과 달리 쌍방의 상호 교류하는 점에서 서로 느낌을 공유한다는 의미에서 공감의 근원적 지평에 속한다.

물론 이 쌍방의 흐름에 대한 명확한 설명이 부재한다. 명백한 개념이 아니다. 그럼에도 이 개념은 공감을 설명하기 위한 은유적 활용을 제공한다. 우선 두 개의 서로 다른 몸이 감정을 통하여 연결되어 있음을 말하고 있고, 동시에 서로가 동일한 느낌을 함께하고 있다는 점을 보여 주고 있기 때문이다. 상대의 슬픈 감정이 내게 들어왔고, 나의 몸이 그에 대하여 반응한 것이다. 이를 통하여 사람은 다른 누군가가 속한 자리에 나를 가져다 둘 수 있다. 이때 자리는 상황이 될 수도 있고, 슬픈 감정을 느끼는 몸이 될 수도 있다.

논의를 공감으로 확장하기 위하여 다른 사람의 감정을 이해한다는 문맥 안에서 연민과 감정이입의 관계를 살펴보자. 다른 사람의 감정을 이해한다는 포커스 아래서 연민과 감정이입은 서로 어떤 관계를 갖는가? 연민의 감정을 갖기 위하여 반드시 감정이입이 전제되어야 하는가? 감정이입이 먼저 일어나야 연민의 감정이 생겨나는가? 하는 물음이다. 즉, 감정이입은 연민을 위한 필연적이고 충분한 조건이 되는가? 여기서 조건이란 어떤 일이 일어나기 위해서 반드시 먼저 갖춰져야 할 요소로 이해한다. 비가 내리려면 공기 중에 일정한 수분이 내재되어 있어야 하는 것이 비가 오기 위한 조건이 되는 것처럼 말이다. 물론 다른 조건도 필요하고 그래서 조건은 조건들의 의미를 갖는다. 다른 중요하지 않은 조건들도 열거해야 한다. 일정한 기온 아래 있어야 하며, 너무 춥지 않아야 한다든가.

위의 물음이 중요한 까닭은 연민의 주체와 대상을 한정하는 물음이기 때문이다. 만약 감정이입이 연민을 위한 필연적 조건이 된다면, 연민이나 동정심은 오로지 사람의 감정이 서로 흐를 수 있는 감정을 가진 생명체에 국한되어야만 한다. 그런데 감정을 가진 생명체라는 것이 간단하게 해결되는 문제도 아니다. 왜냐하면 예를 들어, 사람들에게 인정하는 감정의 의미를 동물들에게도 허용하는가의 문제는 다양한 의견들로 나눠질 수 있기 때문이다. 오늘날 이 문제는 여전히 매우 논쟁적이다. 인간의 감정을 동물의 감정으로 환원하고자 한 쇼펜하우어 이후 그 어느 쪽이 우세하다고 말할 수 없을 정도로 첨예하게 대립한다. 이 대립은 동물애호자와 인간중심주의자라는 개념으로 극단으로 양분될 정도이다.

사람이, 동물들이 감정을 느끼는 것과 느끼는 방식대로 감정을 느낄 수 있다는 의미에서 사람은 동물과 감정을 교환할 수 있는가? 하는 문제는 더 많은 논의를 필요로 한다. 만약 이 물음에 대한 답이 회의적이라면, 감정이입은 연민에 대한 필연적 조건이라고 말할 수 없다. 그러나 그 역은 성립한다. 감정이입은 필연적 조건이 아니기 때문에 감정이입 없이 연민의 감정이 생길 수 있다. 사람은 감정이입을 할 수 없는 사람에게조차도, 즉 그의 관점에 동의하지 않을 경우에도 연민을 느낄 수 있다. 연민을 갖기 위하여 반드시 감정이입이 먼저 일어나야 하는 것은 아니다.

관점을 바꿔서 쌍방의 흐름인 감정이입이 연민을 위한 충분한 조건이 된다는 경우를 살펴보자. 만약 충분한 조건이기 때문에 감정이입이 일어나면 자동적으로 연민과 동정심이 발로되어야 한다. 이 경우에 다른 사람의 감정을 이해한다는 것은, 다른 사람이 느끼는 것을 따라 자신도 함께 느낄 수 있다는 것이며, 나아가서 다른 사람의 안전과 안녕을 도모하는 관점을 유지해야 한다. 이해와 실천이 함께 결부되어 있어야 한다.

그런데 감정이입만 하고, 즉 이해만 하고 실천을 하지 않으면, 다시 말해서 다른 사람이 가진 슬픔과 고통을 공감하고 이를 완화하려는 노력을 하지 않으면 이해한 감정을 다른 방편으로 사용할 유혹을 받게 된다. 타인의 고통을 즐기는 사디스트의 경우가 그렇다. 사디스트는 상대의 아픔에 감정이입을 했을 경우에 더욱 완벽한 괴롭힘을 실행할 수 있다. 자신이 공감한 감정을 이용하여서 희생자를 괴롭히는, 그것도 감정이입을 했기에 거의 완벽할 정도로 괴롭히는 일이 가능하게 된다.

그래서 얼핏 보면 매우 유사한 연민과 감정이입의 감정이 세밀하게 검토되어야 할 이유가 있다. 연민은 도덕적으로 중요한 의미를 가지며, 감정이입은 서로 이해하고 소통하는 의미를 갖는 특징이 더 연구되어야 하는 것이다. 막스 셸러가 바로 이 문제를 공론화했다. 당연히 그의 논의를 살펴보아야 한다. 아울러 당연히 되물어야 한다. 과연 연민이란 무엇인가? 철학사에서 연민과 동정심이 어떤 평가를 받고 있는가를 검토해 보아야 한다. 이러한 연구를 통하여 연민과 동정심의 중요한 차이에 대한 구상이 드러날 것이다.

서양 감정론의 역사에서 먼저 다뤄야 할 것은 아리스토텔레스의 연민 이론이다. 그는 『수사학』에서 연민은 고통을 불러일으키는 감정이라 한다. 이 감정은 두 가지 요소를 내포해야 한다. 하나는, 보이는 것을 통해서 마음 안에 상으로 나타나야 한다. 시각이나 청각을 통한 매개로 가능한 상이다. 또 하나는 사람의 가치를 파괴하고 이것 때문에 고통을 안겨 주는 악을 포함한다. 그래서 그가 말하는 연민은 인간에게 해를 가하는 고통스러운 악을 마음속에 상으로 그릴 때 생기는 감정이다. 즉, 내가 느끼는 고통의 감정이다. 그래서 연민은 연민의 주체를 고통스럽게, 아프게 한다.

이때 악은 연민의 대상이 그 일을 초래하지 않았어야 한다. 연민의 대상 스스로 그 악을 벌어들이지 않은 경우여야 한다는 말이다. 그리고 이 악은 우리들 중 누구에게도 가능하다. 즉, 악의 파급 영역이 정해진 게 아니라 우리들 중 누구도 언제나 가능하다는 것이 전제되어야 한다. 사람으로서 그러한 일을 당할 수 있고, 그리고 누구에게나 열려 있는 고통스럽게 하는 악에 의해서 당하는 사람에 대한 연민이 발생하는 것이다. 가까이 있는 사람, 시대와 장소를 함께하며 살고 있는 사람이면 누구나 악에 의한 피해의 대상이 될 수 있다는 성찰이 연민의 바탕에 웅크리고 있는 것이다. 따라서 연민 안에서 그 피해로부터 나 자신도 예외일 수 없다는 두려움도 볼 수 있는 것이다.

아리스토텔레스는 연민을 고통 감정으로 이해하면서 마찬가지로 연민 감정의 지향적 내용을 특징적으로 다룬다. 그는 특히 지향적 내용을 본질적으로 세 가지 계기로 확인한다. 누군가에 의해서 피해를 받는 고통과 악이 무례하고 파렴치해야 하며, 당하는 사람이 이 고통을 벌어들이지 않았다는 정황이 필요하고 그리고 사람이면 누구나 그에 상응하는 악과 고통을 두려워한다는 사실이 바탕을 이루고 있다. 일반적으로 사람은 누구나 자신이 그 경우에 속하면 충분히 고통을 느끼는 것을 생각할 수 있는 그러한 악과 고통에 대한 두려움이 연민 감정 안에 깔려 있는 것이다. 이렇게 보면 아리스토텔레스는 우리가 연민을 느끼게 되는 일정한 조건들을 제시하고 있다. 이 조건에 맞지 않으면 연민이 발생할 수 없다고 보는 것이다. 이를 좀 더 구체적으로 말하면, 그는 악과 고통이 무례할 정도가 아니거나 혹은 파렴치하게 분명하지 않거나, 우리 스스로가 벌어들인 불행과 고통이나, 우리가 두려워할 필요가 없는 고통과 악에 대해서 연민이 생기지 않는다는 것을 말하고 있는 것이다.

아리스토텔레스가 제시한 첫 번째 조건, 분명하고 무례한 악과 고통이 연민을 불러일으킨다는 주장에는 당연히 의문의 여지가 있다. 위 조건에 해당하지 않지만 연민이 필요한 곳은 도처에 널려 있다. 지진이나 태풍에 의해서 예기치 않은 불행에 처한 경우 대부분의 사람들이 생필품의 부족으로 고통받을 수 있다. 이 경우 이들에 대한 연민의 감정은 극히 당연하게 발생한다. 그래서 자발적인 원조 단체가 활발하게 활동한다. 개인도 연민의 감정을 가지고 동참한다. 아리스토텔레스가 특징화한 다른 두 조건들도 비판의 여지를 안고 있다.

"악과 고통을 스스로 벌어들이지 않았는가?"라는 물음은 서구의 기독교 문화권 안에서 거의 문제가 되지 않는다. 왜냐하면 사람은 누구나 악에 노출되어 있고 고통받는 존재이기 때문이다. 따라서 상대가 스스로 악과 고통을 불러오는 행위를 했는가, 하지 않았는가는 연민의 감정을 갖는 데에 별로 중요하지 않다.

그러나 달리 생각해 보면, 좋은 기회를 놓치거나 선입견에서 헤어나지 못하여 경솔하게 고통에 빠진 사람은 갓난아이처럼 악을 벌어들이지 않은 사람보다 연민의 감정을 불러일으키지 못할 것이다. 자신에게 다가온 행운을 경솔하게 잃어버린 사람에 대해서 우리는 흔히 연민의 정을 보이기보다는 오히려 불행을 보면서 기뻐하는 감정 Schadenfreude 을 갖는다. 그 불행을 고소해하는 것이다. 남의 불행을 기뻐하는 감정은 어떤 관점에서는 연민에 대해서 보완적이다. 다른 사람에게 해가 되는 불행이 일어난 것을 만족해하고 기뻐하기 때문이다. 이 경우 다른 사람의 불행을 기뻐하는 사람은 그 상대가 스스로 그 불행을 벌어들였다고 보기 때문이다. 여기서 도덕적 판단을 내릴 필요는 없다. 아리스토텔레스가 연민은 스스로 벌어들이지 않았지만, 다른 이유에 의해서 겪는 고통에 대한 반응이라고 말한 것은 옳다. 아리스토텔레스는 상대의 불행을 기뻐하는 감정 외에도 정당한 의미의 불쾌 혹은 불만과 복수의 행위를 연민과 대립시켜 이야기한다. 왜냐하면 다른 사람이 그에 마땅한 일을 하지 않았음에도 우연한 행운을 얻을 때 사람들에게 불만이 생겨날 수 있기 때문이다.

그러면 연민을 불러일으키는 조건을 생각해 보자. 우리가 연민을 가지려면 우리 자신이 연민을 불러일으키는 그와 동일한 상황 속에 언제나 속할 수 있다는 것을 전제로 해야만 하는가? 이 질문은 서로 다른 대답을 가능하게 한다. 연민의 대상이 되는 존재는 우선 연민의 주체가 되는 존재와 매우 상당한 유사성을 가져야 한다. 연민의 주체 존재와 유사한 생활 상황[120]에 처해 있어야 한다. 유사한 생활 상황 아래서 연민의 대상이 처한 상황에 빠지는 것이 가능하다고 상상할 수 있는 것이다. 이것은 단순히 생각이 그렇다는 것이지 반드시 구체적으로 그 상황에 처해야 하는 것은 아니다. 연민을 가진 사람이 연민의 대상이 처한 상황에 들어가야 하는 것은 아닌 것이다. 연민은 일정한 거리를 유지하기를 요구한다. 사람이 동물에 대해서 연민을 느낄 수 있는 것처럼, 자본주의의 혜택을 누리는 부유한 시민들이 가난한 빈민가에 사는 사람들에게 연민의 정을 느낄 수 있다. 연민의 정을 느끼기 위하여 사람이 동물이 되어야 하는 것은 아닌 것처럼, 부유한 시민이 빈민가의 사람이 되어야 하는 것도 아니다. 그래서 연민을 느끼는 사람이 처한 상황은 연민의 대상이 되는 사람이 처한 상황과 다를 수밖에 없는 것이다.

연민은 특정한 비교 가능성을 바탕으로 한다. 인간과 동물, 부유한 인간과 비참한 인간은 일정한 관점 아래서 비교 가능하다. 인간 존재는 상처받기 쉬운 존재이다. 동물도 그러하다. 또한 추상적으로 고찰하면, 모든 존재는 다른 존재가 처한 상황에 빠질 수 있는 약한 존재이다. 모든 존재는 비교 가능한 존재가 처한 상황으로부터 항상 배제되어 있다고 말할 수 없는 것이다. 만약 그러한 배제를 허용한다면, 즉 어떤 경우도 그러한 상황에 이르지 않을 것이라는 확신을 한다면 비교 가능성은 매우 약해진다. 따라서 그 경우에는 연민의 감정도 약해질 수밖에 없다. 예를 들어, 본인이 노예나 고문당하는 소수

---

120 생활 상황은 존재가 자신의 삶을 영위하는 데 필요한 조건과 요소들을 포함한 상황을 뜻한다. 예를 들면, 인간 존재는 동물과 다른 의식주라는 생활 상황에 놓여 있다.

민족의 그룹에 절대 속할 이유가 없다고 생각하는 사람은 이들에 대한 연민의 감이 약해질 것이다. 이 고통받는 특정한 그룹과의 공통점과 비교 가능성이 부정되는 경우에 연민은 생기지 않는다. 양반이 노비의 고통에 연민을 느끼지 않는 경우가 그러하다. 여기에는 이념이나 사회적 구조가 작동하고 있다. 아리스토텔레스는 이러한 연민의 비교 가능성을 조건으로 열거하고 있는데, 위와 같은 고찰은 그의 주장에 대해서 이의를 제기할 수 없음을 보여 준다.

아리스토텔레스는 『시학』에서도 연민을 카타르시스 구상과 함께 다루고 있다. 그가 말하는 카타르시스Katharsis는 비극이 주는 효과로 마음을 청소해 주는 것이다. 맑고 시원하게 해 준다. 고통에 의해서 고통을 청소해 주는 특별한 종류의 열정의 정화淨化이다. 비극이 보여 주는 비참함을 경험하고 이에 전율을 느끼는 사람은 그의 정신이 맑아짐을 느낀다. 마치 오래된 배변을 후련하게 내보낸 것처럼. 무대 위 배우가 겪는 비참한 운명에 전율하고 두려움을 느낀 사람관객은 영혼이 맑아지는 상태를 체험한다. 이러한 그리스 비극의 특징은 오늘날 영화나 드라마의 핵심 요소로 남아 있다. 오늘날 영화, 드라마는 다른 사람의 비참함, 전율, 두려움 그리고 연민을 먹으며 살고 있는 셈이다. 비극을 관람하는 관객은 자신에게 닥친 불안이나 비참이 아닌 다른 사람이 고통스러워하는 것을 매개로 하고 있다. 다만 비극의 주인공과 더불어 느낄 뿐이다. 감정으로 교류하고 공감하는 것이다. 특히 주연의 중심 배우와 감정을 교류한다. 영리한 관객들은 제1 배우의 감정과 자신의 감정을 아주 주도면밀하게 분리하고 있는 것이다. 다시 말하면 관객의 감정은 제1 배우의 감정과 다른 감정이면서도 동시에 관객이 느끼는 감정은 무대 위 배우의 감정과 유사하지 않다고 말할 수 없는 것이다.

문화예술 영역에서 카타르시스는 매우 선호되는 개념 중 하나이다. 그래서 충분히 언급이 되고 있지만, 공감을 다루는 문맥과 연결하여서 카타르시스에 대한 아리스토텔레스의 관심을 좀 더 살펴보자. 카타르시스를 일어나는 과정으로 나눠 보면, 관객은 먼저 배우와 연결된 감정으로 인하여 불쾌감과 혐오를 느낀다. 그런데 한편으로는 일정한 거리를 유지하면서 배우의 감정을 모범으로 삼아서 기쁨과 쾌를 경험한다. 이러한 과정이 되풀이되면서 마음과 영혼이 정화된다. 여기서 아리스토텔레스가 고찰한 것은 관객이 다른 사람^{즉, 무대 위 배우}의 감정을 자신의 감정이 아닌, 다른 사람의 감정으로 느끼는 것이 가능하다는 것이다. 그래서 카타르시스의 효과가 가능해지는 것이다. 다른 사람의 감정을 자신이 처한 상황과 차이를 두고 볼 수 있기 때문에 그 효과가 발생한다. 차이를 두고 볼 수 있기 때문에 카타르시스가 일어나는 것이다. 결국 우리는 이러한 현상이 원래 의미에서 공감, 즉 일상생활 안에서 소통적인 공감과 어떤 관련성을 갖는가? 하는 질문으로 돌아오게 된다. 상대와 거리를 두어야 그와 공감할 수 있다는 논의가 갖는 의미를 더 다뤄 봐야 한다.

아리스토텔레스 이후 연민 감정은 학자들의 관심을 끌었다. 특히 기독교 전통 안에서 중요한 가치로 자리를 잡았다. 연민 감정은 기독교의 자비로움의 종교적 덕과 관계 안에서 선한 이웃 사랑의 실천적 행위로 인정되었다. 그러다 17~18세기에 이르러서야 철학적으로 연민에 관한 체계적 중요성이 언급되기 시작했다. 처음에 연민은 데카르트와 스피노자의 정념론에서 중요 감정으로 언급되기 시작한다. 이때 연민 혹은 공감은 동정심^{sympathie}이라는 더 선호된 표현으로 나타난다. 특히 동정심은 흄으로 대변되는 영국 계몽주의의 도덕과 정신 이론에서 중요한 역할을 하게 된다.

데카르트는 아리스토텔레스를 인용하면서 연민을 일종의 비애나 슬픔을 표현하는 것으로 이해한다. 그에 따르면 이 비애와 슬픔은 누군가가 자신이 벌어들이지 않은 불쾌와 악을 경험하는 것을 본 사람에게 일어난다. 불쌍해하는 연민의 마음이 생겨난다. 이 연민은 슬픔과 비애와의 동의어이다. 스피노자에 따르면 연민은 불필요한 무익한 감정이다. 특히 합리적으로 이성적인 원칙에 따라서 살아가는 사람에게 불필요한 정서이다. 그에 따르면 불쾌와 연결되어 있는 연민 감정은 그 자체로 나쁜 것이다. 불쾌는 피하고자 하는 나쁜 것이기 때문이다. 스피노자에게 있어서 연민에 결부된 결과만, 즉 어려운 상황에 처한 사람에게 연민을 느껴서 그를 도와주는 경우에만 좋은 일이다. 그리고 이러한 결과는 감정의 도움을 받을 필요 없이 이성의 도움으로 얼마든지 가능하다. 인간은 이성적이어야 하기 때문이다. 그렇기 때문에 스피노자에 따르면 연민은 쓸데없는 불필요한 감정이다. 다만 그 결과로 남을 도와주는 것은 좋은데, 곤궁에 빠진 사람을 돕는 일은 이성적으로 가능한 일이기 때문이다.

영국의 계몽주의자 흄과 애덤 스미스는 스피노자와 달리 도덕감moral sense의 차원에서 연민의 감정을 다룬다. 이 이론은 도덕철학의 영역 안에서 큰 비중을 차지한다. 흄은 자연의 이치에 따라서 인간 사이에는 유사성이 존재한다는 가정에서 출발한다. 그에 따르면 인간은 다른 사람에게서 관찰할 수 있는 감정을 자신 안에서도 발견할 수 있다. 이 유사성을 바탕으로 다른 사람을 이해할 수 있다. 물론 유사성이 절대적 보증을 주는 것은 아니나, 다른 사람의 감정을 이해할 수 있는 중요한 전제를 이룬다. 이와 같이 감정을 이해하게 하는 유사성은 다른 사람의 감정을 자신의 감정으로 만들 수 있는 조건이 된다.

흄은 유사성 외에 이성의 상상력 Einbildungskraft 을 연민을 위한 중요한 조건으로 내세운다. 그에 의하면 상상력은 다른 사람의 감정에 관련되어 그에 대응하는 생각을 하게 한다. 이것은 한 사람의 감정이 다른 사람의 감정으로 전수되는 것으로, 흄은 이것을 표상=생각이 인상 Eindrueck 으로 변환하는 것이라 한다. 감정이 단순히 생각으로만 전수되는 것이 아니라 마치 본인이 경험한 것처럼 느끼게 된다. 그래서 그 사람의 처지가 되어서 생각할 수 있는 동정심 공감이 생겨날 수 있다. 우리는 다른 사람에게서 느낄 수 있는 감정에 대한 생각을 만들 수 있고 이를 유사한 나의 인상으로 만들어낸다. 그리고 이 가능성은 인간들 사이의 자연스러운 유사성에 토대를 두고 있다. 흄은 일반적 의미에서 연민과 공감을 구별한다. 그는 연민을 설명하기 위해서 공감 감정을 끌어들인다. 그에 의하면 생생한 표상이 인상으로 전환될 수 있는 공감이 가능하다면, 걱정이나 고통에 관한 감정의 인상으로도 전환이 가능하다. 따라서 흄은 연민은 공감의 특별한 경우에 해당한다고 본다.

흄은 연민에 다양한 특별한 성질이 내재되어 있음을 인정한다. 연민은 불쌍하게 여기는 대상을 만남보거나 듣는 것을 포함에 의존한다. 연민의 감정은 어느 정도 가까이 있다는 것이 전제되어야 하며 너무 먼 거리에 떨어져 있으면 소원해지고 약해진다는 것을 전제로 한다. 끔찍하고 비참한 것을 보는 것이 연민과 관련되는 것처럼 끔찍한 광경, 비참한 광경. 그 외에도 연민을 갖는 사람 스스로는 당하는 사람의 운명이 주는 고통을 직접 경험하지 않아야 하며, 당하는 사람의 불행이 주는 고통을 결코 생생하게 체험하지 않고 있어야 한다. 흄은 좁은 의미에서도 연민과 공감을 구별한다. 사람은 당사자 스스로 고통을 느끼지 않는 사람을 위해서도 고통스러운 연민의 감정을 가질 수 있다. 이것은 부끄러움을 전혀 느끼지 않는 사람을 위해서 우리가 부끄러움을 느낄 수 있는 것과도 같다. 바보 같은 일에 대해서 전혀 의식하지 못하는 사람에 대해서 우리가 부끄러움을 느끼는 것과도 같다. 흄은 공감이 바탕에 전제되어 있다는 것을 상상력이 일반적 규칙들을 선도하기 때문에 가능하다고 한다. 고통을 주거나 부끄러운 일을 만드는 상황에서 그것을 목격한 사람은 고통스러워하거나 부끄러워해야 한다. 적어도 연민이나 부끄러움을 표현해야 한다. 자기 자신이 스스로 고통스러워하지 않고 부끄러워하지 않으려면.

애덤 스미스는 흄의 생각을 이어받아서 숙고한다. 그 역시 사람은 다른 사람의 운명에 한몫을 담당하는 것이 자연이 정한 인간의 본성이라는 전제에서 출발한다. 사람의 운명은 섬처럼 각자가 따로 떨어져 있는 것이 아니라 어떤 방식으로든 서로 연결되어 있다는 전제이다. 사람은 누군가가 비참함 속에서 고통스러워하고 있는 것을 보거나 이러한 종류의 고통을 생생하게 알게 되면 연민의 감정이 우러나온다. 이것이 자연의 이치다. 그래서 스미스는 무엇보다도 다음을 강조한다. 우리가 다른 사람의 고통을 직면하거나 이에 대해서 생각하게 될 때 느끼는 것은 고통받는 사람 당사자가 느끼는 것과는 다른 무엇임이 분명하다는 사실이다. 흄이 생각했던 것처럼, 우리는 상상력과 추상의 힘을 동원하여 다른 사람의 상황을 상정하고 자신을 그 상황에 있는 것으로 생각함으로써 연민의 정이 가능하게 된다. 여기서 스미스는, 흄보다 한 걸음 나아가서, 상상력에 더 중요한 역할을 인정한다. 우리는 다른 사람의 감정을 직접적인 방식으로 경험할 수 없다. 다만 그러할 것이라고 내가 세운 '생각 속의 그림'에 의해서 그 상像을 만들 뿐이다. 그리고 만든 상에 근거하여서 감정을 피력한다. 그래서 스미스는, 가족이 고문을 당하는 경우에도 자기 자신이 안전한 삶을 유지하는 동안은 고문당하는 가족의 감정을 결코 알 수 없다고 지적한다. 위 두 사람의 생각에 따르면, 사람은 다른 사람의 감정을 오직 자기 방식으로 생각할 뿐이다.

이것은 꼭 고통의 경우에만 해당하는 것은 아니다. 다른 감정들도 공감의 대상이 될 수 있다. 이 문맥에서 스미스는 동정심sympathy 이라는 표현을 사용할 것을 제안한다. 동정심이라는 개념을 사용하여서 공감을 일종의 정서의 하나로 사용할 수 있다 한다. 동정심을 토대로 하여서 다른 사람의 관점을 공유할 수 있다는 것은 스미스의 도덕이론 안에서 가장 핵심적 사고이다. 그래서 동정심 개념은 스미스의 도덕철학에서 핵심이 된다. 흄이나 스미스와 유사한 생각은 루소에게서도 발견된다. 루소 역시 상상력이나 다른 사람과 공감할 수 있는 능력은 연민을 구성하는 계기라고 본다. 루소의 토대로서 연민을 고찰하는 일은 후에 쇼펜하우어에게서 찾아볼 수 있다. 그 이전에 칸트는 도덕적 물음을 형성하는 데에 공감을 중요한 기본 태도로 간주했다. 그는 한편으로 철학의 전통에서 도덕감moral sense 에 대한 사유를 이어받으면서 다른 한편으로 도덕 개념 선의지 혹은 자율 을 발전시킨다. 이들의 개념에 따르면 감정은 도덕적이라 할 수 있는 태도나 행동방식을 결정하는 영역에서 중요한 역할을 하지 않는다. 칸트는 감정이 도덕을 결정해서는 안 된다는 주장에까지 이른다.

칸트는 데카르트처럼 확실한 지식을 구축하기 위하여 인식의 기반을 연구하였다. 그 결과 실체적 지식 관념을 거부하고 아프리오리 하고 선험적인 인식의 범주를 인식 기반을 위한 정초로 받아들인다. 이러한 순수 형상의 인식 질서 안에서는 일상적 경험과 감정 세계가 설 자리가 없다. 칸트는 아프리오리 한, 매혹적인 '순수 진리의 땅'에 이르기 위하여 감정의 항해자를 환각제를 흡인한 자로 왜곡시킨다. 여기에는 공감 감정이 설 자리가 없다. 감정과 느낌을 배제하고 오직 생각하는 인간에 의한 의무가 있을 뿐이다.

칸트는 도덕적 법칙이 아프리오리 하게 존재하고 순수이성의 개념에만 의존하며 모든 외부의 경험과 독립적으로 인식할 수 있다고 주장한다. 그는 『도덕형이상학의 기초』에서 도덕법칙을 인간의 본성이나 주변 세계에서 찾아서는 안 된다고 한다. 그리고 『실천이성비판』에서는 동정의 느낌이나 정에 이끌린 동감의 느낌은 올바르게 생각하는 데 방해를 한다고 보았다. 공감의 감정은 규칙에 따르려는 이성에 혼동을 준다고 본 것이다. 우리는 칸트의 정언명령을 기억하면 그에게 있어서 공감 감정이 얼마나 자기 빛을 낼 수 없었는가를 알 수 있다.

쇼펜하우어는 『도덕 형이상학 기초Grundlegung zur Metaphysik der Sitten』에서 칸트의 이성 체계를 거부하고 자신이 주장하는 세계를 도덕적 소질을 바탕으로 구성한다. 그에 의하면 인간은 공감의 도덕적 소질을 갖는다. 인간은 다른 사람을 동정하면서 동시에 자신의 비애를 그 사람의 비애에 공감하면서 느낀다. 사람은 다른 사람의 고통에 대해서 연민을 느끼며 그와 함께 고통스러워한다. 사람은 그 사람의 고통을 그의 것으로 느낄 수 있는 능력을 지닌 것이다. 따라서 쇼펜하우어에 따르면 내 고통이 아니지만 우리는 아파할 수 있다. 여기서 나아가 쇼펜하우어는 인간이라면 고통받는 사람의 곤경에 끼어들어서 그의 고통을 막아 주어야 한다는 도덕적 요소를 주장한다. 그에게 있어서 공감은 사회적 복지와 행복을 위한 토대인 것이다. 그는 공감을 모든 도덕성의 원천이라고 인식한 것이다.

그러나 칸트 역시 도덕적 판단을 내리거나 도덕적 태도를 실행할 수 있기 위하여 주체의 느끼는 능력혹은 공감의 능력, 즉 도덕적 공감 능력이 요구된다는 것을 부인하지는 않는다. 그가 도덕에서 공감 능력이 매우 중요하고 도덕적 감정이 필요하다는 것을 여러 곳에서 강조하고 있는 것을 보면 알 수 있다.

칸트가 강조한 것을 요약해 보면 아래와 같다. 도덕적 감정은 사람이 가진 하나의 능력에 속한다. 이 능력은 도덕적 판단에 의해서 촉발된다. 내가 이성에 의해서만 어떤 행위가 도덕적으로 선한 것이라고 판단하면, 그리고 그 판단에 의해서만 행위로 옮긴다면 뭔가가 부족하다. 이 판단이 행동을 하도록 나를 움직이려면 도덕적 감정이 필요한 것이다. 이성이 판단하게 하는 힘을 가졌다는 것을 아무도 부인할 수 없다. 이성은 자유롭게 판단해야 한다. 그리고 바로 이 이성에 의한 판단에 의지를 움직이게 하는 힘이 갖춰져 있다. 바로 이 힘이야말로 행위를 하게 하는 것이며, 현명함의 초석이 되는 것이다.[121]

위의 내용을 숙고해 보면, 합리적 윤리학의 대변자인 칸트 자신이 행위를 결정하는 데 감정이 중요한 역할을 한다는 주장에서 비켜 갈 수 없다는 것을 수용해야만 한다. 칸트는 도덕적 감수성moralische Sensbilitaet을 문화화하는 데 요구되는 공감의 위상에 대해서 충분히 논의하고 있다. 칸트는 동물에게

---

121 Kant, Vorlesung zur Moralphilosophie, hg. von W. Stark, Berlin 2004. 참고.

고통을 주는 행위를 반대한다. 동물학대는 인간을 야만으로 몰아가기 때문이다. 그뿐만 아니라 그는 공동의 기쁨과 연민에 참여하는 것을 인간성의 의무라고까지 역설한다. 칸트에 따르면, 공감은 행위를 이끌어 가기 위해서 필수적인 도덕적 감수성을 형성하기 위한 기초이면서 추동하는 힘이라고 보아야 한다. 이것은 쇼펜하우어의 생각과 매우 다른 것이다. 칸트가 도덕을 정당화하는 데 감정의 역할을 인정하지 않는다는 점에서 그렇다.

고전 독일철학에서 쇼펜하우어는 연민 개념에 관한 한 독보적이다. 그는 루소로부터 많은 도움을 받는다. 루소는 연민을 감정으로 인식했고, 사람은 서로 감정적으로 긴밀하게 결합된 존재라고 생각했다. 그는 감정은 다른 사람과 동일시하는 것이며, 그러한 것으로서 사유의 바탕에 근거하는 것으로 보았다. 루소에 의해서 다른 사람에 대한 연민은 어떤 근원적인 것으로 선전제된 것이다. 이 바탕 위에서 자연적 도덕이 발생한 것이라고 본다. 쇼펜하우어는 루소의 바로 이러한 생각을 수용한다. 쇼펜하우어는 칸트의 윤리학, 특히 순수 이성을 근거로 하여서 도덕적 규범을 증명하려는 시도를 반대한다. 그는 의무론적 윤리학으로부터 벗어나기를 원한 것이다. 의무나 규범으로부터 출발한 모든 도덕은 신이나 이와 유사한 외적 존재를 가상하지 않고서 성립될 수 없는 것이라고 보았기 때문이다. 규범을 정해 주고 처벌까지 마련해 둔 절대적 존재를 상정하지 않고는 도덕이 불가능하다고 본 것이다.

쇼펜하우어는 이렇게 주장한다. 의무론적 윤리설이나 정언적 형식으로 구성된 윤리학 그리고 의무를 이행하거나 훼손하는 것에 따라서 인간 행위에 대한 도덕적 가치를 판가름하는 것은 이성적 당위나 신학적 도덕으로부터 유래할 수밖에 없다. 이러한 전제를 인정하면 본질적으로 인간은 어떤 다른 위대한 존재의 결정에 의존되어 있다는 것을 전제하고 있는 것이다. 도덕이라는 이름 아래 인간은, 보상과 처벌을 결정하는 다른 의지에 종속되는 것이며 그로부터 분리될 수 없는 운명에 빠진다.[122]

쇼펜하우어는 그래서 모든 의무 윤리학은 종교의 유산에서 벗어나지 못한다고 비판한다. 의무 윤리학은 자신의 규범을 외적 권위 _{예를 들면 신, 절대자} 에 의존하는 것이기 때문에 잘 증명되지 못한 것이다. 근대 계몽된 세계에서 도덕은 더 이상 권위에 의존해서는 안 된다. 더욱이 종교적 신에게 의지하려고 해서는 안 된다. 모든 인간은 서로 다른 종교적 확신을 가지고 있기 때문에 더 이상 종교적 권위가 도덕을 근거 지울 수 없는 것이다. 이러한 관점에서 많은 근대 도덕철학자들이 쇼펜하우어의 편에 서게 된다. 이들은 어떤 권위에 의존하여서, 예를 들면 칸트 의무론처럼, 도덕을 근거 지우려고 하는 문제를 지적한다. 그래서 이들은 도덕적 숙고의 방향을 바꾸기를 제안한다. 도덕적 성찰을 확대하여서 심리적 개념을 분석하고 행위의 동기를 설명하려는 폭넓은 시도를 하려는 것이다. 그래서 도덕적으로 올바른 행동을 만들어 내는 것이다. 이 것이 쇼펜하우어의 생각이고, 이러한 문맥 안에서 연민이 그 중요성을 갖는다.

쇼펜하우어에게 있어서 연민은 인간 행위를 위한 진실한 본능이다. 그래서 연민이란 모든 자유로운 정당성과 진정한 인류애를 위한 현실적 토대

---

122 Arthur Schopenhauer, Ueber die Grundlage der Moral, Zuerich 1977. 참고.

가 되는 감정이다. 연민으로부터 나온 행위야말로 도덕적 가치를 갖는다. 연민이 아닌 다른 어떤 동기로부터 나온 것은 도덕적이라 할 수 없다. 내 안에서 연민의 감정이 생겨날 때, 다른 사람의 안녕과 고통이 내게, 나의 심장에 직접 전달된다. 이러한 연민의 방식이 아닌 다른 그 어떤 방식도 나의 것이라고 할 수 없는 것이다.

연민 감정을 바탕으로 도덕을 정립하려는 주장에 반대하는 논증이 있다. 연민은 보편적 도덕을 정립할 수 없다. 왜냐하면 인간의 감정은 항상 변하는 것이기에 신뢰할 수 없다는 것이다. 감정은 흐른다, 왔다가 다시 가 버리는 것이다. 기약 없이 사라지기도 하고 또다시 온다 해도 다른 모습으로 온다. 감정은 매우 애매하고 혼란스럽다. 이러한 점에서 이성은 감정처럼 혼란스럽지 않다. 쇼펜하우어가 도덕의 추동력으로 작동하기 위하여 연민은 관련된 주체-대상^{사람이든 동물이든} 사이에서 느껴져야만 한다는 생각을 한 것이라고 우리가 이해한다면, 위의 감정에 대한 불신에서 오는 반대는 쇼펜하우어가 잘못 생각하지 않았는가? 하는 물음을 일으킨다. 이 반대는 연민에 관한 우호적인 전통적 입장에 대한 비난이기도 하다. 따라서 쇼펜하우어의 입장을 좀 더 달리 이해하려는 것이 필요하다. 그의 도덕에 대한 생각은, 인간은 연민을 가질 수밖에 없는 운명을 가진 존재이며, 연민은 다른 사람의 관점을 이해하는 태도로서 문화화된 것이라는 것을 강조한 것이라고 보아야 한다. 문화화된 연민은 도덕적으로 행동하게 하는 동기를 준다. 그렇다고 해서 쇼펜하우어가 보편적 도덕을 증명했다거나 정당화 문제가 이로 인해서 해결되었다고 생각하는 것은 아니다. 그는 도덕의 정당화 문제를 칸트처럼 직접 다루지 않는다. 오히려 새로운 도덕철학을 다루는 문맥에서 제시된, 연민에 대한 반대가 더 중요하다. 이것은 니체가 시도한 비판인데, 연민은 인간의 진보를 가로막는 퇴화되고 퇴폐한 현상이라고 보는 입장이다. 특히 서양 기독교가 연민을 강조하여 인간을 나약하게 한 것에 대한 비판이다.

한편으로 니체의 입장 서술은 쇼펜하우어의 연민 도덕에 대한 직접적 반응이라 할 수 있다. 그러나 다른 한편으로 훨씬 더 일반적인 영역에까지 파급효과를 갖는다. 연민 감정을 부정적인 도덕으로 보는 니체의 주장은 유럽의 도덕 문화권에서 기독교 교리의 영향을 거의 절대적인 것으로 파악하고 있기 때문이다. 그는 『자라투스트라는 이렇게 말했다』에서 신의 죽음을 단호하게 말하고 있다. 악마가 내게 진지하게 속삭였다. 신조차도 자신의 지옥을 소유한다. 바로 인간에 대한 그의 사랑이다. 최근 악마가 이렇게 말하는 것도 분명히 들었다. '신은 죽었다.' 인간에 대한 연민 때문에 신은 죽어 버린 것이다. 나는 연민 앞에 경고를 받은 것이다. 그래서 우리 인간에게 혼탁한 구름이 몰려오고 있다.[123]

니체는 논의를 첨예화하여 연민을 비난한다. 그에 의하면 남을 불쌍하게 생각하는 행위는 세계 안에 고통을 증가시켜 줄 뿐이다. 원래 불쌍한 사람도 고통에 시달리고, 그를 불쌍하게 생각하는 사람도 고통스러워하기 때문이다. 연민은 또 다른 고통을 불러온다. 니체의 논리에 따르면 누군가로부터 불쌍하다는 연민을 받는 사람은 다른 사람을 고통스럽게 하는 것이다. 그래

---

123 Friedrich Nietzsche, Also sprach Zarathustra, Muenschen 1988. 참고.

서 니체는 연민을 자신을 비하하는 정서라는 가면으로 규정하고 벗겨 내려고 한다. 자기를 비하하는 굴욕을 만천하에 공개하려는 것이다. 굴욕은 자기 승격을 추구하는 욕망에 의해 생겨나기도 하다. 연민을 받고자 하는 사람은 굴욕을 욕망하는 것이다. 남에게 연민의 정을 느끼는 사람 역시 굴욕을 욕망한다고 해야 한다. 심리학자이며 해석학자로서 니체는 연민에 내재되어 있는 훼손된 본능적 욕망을 되돌려 놓으려고 하는 것이다. 누군가에게 연민을 느끼는 것은 우선 그를 진지하게 대하지 않는 것을 의미한다. 사람은 누구나 스스로 일어설 수 있는 무한한 가능성을 가졌는데, 연민을 느끼는 사람은 이러한 가능성을 인정하려 하지 않고 그를 무시하고 있다는 것이 니체의 연민하는 사람에 대한 비판이다.

니체에 따르면 연민은 약하고 병든 삶에 대한 애착이며 호의다. 연민은 약자와 무능력자의 감정이다. 그들은 삶을 단지 반응하는 것으로만 안다. 삶은 살아 있는 생동감 있는 활동성이다. 니체가 연민을 비판하면서 도달하고자 하는 곳이 주인 도덕과 〈권력에의 의지〉의 세계이다. 이러한 기본 생각은 초인 개념으로 이어진다. 이 문맥에서 니체의 도덕비판철학, 의지 개념 그리고 초인으로의 동기는 더 많은 설명을 필요로 한다. 큰 틀 안에서 이 개념들은 도덕의 전환을 시도하고 있다. 누구나 인정하는 것처럼 니체의 문장은 매우 복잡하고 다양한 의미로 해석될 수 있지만 그래도 과도하거나 지나치게 평가될 필요는 없다. 어쨌든 그가 말하는 연민의 현상은 '고통스러워하고 있는 바로 그 사람을 보지 않은 상태'에서 하는 말이라고 할 수 있다. 니체는 생생한 생동감 있는, 현실적으로 고통받고 있는 인간이 삭제되어 있는 사고 속에서 사유한다. 연민에 대한 그의 이해는 한정된 사유의 범위 안에서만 좁게 움직이고 있다.

연민과 공감 감정을 더욱 세밀하게 연구한 작가가 막스 셸러이다. 그는 니체를 반대하는 입장을 취한다. 그뿐만 아니라 전통적 연민 이론에 대해서도 비판적이다. 그의 비판의 핵심에는 '동정심의 윤리학Sympathieethik'이 뿌리내리고 있다. 셸러의 동정심의 윤리학에 따르면 전통적 도덕 감정이론은 다양한 공감의 감정을 너무 지나치게 분류하려고만 급급했다. 그 결과 아주 복잡한 공감의 감정영역이 단순한 감정들로 분류되었다. 이렇게 단순한 감정들로 분류된 지류를 붙잡고 니체나 연민론자들은, 마치 숲을 보지 못하고 나무를 보고 판단하는 것처럼, 연민 감정을 비난하기에 이른 것이라고 셸러는 생각한다. 그는 좁은 의미에서 다른 사람의 입장에서 연대하여 느끼는 감정 공감을 일반 감정과 구별한다. 분류된 단순한 공감 감정들은 다른 사람과의 공동 체험에 가까이 접근하게 하지만 각 개인들은 또 서로 다를 수밖에 없다. 왜냐하면 서로 체험에 대한 이해는 필연적으로 공감을 포함하지 않기 때문이다. 그래서 셸러는 다른 사람이 처한 상황을 이해할 것을 먼저 요구한다. 동일한 처지에서 '같은 느낌을 체험하고 맛보는 공감'을 중요하게 생각한다. 만약 이 공감이 생겨나지 않으면 자신의 고유한 감정이 함께 참여하지 않기 때문이다.

셸러는 공감 개념에 대한 유사 감정 범주를 사용한다. 상대의 처지를 파악, 상황과 처지를 이해, 느낌을 공유하는 개념들이 이에 속한다. 이 문맥에서 다시 사디즘의 경우로 되돌아가 보자. 사디스트가 자신의 피해자를 잘 이해하면 할수록, 희생자가 느끼는 느낌을 더 잘 공감할 수 있고, 그렇게 되면 희생자를 더욱더 잘 괴롭힐 수 있게 된다는 도식이 가능해진다. 이 도식은 공감과 느낌이 분리된 현상으로 다가와서 분리된 관계 현상으로 파악된다. 셸러는 이들의 관계를 주목하면서 같은 느낌을 느끼는 것은 공감을 위한 재료를 제공한다고 주장한다. 같은 느낌을 느끼는 것은 다른 사람의 감정을 인지하는 것이다. 셸러에 따르면 인간은 보편적으로 자신의 입장에서 다른 사람과의 감정에 대해서 특별한 방식으로 연결되어 있는 것이다.

직접적 공감이나 공감에 대하여 서로 동일한 느낌을 갖는 것은 차이가 있는데, 아래 예를 생각해 보면, 그 차이가 분명해질 것이다. 자신의 아이를 잃은 부모와 그 부모의 친구를 제3자로 상상해 보자. 부모는 여전히 슬퍼하고 있다. 이 경우 부모가 자녀를 잃은 것에 대하여 제3자인 친구는 자신의 고유한 슬픔을 느낄 수 있지만 그러나 그 부모들이 겪는 고통을 자신의 고유한 고통으로 느낄 수 없다. 즉, 공감은 할 수 있지만 부모들이 느끼는 그 고통을 파악_{완전한 이해} 할 수는 없다.

이 문맥에 관하여 셸러는 공감은 다른 사람의 고통_{부모의 고통}을 느끼는 것에 관한 것이라는 것을 분명히 밝히고자 한다. 후설의 용어 지향성을 사용하여 말하면 공감의 지향적 내용은 다른 사람의 감정이다. 그래서 일반적으로 이렇게 말할 수 있다. 우선 첫 단계로 다른 사람의 고통은 이해가 된 다음에 함께 느끼는 것이 현재화된다. 이러한 행위들은 다른 사람의 고통을 주목하는 연민이 생기기 전에 이뤄진다. 다시 말하면 현상학적으로 봐서 두 개의 다른 행위들이 동시에 생겨나는 것이 아니다. 그러나 연민은 분리될 수 없는 직접적 전체성을 가진 감정이다. 직접적이고 전체적으로서 연민 감정은 다른 사람에 대한 고통을 자신의 고유한 감정과는 다른 어떤 것으로 품고 있다. 공감은 일종의 응답이다. 공감은 자기와 다른 감정을 불러일으킨 사실들에 대하여 소위 말하는 공동의 느낌에 대한 자기 고유한 대답인 것이다. 다시 후설의 용어, 행위 물질 Aktmaterie 을 사용하여서, 낯선 감정은 공감을 위한 행위 물질이라 할 수 있다. 인간이 다른 사람의 고통과 관련된 것을 느끼는 것은, 그 고통에 대한 반응인 것이지만, 그러나 그 고통과 동일한 것은 결코 아니다. 그래서 우리는 아무리 상대의 고통을 이해한다고 말하지만 상대가 느끼는 고통을 이해하거나 파악하지 못한 경우가 허다하다.

감정의 전이는 인간보다 더 단순한 유기체에서도 찾아볼 수 있을 정도로 넓게 퍼져 있는 현상이다. 셸러에 따르면 사람들은 흔히 종합적 감정 개념을 연민과 혼동한다. 특히 진화론적 논증 안에서. 셸러는 감정 전이에 대한 예로써 가치중립적이고 가라앉은 분위기에 있으면서도 술집이나 축제상황에 쉽게 빠져들 수 있는 경우를 제시한다. 이럴 경우 감정 전이는 흔히 자동적으로 수행된다. 당사자의 의지나 희망 사항과는 별개로 우연히 일어난다. 좁은 의미에서 연민을 생각해 보자. 고통에 전이된 곳에는 연민이 현존하지 않는다. 왜냐하면 위 예처럼 서로 공동으로 느낄 때 나의 고유한 감정은 다른 사람의 감정을 지향하지 않았기 때문이다. 다른 사람의 감정은 지향의 대상이 되지 않는 단순한 감정 전이에서 차이를 위한 결정적인 판단기준은 공감인 것이다. 그래서 나와 너의 차이는 공감을 위한 구성적인 것이지, 감정 전이를 위한 구성적인 것이 아니다. 이 차이는 매우 중요한 논점이다.

셸러는 감정이입이 일어나는 다양한 경우를 연구한다. 감정이입은 전이가 급격히 상승된 경우에 해당한다. 그래서 경계에 도달한 전이가 감정이입의 단계에 속한다. 종교적 황홀에 도달하는 경우가 한 예가 된다. 이 경지에 도달하면 자발적으로 복종하는 형식, 최면상태 그리고 심지어 사랑[124]이라고 부르기도 한다. 이렇게 감정의 전이가 일어나는 것처럼 감정이입은 공감과 함께 깨닫고 체험하는 느낌을 동반한다. 전이와 감정이입에 있어서 주체는 직접 자신의 감정 변화를 경험한다. 다른 사람의 감정에 관계하여 자신의 감정을 표현하려고 할 때, 공간적 거리가 갖는 문제는 별도로 연구되어야 할 것이다.

공감을 위해서는 일정한 거리가 전제되어야 한다. 한편으로 공감을 두고, 다른 한편으로 '함께 느낌'과 감정이입을 두고서 이 둘의 차이를 생각해 보면, 공감은 이해와 나중에 느끼는 것을 전제하지만 함께 느끼는 것을 특징으로 하는 전이 그리고 감정이입은 이러한 전제를 필요로 하지 않는다. 이러한 생각을 연민에 관련시켜 보면 관심을 일으킨다. 공감 특히 연민은 전통적으로 이웃에 대한 감정이기 때문이다. 사람들은 다른 사람과 직접 대면할 때 연민이 생긴다고 한다. 그런데 연민을 갖기 위하여 일정한 거리를 유지해야 한다는 생각은 셸러에 의해서 명확히 설명되고 있지는 않다. 이것은 케테 함부르거의 비판이다.[125]

케테 함부르거는 연민에 내재하는 일정한 거리 구조를 논의한다. 그의 테제는, 일종의 사람과의 긴장관계 안에서 성립하는 연민의 감정에는 일정

---

124 종교적 사랑은 일반적으로 헌신이나 희생이라는 실천적 행동으로 연결된다.

125 Kaete Hamburger, Das Mitleid, Stuttgart 1996. 참고.

한 거리 안에 가까이 있다는 거리 관계성이 중요하다는 것이다. 케테가 확인하는 연민 감정의 거리 구조는 기존 아리스토텔레스 이후 오늘에 이르기까지 공감이 발생하는 원인에 대한 일반적 분석과 모순된 것으로 보인다. 연민이나 공감은 직접적으로 눈앞에 존재하거나 공간적으로 인접해 있는 사람, 친척이나 상징적 의미에서 가까이 있거나 유사한 사람과 관련된 것이라고 강조하는 지적은 연민 윤리학에 대한 비판이라고 볼 수 있다. 적어도 연민이나 공감은 감정이 닿을 수 있는, 눈으로 볼 수 있는 직접적이고 구체적인 상황에 의존한다고 말할 수 있다. 우리는 이러한 케테의 주장에 대해서 동의해야 하지 않을까? 연민과 공감의 감정은 전제된 일정한 거리 구조 안에서 작동한다.

케테 역시 연민이 발생하려면 특별한 '가까이'라는 동질감 조건에 의존한다는 것을 반대하지 않는다. 그리고 볼 수 없는 대상에 관계할 수 없다는 것도 반대하지 않는다. 그는 무엇보다도 연민 발생을 가능하게 하려면 눈으로 볼 수 없는 먼 거리는 배제해야 한다고 주장한다. 다른 감정들은 상대와의 거리를 그렇게 중요하게 생각하지 않지만 연민은 중요하게 생각한다. 그래야 다른 사람의 고통이 내 자신의 고통인 것처럼 경험하기 때문이다. 앞에서 다룬 자녀를 떠나보낸 부모의 예를 여기서 다시 생각해 보자. 케테 함부르거는 이렇게 주장할 것이다. 우리와 가까이 서 있는 사람에 대해서 연민을 갖는 것이 아니라 불행을 당하여서 염려, 걱정, 불안 그리고 슬픔을 가진 감정들에 공감하고 연민을 갖는다. 그래서 우리 자신에게 특별한 방식의 거리를 유지한, 다른 사람이 처한 상황이 우리 자신의 고유한 상황과 분명하게 분리되는 것은 아니라는 점을 명심해야 한다.

독특하게도 케테 함부르거는 연민과 사랑, 우정을 동등한 감정으로 보지 않는다. 연민은 개인적이거나 사적인 것이 아니다. 반면에 사랑과 우정은 전형적으로 개인적이고 사적인 관계의 모범이다. 연민은 하나의 정서다. 이 정서는 비개인적인 특징을 갖는다. 연민이 발생한다는 것은 비개인적이고 개인적인 것 사이의 경계를 넘는 일이다. 거리상 인접해 있는 누군가가 고통스러워한다 해도 그 사람의 고통 때문에 내가 필연적으로 고통스러워하는 것은 아니다. 다른 사람의 걱정과 염려에 대해서 고통스러워할 것이다. 나는 연민의 이름으로 고통스러워한다. 그러나 연민의 대상이 되는 그 사람 고통처럼 혹은 그 사람 자신으로서 고통스러워하지는 않는다. 연민의 이름으로 다만 그 사람의 걱정과 염려를 나눌 뿐이다. 이렇게 보면 연민의 감정 아래, 그 사람의 고통은 그 사람의 고통이며, 나의 고통은 나의 고통이라는 차이의 사실을 분명히 알게 된다. 그러나 그 사람의 걱정과 염려는 동시에 나의 걱정과 염려가 된다.

이 문맥에서 케테 함부르거의 생각에 현상학적 용어가 도움을 줄 수 있다. 그의 분석에 따르면 다른 사람의_{연민의} 감정은 있는 그대로, '근원적'으로 주어지지 않는 현상이라는 점이다. 후설이 '사물 자체로!'라고 강조한 것처럼 감정 연구는 특히 감정 세계의 근원으로 접근해야 한다면, 감정을 근원성에 관련시켜 생각해 봐야 한다. 후설에 따르면 나는 감정을 내 감정으로 느끼지 못하고 다른 사람의 감정에 대응하여 내 감정으로 반응할 뿐이다. 이 경우 대부분의 사람에 대해서 반응하게 되는데,[126] 이들은 가까이 있는 이웃일 수도

---

126 오늘날 연민은 그 대상을 넓혀 가고 있는 추세다. 사람을 넘어서서 동물 그리고 자연, 환경으로 확대하여 가고 있다.

있고, 먼 곳에 있는 이방인일 수도 있다. 두 가지 경우에 있어서-연민과 공감의 감정- 내 감정은 무엇이고, 그의 감정은 무엇인지 구별할 수 있다. 이것은 함부르거도 옳게 생각한 점이다. 연민의 경우에 있어서 다른 사람에 대한 고통은 내 감정이 갖는 지향적 대상이다. 지향적 대상은 다른 사람이 불행해하는 것에 의해서 생겨나고 고통을 받는 대상이다. 함부르거가 연민을 비개인적인 것으로 특징화했다면, 다른 사람의 전인격을 그 핵심에 세운 것이 아니라 다만 그의 고통에 대한 감정을 특징화한 것이다. 게다가 연민에 대한 개인적 관계를 전제해서는 안 된다. 함부르거는 내 이웃에 있는 사람들의 불행은 특별한 방식으로 내 자신의 감정을 불안하게 할 수 있는데, 고통에 대한 다른 사람의 감정으로부터 피할 수 없는 그러한 상황에 서 있는 것은 곧 나의 불행이기도 하다. 그렇다고 해서 연민과 사랑이 절대적으로 서로 화해할 수 없는 것은 아니다.

이쯤에서 연민에 대한 논의를 멈추고 이제까지 논의와 분석의 내용으로부터 도출할 수 있는 네 가지 체계적인 결론들을 요약하는 것이 의미가 있겠다. 앞에서 이미 제시했던 물음을 가지고 시작하는 것이 좋겠다. 공감의 감정이 생기려면 어떤 조건들이 필요한가? 이 조건들은 연민에 근거를 둔 윤리학에 대해서 긍정적인가, 아니면 부정적인가? 그리고 감정을 느껴서 확신하는 것과 감정을 인지하여 아는 것은 어떤 차이가 있는가? 또한 태도로서의 연민과 아는 것으로서의 연민 사이에 특징적인 차이가 있는 것인가? 다른 사람의 감정을 내 고유한 감정처럼 느낄 수 있는가? 마찬가지로 다른 사람의 고통을 내 자신의 고유한 고통처럼 느낄 수 있는가? 이 모든 물음들을 종합하면 공감 일반과 각 대변하는 감정들은 어떤 차이를 갖는가? 하고 물을 수 있다.

4.2. 공감의
조건들에 관하여

"연민, 동정심 그리고 공감 감정들은 어떻게 생겨나는가?"라는 물음에 답하기 위하여 이러한 감정들이 생겨나기 위해서 어떤 조건이 필요한가? 하는 관점에서 탐구할 것이다. 조건이라 함은 어떤 일이 생겨나기 위해서 갖춰져야 할 필요한 일을 말한다. 즉, 먼저 일어나야 하는 일들에 관한 것이다. 흔히 화나 분노 같은 감정들은 진화생물학적으로 표출된다고 말한다. 그래서 즉각적이고 원색적이라 한다. 그러나 일반적으로 동정심이나 특수한 형태의 연민 감정은 이와 달리 자동적으로 양성되거나 산출되는 것은 아니다. 공감 감정들의 표현은 문화화와 깊은 관련이 있다. 공감 감정은 특정한 문화 안에서, 특정한 범위와 계기에 의해서 사회화해 간다. 그래서 공감 감정은 기독교 문화권 안에서 항상 매우 중요한 역할을 담당해 왔다. 그런데 기독교 문화를 공감의 문화라고 할 수 있다면, 어떤 문화도 공감 감정을 하위 개념으로 거느릴 수 없을 것이다. 다시 말하면 공감 감정이 문화의 질을 결정한다고까지 말할 수 있다.[127] 결정한다는 뜻은 공감 감정이 그 문화의 성격을 가장 잘 말해준다는 의미이다.

같은 문화권 안에서도 공감의 조건들은 매우 다르게 나타나고 있다. 예를 들면, 공감의 대상과 주체를 나눴을 때, 그 대상은 극히 제한적이었다. 가

---

[127] 본 연구가 서양의 문화사적 관점에 치중하여 이뤄지고 있는데, 이것은 연구자의 능력이 갖는 한계에 그 원인이 있다. 이 문맥에서 연구가 서구의 공감 개념에 한정되어 있음에 대하여 다시 독자들의 깊은 이해를 바란다.

족이나 친척 혹은 어떤 이유에서든 이웃이라고 생각하는 사람들에 한정되었다. 낯선 이방인이나 심지어 적들에 대해서 그들에 대한 공감은 금기에 해당하였다. 이렇게 보면 공감 감정은 불안이나 외로움처럼 직접적으로 타고난 감정은 아닌 것 같다. 그렇기 때문에 공감 감정을 도덕을 위한 동기나 계기로 이해하려는 주장은 불충분한 것으로 비판되어야 한다. 그래서 나의 연구는 공감 능력은 타고난 감정이 아니라 문화화된 것이라는 전제에서 출발한다. 따라서 동시에 공감 능력은 문화의 도덕성을 가늠할 수 있는 척도가 될 수 있다는 전제에서 출발한다. 공감 감정의 조건들을 연구하기 위하여 특히 Vittoria Gallese의 논문 「The Roots of Empathy ^{공감의 뿌리, 2003}」와 Joachim Bauer, 「Warum ich fuehle was Du fuehlst ^{왜 네가 느끼는 것을 나도 느끼는가, Muenschen, 2005}」를 연구 정리한다.

연민이나 동락同樂과 같은 공감 감정이 발생하려면 특별한 조건들이 필요하다. 일반적으로 공감이나 특별한 경우의 연민 혹은 동락은 자동적으로 형성되거나 발생하지 않는다. 이들은 흔히 진화생물학적 감정 논리와 다른 양상을 보인다. 연민이나 동락의 연대 감정은 문화를 떠나서 이해하기 어렵다. 특별히 이러한 감정들은 특정한 문화권에 따라서, 즉 문화가 갖는 일정한 범위와 계기 안에서 발생하는 문화원인적 감정이다. 서구의 기독교 문화는 연민 의식을 강조해 온 것이 사실이다. 연민은 매우 중요한 역할을 했으며, 지금도 그 효력을 지속한다. 심지어 '연민의 문화'라는 말을 할 정도였다.[128] 이와 반대

---

128 그러나 최근에 와서, 결정적으로 미국에 대한 테러가 현실화되면서 이 의미는 많이 퇴색했다. 윤리적인 교육의 장에서나마 미약하게 살아 있을 정도이다.

로 연민이 문화에 결정적인 영향을 주지 못할 뿐만 아니라 문화의 방향을 리드하는 제 역할을 전혀 담당하지 못한 문화권도 존재한다. 어떤 경우에는 윤리나 도덕에 있어서 매우 낮은 하부 행위 규범의 역할로 겨우 명맥을 유지하기도 한다. 특히 한국 사회에서 연민은 부정적 행위의 면을 너무 강하게 내포하고 있다. 아주 가까운 예로, 연민은 불쌍히 여기는 마음과 거의 동일하게 사용한다. 불쌍하게 생각해서 도와주는 행위로 일단 행위자가 더 나은 위치에 있다는 것과 상대를 비인간적으로 우습게 보고 내려다보는 태도가 바탕에 깔려 있다. 그래서 사람으로서 존경하는 의미를 담은 연민 감정을 형성하지 못했다. 연민이 제 역할을 충분히 하지 못하는 사회의 예로 한국 사회를 말할 수 있다고 생각한다. 그러니까 한국 사회에서 연민의 대상이 되는 사람들은 행위자의 친구나 동료라는 범주 안에 속하지 못하고 항상 이방인이며, 불행의 표본이 되면서 배제되는 역할을 맡아야 한다.[129]

어느 정도 연민이 제 역할을 하는 사회에서조차 연민의 대상이 되는 사람들의 유형은 매우 다양하다. 연민이 일반적으로 시민의식으로 자리 잡지 못한 경우에 그러하다. 매우 한정된 연민의 행위로 나타나게 되는데, 대부분 좁은 환경 안에서 이뤄진다. 넓게 보편적으로 확대되지 않는다. 친인척이나 어떤 의미에서든 자신과 밀접한 관계를 맺고 있는 사람들을 중심으로 연민의 대상이 한정된다. 이 연민 구도 안에서 이방인이나 적의 무리는 일반적으로 연민의 대상이 될 수 없다. 거의 특별한 경우에만 한정될 뿐이다. 개인과 사적 관

---

129 안희정의 사례를 들어서 말한다면, 유명 정치인을 고소한 김지은에 대한 연민을 갖는 일부 한국인들은 동시에 연민감 속에 피해자를 비난하는 이중의 부정적 태도를 드러낸다.

계 안에 들어올 때만 가능한 연민의 대상이 된다. 연민 감정은 불안과 달리 타고난 선천적 감정이 아니기 때문에 연민이 도덕적 행위를 위한 동기나 기초가 되어야 한다는 주장은 충분한 비판이 이루어지지 못하고 있다. 무엇보다도 연민윤리학은 공감을 선천적인 것으로 전제하지 않아야 한다. 오히려 연민은 문화가 향유하는 도덕성을 위한 측정 역할을 맡아야 한다. 그러니까 연민 감정이 어느 정도로 문화에서 영향을 미치고 있는가를 숙고해야 한다.

우리가 보편적 연민윤리학에 관심을 갖게 되면 연민의 입장이 형성될 때 "어떤 문제에 의존하는가?"라는 문제를 만나게 된다. 대부분의 사람들은 모든 사람들에 대한 연민을 갖지 않는다. 특히 지리적으로 멀리 떨어져 있거나 도대체 어떤 방식으로 사는지도 모르는 사람들에 대한 연민을 막연히 갖는다는 것도 현실적이지 않다. 즉, 눈으로 생생하게 보지 않으면 잘 생기지도 않는 게 연민이다. 연민은 감각적 직관에 많이 의존한다. 감각적 직관에 의존하는 연민의 성향은 자신의 기초를 연민에 근거한 도덕의 보편적 요구와 항상 긴장관계에 있다. 이 문맥에서 쇼펜하우어가 설명한 것처럼, 연민윤리학에서 연민이 생생한 감정으로 느껴지는가가 아니라 오히려 연민에 대한 소질이 문화적으로 형성될 수 있는가가 보다 더 중요한 문제가 되는 것이다. 따라서 원칙적으로 연민의 공감 감정은 인간 존재에 본질적으로 가능한 것으로 생각해야 한다.

그러나 실질적 연민은 항상 감각적으로 주어진 고통에만 관련한 것인가, 하는 물음이 해결될 수 있는 것이 아니다. 만약 연민 감정이 도덕적 행위에 동기를 주려면 연민 행위의 발생 거점을 필요로 하기 때문이다. 세상 사람들의 수없이 많은 고통 중에서 누가 그 대상이 되어야 하는가? 이를 찾기 위한 기준은 연민의 감정에서도, 소질에서도 찾을 수 없다. 당연히 이성에 근거하여 합리적으로 물어야 한다. 고통의 '정도' 그리고 고통의 '무거움'을 물어야 하는 것이다. 내면적 연민 조건에서 외적 연민의 조건으로 눈을 돌려야 한다.

이러한 생각의 변화는 도덕의 연민의 역할에 대한 비판과 결부되어 있다. 앞에서 셸러가 언급했던 내용과 일치하기도 하다. 연민은 우선 차이 없이 모든 고통에 해당한다. 고통의 종류에 의해서 제한되지 않는다. 심지어 사고를 친 사람의 고통, 폭력을 사용한 사람이 겪는 고통에도 연민의 힘은 미친다. 왜냐하면 이들의 행위를 불러온 동기가 어린 시절의 불행과 연관되어 있을 수 있기 때문이다. 어쩌면 이들도 폭력의 희생자일 수도 있다.[130] 흔히 이것은 경계에 속하는 문제이기도 하는데, 폭력 행사자에 대한 연민은 트라우마를 갖게 된 그의 희생자에 대한 연민과 비교해서는 안 된다. 연민의 표현이라고 해도 화를 내거나 연민을 행사하는 행위는 옳지 않은 부정의라는 것을 먼저 전제한다. 왜냐하면 화의 감정은 두 사람에 대한, 가해자와 피해자, 연민 현상으로부터 분리되지 않기 때문이다.

연민을 판단하는 기준이 없다는 견해를 반박하는 논리는, 연민윤리학은 이 감정의 기초를 설립하는 역할을 가정하는 데 더 넓고 외적인 기준을 포기할 이유가 없다는 논증을 바탕으로 감정의 무게와 심화를 지적하여 대응

---

130 폭력의 악순환 고리를 생각하면 이해가 빠를 것이다. 가정 안에서 부모의 폭력은 사회로 나간 자녀의 폭력성을 불러올 수 있다.

할 수 있다. 그렇게 되면 이러한 반박 논리는 폭력을 행사한 가해자도 연민의 대상이 될 수 있다고 말하게 된다. 연민윤리학의 기초를 확립하려는 비판논리는 연민을 부정의不正義에도 연관을 짓기 때문이다. 그래서 비판논리는 우선, 연민 외부에 있는 판단기준을 필요로 하게 되는데, 결국 스스로 연민 자신의 작용하는 역할을 의문시하는 결과를 가져오게 되는 어려움에 빠진다. 또한 비판논리는 보편적 연민 윤리학을 반대할 뿐만 아니라 각기 정당성을 요구하는 개별 연민 윤리학도 수용하지 못한다.

연민 윤리학에 대한 또 다른 비판은 인류학적 제한성에 그 근거를 두고 있다. 인류는 스스로 제한된 존재이며 감정에서도 그러하다. 실제로 사람은 세상에 있는 모든 고통을 함께 느낄 수 없는 것이다. 의식적으로 다른 사람의 고통과 사회적 모순을 알려고 해도 모두를 알 수 없을 뿐만 아니라 대부분의 사람들은 자신과 관련 없는 일이라면 관심조차도 주려고 하지 않기 때문이다.[131] 제한된 감정과 그 제한된 표현방식을 가진 인간으로서 도덕적 행위를 하도록 하는 모든 고통을 공감한다는 것은 불가능하다. 이 문제는 앞에서 논의한 이웃의 조건과 연민을 유발한 사람들의 현존재성과도 관련이 있다. 이것은 개별적인 것보다 보편적 연민 윤리학에 해당한다. 연민이 갖는 또 다른 인류학적 제한성의 관점은 우리에게 새로운 시각을 던져 준다. 이 시각은 연민

---

131 『어느 독일인의 삶』, 토레 D. 한젠 편집, 박종대 옮김, 열린책들. 참고. 나치의 선전 책임자 괴벨스의 한 비서는 죄가 없다고 강변한다. 자신은 베를린 근교 좋은 동네에서 살면서 궁핍하게 사는 사람들을 보지도 않았다고 회상한다. 다만 가끔 이야기를 들었지만 무시하고 관심을 갖지 않았다고 한다. 그가 알려고 하지 않은 세상은 적어도 그 개인에게는 사실 있지도 않은 곳이었다. 왜냐하면 그에게 어떤 영향도 미치지 않았기 때문이다. 그렇다고 해도 보편적으로 존재했던 사실들은 그 자리에 있었고, 여전히 존재한다.

을 위한 통속적인 전제는 아니다. 만약 연민의 대상이 되는 사람이 연민의 마음을 갖는 사람보다 더 나은 사회경제적 조건이나 혹은 심리적 상태에 있다고 해도 연민의 마음이 발생할 수 있다는 사실이다. 간단히 말하면 사회적 약자이면서도 사회적 양지에 선 사람들의 고통에 대해서 연민 감정을 가질 수 있다는 점에서 연민 감정은 또 다른 관점에서 인류학적 제한성을 갖는다고 볼 수 있다.

따라서 연민이 어떻게 어느 정도 문화화되는가? 하는 문제는 사회경제적 요소들에 의존한다고 할 수 있는 것이며, 결국 연민의 문화화 물음은 경험적 대답을 요구하게 된다. 그런데 사회경제적 요소들은 교육에 의한 연민의 형성에 영향을 받을 수밖에 없는 것 같다. 민속학적 연구들은 이러한 사실을 잘 입증해 준다. 연민에 관한 문화적 상대성에 관한 지적은 사랑에 대해서 문화권마다 다른 의미를 담고 있는 것처럼 다양하게 표현된다. 사람은 기본적으로 자기 보존의 원리에 입각하여 자신의 존재를 확립하려고 하는데, 이렇게 자기중심으로 존재를 보존하면서 발전시키려는 곳에서는 공감 감정이 설 자리는 그리 넓지 않다. 그래서 어떤 사람들은 연민은 '사회적 사치' 감정이라 말한다. "우선 네가 살아남아야지, 남에게 관심을 돌리다니, 아직 덜 고생했구나!"라는 일상어가 생동감 있게 쓰이는 현실이다. 이 점에서 우리는 연민의 감정들을 특별히 합리적인 방식으로 수행해야 할 필요성을 인지한다. 연민과 공감은 생존투쟁의 상황이나 위기의 상황 아래서 매우 보기 어려운 현상이지만, 실존론적으로 풍요로운 조건과 문맥 안에서는 훨씬 더 익숙한 태도나 행위로 표현할 수 있기 때문이다.

위의 두 이의 반론은 연민 표현은 문화에 의존한다는 주장에서 볼 때 서로 밀접하게 연결되어 있다. 문화 의존적 주장은 행동심리연구와 신경생물학의 연구 결과에 따른 주장과 일치하지 않는다. 공감들은 좀 더 조심스럽게 표현한다면, 공감의 기능적 등가물들은 역시 동물들의 세계에서도 널리 알려져 있다. 이를 이유로 공감은 자연스러운 것이며 생물학적 충동으로 발생하는 것이라고 결론을 내릴 수 있다. 그리고 자연스럽고 충동적이기 때문에 공감 감정을 교육하기 위하여 더 나은 문화적 조건들을 필요로 하지 않는다고 말할 수 있다. 연민적인 것이라고 기술할 수 있는 태도 방식이 모든 동물에게서 발견되는 것은 아니지만, 적어도 인간과 같은 영장류에게서는 반복해서 관찰될 수 있었다. 그리고 이러한 태도와 방식들은 연민이나 공감이라는 개념으로 파악하였다. 이러한 개념들은, 다른 존재자들의 고통이나 곤궁을 접하게 되면, 도움이나 보호라는 방식으로 실천하였다. 예를 들면, 고래는 자기 동료를 보호하기 위하여 고래선과 부상당한 동료 사이로 헤엄을 쳐서 밀고 들어오기도 한다. 그런데 도움을 주는 것과 염려하는 것을 반드시 연민과 혼동해서는 안 된다. 도움을 주는 것은 거의 항상 연민과 관련이 있다. 그러나 반드시 이 둘을 연결시킬 필요는 없다. 많은 동물들이 자신의 동료들을 돕기도 하고 염려한다고 해서 공감 감정은 문화화를 필요로 하지 않는다고 하는 것은 논증할 가치가 없다.

신경생물학은 더 많은 실험 결과를 갖고 있다. 공감의 자연성에 근거할 수 없다는 어떤 결과는 이른바 거울신경을 발견했다. 거울신경세포는, 사람이 어떤 행위를 하기 바로 전, 대뇌피질 안에서 활동적이 된다. 세포들은 스스로 행동하기를 원할 때만 불처럼 활발하게 활동하는 것이 아니라 다른 사람이 그와 동일한 행동을 하는 것을 관찰하거나 그와 같은 행동에 대해서 들었을 때도 마찬가지 반응을 보였다. 그사이 거울신경에 대한 이해는 심리적 현상들의 고리를 설명하는 데 사용하였다. 특히 연민과 공감을 실어 나르는 매개체로 인정하였다. 거울신경은 사람이 가질 의도에 대한 직각적인 지식을 담당한다. 그 행위는 나중에 관찰할 수 있다. 거울신경은 우리 이웃에 있는 사람이 어떻게 느끼고 있는가를 알려 준다. 그리고 그가 보이는 고통이나 기쁨에 대해서 함께 느낄 수 있도록 도와준다.[132]

그렇다고 해서 연민이나 공감이 완벽하게 생물학적인 본성에 의해서 서술될 수 있고 설명될 수 있다는 이론을 시인하게 하는 것은 아니다. 그러나 거울신경이라는 추론은 신경과학 내부에서도 논의가 다양하며 모두가 동일한 입장을 대변하는 것도 아니다. 또한 의문의 여지가 있는 신경세포가 그 기능을 대변한다고 모두가 인정하는 것도 아니다. 공감에 대한 생물학적 전제들이 존재한다는 것을 인정해도 공감이 어떻게 발생하는가를 충분히 설명해 낼 수는 없다. 거울신경에 의존하는 것은 환원적 설명에 빠지게 되는 위험이 있다. 그러니까 위의 생물학적 전제들은 공감 감정을 발생하게 하는 충분한 조건들이 아니라 다만 필요한 조건들이라 해야 할 것이다.

계속해서 거울신경을 바탕으로 한 추론을 따르면, 다른 사람을 감정적으로 이해하는 능력은 곧 공감들을 그 본래의 의미대로 구별하는 능력을 뜻

---

132 The Roots of Empathy, Vittorio Gallese, Psychopathology 36(2003) 179–180쪽. 참고.

04 공감 감정에 대하여

한다. 이 문맥에서는 앞에서 언급한 막스 셸러의 현상학적 구별을 기억해 낼 수 있다. 인간이 아닌 동물에게서 나타날 수 있는 감정전이처럼 서로 동일한 느낌만을 갖는 것은 다른 사람의 감정을 지향하는 진짜 공감과 차이가 있다고 해야 한다. 바로 이러한 타인의 감정을 지향하는 공감은 문화에 의존하지 않고 형성될 수 없다. 따라서 공감은 단순한 생물학적 과정이 아니다. 다른 사람의 감정을 마음으로 느껴야 한다. 그렇다고 해서 자신의 감정으로 다른 사람의 감정을 재단하여 수용하는 것은 아니다. 그리고 원인과 결과라는 인과론으로 정리되는 감정과정도 아니다. 연민은 인간에 의해서 문화화된 독특한 윤리세계에 속한 감정이다.

4.3. 생생한 감정과
소질로서의 연민

감정을 느끼는 행위와 감정에 대해서 갖는 생각은 서로 다른 것 같다. 감정을 느끼는 행위를 통해서 얻는 감정을 생생한 감정이라 하고 감정에 대해서 갖는 생각을 확신이라 한다면, 다음과 같은 의미 있는 질문을 던질 수 있다; 생생한 감정을 공유하는 것과 감정에 대한 생각 혹은 확신을 공유하는 것을 서로 비교할 수 있는가?

이 물음에 더 충실히 접근하기 위하여 확신이라 함은 '대한민국의 수도는 서울이다'라는 문장처럼 우리의 생각 구조 안에서 모순 없이 사용하는 경우를 뜻한다는 것을 전제로 한다. 만약 서로 다른 두 개인이 위의 사실에 대해서 동일한 확신을 갖는다면, 그들은 위 문장과 관련된 다른 일들을 동일한 관련성 안에서 이해하려고 할 것이며, 이 사실을 바탕으로 동일한 세계 이해의 지평에 있다고 말할 수 있다. 그래서 이들은 위 문장에 관하여 동의하거나 거부하는 동일한 생각의 구조를 갖는다. 더 나아가서 이들은 이러한 문장으로 얻을 수 있는 결론에 동의하는 경향성을 가지며 결론을 옹호하려는 시도를 한다. 따라서 위의 사실에 대하여 확신을 갖는 사람은 다양한 방식으로 자신의 생각을 피력하고 옹호하려 할 것이다. 그리고 이러한 경향성을 자신의 태도와 행위를 통해서 입증한다. 그러나 사람의 스타일이나 아비투스Habitus 의 경우에는 다르다.

공유된 생각이나 확신이 공유된 감정을 동반하고 나타난다고 할 수 있다. 그렇게 할 수는 있지만 꼭 필연적으로 공유된 감정을 수반해야 하는 것은 아니다. 예를 들어 보자; 두 등반가가 험한 산에 올랐다. 그런데 되돌아간다는 것은 생각할 수 없는 상황이 되었다. 그렇다고 해서 정상까지 등반한다는 것도 나빠진 날씨 때문에 좋은 생각이 아니라는 것을 인지했다. 이들은 동일한 상황 아래서 동일한 불편한^{생생한} 감정을 갖게 될 것이다. 이들은 자신의 소질이나 본성에 맞게 상황에 대하여 서로 다른 반응을 할 것이다.

한 사람이 두려움에 떨면서 잘못되고 미련한 결정을 내린다면, 다른 사람은 이에 대해서 화를 내면서 비난할 것이다. 그런데 이때 두 사람이 서로 감정을 나누고 공유할 수 있다면, 각자의 생각을 공유하는 것을 넘어서는 하나의 놀라운 과정이 될 것이다. 이러한 과정은 생각에 대한 공유를 넘어서서 감정에 대하여 공유를 한 것이며, 즉 하나의 감정을 신체적으로 공유한 것이라고 말할 수 있다. 이와 같이 볼 때, 감정을 공유한다는 것은 신체적으로 동일한 것을 느낀다는 것이며 동일한 대상에 관여하고 있다는 것을 의미한다.

막스 셸러도 이와 유사한 예를 들고 있다; 아이를 먼저 세상에서 떠나보낸 부모가 아이의 무덤가에 와 있다. 이 둘은 서로 아이에 대한 생각을 하면서도 서로의 슬픈 마음에 대해서 알며 서로를 배려하는 행동과 태도를 취할 것이다. 이들은 서로 감정을 공유하며 신체적으로 동일한 것을 느끼며, 동일하게 아이에 대한 생각을 집중하고 있는 것이다.

확신에서 볼 수 있는 것과 똑같이, 등반가와 부모에게 있어서 그들의 감정은 동일한 상황에 관련되어 있다. 등반가들은 나쁜 기후로 인하여 두려움에 빠진 상황에, 자녀를 잃은 슬픔에 빠진 부모들은 떠나보낸 아이로 인하여 슬픔에 빠진 상황에 놓여 있다. 따라서 감정을 공유한다는 것은 생각이나 확신을 공유한다는 것과 차이가 나지 않는다고 보아야 한다. 왜냐하면 위 두 가지 예에서 볼 수 있는 것처럼 감정을 공유한 사람들의 세상을 보는 행동과 태도가 동일한 방식으로 일어나고 있기 때문이다.

그럼에도 불구하고 생생한 감정으로서 공감하는 문제에 관하여 많은 물음이 미해결로 남아 있다. 공감으로 인해 생겨난 행위에 있어서 생생한 감정이 서로에게 공유되고 있는가? 있다면 어떻게 공유되는가? 공감의 실천적 문제에 접근하기 위하여 서로의 감정을 어떻게 공유하게 되는가를 알아야 하기 때문이다. 혹은 감정에 대한 공유 없이, 순수한 이성에 의해서 다른 사람과 감정을 공유하는 일이 가능할까? 이 물음들은 공감의 뿌리에 속한 문제들로 더 많은 연구가 필요하다.

세부 감정들_{예를 들어 화, 분노, 슬픔 등}은 감정에 대한 확신이나 사고방식의 부분들_{예를 들면 화, 분노, 슬픔에 대한 생각}과 비교할 수 있는 것인가? 이 물음은 감정과 생각 영역이라는 서로 다른 두 차원을 비교하는 것이라 세심한 주의가 필요하다. 이 물음에 답하기 위해서 먼저 확신이라는 것 혹은 생각을 나눈다는 것이 무엇을 의미하는가를 눈에 보이듯이 생생하게 표현해야 할 것이다. 예를 들어서 '한국의 수도는 서울'이며, 이 주장은 한국 사람들에게 확신에 속하는 것이라는 의미에서 확신을 생각하자. 만약 두 사람이 위 확신을 공유한다면, 그들은 세계에 대하여 동일한 사태와 동일한 지역적 부분으로 관계할 것이다. 그래서 그 두 사람은 '서울은 한국의 수도이다'라는 주장에 대하여 동일한 찬성과 거절의 표현을 취할 것이다. 이뿐만 아니라 이 문장으로부터 논리적으로 도출될 수 있는 다른 주장들에 대해서 동의하려고 할 것이다. 부분에 관한 생각들은 다양한 방식으로 표현된다. 그리고 이 표현은 행위와 태도가 취하는 형식들과도 유사하다. 또한 스타일_{생활양식의 의미}이나 체질화된 태도^{Habitus}에서도 그러하다.

부분의 생각이나 확신 역시 나눠진 감정들과 서로를 수반할 수 있다. 그러나 꼭 필연적인 것은 아니다. 예를 들어 보자; 두 산악인이 험한 산을 등반한다. 떠나면서 정상이 목표인 이들은 절대 도중에서 돌아오는 일은 없다고 맹세하면서 출발했다. 그런데 기후가 너무 좋지 않았기 때문에 정상에 오른다는 것은 좋은 생각이 아니었다. 이 경우 두 사람은 자신들의 상황에 대하여 자연스럽게 좋지 않은 동일한 감정을 느낄 것이다. 그러나 이들은 각자의 본성에 따라서 상황에 대해 서로 다른 반응을 보일 수 있으며, 취하는 태도도 다를 수 있는 것이다. 한 사람은 두려워할 수 있으며, 다른 사람은 두려워하는 동료에 대하여 화를 낼 수도 있다. 그리고 잘못 판단했다거나 현명하지 못한 결정이라고 비난도 할 수 있다. 그런데 만약 위 두 사람이 동일한 감정을 갖는다면, 그들의 생각의 부분들은 이러한 과정을 거칠 것이다. 생각으로 동의한 것이 아니라 감정으로 일치했기 때문이다. 따라서 감정을 서로 나눈다는 것은, 이 감정에 관련된 문제를 동일한 방식으로 간주할 것이며, 느낀 감정과 동일한 방식으로 해결하려 할 것이라는 것을 의미한다. 이것을 산사나이들의 예를 통해서 더 구체화해 보자. 이 예는 앞에서 언급했던 막스 셸러의 아이를 잃은 부모의 슬픔의 예와도 상통한 점이 있다. 등산인과 부모들은-이것은 확신에 대해서도 동일하게 작동하는데- 각자의 감정을 통하여 동일한 상황두려움 혹은 슬픔으로 변형된 위험과 관련하고 있다. 산악인들은 산의 나쁜 기후로부터 오는 두려움, 부모는 잃어버린 아이에 대한 슬픔에 직면하고 있다. 이때 감정의 부분들은 생각의 부분들과 구별이 되지 않는다. 왜냐하면 두 경우에 모두 동일한 방식으로 세계를 이해하고 있기 때문이다.

감정을 다른 사람과 나눈다고 해서 바로 공감한다고 말할 수 없다. 동일한 상황 아래서 다른 사람과 감정을 나누는 것은 누군가와 공감하는 것과 다르다. 감정을 나누는 것과 공감에는 서로 차이가 있다. 내가 상대와 감정을 나누면, 내가 그 사람이 겪은 상황과 같은 형편에 관련되어 있어야 한다. 그와 달리 내가 누군가와 공감한다면, 그 사람의 감정과 관련되어 있어야 한다. 공감한다는 것은 해당하는 상황에 관련되어 있는 것이 아니라 그 사람의 감정을 직접 공유한다는 뜻이다. 그래서 감정을 나누는 것이 셸러가 말하는 서로 같은 느낌을 갖는 것이며, 서로 확신을 공유하는 것과 비교할 수 있다 해도, 이 둘은 공감과 분명 차이가 있다. 공감에 포커스를 맞춰 보면 다른 사람의 감정 부분이 그 핵심에 있음을 알 수 있다. 공감은 감정을 나누는 것과 서로 확신을 갖는 것뿐만 아니라 다른 무엇인가를 더 가지고 있다. 그래서 앞에서 제기했지만 아직 대답하지 못한 문제를 다시 물어야 한다. 즉, 연민은 일반적 감정과 다른 것이 아닌가? 연민은 생각이나 태도와 다른 그 무엇이 아닌가?

지금까지 살펴본 것에 따르면 감정으로서 연민은 어려운 상황에 있는 사람을 돕는 충동적 행위와 동일시될 수 없다. 그러나 연민과 더불어 그러한 충동이 함께 작동하는 경우가 흔하다는 것은 인정해야 한다. 그뿐만 아니라 연민과 대응하는 많은 도덕적 행위들 역시 공감이 수반하지 않아도 가능하다. 예를 들면, 대재앙 앞에 고통스러워하는 사람들에 관한 영상을 보거나 보고를 들으면서 충동적으로 후원금을 보내려 할 때, 냉철하게 세금공제와 연관하여 생각할 수 있다. 그래도 이 후원행위는 연민의 감정에서 나온 것이라 해야 하는가? 후원금을 이체할 때 연민의 생생한 감정을 전혀 느끼지 않을 수도 있다. 세금공제를 생각하면서 후원하는 경우에 연민에 대한, 연민에 관련된 행위라는 입장^{현명한 생각, 정리}임을 확실히 말할 수 있다. 그러므로 위의 충동 후원 결정은 감정이나 태도에 대한 현명한 생각에 따른 것이다. 만약 또 동일한 영상이나 정보를 보게 되면 앞에서와 같은 연민의 감정이 생길 것이다. 연민은 행위를 설명한다. 그러므로 연민은, 이 점에서, 행위를 위한 근거라고 보아야 할 것이다.

그런데 이러한 의문도 든다. 한편으로 감정을 수반하지 않은 채, 위의 후원하는 일 역시 가능하지 않을까? 다른 사람의 고통을 표상하지 않아도 후원 행위가 가능하지 않겠는가? 달리 표현하면 감정이 완전히 배제된 채 오직 순수한 이성의 행위에 따른 후원이 가능하지 않을까? 이 물음을 좀 더 특징화해 보자. 사람들은 경우에 따라서 감정의 표상이나 유사한 결정을 위해서 다른 사람이 처한 상황에 자신을 놓아 볼 수 있다. 도덕철학이나 일상에서 타인에게 연민을 갖는다는 것은 상대가 도움이 필요하기에 그를 염려하여 어떤 행동을 하는 것을 의미한다. 이러한 태도 방식 안에는 특정한 과정으로 수행될 감정이 아직 관여하지 않고 있다. 연민, 공감 혹은 동정심을 다루는 도덕철학이 언급되는 거의 모든 곳에서 감정에 대한 이러한 생각과 태도는 매우 강조되고 있다. 반면에 충분히 토의하지 않고 있다는 것도 부정할 수 없다. 더 깊게 다뤄야 할 문제가 있는 것이다. 연민이 계기가 되어서 수행한 행위에는 생생한 감정이 수반해 있는가? 만약 행위에 감정이 수반해 있다면 그 감정은 어떤 것인가? 적어도 연민이라는 감정에는 대부분 태도를 현명하게 정리하는 생각이 포함되어 있다. 연민을 공감에 예민한 생각이나 끼워 넣어진 감정으로 생각하는 것은 잘 토의되지 않고 있다.

4.4. 다른 사람의
감정을 만나는 길로서의 연민

다른 사람의 감정을 내 자신의 감정처럼 느낄 수 있을까? 다른 사람의 고통을 마치 내 자신의 고통처럼 느낄 수 있을까? 4.4.에서 다루려고 하는 물음이다. 공감한다는 것은 다른 사람과 자신의 감정의 교류를 우선적으로 필요로 한다. 감정이 서로 교류되기 위하여 각자의 감정에 가까이 다가설 수 있어야 한다. 그렇다면 다른 사람의 감정에 가까이 다가서려면 다른 사람의 감정을 자신의 감정처럼 느낄 수 있어야 하는데, 다른 사람의 감정을 자신의 감정처럼 느낄 수 있는 것일까? 다른 사람의 고통을 자신의 고통인 것처럼 느낄 수 있을까? 이것은 공감의 문제를 다룰 때 매우 중요한 문제이다. 왜냐하면 이러한 감정 전이의 가능성이 검토되어야 비로소 공감 문제를 다룰 수 있기 때문이다. 그런데 이 문제들에 접근하기 전에 먼저 풀어야 할 과제가 있다. 연민이나 동정심을 느낀다고 할 때, 도대체 감정이 어떻게 전이되는가? 이것을 연구해야 하는 것이다.

감정이 전이되는 것을 이해하기 위하여 사유적으로 전이되는 것에 만족할 필요는 없다. 감정의 전이를 사유적으로 이해하는 것은 비교나 유추하는 방법을 통해서 이뤄지는 것인데, 필자는 여기서 한 걸음 더 들어가서, 소리가 울리는 것처럼 함께 움직인다는 뜻의 공명共鳴, Mitschwingen 의 개념으로 접근하는 것이 더 적절한 방법으로 생각한다. 우선 공명은 내 자신의 감정을 체험하는 것으로부터 시작한다. 내 자신의 감정 체험이 다른 사람의 그것과 가장 잘 어울리는 영역이 음악과 물리의 영역이다. 음악을 듣다 보면 나의 감정 체험과 다른 사람의 감정 체험이 하나로 어울리는 것을 경험한다. 이것이 음악과 물리 세계에서의 공명이다.

이와 같이 공명한다는 것은 다른 사람의 고통과 기쁨이 나의 감정 체험 안에서 여운을 남기는 것을 의미한다. 이러한 공명의 여운 없이 나의 감정 체험은 거의 불가능하다. 공명의 상태에 들어오지 않은 다른 감정들은 개인의 고유한 감정 전면에 있을 수 있다. 공명이 되지 않은 상태이기 때문에 개인이 아직 체험하지 못한 이유에서다. 이러한 낯선 감정이 차차 개인에게 다가오고 공명을 이루게 된다. 예를 들면, 아직 다가오지 않은 미래에 대해서 불안해할 수 있으며, 중요한 시험을 앞두고 매우 초조해할 수 있다. 이러한 초기 상태의 불안과 초조가 차차 공명의 세계로 들어오면서 감정의 전이는 더욱 확실해진다.

이 장에서 앞으로 더 연구되어야 할 부분은 공명의 일차적 영역으로서 자신의 체험에 대해서 아는 것에 관한 연구이다. 나는 내가 느끼는 감정을 제대로 알고 있는가? 이 문제는 현대 철학 연구에서 새롭게 등장한 '마음 알아채기mindreading' 연구와 관련이 있다. 우리는 '마음 알아채기' 할 수 있는 능력을 지녔는가? 하는 논의는 매우 활발하게 이뤄지고 있다.[133]

이 물음에 답하기 전 먼저, 문화의 영향을 받아서 끼워 넣어진 감정이라는 의미에서 연민과 공감을 느낀다는 것이 무엇을 의미하는가를 탐구하려고 한다. 생생한 감정이라는 의미에서 공감을 이야기하려면, 어떤 사람이 좋지 않은 상황에 처해 있는 경우 그를 염려하여 도우려고 해야 하며 동시에 그 염려에 대하여 어떤 실천적인 것이 덧붙여져야 한다. 이러한 연민과 공감이 다른 사람의 감정과 만난 것으로 파악될 수 있다. 다른 사람의 고통이나 기쁨도 나의 감정 세계에 영향을 준다. 경우에 따라서 내 감정을 변화시키기도 한

---

133 Alvin I. Goldman, Simulating Minds, The Phylosophy, Psychology and Neuroscience of Mindreading, Oxford 2006. 참고.

다. 자세히 말하면 나는 항상 내 자신의 감정을 가지고 다른 사람의 감정에 반응한다. 이때 내가 내 감정을 가지고 느낀 다른 사람의 감정은 다른 사람 자신이 느낀 감정과 동일한 것일 수 없을 뿐만 아니라 결국 동일한 감정일 수도 없고 동일한 감정이어서도 안 된다. 만약 그럴 경우에는 감정의 혼란이나 무차별성에 도달하기 때문이다. 이 문제는 앞에서 막스 셸러와 함께 다뤘다. 나는 다른 사람의 고통, 아픔, 기쁨에 대하여 공감을 가지고 반응한다. 이 반응은 내가 직접 그 사람의 고통, 아픔, 기쁨에 대한 경험을 하지 않고도 가능하다. 그러나 동시에 나는 다른 사람의 경험 안에서 가장 핵심적인 내용이 되는 감정을 경험한다.

공감을 공명의 관점에서 생각해 보자. 유추하는 방법으로 획득할 수 있는, 감정을 정신적으로 공감하는 것으로부터 출발하는 것보다 공감 감정을 다른 사람과의 공명共鳴이라고 파악하는 것이 더 적절한 것 같다. 자신의 고유한 감정 체험은 본인 자신이나 혹은 다른 사람의 감정과의 반향이나 공감으로 일어난다. 이러한 현상은 음악적이거나 물리학적인 은유로 설명할 수 있다. 다른 사람의 고통이나 기쁨은 내 자신의 고유한 감정 체험 안에 반향을 불러일으킨다. 이때 내가 겪은 슬픔이나 기쁨은 반드시 내가 직접 몸으로 해야 하는 체험은 아니다. 순서상 다른 사람의 감정 체험이 내 자신의 체험보다 더 앞서 일어난다. 심지어 다른 사람의 슬픔에 대해서 공감하면서도 동시에 사람들은 자신이 성취한 업적에 대해서 자부심을 가질 수 있다. 혹은 슬픔에 공감하면서도 본인의 중요한 시험을 앞두고서 매우 불안한 모습을 보일 수도 있는 것이다.

감정에 대한 유추 결론과 공명으로 나타나는 생각을 통한 전달의 상 像들은 최근, 심리학의 영역에서 실천적으로 확산되고 있는, '마음 알아차림 mindreading', 혹은 '마음 읽어 냄'의 능력에 관한 논의와 깊은 연관이 있다. 특히 정신과학에 속하는 철학이나 인식과학의 영역에서 마음 알아챔에 관한 논의 는 다른 사람이나 자기 자신에게 느낌, 감정 혹은 확신을 갖게 하는 능력을 다 루고 있다. 다른 사람을 하나의 정신적 능력을 지닌 존재로 보는 능력이다. 다 른 표현 방식을 사용하면, 마음에 관한 이론theory of mind 을 형성하는 능력이다. 본질적으로 두 개의 서로 다른 입장이 공존하고 있다; 이론-이론을 옹호하는 입장과 시뮬레이션-이론을 방어하는 입장인데, 이론-이론 대변자와 시뮬레이 션-이론 옹호자로 나눌 수 있다. 이론-이론 대변자는 다른 사람의 감정과 확 신을 받아들이는 우리의 능력은 이론에 맞게 구조화되어 있고 규칙에 맞게 보 편적인 것을 포함하고 있다고 주장한다. 그래서 다른 사람을 이해한다는 것은 원칙상 이론적인 의미에서 이해라는 개념과 비교할 수 있다. 원칙적 이해는 생명이 없는 자연 속에서 긴 시간의 과정을 통하여 발전시킨 것이라 할 수 있 다. 자신의 경험에 의존하여 보편적 규칙을 추론하고 이 규칙을 다시 개별 상 황에 적용한다. 반면에 시뮬레이션-이론 찬성자들은 다른 사람에 대한 이해 를 이론화시킬 수 없는 특별한 사례를 이해하는 능력이라고 생각한다. 이 능 력은 태어남과 동시에 선천적으로 보유하고 있으며 사는 동안 체험을 통하여 더욱 발전해 간다. 시뮬레이션-이론을 주장하는 사람들은 상호 주관적 이해 과정을 서술하기 위하여 무엇보다도 두 개의 상 像이 우선적이라고 생각한다. 우리는 다른 사람을 이러한 모습으로 이해한다. 우리가 다른 사람의 경험을 유추결론을 통해서 우리 자신에게 전달하거나 혹은 우리 자신을 그 사람의 입 장에 놓이게 함으로써 비로소 그를 이해한다고 말한다. 각 사례의 경우 무엇이 더 중요하게 여겨지는가에 의존하지 않는다. 중요한 것은, 모든 경우에 다른 사람을 감정을 느끼는 정신적인 존재로서 인지하는 것이 공감을 위한 전제가 되어야 한다는 것이다.

상황을 깊이 생각한 이성의 결과로 얻은 전이된 상^{像}과 비교해 볼 때, 공명^{共鳴}의 은유가 지금까지 논의된 연민이나 동락^{同樂}을 포함하는 공감뿐만 아니라 공감 일반에 대한 다양한 현상들을 파악하는 데 더 적합한 것 같다. 축구장에서, 심판의 불공정한 판단에 대해서 분노하는 대중의 무질서한 반응 혹은 자신이 지지하는 팀이 입장할 때 보이는 환상적인 열광을 일종의 공명하는 현상으로 볼 수 있다. 현장의 무리에 속한 한 개인의 감정 표현은 대중과의 교감 속에서 상호 교환적으로 더 과격해질 수 있다. 위와 같은 즉흥적인 반응을 불러오는 감정은 다른 사람의 감정과 관련되어 있는 것이 핵심인 감정의 의미에서 공감과 구별되어야 할 것이다. 왜냐하면 축구장 대중들에게서 나타난 현상은 일종의 서로 휩쓸린 느낌을 공유한 것이기 때문이다. 엄격히 말하면 감정의 핵심인 상대의 감정이 전달된 것이 아니다. 경기장에서 일어난 일들이, 예를 들면 심판이 오판했다는 개인들의 판단, 경기의 중요성이나 상황 _{예선 탈락이나 결승 진출 기회 등등} 은 감정을 격화시킨 것이다. 단순히 서로 휩쓸려서 느끼는 것과 구별해서 축구장의 공명 현상을 불러오는 주변 요인들에 있어서 개인들의 감정을 고조시킨다는 점에서 다른 사람들의 감정도 역시 중요하다. 부정적인 의미로 말하면 '전염된' 감정인 것이다. 이와 같이 고찰해 볼 때 위 축구장 현장에서 나타난 현상은 대중의 서로 휩쓸려서 얻은 느낌과 감정의 감염 사이에 위치한 것이다.

감정 표현을 세분화하는 문맥에서 볼 때 헤르만 슈미츠의 현상학은 참고할 의견을 제시한다. 그는 연민과 동락은, 연민의 경우 타인의 고통이, 동락의 경우 타인의 기쁨의 물결이 만들어 낸 지류에 해당하는 현상이라 한다.[134] 이런 점에서 그는 공감을 공명으로 파악하려는 이론의 대열에 더 근접해 있다. 이 위치는 공감을 유추 결론으로 생각하는 이론과는 거리가 있다. 슈미츠 역시 막스 셸러처럼 공감을 감정전이_{감염의 의미에서}나 시간 거리를 두고 느끼는 감정과 분명히 구분한다. 그러나 여기서 슈미츠는, 셸러와 달리, 타인의 감정을 통해서 얻은 특수한 신체적·정서적 만남을 강조한다. 이러한 마음을 움직이게 하고 부추긴 감정은 공감 안에서 지속적으로 계속하지 않는다. 오히려 타인의 감정과의 부서짐을 통해서 특징화된다. 공감은 타인의 감정으로부터 부차적인 것으로 분리해 낸다. 예를 들면, 어린아이가 천진난만하고 밝은 크리스마스 분위기에 기뻐하는 모습을 본 성인은 기쁨의 감정을 갖는다. 그러나 그의 기쁨은 이러한 어린아이의 기쁨을 아이가 느끼는 그대로 경험하지는 않는다. 다만 아이가 갖는 것과 동일한 집중도나 분위기는 아니지만 아이의 기쁨을 파악할 수 있다. 여기서 성인의 감정은 어린아이의 감정과 완벽하게[135]-서로 마음을 사로잡거나 아무런 방해 없이 그대로 전달되는 감정을- 함께하는 것은 아니지만 부차적으로 기뻐하는 감정에 참여하는 것이다. 그리고 '즐거운 성탄절!'이라고 말한다. 말 그대로 성탄절의 흥겨움에 빠져든다.

134　Hermann Schmitz, Der Gefuehlsraum, Bonn 1981. 참고.

135　여기서 '완벽하게'란 서로 상대의 마음을 있는 그대로 전달하고 전달받는 것, 아무런 방해 없이 상대의 기쁨을 통째로 서로 공유하는 의미를 갖는다.

슈미츠는, 동정심은 위와 같은 부차적인 특성 때문에 다른 사람의 감정보다도 더 위협을 받는다고 전제한다. 흔히 다른 사람의 감정을 지각한 사람이 실제로 정서적으로 영향을 받았다고 말할 수 없다. 그런데 신체적 · 정서적 영향이 방해를 받았다면, 그것은 공감에서 나타날 수 있는 방해이다. 예를 들어, 슬퍼하는 사람은 자신도 모르게 자기의 감정을 표현한다. 그리고 이 슬픔을 함께 느끼는 사람은 전자가 상실한 슬픈 내용을 직접 잃은 것은 아니다. 그래서 항상 불확실하다. 자신이 느낀 감정을 어떻게 표현해야 하는지 잘 알 수 없는 경우가 많은 것이다. 다른 사람의 슬픔 앞에서 어떤 태도를 취해야 할지 망설인 경험이 모두에게 있지 않은가? 슈미츠의 관찰에 따르면, 슬픈 상황 앞에서 어떤 태도와 몸짓을 해야 옳은 것인가, 하는 문제는 원초적 감정의 경우에서는 결코 나타나지 않지만 동정심의 감정에서는 자주 나타나는 경우가 있다. 원초적 슬픔 앞에서는 양자가 모두 몸 전체로 반응하지만 동정심 표현의 경우에는 일단 약간의 틈새와 거리가 있다. 그래서 주저하고 멈칫거린다. 그러므로 슈미츠의 결론에 따르면 좁은 의미에서 공감의 감정에 관한 한, 자기 본연의 감정 안에서 다른 사람에 대한 감정에 대한 공명 외에도 그 감정을 통해서 자신의 신체적이고 정서적인 느낌을 가져야 하는 것은 필수불가결한 특징이다.

4.5. 공감을 대변하는 감정들

지금까지 공감에 대해서 다룬 논의와 조금 다른 문제를 생각해 보자.

공감은 그를 대변하는 감정과 어떻게 구별되는가? 지금까지 논의된 감정의 형식은 다른 사람의 입장에 서서 갖게 되는 감정의 형식과 구별이 된다. 용어들을 좀 더 세밀하게 사용하여서 다른 사람의 입장에 서서 갖게 된 감정을 공감을 대변하는 감정이라 하자. 대변하는 감정은 다른 사람의 입장에서 비로소 갖게 된 감정이다. 본래의 의미에서 공감과의 차이점은 자신의 고유한 감정과 관련된 사람은 그와 대응하는 다른 사람이 갖는 감정을 항상 갖는 것은 아니다. 또한 감정의 문제이기 때문에 사람마다 다르나, 반드시 갖지 못하는 것은 아니다. 감정이 아주 예민한 사람은 이 양자의 감정을 모두 느낄 수 있기도 하기 때문이다.

이 문맥과 관련하여서 서로 차이가 나는 사례를 생각해 볼 수 있다. 한편으로 우리는 한 사람이 어떤 감정을 가졌다고 생각하고, 예를 들어 그 사람이 특정한 상황 아래서 고통을 받는다고 생각하고 그에 적합한 공감을 형성한다. 그리고 우리는 형성된 공감에 대하여 특정한 감정으로 반응한다. 혹은 다른 한편으로 우리는 다른 사람과 관계되는 감정을 갖지 못했으나, 그 사람의 입장에서 감정을 갖는다고 처음부터 전제한다. 첫 번째 경우 엄격한 의미에서 공감에 매우 가까이 접근해 있다. 유일한 차이는 다른 사람과 더불어 감정을 느낀다고 믿는다는 점이다. 실제로는 그 감정을 갖지 않으면서. 왜냐하면 다른 사람은 그들 사이에 가정된 감정을 갖지 않고 있기 때문이다. 예를 들어, 어떤 사람을 가정한다. 그는 매우 힘든 불행을 당했다. 불행에 의해서 고통을 받는다. 그리고 그 상대가 고통을 느끼지 않는다고 해도, 우리는 가정한 것을 근거로 그에 상응한 공감을 형성한다. 이 감정 표현의 경우 다른 사람의 상황에 대한 '감정 착각'에 의해서 일어난 것이라고 말할 수 있다. 이때 공감은 바로 이러한 착각에 의해서 가능해진다. 두 번째 경우는 다르다. 이 경우에는 어떤 특정한 감정을 가진 타자가 전제되지 않는다. 대변되는 감정이 다른 사람이 불확실한 감정을 갖지 않았다는 반응으로서 바로 이해되고 있다. 이러한 의미에서 우리는 대변하는 감정을 갖는다. 이 바탕에 사람은 어느 특정한 상황 아래서 특정한 감정을 갖는다는 확신이 깔려 있는 것이다. 감정에 있어서, 도덕에서 당위의 의무처럼, 당위의 세계라 할 수 있다. '감정의 당위'는 관습적인 삶의 방식 혹은 도덕적 기대 태도라고 이해할 수 있다. 누군가를 보면 특별한 경우에 매우 부끄러워한다. 그러나 다른 사람은 전혀 아무렇지도 않은 표정을 한다. 감정 당위의 세계는 이렇게 차이가 난다. 이와 유사한 경우에 있어서 누군가를 위해서 대변하는 입장에 서서 다른 사람을 위해서 부끄러워할 수도 있는 것이다.

이와 관련된 물음이 "사람은 다른 사람의 감정에 어느 정도까지 접근할 수 있는가?"라는 것이다. 사람은 원칙적으로, 자신은 슬퍼하거나 기뻐하지 않으면서, 타인이나 친구를 위하여 슬퍼할 수 있는가? 누군가와 함께 기뻐할 수 있는가? 이 물음은 위에서 다룬 첫 번째 경우에 해당한다. 다른 사람이 해당하는 감정을 느끼지 못한다는 것을 아는 경우이다. 그러나 이러한 경우는 확실히 의문이 든다. 슬픔이나 기쁨을 대변하는 감정을 갖는 것이, 다른 사람이 대응하는 감정을 갖지 못한다는 것을 확신해도 가능한가? 대변하는 감정을 형성하는 것은 감정의 규칙과 규범에 좌우되는 기대 태도와 밀접하게 관련이 있다. 그러니까 우리는 대변하는 감정을, 보편적인 특수한 상황 아래서 다른 사람이 해당하는 감정을 가졌고, 동일한 상황 아래서 사람은 마땅히 그러한 감정을 가져야 한다는 것이 규칙일 경우에, 가질 수 있는 것이다. 혹은 특정한 경우에는 특정한 감정을 가져야 한다는 생각에 동의한다면, 우리를 대변하는 감정을 가질 수 있는 것이다.

의무나 규칙처럼 마땅히 대변하는 감정을 가져야 한다는 감정의 당위성은 칸트의 정언명법처럼 명제화된 지식-문장의 형식을 갖지 않는다. 다른 사람이 마땅히 어떤 감정을 가져야만 하는 것을 알 수 있다면, 그들로부터 이 감정을 쉽게 떼어 낼 수 없고, 그들을 대신하여 행위 할 수도 없다. 왜냐하면 그 행위자가 해야 할 과제로 생각하고 그렇게 하는 것에 책임을 물을 수 있기 때문이다. 이렇게 보면 대변하는 감정은 비합리적 요소와 결합되어 있다. 그래서 이 감정이 어떻게 발생하는가를 쉽게 설명할 수도 없다.

감정을 분위기로 이해하는 헤르만 슈미츠의 이론은 위 문제에 대해서 약간 비심리적이며 비심리 역동적인 설명을 하고 있다. 그는 감정이 갖는 초개인적인 특성을 감정의 분위기라고 말한다. 감정의 분위기에 대하여 충분히 논의하고 검토해야겠지만 간단히 언급하면, 개인의 특성을 넘어서서 각 감정은 나름의 일반적 경향을 갖는다 한다. 슬픔이나 기쁨처럼, 슬픔이나 기쁨의 일반적 분위기를 지배하지만, 각 개인에 따라서 슬픔이나 기쁨의 감정은 매우 다른 스펙트럼으로 표현된다. 그래서 초개인적 분위기 개념은 대변하는 감정 현상을 설명하는 데 적합한 것 같다. 슈미츠에 따르면 분위기로서 감정은 나름 권위를 요구한다. 즉, 분위기로서 특정한 감정을 유발하고 요구하는 모든 상황은 분위기의 영향 아래 놓인 사람에게 강요한다. 슬픔의 분위기는 슬퍼하도록, 기쁨의 분위기는 기뻐할 것을 현존하는 사람들에게 요구한다. 그러나 요구하는 것은 이 감정이 마땅히 벌어들인 것과 항상 일치하는 것은 아니다. 이 사실은 분위기 개념을 수단으로 해서 분명하게 할 수 있다. 우리는 이것을 성적 피해자가 흔히 겪는 자기 파괴적인 태도를 통해서 잘 이해할 수 있다. 성적 피해를 받은 사람에게 감정의 분위기는 수치심과 죄의식의 동굴 안으로 피하게 한다. 이때 피해자는 지배하는 감정의 분위기가 너무 거대하기 때문에 자신의 상황에 맞는 적절한 감정을 유지할 수 없다. 그래서 희생자는 분위기가 주는 감정 동굴에 갇히게 되고 마치 그것을 자신의 감정인 양 대변하게 된다. 분위기가 조성해서 피해자에게 준 감정은 본래적 의미에서 피해자가 표현해야 할 분노나 화에 적합하지도 않다.

지금까지 논의를 아리스토텔레스의 카타르시스 이론에 접목하여 마무리를 시도한다. 서양철학사에서 연민은 카타르시스 개념과 밀접하게 연관되어 있다. 카타르시스가 일어나려면 자신의 미적 감정과 교차하는 부분이 있어야 한다. 오늘날 연민과 카타르시스의 상관관계에 관한 논의는 미학적 감정의 영역에까지 이르렀다. 무대든, 소설이든, 영화에서든, 가상의 인물들을 재구성하여 공감을 느끼도록 픽션을 제공한다. 픽션 속에서 창조된 인물들은 관객들의 실질적 감정을 유발한다. 연민의 감정을 끌어내어서 카타르시스를 불러온다. 이때 관객과 독자들은 자신들의 실질적 감정과 픽션에 의해서 제공된 감정 사이에서 긴장관계를 경험한다. 이 긴장관계 안에서 독자와 관객은 대변하는 감정 개념의 도움을 받아서 새로운 관점과 시각에서 자신의 감정을 들여다본다. 그러면서 동시에 독자나 관객은 대변하는 감정을 통해서 배우가 표현하거나 작가가 기술하는 것을 마치 자신의 것처럼 받아들인다. 이때 독자는 자신이 생각하는 미적 감정을 바탕으로 무대 위의 배우나 소설 속의 캐릭터의 실제와 상관없이, 그들의 감정과 공감하는 것과도 상관없이 대변하는 감정을 수용한다. 이때 이러한 미적 감정을 자극하는 것은 분명히 자기 자신의 감정에만 관계하지 않는다는 점이다.

4.6. 연민과 다른 부정적 감정과의 관계에 대하여
– 상대의 불행에 대하여 기뻐하는 마음, 질투, 무시 그리고 사랑

지금까지 연민 감정을 살펴보았다. 논의하는 과정에서 공감은 다양한 감정들의 형식이 모아진 것으로 보였다. 그 외에도 공감은 다른 감정들과 다양한 관계를 맺고 있다는 것을 알게 될 것이다. 연민 감정의 예를 다시 보면서 다른 감정과의 관계를 통해서 더 깊게 살펴보려고 한다. 철학사에서 흔히 연민은 상대의 불행을 기뻐하는 마음과, 질투와의 관계 아래서 다뤄지기도 했다. 얼핏 보면 위 두 감정 개념은 연민과 별 상관이 없는 것으로 보인다. 게다가 공감은 이 두 감정과의 관계 속에 놓여 있는 것도 아니다. 우리는 역으로 연민의 감정이 어떤 의미에서 남의 불행을 즐거워하는 마음과, 질투와의 일정한 관계 안에서 포착될 수 있는가를 탐구하려고 한다.

이 탐구는 공감 가족유사개념들과 부정적 혹은 긍정적 감정 개념들과 상관관계를 연구하는 문제이기도 하다. 공감 감정은 부정적 감정 개념들의 활성화를 억제하고 긍정적 감정 개념들의 촉진을 더욱 풍성하게 할 수 있기 때문에 위와 같은 연구는 공감 감정의 체계 완결을 위해서 꼭 필요한 연구이다.

우선 공감 감정은 다양한 형식의 감정들을 위한 종합 감정으로 이해된다. 또한 공감 감정은 다른 어떤 감정들보다 다른 사람의 감정과 밀접한 관련성을 맺고 있는 특징을 갖는다. 철학사에서 살펴보면 연민, 동정심 그리고 공감의 감정들은 흔히 다른 사람의 불행에 대해서 기뻐하는 감정이나 시기 혹은 질투와 관련되어 있었다. 단순하게 보면 이들 개념이 공감과 별 상관이 없는 것처럼 보일 수 있으나, 엄밀하게 따져 보면 이들 간에는 항상 일종의 함께 느낀다는 감정이 작동하고 있음을 알 수 있다. 시기하기 위해서는 먼저 감정이 교류되어야 한다. 다른 사람의 불행에 대해서 기뻐하는 마음을 갖기 위해서도 마찬가지로 상대의 불행과 나의 기쁨의 감정과 관련된 느낌들을 공유할 수 있어야 한다. 따라서 이 장에서는 공감의 가족 유사 감정들이 어떻게 다른 사람의 고통을 기뻐하는 마음이나 시기와 질투와 같은 부정적 감정들과 어떤 상관관계를 맺고 있는지, 그리고 사랑이나 배려나 존중과 같은 긍정적 감정들과는 또 어떤 관련성을 맺고 있는지 연구할 것이다.

질투나 남의 불행을 기뻐하는 마음과 결합된 것으로 분석되는 판단들은 연민을 동반하는 판단들과 일치하고 있음을 보여 준다. 왜냐하면 이들은 경향상 동일한 사태를 목적으로 하기 때문이다. 연민을 다른 사람의 고통[136]에 대한 아픔으로 파악한다면, 남의 불행을 기뻐하는 것은 다른 사람의 고통을 이유로 자신이 기뻐하는 것이다. 반면에 질투는 다른 사람이 잘되는 것이나 행운에 대해서 아픔을 표현하는 것이다. 이와 같이 연민, 질투, 남의 불행

---

136 이때의 고통 역시 자신이 원인 제공자가 아니기 때문에 스스로 벌어들이지 않은 고통을 의미한다.

에 대해서 쾌감을 느끼는 감정은 다른 사람의 고통이나 행운에 관계하고 있다. 이러한 관계 과정에서 판단하는 사람의 가치평가가 작동한다. 그리고 가치평가는 고통과 행운이 스스로 벌어들인 것인가, 그렇지 않은 것인가 하는 물음과 상관이 있다. 이 물음은 단순히 도덕적인 의미에만 국한되지 않는다. 이러한 유형의 감정이 관계의 망으로 얽혀져 있다는 것은 이들이 서로가 서로를 배제하는 것을 보면 알 수 있다. 그러나 동일한 사태에 대하여, 동일한 시점에서, 서로 대립이 되는 연민과 질투를, 질투와 남의 불행을 기뻐하는 마음을, 혹은 남의 불행을 기뻐하는 마음과 연민을 감정적으로 느낀다는 것은 불가능하다. 경우에 따라서는 남의 불행을 기뻐하는 마음과 연민이 서로 교대로 바꿔가며 생겨날 수 있다. 이들이 동일한 사태에 대하여 서로 상반된 방식으로 관계하면서 상호 교체되는 감정 표현이 가능한 것이다.

예를 들어 보자. 방금 새로운 곳에 도착한 한 이주민이 주변 사람들에게 좋은 인상을 남기기 위해서 노력하고 있는 것을 생각해 본다. 그런데 이것이 뜻대로 이뤄지지 않았다. 그 이주민의 자기를 좋게 설명하려는 노력은 오래전부터 그 사회에 적응하여 살고 있는, 같은 지역 출신의 이주민에 의해서 한편으로 측은하지만, 또 한편으로 비웃음을 받을 수 있다. 이들은 인구가 많지 않은 서로 동일한 지역에서 왔기 때문에 거의 모든 사람들이 서로의 '흑역사'를 공유하고 있는 셈이다. 그래서 이들은 상대를 측은하게 생각하면서도 비웃는 감정을 갖게 된다. 이러한 연민과 무시가 결합된 복합감정은 남녀 사이의 일상에서도 찾아볼 수 있다. 떠날 때는 다시 돌아오지 않을 기세였다가 돌아온 과거의 연인의 모습을 보는 옛 연인의 복합감정도 이와 유사하다. 돌아온 연인이 스스로를 비하하며 괴롭고 비굴한 행위를 통해서 과거 연인의 마음을 돌려세우려 한다. 이 사례는 감정의 역할에 대한 것을 묻는다. 연민은 끈끈한 관계 속에서 어떤 역할을 맡는가? 연민은 사랑과 우정 관계 안에서 어떤 가치를 더 우선시하는가? 이러한 관계 안에서 연민의 위상은 나타난 연인에게 어떤 감정을 표현해야 하는가를 보여 주는 시금석이 될 것이다.

사랑의 관계 안에서 넓게 퍼져 있는 감정에 대해서 연민은 얼핏 보면 긴장 관계 안에 있는 것으로 보인다. '연민 때문에' 누군가를 사랑하는 사람은 혹은 사랑하는 사람에 대해서 주도적인 감정으로서 연민을 느낀다면, 사랑받는 사람은 사랑의 무시나 냉대를 경험할 것이다. 감정에 따르면 사랑하는 사람은 사랑의 감정을 원한다. 연민을 바라지 않는다. 이 사례에서 생각한다면, 연민은 거리를 원한다. 따라서 연민이 갖는 거리감의 특징은 옳은 것이다.

위와 같은 사례는 일상의 경험에서도 찾아볼 수 있다. 연민이나 공감의 많은 형식이 우정이나 사랑의 형태로 나타나는 경우가 있다. 우정이나 사랑처럼 친밀한 사람관계는 상대의 감정에 대해서 어떤 형태로든 참여하려고 한다. 연인이 슬퍼하면 왜 슬퍼하는가를 알아야 연인 사이라고 생각한다. 감정을 깊게 교환하면 할수록 더 깊은 사이라고 믿는다. 서로의 감정에 낯설어하거나 아무렇지도 않게 생각한다면 서로가 어떤 관계로 연결되어 있다고 느끼지 못하게 되어서 가까이 옆에 있는 사람으로 인식하지 못하게 될 것이다. 그렇게 되면 우정 관계나 사랑의 관계는 위험에 빠질 수 있다. 이러한 상태에서 연민이 작동할 수 있다. 그래서 연민의 감정으로 관계를 유지하려고 노력하게 된다. 그렇게 되면 우정이나 사랑의 종말은 가속화된다. 연민이 사랑의 종말을 부른다.

연민이 사랑을 끝내는 결과를 가져올 수 있는 것은 연민 안에 놓인 문제 때문에 일어나는 것은 아니다. 위의 사례의 경우처럼 다른 사람의 감정이나 생각의 자리를 침범하려는 데서 생기는 문제이다. 월경은 연민의 대상이 되는 사람이 상대를 믿을 수 있다고 생각하는 데에서 시작한다. 이 시점은 곧 우정이나 사랑의 관계에서 요구되는 거리가 무너지는 시기와 일치한다. 이렇게 생각해 보면, 상대에 대한 믿음은 확신으로 이어지는데, 이러한 확신은 연민의 생생한 감정이 특수한 존경과 결합하여서 전혀 문제가 될 수 없다는 것을 밝혀 준다. 오히려 특수한 상황 아래서, 예를 들면 심각한 병, 슬픈 일, 고통스러운 손실 등, 연민의 이름으로 일정한 거리를 두는 것은 유지하고자 하는 무관심이나 거리감을 시그널로 보내는 것이다. 연민의 거리감 특성은 실체적인 관계의 변화를 요구하면서 위험을 알려 주는 시그널로 작동한다. 연민은 밀착된 관계에서 문제가 될 경우도 있다. 연민은, 오래 지속되어 온 관계가 되었거나 전체 관계가 오염되거나 관계 구조 지배가 어느 한쪽으로 일방 독점적으로 되었을 때 더욱 심각한 문제를 일으킬 수 있다.

우리는 4장에서 공감의 문제를 연민 감정과 관련시켜 논의해 왔다. 연민 외에도 공감은 다양한 관점에서, 다양한 감정과 관련하여 다룰 수 있을 것이다. 여기서 한 가지 물음이 생긴다. 만약 우리가 공감을 다른 사람의 감정에 대하여 응답하는 감정으로 이해한다면, 모든 감정은 공감과 연관시킬 수 있는 가능한 대상들인가? 원칙적으로 사람은 모든 감정에 대하여, 그것이 기쁨이든 슬픔이든, 하나의 다른 감정으로 반응할 수 있다. 그러나 분명한 것은 다른 사람의 감정에 대하여 감정에 맞게 반응한다고 해서 모두가 공감이 되는 것은 아니다. 나의 기쁨에 대한 멸시나 무시에 대하여 화를 내거나 절망하고 낙담한다면 이러한 반응 행위는 공감이라 할 수 없다. 그래서 공감 감정은 제한된 조건을 갖는다. 다른 사람의 감정에 대하여 반향을 불러오는 것이어야 한다. 그것도 공명하는 반향이다. 공감의 이름으로, 기쁨에 대하여 기뻐하는 반응, 슬픔에 대하여 슬퍼하는 반응이 요구되는 것임을 알 수 있다.

의심의 여지없이 원칙상 모든 감정들은 다른 사람의 감정에 영향을 줄 수 있다. 사람들의 감정은 서로가 서로에게 영향을 주거나 받을 수 있다. 어떤 사람이 해당하는 상황 아래서 어떤 감정을 갖는지를 이해할 수 있다는 의미에서 ^{셸러} 모든 감정은 전이된다. 또한 자신의 경험을 통해서 인지할 수 있고 감정을 갖는다는 것이 의미하는 바를 있는 그대로 안다는 의미에서 모든 감정은 전이된다. 그런데 다른 사람의 감정에 대한 약한 반사 혹은 공명의 의미에서 모든 감정이 공감의 대상이 될 수 있는 것인가? 예를 들어, 만약 공감해야 할 사람이 자신의 문제에 있어서 질투하지 않지만, 그에게 이해가 되고 공감되는 경우에 강한 의미에서 질투가 공감될 수 있을까? 다시 말하면 그 질투에 공감하는 사람이 질투하는 사람처럼 질투할 수 있을까? 아마 그렇지 못할 것이다. 질투는 오직 나만의 것이 아닐까? 아무리 공감한다 해도 왜 질투할 수밖에 없는가, 그 이유를 아는 것에 그칠 것이다. 공감해도 당사자처럼 질투할 수 없는 일이다. 누군가에게 화와 분노를 유발한 동기들을 직접 경험하지 않은 관찰자로서 머문다면, 좁은 의미에서 화와 분노를 공감의 대상으로 함께 갖기 어려울 것이다. 마찬가지로 방관자로서 우리는 화와 분노의 감정 표현에 있어서 감정 전이의 현상이나 혹은 셸러의 의미에서 서로 공감하는 현상을 쉽게 생각할 수 없을 것이다. 죽음을 각오하고 행동하는 철거민의 분노를 다른 사람들이 쉽게 공감하지 못하는 현상을 봐도 충분히 이해가 될 것이다.

특히 감정이 공격적 감정의 그룹에 속할 때 다른 사람과 공감하는 일이 더 어렵다. 그런데 흥미롭게도 증오의 감정 경우는 그렇지 않다. 자기 자신에 관계해서 증오해야 할 일이 아닌데도, 함께 증오하는 일은 충분히 생각할 수 있다. 예를 들면, 우리는 해를 끼친 사람에 대한 친구의 증오를 충분히 이해하고 공명할 뿐만 아니라 마치 우리 자신의 증오인 것처럼 친구에게 해를 준 그 사람에 대해서 마치 그가 우리 자신에게 증오를 유발한 것처럼 우리의 입장을 전개시켜 나간다.

문제는 더 복잡해진 것 같다. 좁은 의미의 공감 영역에서 이러한 대상들의 차이를 어떻게 설명해 낼 수 있을까? 어려운 문제가 되는 것은 공격적 감정이 갖는 부정성에 있지 않겠는가? 하고 생각한다. 흔히 공격적 감정은 금기시되고 _{감정의 전이를 방해한다} 전체적으로 옳지 않은 것으로 선판단되기 때문일 것이다. 대부분 공감은 다른 사람에 대하여 안정적인 태도를 불러오기 때문에 _{긍정적 공감의 영향, 즉 월드컵을 바라보는 열망과 열기 등} 공격적 감정이 갖는 부정적 판단은 다른 사람과의 일치를 어렵게 하고, 그래서 공감도 잘 일어나지 않는다. 위의 예로 본 것처럼 증오의 경우에 예외가 있지만 이 이론은 두루 적용될 수 있다. 왜냐하면 개별적인 경우에 증명된 것으로 보이는 증오가 있을 수 있기 때문이다. 이때 증오는 나중에 느껴지는 감정으로 수용되는 것이 아니라 그 순간 직접 함께 공감할 수 있는 것이다. 헤르만 슈미츠 역시 비슷한 설명을 했다. 해당하는 감정에 대한 직접적인 신체적 만남으로 설명할 수 있다. 감정 표현에 있어서 중심 역할을 하는 화와 분노는 거의 모든 감정 방향으로 튀는 성향이 있다. 이 감정은 구심력을 발휘하는 감정처럼 _{부끄러움, 불안, 두려움 등-이 감정들은 자신을 좁은 곳에 갇히게 하는 수축 감정 표현을 하게 한다-} 쉽게 공명되지 않는다. 기쁨은 확산되어 흐트러지고, 슬픔은 응축하여 내면화한다. 반면에 다른 사람에 집중하고 직접 이 대상에 초점을 맞추는 감정^{사랑, 증오 그리고 무시 등}은 비교적 쉽게 공감의 진정한 대상이 될 수 있다. 그러나 우리가 항상 공감의 그룹 영역 안에서 이 차이들을 설명하거나 해석하듯이, 감정 전이의 현상들과 좁은 의미에서 진짜 공감 사이의 차이는 공격적인 감정들에서는 그렇게 쉽게 나누어 볼 수 없다.

두말할 것도 없이 공감 감정은 매우 다양한 현상의 얼굴을 하고 있다. 그래서 통일적인 하나의 상^像을 만드는 연구는 어려운 일이다. 그럼에도 불구하고 이 연구를 통해서 분명히 언급할 것은 있다. 아마 이것은 감정에 있어서 본질적인 문제에 속하기도 한다. 태도와 생각이라는 의미에서 감정 표현의 현상들과 한 현상으로서 공감 사이에는 본질적이 차이가 있다는 것을 인정해야 한다. 이들은 항상 새롭게 발생했다가 다시 흘러가 버리는 감정의 큰 흐름에 속한다. 감정으로서 연민에도 이 원리는 특히 타당하다.

4.7. 텍스트 속의 공감

4.7.1. 도스토옙스키(Fyodor Mikhailovich Dostoevsky)의 『죄와 벌』에서 나타나는 공감의 유효함

소설은 작품 중 캐릭터들과 독자들의 공감을 불러일으키는 곳에 그 성공의 열쇠를 꽂아 두고 있다. 독자와의 공감을 살려내지 못하면 소설은 죽는다. 독자들은 소설 속의 영혼을 내면으로 느끼며, 주인공들의 감정과 사고 그리고 행동의 세계를 따라서 공감하는 여행을 한다. 그래서 마치 독자가 소설 속 인물과 하나가 된다. 소설은 단순한 재미를 넘어서서 기발한 이야깃거리를 바탕으로 인간의 보편감정을 탐구하게 하는 것이다.

도스토옙스키의 『죄와 벌』에 나오는 라스콜니코프는 현대 인간의 개인적이고 현실적이며 복잡하고 다양한 성격을 대변하여 공감을 획득한다. 작가는 공감이라는 형식을 통해서 등장인물의 삶을 대신 경험하게 하여 현대인들에게 자아, 자기 이해라는 선물을 한 것이다. 라스콜니코프, 소냐 그리고 스비드리가일로프의 삶을 공감하게 하여 보편적 인간 정서의 질을 정형화한 것이다.

첫 번째 인물은 자신의 비열한 행위를 견디지 못하고 스스로 죽음을 선택한다. 그래서 더 이상 비열한 삶을 살지 않는다. 스비드리가일로프는 비열한 사람이다. 그는 자신이 일방적으로 사랑하는 사람을 계략을 써서 위협하거나 협박을 하면서 자신의 욕망을 추구하다 실패한다. 자신이 욕망하는 여자에게 "당신 오빠와 어머니의 운명이 내 손에 달려 있습니다. 나는 당신의 노예가 되겠어요"라고 협박하거나 아첨을 떨다가, 상대가 자기를 싫어하는 마음이 확고하다는 것을 알고 모든 것을 포기한다. 그리고 스스로 자살을 선택한다. 그는 자신의 비열한 행위에 대한 벌을 스스로에게 선언하고 결단한 것이다. 이러한 결정에 많은 사람들이 공감할 수 있다. 어쨌든 스비드리가일로프는 더 이상 비열해지지 않고 자신의 삶을 마감하는 결정을 한 것이다.

두 번째 인물은 살인자 라스콜니코프이다. 그는 사회에서 불필요하고 '이(蝨)'와 같은 역할을 하는 사람을 제거하여 세상을 변화시키려는 신념을 가지고 전당포의 늙은 노파를 살해한다. 그는 살인 후, 끊임없는 불안과 자책감에 시달린다. 결국 자신이 저지른 행위가 천한 행위이며 자신의 무능력함의 결과라는 것을 깨달으면서 센나야 교차로에서 대지에 키스를 하고 사람들에게 자신이 살인자라는 것을 고백한다. 그리고 시베리아 유형을 받아들인다. 그는 사랑하는 동생에게 말한다. "나 때문에 울지는 마. 비록 살인자라고 해도 평생 의연하고 성실한 사람이 되도록 노력할 테니까." 그는 자신의 죄에 대하여 후회하고 반성하는 과정을 통해서 비로소 삶의 소중함을 알고 자신과 소통한다. 새로운 사람으로 다시 태어난다. 그는 죄에 대한 반성적 행위를 통해서 사람이 왜 살아야만 하는가를 알게 된 사람으로 변하는 것이다. 라스콜니코프의 반성적 행위에 공감하는 일은 독자로 하여금 세계를 질적으로 다시 이해하게 하는 일을 가능하게 한다.

세 번째 인물은 살인자 라스콜니코프의 순수함을 통찰하고 그를 사랑하게 된 여주인공 소냐다. 소냐는 가족의 생계를 책임지기 위해서 매춘부라는 '황색 감찰' 증명서를 받아야만 했다. 소냐는 현실적으로 비참한 삶을 살고 있지만, 사람은 사람답게 살아야 한다는 생각을 가지고 한시도 희망을 잃지 않는다. 자신과 소통하는 삶을 산 것이다. 소냐는, 라스콜니코프가 자수하러 갔다가 두려움 때문에 경찰서 문을 되돌아 나오는 계단 아래에서, "고통스러워하며 절망한 모습"을 보인다. 사랑하는 사람의 올바르지 못하고 비겁한 행위에 대한 소냐의 고통스러운 반응은, 사람으로서 산다는 것은 아무리 죄를 범했다 해도 사람다움을 보여 줘야 한다는 것임을, 잘 알고 있는 데서 나온다.

라스콜니코프는 소녀의 고통에 공감하여 다시 발걸음을 돌린다. 자수한다. 소녀는 라스콜니코프의 고통에 공감하여 고통스러워하고, 라스콜니코프는 소녀의 고통에 공감하는 고통스러워하는 공감의 이중 변주곡이 연주된다. 황색 감찰의 대상임에도 불구하고 소녀의 사람에 대한 믿음과 사랑에 대한 확신은 사람을 변화시켜서 더욱 사람다워지게 한다.

4.7.2. 카프카(Franz Kafka)의 『소송』에서 발견되는 공감의 부재

카프카 소설은 한정적으로 독자에게 도전적이다. 한정적이라는 의미는 어떤 사람에게는 무의미한 단어들의 집합일 수 있지만 또 어떤 사람에게는 새로운 그림을 그리는 장면을 제공할 수 있기 때문이다. 도전적이라는 말은 무언가 뿌듯함을 주는 결과를 사유하여 새로운 그림을 창조적으로 그려 낼 수 있기 때문이다. 필자는 『소송』이 그려 낼 수 있게 제공하는 장면에서 공감이 부재하는 경우를 연구하려고 한다. 나쁜 짓을 한 적이 없는데도 어느 날 체포당한 K가 자신의 무죄를 변호하는 행위를 하면서 세 여자와의 만남을 갖게 되는데, 각 만남은 나름대로의 공감 부재의 특성을 가리킨다. 하숙집 옆방에 사는 뷔르스트너 양, 법정 사무처에서 만난 정리의 아내 그리고 변호사 사무실에서 일하고 있는 레니와의 만남이 그것이다.

첫째, K의 뷔르스트너 양과의 사랑 행위는 공감이 부재한 가운데 이뤄지는 육감적 감정의 발로에 불과하다. 그래서 이들의 행위를 사랑이라기보다는 접촉행위에 불과하다고 해야 한다. 우선 K의 경우를 만나 보자. K는 감시인들이 낮에 방을 어지럽힌 것에 대해서 사과하기 위하여 밤늦게 귀가하는 그녀를 기다린다. 밤 11시가 넘어도, 그는 저녁도 먹지 않고 초조히 시가를 피우면서 기다리다가 가끔 찾아가는 술집의 여자, 엘자를 생각한다. 그리고 뷔르스트너 양과 이야기를 마친 후 그녀를 찾아가기로 마음먹는다. 이와 같이 그녀를 기다리는 K에게는 사랑 행위를 가능하게 하는 전제가 되어야 하는 뷔르스트너 양과의 공감이나 호의가 전혀 없음을 보여 준다. 심지어 이 문맥 안에서 뷔르스트너 양에 대한 K의 호의나 호감에 대한 어떤 표현도 찾을 수 없다.

뷔르스트너 양의 경우도 마찬가지다. 그녀는 늦게 퇴근하면서 피곤하여 쓰러질 것 같으면서도 방으로 들어오도록 허락한다. 늦은 밤인데도 방으로 들어오게 하는 이유는 방 밖에서 이야기하면 다른 사람들을 깨우게 되어서 자신의 체면을 상하게 된다는 데 있다. 자신의 방이 낮에 다른 사람에 의해서 어질러졌다는 말을 듣고서야 비로소 서로의 눈이 마주친다. 이러한 행위는 뷔르스트너 양에게 K에 대한 호의가 일어나지 않고 있음을 의미한다.

낮에 체포가 있었고 낯선 사람들이 방 안에 들어왔다는 것을 설명하는 과정에서 K는 뷔르스트너 양을 쳐다보는 데 정신이 팔리며, 이를 의식한 그녀는 한 손으로 얼굴을 괴고 팔꿈치는 쿠션 위에 두는 자태를 취한다. 그리고 다른 손으로는 천천히 자신의 허리를 만지는 자세를 취한다. 태도를 이렇게 취하는 뷔르스트너 양은 그러나 말로는 늦게 돌아와서 피곤하니 이제 그만 가 달라고 부탁한다. 그리고 자신이 너무 지쳐 있음을 고백한다. 그러다가 K가 흥분하여 큰 소리로 외치자 그만 그녀는 놀란다. 그리고 이제 곤란하게 되었음에 화를 낸다. 이에 대해서 K는 늦은 밤 방 안에서 일어난 일에 대하여 집주인이 자신의 말을 믿을 것이라고 한 협박을 한다. 이에 대하여 뷔르스트너 양은 자기 방 안에서 일어난 일에 대하여는 자신이 책임을 질 것이라고 단호하게 발언한다. 그리고 모욕을 받았음을 분명히 말한다.

그러나 그녀의 태도는 K에게 도발하듯이 옆방에서 누군가가 몰래 듣고 있음을 지적한다. 여기서 강하게 자극을 받은 K는 그녀의 얼굴에 키스를 한다. "목이 타는 짐승이 마침내 발견한 샘물을 혀로 핥듯이 키스"를 한다. 그러나 더 이상의 진전은 없다. 이에 대하여 그녀는 헤어질 때 아무것도 일어난 것이 아닌 것처럼 자신의 손에 입맞춤하도록 허락한다. 이렇게 뷔르스트너 양은 자신의 자극적 성적 행위에 조금의 호감과 공감이 묻어 있지 않음을 표현한다.

뷔르스트너는 머리를 숙인 채 자기 방으로 들어가는 것으로 잠시 일어난 해프닝으로 정리한다. 그녀의 행위 이전에 어떤 공감이나 호의의 감정을 찾아볼 수 없다. 따라서 그녀에게 있어서 기습적인 키스는 다만 몸이 허용하는 한에서 허락한 단순한 몸짓의 흐름이었고 익숙한 놀이의 연장이었을 뿐이다. 공감이 부재하는 이곳은 사랑의 서식처가 아니다.

둘째, K와 법정 사무처에서 만난 법원 정리의 아내와의 형식적 사랑 행위 관계에서도 공감에 부재하는 형식적 사랑을 보여 준다. 정리의 아내가 K를 처음 보는 장면은 K가 법정에서 자신을 변호하는 발언을 하는 순간이다. 이때 그녀는 K의 연설을 개인적으로 맘에 들어 한다. 그러나 이 순간 그녀의 몸은 그녀를 따라다니는 대학생과 바닥에 누워 있을 때이다. 게다가 그녀는

K의 연설 앞부분을 거의 듣지 못했고, 겨우 끝부분만을 들었을 뿐인데, 이때가 바로 바닥에 누웠던 때이다. 그렇기 때문에 맘에 들어 하는 것도 진심이라고 믿기 어렵다.

그리고 그녀는 여기 법정에서 살아야 하는 자신의 운명이 싫었기 때문에 K에게 호의를 보이는데도, 이 호의 역시 진심이 들어 있지 않다는 것을 짐작하게 한다. 정리 아내는 감각적으로 K의 손을 잡는다. K는 그녀의 손 안에 잡힌 자신의 손을 약간 돌린다. 이들은 몸이 요구하는 감각적 놀이를 하는 것이다. 이러한 놀이를 하는 동안 마음은 다른 곳에 가 있다. K는 그녀가 자신을 도울 것이 있는가를 찾고, 자신의 삶에 싫증이 난 정리 아내는 반대로 K가 자신을 도울 것이 있는가를 찾고 있다. 이렇게 각자가 필요한 것을 얻기 위하여 각자의 몸은 도구로 사용된다.

둘은 그녀의 제안에 의해서 법정의 연단에 앉는다. 그리고 그녀는 K가 아름다운 눈을 가지고 있다고 말하면서 작업을 건다. 그러자 K는 이를 몸으로 수용하는 말을 한다. 당신은 더 아름다운 검은 눈을 가지고 있다고. 더구나 여자는 처음 법정에 들어섰을 때부터 눈의 아름다움을 알아봤다고 말하면서 분위기를 고조시킨다. K는 이렇게 적극적으로 표현하는 여자를 체포를 남발하는 법정처럼 부패하고 부도덕하다고 생각한다. 법원 직원들에게 싫증이 나서 자기에게 몸을 내맡긴다고 받아들인다. 이렇게 생각한 K는 정신을 차리려고 한다. 그러나 여자가 슬프게 자신을 쳐다보는 모습을 보면 마음이 아프지만 여자가 남편보다는 대학생을 더 좋아한다고 말하면서 그 자리를 떠나려고 하자, 여자는 가지 말라고 하면서 더 있어 달라고 요구한다.

04 공감 감정에 대하여

동시에 K의 인성에 호소하는 말을 한다. 자신이 가치 없는 사람으로 보이느냐고? 이에 대하여 K는 형식적으로 상대를 존중하는 매너를 보이면서도 자신은 부패한 다른 사람들과 같지 않은 사람임을 암시하면서 여자 곁을 떠나려고 하지만 정작 그렇게 하지 못한다. 왜냐하면 여전히 여자를 통해서 재판에 영향을 미칠 수 있는 판사를 소개받고 싶어 하는 마음을 가지고 있기 때문이다. 그래서 여자에게 "예심 판사를 알고 있나요?"라고 묻는다.

결국 이들의 서로 빈 마음이 분명하게 그 특성을 보여 주는 장면은 문가에 서 있는 대학생이 손 신호로 이 여자를 불러내면서 더욱 분명해진다. 그 대학생에게 가면서 여자가 말한다. K가 데려가는 곳이라면 어디든지 따라갈 것이며, K가 원하는 것은 무엇이든 자신에게 요구할 수 있다고. 그러자 K의 마음도 흔들린다. 여자는 유혹하고 있고, K는 그 유혹에 빠지지 않아야 하는 이유를 찾지 못한다. 그래서 여자를 유혹해야 하는 이유를 찾아낸다. 판사가 마음에 두고 있는 그 여자를 빼앗아냄으로써 법원과 그 추종자들에게 통쾌한 복수를 할 수 있다고. 이어서 여자의 풍만하고 유연하며 다스한 육체를 자신의 것으로 만든다는 헛된 생각을 하다가 이내 버린다.

결국 K는 대학생이 자신의 눈앞에서 여자를 강제로 데려가는 것을 보면서 막으려고 하다가 여자의 내버려 두라는 말에 실망을 하고 화를 낸다. K의 여자에 대한 사랑 감정은 패배를 당한 것이 아니라 처음부터 부재했던 것이다. 그러자 K는 자기를 위로한다. 그 대학생을 자신이 가끔 찾아가는 거리의 여자 '엘자'에게로 데리고 가기로 결심하면서 자기 위로를 한다.

이 둘의 호감과 호의가 부재한 몸의 성적 놀이는 대학생의 팔에 안겨 가는 여자가 밑으로 손을 흔들고, K는 무표정하게 여자를 쳐다보면서 일단락된다. 이들에게는 공감 감정이 섞이지 않은, 일어났다 사라지는 몸의 감각적 포말을 서로에게 내보였을 뿐이다. 사람 관계에서 사랑 부재의 몸의 감각적 포말은 흔적 없이 사라진다.

셋째 장면, 카프카의 소설 『소송』에서 공감의 부재가 보여 주는 형식적 사랑 놀이가 표현되고 있는 세 번째 장면은 위의 그 어떤 다른 장면들보다 더 노골적이고 명백하다. K의 상대가 되는 여자는 숙부의 권유로 방문한 변호사 사무실에서 일하고 있는 레니이다. 레니는 병든 변호사의 시중을 들고 있다. 레니는 K가 보는 자리에서 병상에 누운 변호사의 손을 어루만지고 있다. 우선 레니가 방을 나가자, 변호사는 그녀를 전혀 믿지 않는다는 것을 보여 준다.

장면의 시작은 이렇다. K가 변호사 방에서 지루한 노인들 틈에 끼어서 지루해할 때, 사기그릇이 깨지는 소리가 나자 그는 방을 나서서 어둠 속에서 문을 더듬고 나아가자, 문을 잡은 그의 손을 작은 손이 덮는다. 레니의 손이다. 시중드는 여자는 소곤거린다. 아무 일도 아니며, 당신을 불러내려고 접시를 벽에 던졌다고. 그러자 K 역시 자신도 당신을 생각했다고. 둘은 옆방으로 가서 서로 '비어 있는' 마음을 전한다. 놀이를 위한 선공작이다.

그녀가 먼저 공격적이다. 자신이 부르지 않더라도 K가 스스로 자신을 찾아올 것이라고 기다렸다 한다. 왜냐하면 K가 집으로 들어오면서 자신을 눈여겨보았기 때문이라는 것이다. 그러나 K는 그 말에 대한 다양한 변명을 늘

어놓으면서 자신이 수줍어하는 사람이며, 게다가 레니가 쉽게 유혹당하지 않을 사람으로 보았다는 말을 한다. 이 말은 어디까지나 다음 순서를 위한 디딤돌 놓는 것에 불과한 표현이다.

그러자 여자는 더 도전적이 되면서 반사적으로 남자의 다음 행동을 유혹한다. 자신이 마음에 들지 않아서 그러느냐고? 남자가 말한다. 마음에 든다는 말로는 다 표현할 수 없다고. 여자는 어느 정도 자신감을 갖고 스스로 우월감을 느낀다. 여자는 남자가 여전히 자신의 의사대로 행동으로 움직이지 않자, 자신이 남자의 마음에 들지 않은 것 같아서 매우 섭섭하다고 말한다. K의 응답은 그냥 그녀를 껴안는 것으로 대신한다. 이들은 말을 통하여 소통하며 공감하는 듯하지만, 이 모든 말과 소통행위는 다만 몸의 행동을 자연스럽게 하기 위한 공작과 놀이에 불과하다. 즉, 공감하는 마음이 함께하지 않는다. 서로 간의 느낌이 없다. 이 장면에서도 K는 변호사와 일하는 여자에게 판사에 관한 정보를 얻으려 하고, 여자는 K의 손가락을 만지작만지작 하는 욕망을 전한다. 남자 몸에 손을 댄다. 욕망을 느낌으로 전한다. 처음부터 감각적 몸이 지배하기 때문에 이들의 관계 형성에서 사랑이 자리할 틈새가 없다. 아니 애초부터 서로의 마음이 통하는 사랑 행위는 존재하지 않는다.

K가 여자를 자신의 무릎 위에 올려 두니 여자가 좋다고 말한다. 이렇게 몸이 끄는 놀이를 하면서 남자는 여전히 여자를 통해서 얻을 수 있는 도움을 욕망한다. K의 욕망과 남자의 손길을 기다리는 레니의 욕망의 방향이 서로 다른 곳을 향한다. 공명이 일어나지 않으면서도 둘의 몸은 일치하는 점을 향해 간다. K는 자신의 지갑을 열어서 여자에게 애인이라면서 '엘자'의 사진을

보여 준다. 그러나 여자는 K가 엘자에게 아무런 관심이 없다는 것을 금방 눈치챈다.

그러자 여자는 자신의 몸 일부가 결함이 있다는 것을 알려 주면서 손가락 운동을 보여 준다. K는 그 손에 키스를 하고, 여자는 입을 벌리고 말한다. 키스했군요! 이제 다음 단계로 나아갈 계기를 마련하였다. 이들의 다음 행위는 다음과 같은 말을 때때로 소리 지르면서 계속한다. 이제 애인을 바꾼 거다. 그리고 여자가 선언한다. 당신을 사랑한다고 말하는 것이 아니라, 이제 당신은 나의 소유다! 서로 공감하지 않는 사람들은 사랑할 수 없다. 왜냐하면 이들은 서로를 욕망하고 소유할 뿐이기 때문이다. 이들의 관계는 다음 단계로 이행한다. 열쇠를 주고받는 것이다. 키스를 하고 서로에게 접근할 수 있는 길을 만들지만 그 길은 어둠의 길이며 출구가 없다. 공감이 없는 곳에 사랑이 없기에. 사랑이 없는, K가 서 있는 그곳에는 비가 내리는 현실이 기다릴 뿐이다.

이와 같이 카프카의 『소송』 장면 중에서 K와 세 여자들과의 소통 관계 맺음이 보여 주는 방식은 습관화된 소유하려는 성적 놀이에 다름없다. 서로의 공감이 바탕이 되지 않는 다만 습관적 성적 유희를 본다. 우리는 공감이 없는 몸이 습관화된 사랑 행위 놀이 유형을 마주한 것이다. 이 관점은 이제 인간에게 성적 놀이가 습관이 되어 버린 사랑의 '출구 없음'이 보여 주는 어쩔 수 없는 '비참한 개 같은 삶' 속의 일환으로서 공감 없는 사랑의 좌초와 표류를 읽을 수 있게 한다. 감정의 공명共鳴을 실천하지 못하는 현대인은 변색된 사랑의 옷을 입고 오늘 하루도 닫힌 공간에서 부대낀다.

05   공감과 존중, 기쁨
그리고 사랑 감정의 관계 문제

이 장에서는 공감과 존중, 기쁨 그리고 사랑 감정의 관계 문제를 다룬다. 먼저 한국 사회의 감정 변화를 위하여 우리는 공감의 시대에 들어왔음을 인지하고자 한다. 공감의 시대에 공감 감정의 개발 필요성을 역설한다. 불안과 분노의 감정이 지배하는 사회의 어려움을 일반적으로 기술하고 이를 극복할 수 있는 공감 감정을 제시할 것이다. 공감 능력의 개발은 교육 현장에서 혁명적으로 인정을 받고 있으며, 이를 바탕으로 공감 개념이 하나의 패러다임으로 자리 잡아 갈 수 있는 가능태들을 제시할 것이다. 이를 위하여 긍정적 감정인 존중, 기쁨 그리고 사랑의 감정과의 관계를 다룬다.

이 장에서는 철학의 근원 물음인 내가 누구이며, 어떻게 살아야 하는가? 하는 물음의 의미성을 공감 감정과 연계시킬 것이다. 자아발견을 새로운 공감 감정의 산출로 정리해 갈 것이다. 나는 누구인가의 문제를 단순히 내가 어떤 언어를 사용하며 어떤 태도를 취하는가? 하는 문제의 답을 찾아서 풀어나가는 방법을 넘어서서 내가 어떤 감정을 가진 존재인가로 그 방향을 선회시킬 조건들을 마련해 나갈 것이다. 인간은 존재 위험의 시기에 그 위험을 극복하는 인간으로 성장하고 지속되어 왔다. 이제 공감의 감정이 그 역할을 해야 하는 시대다. 공감을 통해서 우리는 사회적 관계를 재정립해야 하는 문턱에 이른 것이다. 그래서 마지막 장을 공감 감정의 확산과 질적 변화를 위한 조건들과 시대에 맞게 취해야 할 인간 태도의 변화에 관한 연구로 마무리하고자 한다.

5.1. 공감과 존중의 관계

일상적 언어 사용에서 존중 감정은 원칙적으로 개인을 대상으로 생겨난다. 우리는 누군가_{존중의 대상}를 무엇 때문에 _{감정을 불러일으킨 원인} 존중한다고 말한다. 이때 존중을 부르는 원인에 대부분 도덕적 관점이 작동한다. 도덕적 관점은 사회적 조건 안에서 갖춰지기 때문에 존중은 사회성 안에서 정서와 정서의 만남으로서 존중이 발생한다. 상대의 행위와 언어 발화가 보거나 듣는 사람의 도덕적 정서를 자극하여 고취시키는 것을 경험할 때 존중 감정이 생겨난다. 그래서 흄은 존중과 사랑을 매우 유사한 감정 개념으로 이해한다.

존중 감정은 다른 감정과 달리 비교하는 방식에 자리한다. 사람의 감정과 정서는 서로 다르며 차이가 있다는 전제에서 출발한다. 다른 사람의 상황과 특성을 고찰하게 되면, 서로의 삶의 방식과 특성을 비교하면서 각자의 차이를 알게 된다. 서로의 차이를 알게 되는 과정에서 우월한 것과 하찮은 것을 구별하게 되고 더 나은 것과 비교하여 열등감 의식도 생겨난다. 여기서 자신을 열등하게 생각하게 되면 더 나은 상대에 대한 호감은 사랑으로 발전할 수 있고, 더 나은 상대가 동등한 관계가 아닐 경우 존중으로 나타난다. 반대의 경우는 무시로 나타난다. 그래서 대부분의 경우에 있어서 존중은 자신의 열등감을 수반한다. 흄에 따르면 존중은 열등감을 수반하고 무시는 오만을 내포한다. 존중, 무시, 사랑의 감정을 보면 존중은 자신보다 더 나은 대상에 대한, 무시는 자신보다 더 못한 대상에 대한 그리고 사랑은 자신과 동등한 대상에 대한 관심 표현이라 할 수 있다.

흄의 분석에 따라서 존중을 사회성과 관련하여 고찰하면 일반적으로 자본주의사회에서 존중받는 계층과 무시받는 계층의 구별이 간단하게 나타날 수 있다. 부유한 자는 존중의 대상이고, 가난한 자는 무시의 대상이라는 도식이 그려진다. 그래서 마치 존중과 무시의 감정이 사회구조적으로 정형화된 것처럼 인식된다. 지위가 높으면 존중을 받고, 지위가 낮으면 무시를 당하는 것이 당연한 것 같은 분위기가 형성된다. 그러나 이것은 감정과 무시의 거짓-사회적 구조이다. 결코 반드시 그렇게 이뤄지는 현상이 아니다. 사회성의 의미란 사람의 기능적 측면을 말한다. 오히려 한 사회 안에서 사람이 자기에게 맡겨진 제 할 일=직분이나 역할을 다하지 못하면-다른 사람이 그 사람에 대하여 기대하는 것이 있다- 존중을 받지 못하게 된다. 마땅한 직분을 수행하지 못할 경우 그에 따른 책임을 다하지 못했다는 의미에서 그를 멸시하고 무시할 수 있는 것이다.

존중과 무시 감정의 특성은 그와 관계된 주체를 정서적으로 고양시키거나 낮추게 할 수 있다. 우리가 존중할 만한 사람을 만나 그를 존중하게 되면 이러한 사람 관계는 주체의 정서를 고양시킨다. 반면에 주변에 존중할 만한 사람을 찾지 못하면 스스로 자신을 필요 이상으로 낮춰 보는 경향이 생긴다. 이러한 관계는 삶의 질에도 영향을 준다. 존중의 관계가 지배적이면 인간 관계의 신뢰도가 더욱 강하게 형성되나 존중 관계가 서먹서먹하면 신뢰성이 약화되고 발전의 토대가 튼실하게 자리를 잡지 못한다. 이러한 흄의 존중 개념은 다음에 보게 될 칸트의 존중 개념과 상당한 차이가 있다는 것을 알게 된다.

칸트는 존중 개념을 자기가 살았던 시대의 일반적 정의와 다른 의미로 사용한다. 그에 따르면 존중은 감각적 감정이 아닌 지성적 감정intelligibles Gefuehl이다. 감각적 감정은 경향성에 속하지만 지성적 감성은 그렇지 않다. 이런 의미에서 직접적으로 이성과 관련되어 있기 때문에 칸트의 존중은 감정의 현상들 중에서 가장 고양된 감정 현상이다. 그래서 칸트의 존중은 도덕적 법칙과 밀접한 관련이 있다. 그는 존중 개념을 자유 인격체와 결부시키는데, 법칙을 실행으로 옮기는 인격체이다. 칸트는 『도덕형이상학 원론』에서 "인격체에 대한 모든 존중은 오직 법칙에 대한 존중이다"라고 단언한다.

칸트에게 있어서 존중 개념은 핵심적 위상을 차지한다. 왜냐하면 도덕적 행위를 위해서 꼭 필요한 감정이기 때문이다. 이러한 생각은 칸트 철학의 기초인 사람은 마땅히 도덕적으로 행동해야 하는 존재라는 전제에서 출발하고 있다. 존중은 법칙에 대한 존중과 인격체에 대한 존중으로 나눠 볼 수 있다. 그에 의하면 도덕법칙에 따라서 행동하는 사람은 필연적으로 법칙에 대한 존중감을 느낀다. 그는 법칙에 대한 존중 개념을 통하여서 이성적 관점과 도덕적 행위 사이의 간극을 극복하려고 시도한 것이다. 이성적 판단이 도덕적 행위에 자극을 줄 수 있다고 보기 때문이다. 이성과 도덕 사이의 틈새에 대해서 반면에 경험적 전통은 간극을 극복하려고 하는 시도를 효력이 없다고 반박한다. 왜냐하면 모든 행위는 원함이나 욕구를 전제로 하고 있기 때문이다. 감정 안에 이성이 비집고 들어올 자리가 없다는 것이다. 칸트는 지성적 감정이라는 존중 구상을 통하여서 자신의 철학적 방식이 두 전통^{합리론과 경험론}을 종합할 수 있다고 본 것이다. 그는 도덕의 의미에서^{=정언명법} 행위를 위한 동기를 이성과 감성의 공동 생산물이라고 이해함으로써 새로운 길을 제시한 것이다. 필자는 칸트가 이성과 감성의 공감 공간을 찾아낸 것이라고 생각한다.

이러한 칸트의 시도는 감정 철학의 주제 안에서 중요한 물음을 던진다. 칸트의 존중 개념은 생생한 감정, 소질로서의 감정, 습관화된 생각방식이나 태도와 비교하여 어떻게 서술되어야 하는가? 칸트가 존중을 진지하게 감정으로 인식하고 있기 때문에 감정들과 관련하여 그 위상이 서술되어야 한다. 칸트 자신은 존중을 생생한 감정으로 받아들인다. 그것은 고양의 감정을 보면 누구나 이해할 수 있다. 고양감은 존중과 매우 유사한 성질을 갖기 때문이다.

칸트는 자신의 성실함 때문에 다른 사람을 존중할 것을 강요받는 사람의 예를 통해서 존중을 고유한 자기 이해로 파악한다. 생생하게 느낄 수 있는 몸의 감정으로 이해한 동정심 감정을 말한 흄과 달리, 칸트는 태도와 행위의 의미에서 존중 감정을 이야기한다. 그는 생각을 통해서 감정을 도덕 법칙 안으로 끌어온다. 그리고 도덕이 인간의 감성 안에 자리할 수 있는 공간을 마련한 것이다. 이렇게 보면 그는 이성과 감성의 공감 세계를 넓힌 것이라 할 수 있다.

칸트의 존중 감정은 고양되고 체화된 생각과 함께 지향적 대상을 공유한다. 존중의 대상은 오직 법칙이다. 이 법칙은 우리 ^{자율적인 인간} 스스로가 필연적인 것으로 제시한 것이다. 『도덕형이상학 원론』에 따르면 이성적 인간은 인격으로서 사람을 존중해야 한다. 사람은 스스로가 제시한 도덕 법칙에 종속된 존재이기 때문에 그를 존중해야 하는 것이다. 그의 구상은 사람의 실천을 통하여 정언명령을 존중하는 것으로 나타난다. 존중은 사람이 갖춰야 할 특별한 성질이나 속성의 문제에 속하지 않는다. 사람으로서 마땅히 지녀야 할 필연적인 생각과 태도의 결합인 것이다. 그래서 존중은 도덕법칙에 정당한 것이다. 이러한 존중은 사랑과 다르다. 사랑은 이웃에 대한 사랑이나 존중은 모든 사람들에 관한 감정이다. 사랑은 선별된 사람에 대한 감정이지만, 존중은 선별과 상관없이 모든 사람에 대한 필연적 태도이다. 사랑은 존중받을 가치가 별로 없는 사람이어도 가능하나, 존중은 사랑받을 가치가 전혀 없는 사람에게도 가능성을 넘어서서 필연적인 것이다. 따라서 사랑은 존중을 필연적으로 전제하지 않는다. 사랑과 존중은 느슨하게 연결되어 있을 뿐이다. 그러므로 칸트에게 있어서 모두를 위한 사랑은 있을 수 없지만 모두를 위한 존중은 필연적이다. 왜냐하면 인간은 목적 그 자체이기 때문이다.

칸트는 순수 이론이 아닌 실천 이성의 영역 안에서 일상 프락시스에 적용할 수 있는 철학적 반성 작업의 결과로서 필연적 존중 감정을 정리하고 있다. 예를 들어, 사회의 규범을 어긴 범죄자는 존중받을 일을 하지 못했음에도 불구하고, 즉 무시당하고 멸시받아야 함에도 불구하고, 그럼에도 그는 인간으로서 존중받아야 한다. 그는 인간 존재로서-그 사실 하나만으로- 존중을 받아야 할 가치가 있는 존재이다. 따라서 그 범죄자가 사회에 어떤 해악을 끼쳤어도 그를 고문하거나 그의 인권을 무시해서는 안 되는 것이다. 칸트에 따르면 인간은 어떤 경우에도 고문당하지 않아야 할 권리를 가진 존재로 존중받아야 한다. 그러나 필자는 고문을 거부하는 논증을 그 사례가 어떤 경우인가에 따라서 논의를 더 해야 하는 부분은 있다고 생각한다. 칸트처럼 무조건적인 고문 금지의 형식성에 만족하지 않는다. 그럼에도 불구하고 칸트의 존중 개념은 인권과 인간존엄성을 한 차원 끌어올린 이론임이 분명하다.

요약하자면, 칸트는 존중 감정을 지성적 감정으로 이해한다. 그런데 지성적 감정을 일반적 의미의 정서로 이해할 수 있겠는가? 하는 의문이 생긴다. 그의 생각에 따르면 지성적 지향을 정서에 맞게 진단할 수 있다. 그는 우선 사람에 대한 존중 감정은 결국 도덕법칙으로부터 도출될 수 있다고 생각한다. 그러므로 특정한 인격체가 대상이 되지 않는다. 이것은 모든 인간에게 적용해야 하는 도덕적으로 요구되는 생각이다. 따라서 이러한 존중은 다른 사람에 대해서 특별히 취해야 할 태도나 특성을 의미하는 것이 아니다. 이러한 추상적 존중 감정은 헤겔 이후, 오늘날 하버마스나 악셀 호네트에게까지 전승되고 있다. 다른 개념으로 말하면 상호 인정 개념이라 할 수 있다. 즉, 존중은 다른 사람들에 대하여 규범적으로 요구되는 인정태도로서의 존중이다. 사람은 모든 사람을 사람으로서 존중하고 인정해야 한다. 따라서 모든 개별적 인간을 인간으로서 인정해야 하는 것이다. 인간에 맞는, 인간에게 적합한 대우를 해야 하는 것이다. 그가 어떤 일을 했는가에 좌우되지 않고.

칸트는 존중을 도덕 영역에서 핵심이 되는 역할을 하는 감정으로 인식했다. 이러한 칸트의 생각을 더 자세하게 해석하기 위하여 구별을 해야 할 점이 있다. 그가 의미하는 존중은 생생한 감정인가, 감정적 소질인가? 이것도 아니면 하나의 정서적으로 인지되는 태도인가? 이를 구별하기 위하여 존중 개념과 함께 상호 인정 개념을 결부시켜 생각할 필요가 있다. 왜냐하면 존중과 상호 인정, 두 개념은 인지적 태도와 생각의 의미에서 이해될 수 있기 때문이다. 더구나 오늘날 존중과 상호 인정의 상관관계는 더욱 밀접한 것으로 인식되고 있다. 특히 헤르만 슈미츠는 존중 개념을 정서이론적 토대 위에서 도덕, 법과 관련하여 발전시키고 있다.

헤르만 슈미츠는 법^{권리} 감정으로서 존중을 이해하고 있다. 이것은 존중이 도덕적 감정에 속한다는 것을 전제한다. 그는 도덕을 법의 특수한 경계에 속한 것으로 이해한다. 그는 법과 도덕의 핵심 감정으로 분노와 부끄러움으로 이해하며, 존중은 분노와 부끄러움에 앞서서 나타나는 감정, 즉 예감 Vorgefuehl 이다. 예감으로서 존중은 분노와 부끄러움이 발생하는 것을 사전에 피하기 위하여 법 상태가 유지되기를 경고하는 감정이라 할 수 있다. 이러한 의미에서 슈미츠는 존중을 법이 작동해야 하기 전 감정의 분위기로 이해한다. 존중은 인간관계에 맞게 서로가 지켜야 하는 방식과 태도이며 항상 정서적 만남을 깨우쳐 주는 의식으로 존재한다.[137] 존중의식은 사람에 대한 두려움과 겸손함을 요구하면서 동시에 보다 적극적으로 사람관계를 변화시키는 데 참여할 것을 요구한다. 법적으로 부당한 대우를 받는 사람에 대하여 참여하여 개방적으로 자극을 주는 것까지 요구한다. 이것이 존중이 법적으로 예감의 역할

---

137 칸트 도덕철학의 의미에서 항상 사람에 대한 도덕적 의무로서 존중의식을 뜻한다.

을 하는 것이다. 존중 개념은, 특히 예민한 감정을 가진 사람에게, 법 파괴가 일어나고 그로 인하여 발생할 수 있는 분노와 부끄러움을 회피하기 위하여 먼저 가야 할 길을 안내하는 것이라 볼 수 있다. 이렇게 보면 존중은 법 상태를 유지하는 중력의 작용을 하는 것이라 볼 수 있다.

앞에서 제기했던 감정으로서 존중 역할의 도덕적 가치에 관한 물음으로 돌아와 보자. 존중은 도덕적 사태나 비도덕적 사태에 관계할 수 있다. 부끄러움의 감정도 그러하다. 그러나 이들이 서로 다른 것은 존중은 인간관계에서 이상적인 것을 목표로 할 수 있는 것이지만 부끄러움이나 분노는 그렇지 못하다는 점이다. 부끄러움이나 분노는 이상을 지향하는 감정이 아니라 현실적 규범을 훼손하는 것에 대한 저항의 감정 표현이다.

감정으로서 존중은 도덕적 가치를 바탕으로 생겨난다. 물론 존중은 도덕적이거나 비도덕적인 사태들에 관계하여 일어날 수 있다. 부끄러운 감정도 마찬가지다. 그러나 부끄러움이나 수치심 그리고 분노는 이상적인 것에 관련되어 있는 것이 아니지만 존중은 항상 이상적인 것에 연계되어 있다. 존중의 감정에는 우리가 높이 평가하는 속성이 담겨 있다. 특히 존중이 다른 사람의 신념에 관한 것과 결부되면 이것은 도덕적 존중이 된다. 그래서 존중은 어떤 사람의 하나의 행위로부터 생겨나는 것이 아니라 그 사람의 전체 인격을 바탕으로 생겨나는 감정이다. 우리는 누군가의 인격이 흠이 없고 나무랄 데 없어서 이상적인 사람으로 우러러보게 되면 그에 대한 존중이 싹트게 된다. 따라서 인간으로서 확신을 줄 수 있는 사람을 존중하게 되는 것이다. 완전한 인격체로 인정받지 못하면 그곳엔 존중도 없다. 예를 들어, 인권운동가로 큰

상을 받은 사람이라 할지라도 자신의 아이를 양육하지 않았거나 가족 안에서 자신의 역할을 하지 못한 경우에는 그를 실제로 사람으로서 존중할 수 없는 것이다. 아버지의 의무, 그것은 하나의 도덕적 당위이기 때문이다. 그렇기 때문에 대중으로부터 높이 존경을 받는 사람은 자신의 감춰진 삶이 드러나는 것을 매우 두려워한다. 드러난 것이 이상을 파괴하면, 존경하는 사람은 존경받는 사람을 파괴하게 된다.

존중의 감정은 존경받는 사람에 대해서보다 존경하는 사람의 이상에 대해서 더 많은 것을 말해 준다. 이상적인 것은 매우 교묘한 방식으로 도덕적 내용을 암시할 수는 있지만 꼭 도덕적일 필요가 없기 때문에, 존중은 사람들이 도덕적 규범과 결부되었다고 진지하게 느끼거나 어떤 규범이 양심의 자율을 가질 수 있는 도덕적 지표일 수 없다. 이것은 분노와 다른 점이다.

그러나 존중은 다른 의미에서 도덕적으로 중요한 의미를 가질 수 있다. 사람들은 위대한 예술가를 그의 예술성을 근거로 존중할 수 있다. 예술 자체는, 존중의 내용이 되지만, 확실한 것은 대부분 도덕적이지 못하다. 그들은 주체적 이상이기 때문이다. 다만 예술을 사랑하는 사람만 위대한 예술에 대해서 존중하는 마음을 가질 수 있을 것이다. 그러나 이상적인 것에 방향을 정하고 나와 어떤 사람의 차이를 내 자신을 불리하게 하면서 지각할 수 있는 가능성은 도덕성을 위한 필연적 조건이다. 이렇게 보면 도덕적 내용을 담지 않은 존중조차도 순수한 도덕적 의미를 갖는다. 그렇기 때문에 칸트에게 있어서 존중은 하나의 지적인 감정이다. 왜냐하면 존중은 도덕적 법칙에 대한 존중으로서 경향성을 낮게 평가하고 자부심을 내려놓음으로써 경향성이 줄 수 있는 부정적 영향을 약하게 할 수 있다. 이와 같이 감각적 측면에 대한 경멸은 도덕적인 것을 고양시키는 것과 같다. 그래서 칸트는 존중에 대하여 이렇게 말한다. "우리에게 우리가 취할 수 있는 태도의 적절함이 부족하다는 것을 지적함으로써 주어진 규정에 따라서 우리의 본성을 눈앞에서 고양시킨다. 그렇게 해서 자부심을 내려놓게 한다."[138] 칸트가 시도한 엄밀한 지적 세계와 감각적 세계를 나누는 방식에 동의하지 않고 도덕법칙에 대한 존중의 지향적 내용을 제한할 수밖에 없다 할지라도, 존중받는 이상과 자신의 불만족 사이의 모순과 불일치에 대한 칸트의 기술은 자기 형성과 자기 교육을 위해서 필요한 것이라고 보아야 할 것이다.

5.2. 공감과 기쁨 감정의 관계

공감과 기쁨은 사람의 감정을 고양시킨다는 공통의 특성을 갖는다. 일상생활에서 기쁨의 역할은 매우 크다. 우리의 삶에서 기뻐하는 순간이 없다면 얼마나 삭막하고 좀비 같은 모습이겠는가? 반면에 철학사에서 기쁨은 크게 다루지 않은 주제인 것 같다. 고된 일이 끝나는 시간을 고대하면서, 휴가를 기다리면서, 아이가 태어나기를 기다리면서, 친구의 방문을 고대하면서, 합격을 기대하면서 우리는 가슴 뛰는 기쁨을 느낀다. 이 기쁨은 우리의 삶을 지속하

---

138   실천이성비판 A 157.

게 하는 윤활유다. 이와 같이 기쁨을 갖는 것은 우리의 삶에서 매우 긍정적인 영향을 준다. 기쁨은 우리의 신체를 자극하여 삶을 긍정적으로 받아들이도록 확대시키고 여러 가능한 세계로의 방향을 모색하게 하는 시도를 촉구한다. 따라서 기쁨은 우리의 삶을 고양시킨다.

기쁨의 감정과 달리 행복은 철학이 즐겨 다룬 대상이다. 그러나 고대로부터 철학의 핵심 주제에 속한 행복은 반드시 감정을 뜻한 것은 아니다. 감정보다는 상태를 의미하는 행복은 인생에서 전 과정을 통해서 성공한 삶을 뜻한다. 아리스토텔레스로부터 시작한 사유의 흐름은 이러한 의미에서 행운도 포함한다. 그래서 운이 좋았다는 표현이 행복한 것에 속하기도 하는 것이다. 아리스토텔레스가 말한 것처럼 이렇게 행복한 삶은 기쁨을 포함하여 많은 요소를 내포한다. 행운을 만난 사람은 틀림없이 기쁨을 느낄 것이고, 이 기쁨의 감정은 행복감으로 이어질 것이다. 그렇게 되면 결국 그 사람의 삶은 행복을 느낄 것이며 성공한 것으로 판단된다.

행복의 감정은 만족감과 고마움으로 확장되기 쉽다. 특히 가까운 이웃과 관련하여 행복한 감정을 갖게 되면 만족감으로 이어진다. 그러나 이들 사이에는 약간의 차이가 있다. 만족감은 반드시 커다란 사건과 연결될 필요는 없다. 작은 행위나 만남에서도 가능하다. 그런데 행복감처럼 삶에서의 지속적인 것으로 유지되어야 만족감이 안정적으로 자리할 수 있다. 만족하는 사람은 자신이 처한 상황을 변화시키려고도 하지 않는다. 현재의 상황에 만족하고 조화를 느낀다.

만족감이 갖는 이러한 수동적 성향은 행복감에 비하여 특별한 차이를 만들기도 한다. 우선 사람들은 행복감을 느끼면 일상에서 벗어나 다른 상황이나 조건을 향유하는 것으로 느낀다. 그래서 자신이 향유하는 조건들을 바꿀 생각을 하지 않고 보존하려고 한다. 그래서 자신의 삶의 조건들을 이에 맞춰서 정비하려고 한다. 이것이 행복감이 갖는 적극성이며 여기에서 자신의 조건과 상황을 유지하려는 보수적 성향이 나타난다. 동시에 행복감은 행위에 관한 경향성을 갖기도 한다. 행복한 사람은 세상의 모든 것을 넓게 보려고 하는 성향이 있다. 그는 가능한 한 세상에 공개적이고자 하며 다른 사람의 관심과 기호에 우호적이다.

이러한 행복감의 특성과 달리 만족감은 그렇지 않다. 만족감을 느끼는 사람은 경향적으로 다르다. 만족감을 가진 사람은 자신의 삶의 조건을 이미 잘 정비된 것으로 느낀다. 그래서 현재의 만족감을 유지할 수 있는 관점에서 제한된 조건들을 바라보려고 한다. 만족감이 지배하면 우리의 정신이나 신체는 더 이상 행위를 위한 충동을 상실한다. 꽉 찬 상태에 있기 때문에 우리의 몸은 더 이상 움직이지 않으려 하면서 현 상태의 유지를 상징화한다. 그러나 한편으로 포만과 다른 알맞고 적절한 상태에서의 멈춤이다. 지루한 것도 아니며 지나치게 과민한 것도 아닌, 비어 있으나 더 이상 채우고 싶지 않은 게 만족한 감정의 현주소다. 이러한 의미에서 만족감은 행복감과 차이가 있다.

행복감은 만족감을 내포한다. 그러나 필연적 관계는 아니다. 만족하지만 행복하지 않은 경우가 가능하다. 일반 시민들이 걱정 없는 삶을 만족하다고 느껴도 반드시 행복한 것은 아니기 때문이다. 그리고 아름다운 자연 풍경 앞에서, 특히 저녁놀 지는 분위기 있는 카페 안에서 느끼는 행복감은 반드시 자신의 인생의 만족감과 일치하지 않아도 가능하기 때문이다. 그렇지만 실질적으로 두 감정은 서로 교차하여 일어나기도 한다. 한순간에 만족하면 자신이 세계와 일치하는 것으로 생각되어서 행복한 것으로 느낀다. 만족한 감정은 있는 그대로 자신의 중요성이 좋은 것이라는 생각을 통해서 더욱 강하게 느껴진다. 그러나 행복 감정에서는 다르다. 만족감은 듣기 좋은 소리나 찬탄과는 거리가 멀다. 차라리 만족의 기준은 자신의 내면에 근거하는 경우가 많다. 이런 의미에서 만족감은 자신의 안정적 확장감이며 충만감이라 할 수 있는 것이다.

만족감과 행복감은 흔히 혼동되어 느껴지기도 한다. 행복감과 만족감은 흔히 감사하는 마음과 동시에 일어난다. 원칙적으로 감사의 감정은 한 사람에 대한 느낌이다. 그가 우리에게 무엇인가를 잘해주었기 때문에 우러나오는 감정이다. 그가 우리를 위해서 어떤 것을 선물했거나 좋은 일을 해 줬다. 이때 느껴지는 감정은 그것을 행한 사람에 초점을 맞춘다. 능동적 감정으로서 감사하는 느낌은 다른 사람과 관련된 확장된 감정이다. 그 대상에게 마음을 더 열고 그에게 감사하고 싶어 한다. 받은 행위에 대하여 적합한 좋은 방식으로 응답하고자 한다. 이런 의미에서 감사하는 마음은 강한 행위 충동과 결부되어 있다. 만약 이 감정이 확대되지 않으면 불편한 마음으로 남는다. 신세를 지고 갚지 못한 것이 불편한 채로 남는 거와 같다. 고마움을 되갚은 후에는 그 일을 해결한 것으로 생각하고 잊게 된다.

행복감이나 깊은 만족감을 경험한 사람은 고마워하는 마음을 갖게 된다. 이러한 감정은 흔히 종교적 관점에서 신을 찾고 그를 경배하는 데까지 나아간다. 행복감과 만족감이 신의 선물인 것처럼 신에게 그 근원을 둔다. 신에게 기도하고 신을 찬양한다. 더 나아가서 기도하는 자의 아름다움과 선함에 대하여 고마움을 표시한다. 그런데 무종교적인 문화권에서 이러한 실존론적 고마움의 표시는 누구를 위하여 그리고 무엇에 대하여 하게 되는가? 하는 질문에 답하는 것은 어려운 일이다. 행복감과 만족감에 결합할 수 있는 감정을 고마움으로 부르기를 주저하는 사람들이 있는 것처럼 말이다. 사람들을 하나의 보편적인 틀 안에 가두려는 일은 항상 어렵다. 그렇지만 인간이란 존재는 개인과의 연관관계를 떠나서 운명이나 숙명에 결국 고마워해야 하는 존재가 아닐까? 그러므로 인간은 비개인적이며 원래 있는 것들에 대한 고마움을 바탕으로 출발해야 하는 존재라고 해야 한다. 그리고 바로 이러한 관점 아래서 세상을 이해한다면 사람과 사람 사이의 그리고 사람과 자연 사이의 공감은 필연적이고 관계 형성을 위한 가장 적합한 기초가 된다.

이 물음은 더 깊이 들어갈수록 난해하다. 행복감의 결과로서 수용하게 되는 고마움을 위한 토대 영역은 무엇일까? 물론 이 영역을 과학적으로 분명하게 기술하는 일은 불가능에 가깝다. 실제로 규정할 수 없는 영역이라고 추정해야 할 것이다. 위 물음은 누구에게 고마워해야 하는가? 이런 물음이 아니라 왜 고마워해야 하는가? 같은 물음으로 바꿨을 때 그 이해를 위한 실마리가 보인다. 우리는 놀라운 자연의 이치를 경험했을 때 놀라워하는 이면에 자연에 대한 경외감이 생기고 이 바탕에 고마움이 내재한다. 자연에 대한 놀라움의 체험은 고마움과 함께한다. 이러한 자연 경외의 감정은 사람으로 하여금 한 걸음 더 나아가는 삶을 살게 한다. 놀라움과 고마움의 느낌은 앞으로 자연을 체험하는 순간을 더 자주 즐겨 할 것이며 잘못된 삶을 살지 않도록 하는 다짐을 가능하게 한다. 죄의식을 벗어나 보다 더 적극적으로 다시 잘하려는 충동을 자극한다.

그래서 마치 삶에서 과거의 경험을 소중하게 간직하며 자신이 선물로 받은 삶에 대해서 고마워하는 마음을 간직한다. 그러나 과거의 경험은 다만 보조 구조일 뿐 결정적 요인은 아니다. 중요한 것은 경험을 통해서 얻은 놀라움과 고마움을 이웃과 함께하려는 적극적 마음 자세이다. 이는 오직 공감하려는 의지에서 시작한다. 사람들은 흔히 이러한 감정을 종교적으로 이해하려 한다. 그리고 전통적으로 지금까지 그렇게 해 왔다. 이것은 종교를 제도화하면서 좁은 의미로 해석해 온 결과이다. 사람은 근원적으로 공감이라는 감정을 통하여 깊은 과거의 체험과 더 넓은 세계와의 연관관계를 모색할 수 있는 토대를 마련하게 되는 것이다. 또한 이러한 공감의 감정은 특수한 종교적 의식을 벗어나서 우리의 일상에서 가능한 아주 사소한 일로 흔한 일이 되게 할 수 있다.

공감을 가능하게 하는 고마움의 감정은 일상에서 다양한 변화된 모습으로 체험할 수 있다. 고마움은 그 모든 형식에서 존재가 타존재에 의존해야 하거나 부채감을 가진 것에서 시작한다. 우리가 존재하기 위하여 -직접적이거나 간접적인 방식으로- 일정한 행복감과 만족감은 부채감과 일정하게 상응하는 방식으로 연결되어 있다. 이러한 연결방식을 이해하기 위하여 부채감에 대한 개념을 법적이고 도덕적인 기원으로부터 분리하여 이해할 필요가 있다. 그 이해는 이렇다. 고마움과 만족감은 상징적 의미에서 부채감을 느끼고

가지고 있는 감정이라는 것이다.[139]

행복감은 미리 예견할 수 없었거나 기대하지 않았던 일들에 관련되어 있다. 행복감은 충만함과 충일함이며, 이러한 의미에서 일정한 정도를 넘어선 것이라 할 수 있다. 그래서 행복을, 너무 벅차서 다 감당할 수 없다는 기술은 일반적 방식으로 기뻐하는 것을 넘어선 것을 표현한다. 바로 이 점에서도 행복감이 고마움과 결합되어 있음을 보여 준다. 이때 고마움은 그 누구에게도 환불될 수 없는 감정이다. 오직 바로 그 행복감의 원인이 된 사람만 느낄 수 있는 근원 감정이다.

감정적으로 부채감을 느끼지 않으려는 경우에는 행복감이 그가 가진 큰 크기와 압도적인 힘 때문에 흔히 직접적인 부채감으로 전이되는 수도 있다. 이 경우 특권 의식과 특수한 부채 의식을 이야기한다. 특권 의식에서는 다른 사람에 비하여 특수한 조건을 가진 데서 오는 부채감이다. 이는 물질적이거나 상징적으로 귀족이나 특수한 신분에 좌우되는 특권화되어 있거나 특수한 상황에서 발생할 수 있는 부채감이다. 예를 들어서 모든 사람이 벗어나려고 시도했던 위기 순간을 오직 혼자 벗어난 사람이 느낄 수 있는 것처럼, 행복감과 동시에 부채감이 가능한 이유이다. 양립성 느낌 감정은 커다란 행복감에서도 가능하다. 우연한 행복을 맞이하거나 삶에서 연속적으로 행운을 경험하는 일도 가능하다. 그러나 그 행운을 스스로 벌어들이지 않았다. 이 경우에 강한 자기주장을

---

139 영국의 메건 마클 왕자비가 공식행사에 참석하면서 자동차 문을 직접 닫는 행동을 해 찬반 논란을 일으켰다. 이 행위를 분석해 보면 고마움의 감정 안에는 부채감이 내재해 있음을 쉽게 알 수 있다.

가진 도덕적 인간이라면, 그는 불편한 양심을 느낄 것이다. 그는 자신이 느낀 행복감을 특정한 부채감을 가진 고마움으로 조절하려고 할 것이다.

요약하면, 만족감은 행복감과 결합되어 있으며, 이들의 감정으로부터 고마움의 감정이 생겨난다. 정도가 다른 두 급의 감정이라 할 수 있다. 이들은 특정한 방식으로 결합되어 있다. 만족감은 행복감을 위한 원인이 될 수 있다. 시간적으로 말하면 행복감에 앞서 만족감이 생긴다. 만족감의 감정 상태는 공감을 위한 필수조건인 자존감을 높이고 사랑을 부른다. 자존감과 사랑은 생의 목적을 실현하는 것과 관련이 있으며, 삶에 특별한 의미를 부여하기 때문이다. 행복감을 느끼면 삶의 의미를 알고 그 목적에 도달했음을 자각한다. 자각을 통해서 삶에서 만족을 느끼게 된다.

삶의 만족은 행복감으로부터 시작한다. 그리고 공감과 더불어 완성된다. 이 생각을 가질 수 있는 것은 인간으로서 우리에게 주어진 특권이다. 모든 문화와 역사가 추구해 온 특별한 대상이 되는 사유이다. 공감의 큰 영역 안에서 행복감과 결합된 적극적 감정의 스펙트럼을 더 넓혀야 한다. 만족감, 기쁨, 자존감, 사랑, 고마움 등등. 인간의 감정에 관한 모든 경우에 그 외연이 확대되어야 한다. 적극적 감정의 외연 확대는 결국 공감의 확산에 이바지할 것이다. 적극적 감정들의 차이 나는 현상들을 넓히는 일은 필요하다. 그러나 그 바탕에는 공감의 깊은 영역이 기초해야 한다. 이 일은 정당하다. 공감은 적극적 감정의 확산을 위한 기초 영역에 속한다. 그러므로 이상적인 것으로 '공감 감정 가족'이라는 표현이 가능하다. 공감 감정 가족으로 나아가는 첫길이 바로, 인간의 완전한 만족함과 바닥의 비참함을 오르내리게 하는 사랑의 부싯돌이다.

5.3. 공감과
사랑 감정의 관계

얼핏 보면 사랑이야말로 감정의 최고급의 절대 힘을 간직한다. 사랑의 힘은 가히 우리의 일상, 영화, 문학과 예술의 세계를 관통하면서 모든 감정을 조절하기도 한다. 문화적 행위에 있어서 사랑보다 더 자주 소환되는 그 어떤 감정도 있지 않을 만큼 크고 깊다. 사랑은 일상과 문화에서 철저하게 소환되고, 칭송되며, 희망하며, 맹세를 부르며 또한 두려움과 공포로 엄습하기도 한다. 그래서 사랑 감정은 모든 감정을 변화시키는 힘을 갖는다. 그리고 공감의 감정은 사랑의 감정을 긍정적으로 세우는 데 필수적이다. 사랑의 힘은 희망, 실망 그리고 의심과 함께 가며 만족감을 지향하면서 다른 감정들에 영향을 주기 때문에 사랑과 공감의 감정 관계를 살펴볼 필요가 있다. 여기서 다루는 주제는 사랑 감정과 공감, 호의 그리고 애착의 관계이다.

우정이나 사랑의 관문으로 들어서기 위해서 먼저 필요한 감정이 일어나야 한다. 동감이나 공감, 호의 그리고 애착 등이 우선되어야 할 감정이다. 이러한 감정들은 다른 사람에 대해서 끌리는 긍정적 감정들이다. 사랑 감정과 잘 구별이 안 되는 우정은 좁은 의미에서 볼 때 감정이 아니라 자발적으로 서로 주고받는 것을 토대로 생겨난 관계이다. 이 관계는 서로의 호의에서 비롯한 다가가는 적극적 감정에 바탕을 둔다. 이처럼 사랑 감정은 서로 차이가 나는 다양한 종류들로 나타난다. 따라서 사랑과 공감의 감정 관계를 살펴보기 위하여 사랑과 유사한 감정 현상들을 연구해 볼 필요가 있다.

공감 개념은 시간적으로 짧게 만남을 가지는, 기능적으로 하는 일과 관련된 사람과 관련이 있다. 예를 들면, 여행 중 우연히 만나 의견을 주고받게 된 사람이나 직장 동료, 사업 파트너나 헬스 트레이너 등이 여기에 속한다. 우리는 이러한 사람들과 공감의 정서를 갖게 되면 그 순간 편안하고 안정적인 분위기를 느낀다. 좋은 분위기 아래서 상대에 대하여 쉽게 호의를 가질 수 있게 되고 더 많은 것을 기대하게 된다. 이러한 의미에서 공감은 생동하지만 부드러운 감정의 무리感情群에 속한다. 그래서 공감을 느끼는 사람은 기쁨처럼 퍼지는 넓이를 갖는 감정으로서의 기분이 좋아지는 감정을 갖는다. 그래서 공감하는 사람과 함께 있다는 것을 확신하는 사람은 그 대상이 지속적으로 그곳에 있음現存을 바라게 된다. 또한 일시적으로 불확실한 상황에 빠진다 해도 그 대상과 더불어 공감하기를 바란다. 이때 공감은 사랑처럼 공감하는 상대와의 감정에 빠진 것으로 볼 수 있다. 이때 서로에게 쏠리는 공감은 공명共鳴의 의미를 갖는다.

공감이나 연민과 대립되는 감정은 반감 혹은 혐오의 감정이다. 공감과 연민이 공명을 일으키는 것에 비해서 반감과 혐오는 불신을 수반한다. 불신을 수반한 관계는 더 이상 이어질 수 없다. 파탄을 부른다. 불신은 해당하는 사람과의 만남을 회피하게 한다. 왜냐하면 그와 함께하는 것이 불편하고 민감함을 유발하기 때문이다. 감정을 예리하게 자극하여서 실수를 하게 하거나 필요 이상의 반응을 초래하게도 하기 때문이다. 이와 달리 공감은 상대에 대한 신뢰를 갖지 않고서는 전혀 표상되지 않는 감정이다. 공감에 내재한 신뢰는 개인의 고유한 판단에 따른 감정으로 이해될 수 있다. 상대가 갖는 직책이나 기능을 바탕으로 신뢰할 수 있기 때문이다. 예를 들면, 의사에 대한 신뢰가 그

것이다. 일반적으로 의사는 끌림이 없이도 그의 직책상 인지됨과 동시에 신뢰를 얻는다. 이때 공감의 형식도 표상할 수 있다. 첫 인지에서 표상되는 공감의 형식은 적어도 규정된 공감 형식을 배제한다. 이렇게 보면 공감과 신뢰는 긴밀하게 서로 연결되어 있다. 이 두 감정은 적절하고 공정하게 대할 것이라는 기대를 포함하기 때문이다. 이 둘 감정 중에서는 신뢰가 공감보다 더 기대감이 높을 것이다. 이때 생기는 경험을 통해서 성장한 신뢰는 대부분 판단과 결부되어 있게 되는데, 그러한 신뢰는 자발적이며 감정에 따르는 신뢰와는 구별이 된다. 위 두 형식은 공감과 유사하게도 마주하고 있는 사람에 따라 다르게 나타난다. 상대가 불러일으키는 인상에 좌우되어 강하거나 약한 신뢰감을 갖게 되기 때문이다. 이때 신뢰감의 정도는 상대를 이미 알고 있느냐 있지 않느냐는 문제는 전제되지 않는다.

호의는 공감과 달리 매우 활동적 감정이다. 호의의 대상에 속하려면 일단 감정을 공유할 수 있는 사람의 무리에 속해야 한다. 호의는 공감하는 사람 중에서 가능하다. 호의의 대상은 강조된 특별한 사람이다. 그래서 공감의 영역에서 이뤄지는 관계보다 더 개인적이다. 특별한 무엇인가를 공유하며 체험에서도 더 강한 인상을 경험한다. 그러나 이 호의의 감정은 사랑과는 구별된다. 두 감정이 대상이 되는 사람 전체를 목표로 하지 그 대상의 특별한 한 특성을 목표로 하지 않는다는 점은 공통적이다. 사랑이나 호의는 그 사람 전체를 겨냥한다. 그러면서 일상에서 우리가 사용하는 언어를 보면 사랑은 다른 대상을 곁에 두지 않는 배타적 감정이다. 그래서 호의가 마지막으로 다다른 지점에 사랑의 대상이 유일하게 자리한다. 그러므로 공감이나 연민 다음에 호의 그리고 최종적으로 사랑의 감정이 솟아오른다. 사람에 공감해야 그에 대한 호의를 갖게 되면서 이윽고 사랑이라는 배타적 세계로 몰입하게 된다. 그래서 사랑은 공감과 달리 다른 대상을 감정의 경계선 밖으로 내보내는 배타성을 갖는다.

호의는 평등 관계, 즉 동일한 수준의 눈높이에서 형성되기 시작한다. 발생 시 호의 역시 사랑처럼 사회적 신분에 구애를 받지 않는다. 그렇다고 해서 호의와 사랑이 동일한 환경 아래서 성장한 사람 사이에서 더 익숙한 놀이라는 것을 배제하지는 않는다. 이질적인 사회적 출신 성분에 속한 사람들 사이에서는 매우 모험적인 놀이로 등장하는 것을 보면 알 수 있다. 그런데 우리가 사용하는 언어 습관상 이 두 개념을 감정적으로 구분하는 일은 쉽지 않다. 이런 표현을 생각해 보자. '한 남자가 그의 학생에게 과한 정도의 호의를 베풀려고 한다.' 만약 이러한 표현에서 사랑에 대해서 이야기한다면, 틀림없이 그 사랑은 동성애를 의미한다. 동성애도 사랑 개념에 속하니까. 그런다고 해서 반드시 이 경우에 성적인 요소를 더할 필요는 없다. 성적인 요소를 덧붙이든 덧붙이지 않든, 두 경우에 동일한 감정 분위기를 느낄 수 있다. 누군가에게 호감을 갖는다는 것은 그를 좋아하거나 사랑하는 것과 동일한 감정을 갖는다. 그러나 호의는 사랑과 구별해야 한다. 호의는 사랑이라는 큰 범주의 한 부분에 속하는 작은 영토에 불과하다. 그렇다고 해도 호의에는 사랑의 감정이 묻어 있는 것이다. 마치 공감 감정에 좋아한다는 의미의 사랑의 흔적이 매달려 있는 것처럼.

위의 호의와 사랑 그리고 공감과 유사한 감정으로 친절을 들 수 있다. 이 말은 일상에서 '친절하게' 대해야 한다는 사용법으로 익숙하다. 형용사로는 "그는 '친절한' 사람이다"라는 표현으로 자주 사용된다. 이 말은 감정이라기보다는 취하는 태도라고 해야 더 적합하다. 친절이 다른 사람에 대해서 선하게 대하려고 하는 것이라면, 공감은 비개인적인 어울림이나 울림이며, 호의는 다른 사람에게 더 분명한 방식으로 가까이 가려는 적극적 노력이 담긴 좋아함이다. 강한 호의를 보이는 것은 상대와 밀착되어 있는 것이며, 강하게 그 개인에 포인트가 맞춰져 있다. 그래서 친절은 일반 사람들에게 친절하게 해야 한다고 말하며, 호의는 누군가에게 호의를 베푼다고 하며 공감은 비개인적으로 서로의 마음이 일치한다고 말한다. 호의는 특정한 사람을 목표로 하기 때문에 호의가 깊어지면 깊어질수록 상대에게 강한 흔적과 윤곽을 남겨 준다. 그래서 위의 감정들은 어떤 경우에도 대상이 갖는 특정한 성격에 관계하지 않는다. 여기서 다루는 모든 감정들은 그 사람 전체를 겨냥한다. 그러나 그들은 어느 정도의 신뢰나 인식이 요구되는가에 따라서 구별이 된다. 그들은 각자 요구하며 느끼는 것이 다르다. 아마도 호의 감정이 가장 강하게 느낄 것이다. 호의는 특별한 요구특성을 갖는다. 상대를 강하게 자신의 영향권 안으로 끌어당기는 힘을 행사한다. 호의는 깊은 관계 속으로 끌어당기는 마력이 있다. 호의가 갖는 이러한 경향은 공감, 신뢰 그리고 친절함을 표하는 것보다 매우 강렬하다. 이렇게 보면 호의는 자신과 상대 사이에 다른 어떤 사람도 두지 않으려고 하는 사랑에 길을 안내하고 있는 것이다.

사랑 감정은 공감 유사 가족 감정들과 연합할 수 없는 부분이 있을 뿐만 아니라 공개적으로 그 감정들을 전제로 할 것을 요구한다. 반감에서는 사랑이 일어나지 않는다. 그러나 물론 반감에서 호의나 사랑으로 변하는 것은 가능하다. 그렇게 미웠던 상대가 어느 날 그렇게 아름다운 사랑으로 변하는 신기한 일이 일어날 수 있는 일이 가능한 것이다. 다른 사람에게 좋은 것을 해주려는 간절함이나-친절한 행위라 할 수 있는- 호의 없이는 사랑이 싹틀 수 없다. 얼핏 보면 호의는 사랑보다 더 중립적 감정이다. 사랑의 감정에는 공감의 가족 유사성 개념들이 갖지 못하는 특성이 내포되어 있다. 바로 내 사랑 앞에 다른 사람을 두지 말라! 하는 배제의 요구와 에로틱한 관계 형성이다. 에로틱한 관계 형성은 감정이 움직이며 활동하면서 일상의 기쁨의 차원을 넓힌다. 이 점에서 사랑은 공감 영역이 들어설 수 없는 독특한 행위들을 거느리는 것이다.

배타성과 에로틱을 담은 특성은 사랑을 낭만적 사랑의 이념과 밀접하게 결합한다. 황홀하고 모든 감정을 능가하는 생의 희열이라는 표현을 하기도 한다. 성적인 쾌감을 포함하여서 정신의 더 이상 소모할 수 없는 단계를 경험한 최절정을 경험한 것이라고도 한다. 그래서 사랑은 두 몸과 두 정신이 하나가 되는 것이라 한다. 그러나 사랑은 일방적이거나 강요가 아니다. 사랑은 두 사람의 일이라 몸과 마음이 하나가 되는 일은 두 사람 중 한 사람의 의사가 무시되어서는 몰입의 상태가 건전하게 경험되지 않는다. 그러나 배제성이 자리하지 않는 사랑관계도 있다. 예를 들면, 부모 사랑이나 자녀 사랑이 그것이다. 이들의 사랑관계는 배타성을 고집하지 않는다. 부모가 모든 자녀를 사랑하는 일이 가능하며, 자녀들이 각자 자신들의 부모를 사랑하는 것도 가능하기 때문이다. 자녀들이 동시에 부모를 사랑하며 또한 형제자매를 사랑하는 데에 다른 누구를 배제할 필요성을 느끼지 않는다. 오히려 서로를 자극하여 더 나은 사랑 관계를 부른다. 부모 자녀 사랑은 풍성하면 할수록 더욱 긴밀한 사랑관계를 만든다. 가족 간 사랑은 다른 누구의 사랑을 훼방하지 않는 사랑 감정이다.

그러면 사랑의 배타적 표상의 합리적 핵심은 어디에 있을까? 에로틱을 포함한 사랑의 집중적이고 강렬한 요구는 감정이 요구하는 그 집중력을 다른 사람들과 공유할 수 없다는 데에 기인한다. 사람이 가진 감정의 한계이다. 사랑은 상대에 대한 그 많은 집중력을 요구하기 때문이다. 이러한 의미에서 사랑 감정은 오직 상대에게만 예약되고 허락된 감정이며 그렇기 때문에 특별하고 진지한 신뢰관계를 동시에 요구한다. 사랑은 너와 나만의 코드를 형성한 그물이다. 그 그물 안에 상대가 아닌 다른 누구도 들어와서는 안 된다. 여기에 시적인 언어가 사랑을 더욱 태운다. 사랑에서 시적인 언어는 보다 적극적이고 둘 만의 관계적인 영역 공간을 창출한다. 사랑은 시적 언어를 사용한 은밀한 공간과 장면을 창출하는 감정이다. 이 사랑의 공간 안에서 몸은 자유를 만끽하며 정신은 모든 구속에서 풀려나 해방을 맞이한다. 사랑은 새로운 세계를 체험하게 한다. 그러나 우리가 경험하는 세상에서는 사랑은 쉽게 그런 모습을 하지 못한다. 심지어 호의조차도 임의적이지 않다. 하고자 하는 대로 이뤄지지 않는다. 호의도 두 사람 이상의 관계에서 나타난다. 모든 사람들은 개인적으로 자신의 선택을 원한다. 가능한 한 자신이 생각하는 방식대로 세상을 보고 경험하기를 바라는 것이며, 그 방향으로 자신의 힘을 행사한다. 호의 감정 역시 자신의 주변 환경을 호의를 바탕으로 한 다른 사람과의 관계 안에서 선택하고 판단해야 하는 조건에 놓여 있다. 호의든 사랑이든 다른 사람과의 관계 안에서의 문제이기 때문에 자신이 속한 모든 세계에 이 감정을 실천적으로 적용할 수 없다는 한계를 갖는다.

사랑 감정에 비하여 호의의 개념은 더 중립적일 수 있다. 호의의 감정은 사랑이라 할 수 있는 것보다는 훨씬 덜한 관계에 대한 요구를 포함하기 때문이다. 사랑 감정이 보이는 밀착된 관계 요구는 호의가 요구하는 배타성 요구와 신뢰 요구보다 훨씬 더 은밀하고 개인적이다. 어쨌든 이러한 사랑 감정의 함축은 남녀 사랑에 대한 서구 문화적 토론의 산물이라 할 수 있다. 그들의 문화 아래서 정당화된다. 여기서 마찬가지로 위에서 언급한 부모 자녀 사이의 사랑 개념은 배제한다. 오늘날 부모 자녀 사랑은 일생 동안 서로 밀접한 관계 유지를 바탕으로 한 만남을 기대하는 것과 연결되어 있다. 그래서 이들의 사랑 관계는 감정적인 측면보다는 오히려 제도적인 관계 요구와 노후 요양 관리 차원에서 이해되어야 할 부분이 있다. 가족은 감정을 넘어선 제도적 의미의 사랑의 뜻을 포함한다. 모든 사랑은 공동의 상황에 대한 희망하는 것을 포함한다. 이를 위해서 공감이 전제되어야 한다. 그렇기 때문에 자신이나 다른 사람의 성장과 성숙을 위하여 이들을 분리해야 하는 이유는 없는 것이다. 따라서 사랑은, 토대가 되는 공감이라는 감정이 삭제된 곳에서 자랄 수 없는 서로의 감정인 것이다.

참고문헌

· 김민옥, 「누스바움의 감정철학으로 바라본 오정희의 '유년의 뜰' - 혐오, 수치심, 연민을 중심으로」, 『영주어
    문』 40권, 부산외국어대학교 영주어문학회, 2018.

· 마사 누스바움, 조형준 옮김, 『감정의 격동』 I, II, III, 새물결, 2015.

· 마사 너스바움, 조계현 옮김, 『혐오와 수치심』 민음사, 2017.

· 프리츠 리만, 전영애 옮김, 『불안의 심리』 문예출판사, 2004.

· 장 메종뇌브, 김용민 옮김, 『감정』 한길사, 1999.

· 박해용, 「존중의 도덕적 가치에 대하여」, 『사회와 철학』 2011.

· 보르빈 반델로브, 한경희 옮김, 『불안, 그 두 얼굴의 심리학』 뿌리와 이파리, 2008.

· 아리스토텔레스, 이종오 옮김, 『수사학』 한국외국어대학교출판부, 2015.

· 우찬제, 『불안의 수사학』 소명출판, 2012.

· 리키 이매뉴얼, 김복태 옮김, 『불안』 이제이북스, 2003.

· 칼라라이프성경편찬위원회, 『칼라 라이프 성경』 1999.

· 쇠렌 키르케고르, 임규정 옮김, 『죽음에 이르는 병』 한길사, 2007; 임춘갑 옮김, 『불안의 개념』 다산글방,
    2007.

· 페르난도 페소아, 배수아 옮김, 『불안의 서』 봄날의책, 2014.

· 지그문트 프로이트, 성해영 옮김, 『문명 속의 불만』 서울대학교출판문화원, 2014.

· 토레 D. 한젠, 박종대 옮김, 『어느 독일인의 삶』 열린책들, 2018.

· 데이비드 호우, 이진경 옮김, 『공감의 힘』 넥서스, 2013.

· 앨런 호위츠, 이은 옮김, 『불안의 시대』 중앙북스, 2013.

· Aristoteles, Rhetorik, München 1980.

· Aquin, Thomas von, Summa Theologica, I-II, quästio.

· Balint, Michäl, Angstlust und Regression, Stuttgart 1960.

· Ben-Ze'ev, Aaron, The Subtlety of Emotions, Cambridge 2000.

· Blume, Anna, Scham und Selbstbewusstsein. Zur Phaenomenologie konkreter Subjektivitaet bei Herman Schmitz, Freiburg/Muenchen 2003.

· Boehme, Gernot, Leibsein als Aufgabe. Leibphilosophie in pragmatischer Hinsicht, Kusterdingen 2003.

· Bollnow, Otto Friedrich, Das Wesen der Stimmungen, Frankfurt a. M., 1988.

· Damasio, Antonio R., Descartes' Irrtum. Fühlen, Denken und das menschliche Gehirn, München/Leipzig 1995.

· Darwin, Charles, Der Ausdruck der Gemuetsbewegungen bei den Menschen und den Tieren, Stuttgart 1908.

· Demmerling, Christoph (Hg.), Philosophie der Gefühle. Von Achtung bis Zorn, Stuttgart 2007.

· Descartes, René, Die Leidenschaften der Seele, hg. von Klaus Hammacher, Hamburg 1984.

· Dornes, Martin, Die frühe Kindheit. Entwicklungspsychologie der ersten Lebensjare, Frankfurt a. M. 2001.

· Elster, Jon, Alchemies of the Mind. Rationality and the Emotions, Cambridge 1999.

· Holsbör, Florian, "Die Biologie der Angst", in: Grosse Gefühle. Bausteine menschlichen Verhaltens, Frankfurt a. M. 2000.

· Frese, Juergen, "Gefuehls-Partituren", in: Michael Grossheim (Hg.), Leib und Gefuehl. Beitraege zur Anthropologie, Berlin 1995.

· Freud, Sigmund, Vorlesungen zur Einfühlung in die Psychoanalyse. Studienausgabe Band 1, Frankfurt a. M. 1969.

· Fuchs, Thomas, Leib – Raum – Person. Entwurf einer phaenomenologischen Anthropologie, Stuttgart 2000.

· Gallese, Vittoria, The Roots of Empathy, Psychopathology 36 (2003).

· Gernot, Boehme, Leibsein als Aufgabe. Leibphilosophie in pragmatischer Hinsicht, Kusterdingen 2003.

· Goldie, Peter, The Motions. A Philosophical Exploration, Oxford 2000.

· Goldman, Alvin I., Simulating Minds, The Phylosophy, Psychology and Neuroscience of Mindreading, Oxford 2006.

· Hacking, Ian, Was heisst 'soziale Konstrucktion'? Zur Konjunktur einer Kampfvokabel in den Wissenschaften, Frankfurt a. M. 1999.

· Hamburger, Kaete, Das Mitleid, Stuttgart 1996.

· Haubl, Rolf, "Über Hass, Neid und Gewaltbereitschaft", in: Heckmann, Heinz-Dieter- (Hg.), Qualia. Ausgewählte Beiträge, Paderborn 2001.

· Heidegger, Martin, Sein und Zeit, Tübingen, 1979.

· Holsbör, Florian, "Die Biologie der Angst", in: Grosse Gefühle. Bausteine menschlichen Verhaltens, Frankfurt a. M. 2000.

· Hume, David, Ein Traktat über die menschlichen Natur. Buch II: über die Affekte, hg. von Reinhardt Brandt, Hamburg 1978.

· Kant, Vorlesung der Moralphilosophie, hrg., von W. Stark, Berlin 2004.

· Kierkegaard, Sören, Der Begriff Angst. Gesammelte Werke, hg. von Emanül Hirsch, Gütersloh 1981.

· Landweer, Hilge, Achtung, Anerkennung und der Noetigungscharakter der Moral, in: Thomas Rentsch (Hg.), Anthropologie Ethik, Politik. Grundfragen der praktischen Philosophie der Gegenwart, Dresden 2004. Scham und Macht. Phaenomenologische Untersuchungen zur Sozialitaet eines Gefuehls, Tuebingen 1999.

· Lang, Hermann/Faller, Hermann, "Einleitung: Angst - ein paradoxes Phänomen", in: Hermann Lang/ Hermann Faller (Hg.), Das Phänomen Angst, Pathologie, Genese und Therapie, Frankfurt a. M. 1996.

· LeDoux, Joseph, Das Netz der Gefühle. Wie Emotionen entstehen, Müchen 2001.

· Link, H.-G., "Hoffnung", in: Historisches Wörterbuch der Philosophie 3, hg. von Joachim Ritter, Basel 1974.

· Lorenz, Konrad, Das sogenannteBoese. Zur Naturgeschichte der Agression, Wien 1963.

· Lyons, William, Emotion, Cambridge 1980.

· Musil, Robert, Der Mann ohne Eigenschaften Bd. II: Aus dem Nachlass, Reinbek bei Hamburg 1981.

· Nietzsche, Friedrich, Also sprach Zarathustra, Muenschen 1988.

· Nussbaum, Martha, Upheavals of Thought. The Intelligence of Emotions, Cambridge 2001; "Narrative Emotions: Beckett's Genealogy of Love", in: dies., Love's Knowledge, Oxford 1990.

· Pauen, Michäl (Hg.), Phänomenales Bewusstsein – Rückkehr zur Identitätstheorie?, Paderborn 2002.

· Paul, Andreas, Von Affen und Menschen. Verhaltensbiologie der Primaten, Darstadt 1998.

· Pocai, Romano, "Philosophische Deutung literarischer Beschreibungen von Gefuehlen", in: Studia Philosophica 59(2000).

· Richter, Horst–Eberhard, Umgang mit Angst, Hamburg 1992.

· Ritter, Joahim (Hrg.), Historisches Woerterbuch der Philosophie, Band 5와 Band 10, Basel/Stuttgart 1998.

· Roth, Gerhard, Denken, Fühlen, Handeln. Wie das Gehirn unser Verhalten steürt, Frankfurt a. M. 2001.

· Ryle, Gilbert, Der Begriff des Geistes, Sttugart 1969.

· Sartre, Jean–Paul, "Skizze einer Theorie der Emotion", in: ders., Die Transzendenz des Ego. Philosophische Essays 1931–1939, Reinbeck bei Hamburg 1982.

· Schelling, F. W. J., ueber Das Wesen der menschlichen Freiheit. Frankfurt a. M., 1984.

· Schlidknecht, Chritiane, Aspekte des Nichtpropositionalen, Bonn 1999.

· Schmitz, Hermann, Der Leib, der Raum und die Gefühle, Stuttgart 1998; Der unerschöpfliche Gegenstand. Grundzuege der Philosophie, Bonn 1990; Der Gefühlsraum, Bonn 1981; "Angst: Atmosphaere und Leibliches Befinden", in: H. Schmitz, Leib und Gefuehl. Materialien zu einer philosophischen Therapeutik, Paderborn 1989; "Angst: Atmosphaere und Leibliches Befinden", in: H. Schmitz, Leib und Gefuehl. Materialien zu einer philosophischen Therapeutik, Paderborn 1989; Die Gegenwart, Bonn 1964; "Die Angst: Atmosphäre und leibliches Befunden", in: ders., Leib und Gefühl. Materalien zu einer philosophischen Therapeutik, Paderborn 1989; Der Leib, der Raum und die Gefühle, Stuttgart 1998.

· Schopenhauer, Arther, Ueber die Grundlage der Moral, Zuerich 1977.

· Schramme, Thomas, Patienten und Person. Zum Begriff der psychischen Krankheit, Frankfurt a. M. 2000.

· Schutz, Walter, "Freiheit und Geschichte in Schellings Philosophie", in: F. W. J. Schelling, über das Wesen der menschlichen Freiheit, Frankfurt a. M. 1984.

· Soentgen, Jens, Die verdeckte Wirklichkeit. Einfuerung in die Neue Phaenomenologie von Herman Schmitz, Bonn 1998.

· Sousa, Ronald de, The Rationality of Emotion, Cambridge 1987.

· Spinoza, Baruch de, Ethik, hg. von Konrad Blumenstock, Darmstadt 1967.

· Spira, Andreas, "Angst und Hoffnung in der Antike", in: Günter Eifer (Hg.), Angst und Hoffnung. Grundperspektiven der Weltauslegung, Meinz 1984.

· Thomas, Philipp, Selbst-Natur-sein. Leibphaenomenologie als Naturphilosophie, Berlin 1996.

· Tugendhat, Ernst, Selbstbewusstsein und Selbstbestimmung. Sprachanalytische Interpretationen, Frankfurt a. M., 1979. Vorlesungen ueber Ethik, Frankfurt a. M., 1993.

· Voss, Christiane, Narrative Emotion. Eine Untersuchung ueber Moeglichkeiten und Grenzen philosophischer Emotionstheorien, Berlin 2004.

· Waldenfels, Bernhard, Bruchlinien der Erfahrung. Phaenomenologie – Psychoanayse – Phaenomenotechnik, Frankfurt a. M. 2002.

· Wassman, Claudia, Die Macht der Emotionen. Wie Gefühle unser Denken und Handeln beeinflussen, Darmstadt 2002.

· Wollheim, Richard, Emotionen. Eine Philosophie der Gefuehle, Muenchen 2001.

· American Psychiatric Association, Diagnostic and Statistic Manual of Mental Disoders, Washinton 1994.

· ZDF-Nachtstudio (Hg.), Große Gefühle. Bausteine menschlichen Verhaltens, Frankfurt a. M. 2000.